欧盟采购中的
竞争性对话

Competitive Dialogue in EU Procurement

［英］苏·爱罗史密斯(Sue Arrowsmith)
［丹］斯蒂恩·特莱默(Steen Treumer)　主编

王加为　译

国防工业出版社
·北京·

内 容 简 介

竞争性对话于 2004 年被引入欧盟采购制度,目的是为复杂合同(如公共基础设施和 IT 系统合同)提供一种更好的采购方式。本书对这种全新的采购方式进行了分析,尤其重点分析了竞争性对话的灰色地带,如这种采购方式的有效性,以及"最终标书"提交之后的谈判范畴。本书针对竞争性对话在欧盟各国的应用和法律诠释进行了广泛的实证性研究(包括专为此书进行的数个研究),并在此基础上论述了欧盟一级的规则,同时论述了这些规则在欧盟各个国家法律中的应用。另外,本书两位主编还用较大篇幅共同完成了本书首章,详尽论述了欧盟规则,分析、对比了对竞争性对话在欧盟各国的应用情况并提出了一些建议。

著作权合同登记　图字:军-2019-043 号

图书在版编目(CIP)数据

欧盟采购中的竞争性对话/(英)苏·爱罗史密斯
(Sue Arrowsmith),(丹)斯蒂恩·特莱默
(Steen Treumer)主编;王加为译.—北京:国防工
业出版社,2021.7
书名原文:Competitive Dialogue in EU
Procurement
ISBN 978-7-118-12286-2

Ⅰ.①欧…　Ⅱ.①苏…②斯…③王…　Ⅲ.①欧洲国
家联盟—政府采购法—研究　Ⅳ.①D950.21

中国版本图书馆 CIP 数据核字(2021)第 091429 号

※

国防工业出版社出版发行

(北京市海淀区紫竹院南路 23 号　邮政编码 100048)
北京龙世杰印刷有限公司印刷
新华书店经售

*

开本 710×1000　1/16　印张 27½　字数 432 千字
2021 年 7 月第 1 版第 1 次印刷　印数 1—2000 册　定价 186.00 元

(本书如有印装错误,我社负责调换)

国防书店:(010)88540777　　书店传真:(010)88540776
发行业务:(010)88540717　　发行传真:(010)88540762

苏·爱罗史密斯(**Sue Arrowsmith**)　诺丁汉大学公共采购法与政策的"阿基里斯教授",诺丁汉大学法学院公共采购研究小组组长,同时还是该校公共采购法与政策研究生课程的负责人。她在公共采购领域著作颇丰,其观点被欧洲、北美、亚洲和非洲的法庭和立法者广泛引用。她的著作包括《公共与公用事业采购法》(*The Law of Public and Utilities Procurement*,2nd Ed. ,2005)、《公共采购法规范——国内与国际视角》(*Regulating Public Procurement：National and International Perspectives*,与 Linarelli 和 Wallace 合著,2000)、《WTO 中的政府采购》(*Government Procurement in the WTO*,Kluwer,2003)等。1992 年,她创办了公共采购领域首个国际化刊物《公共采购法评论》(*Public Procurement Law Review*)。2007 年她被英国皇家采购与供应学会(CIPS)授予"采购供应创新思维斯文班克"奖章。她从 1995 年开始在诺丁汉大学讲授公共采购课程,2009—2011 年任欧盟资助项目"亚洲纽带"(Asian Link)计划的项目负责人,旨在形成一个全球化的采购规则学术网络,如建立全球性的采购法学术网(PLAN,www. planpublicprocurement. org)。自 1997 年以来,她一直是欧盟委员会公共采购独立咨询委员会的委员。爱罗史密斯教授是联合国国际贸易法委员会采购专家组成员,先后在英国政府商务办公室、联合国(UN)、世界贸易组织(WTO)、欧盟委员会、经济合作与发展组织(OECD)、欧盟(EU)、欧洲中央银行、国际劳工组织(ILO)、英格兰与威尔士法律委员会等担任顾问和培训师。

斯蒂恩·特莱默(**Steen Treumer**)　哥本哈根大学法学院企业责任中心(CEVIA)的采购法与民营法教授,其博士论文的主题是"欧共体公共采购规则中的平等待遇问题"。目前他是哥本哈根大学采购法与民营法教授兼研究所主任。他在公共采购法方面出版和发表了大量专著和论文,其中包括 2011 年的《欧盟公共采购规则的实施》(*Enforcement of the EU Public Procurement Rules*,

Copenhagen:DJØF Publishing,与 Francois Lichere 和 Aix－Marseille Ⅲ合著）。自 2006 年开始特莱默教授担任国际学术刊物《公共采购法评论》的副主编，并担任《欧洲采购法丛书》（*European Procurement Law Series*，与 Roberto Caranta 共同主编，Turin，2009）的主编之一。作为公共采购法顾问，他参与了多次公共采购，在数次采购纠纷中为相关律师提供帮助。特莱默教授组织了 30 多次欧盟采购法国际会议和讨论会，其中一半左右与公共采购法有关。他与爱罗史密斯教授一起组织了全球公共采购会议"公共采购：全球化革命第五次会议"。特莱默教授是丹麦公共采购法协会的主席和创始人之一。他还与 Gustavo Piga 教授组织了 2011 年第一届罗马公共采购多学科讨论会。2000 年，其博士论文被授予斯巴·诺得基金会研究奖（Spar Nord Foundation's Research Prize）。该奖用于奖励在奥尔堡大学项目中取得优异成绩的研究人员。同时他还是丹麦公共采购法委员会的创始人之一，并在该委员会担任主席。

马丁·布吉（**Martin Burgi**）博士　德国和欧洲公共采购法教授（1999 年开始担任），自 2004 年开始担任波鸿鲁尔大学行政法与政府采购法现代化研究院院长。该研究院是德国该领域的唯一研究机构。他是波鸿鲁尔大学矿业与能源法学院的董事会成员，同时还是华盛顿特区乔治·华盛顿大学的研究员。他的专业领域包括：中央政府、州政府和地方政府的现代化，国际环境下的私有化；欧洲的私有化；政府采购法；企业基本权利保护；国际法庭中的法律保护；地区与城市在全球变化中的作用；等等。他是议会机构官方专家，也是众多股票交易公司、州政府与地方政府的法律顾问。另外，他还是"杜塞尔多夫公共采购日"的科学主管。"杜塞尔多夫公共采购日"是德国最为重要的政府采购法会议之一。他在其各个研究领域完成了 10 多部著作，100 多篇论文，如《中小企业与采购法——欧洲法律制度与德国经验》（*Small and Medium－Sized Enterprises and Procurement Law：European Legal Framework and German Experiences*，*Puclic Procurement Law Review*，2007（16）：284）、《市政法》（*Kommunalrecht*，2nd Ed.，Munich：Verlag C. H. Beck，2008）、《总预算的重要性——竞争、透明和平等》（*Die Bedeutung der allgemeinen Vergabegrund：satze Wettbewerb*，*Transparenz und Gleichbehandlung*，NZBau 29，2008）；《2009 年第 10 届杜塞尔多夫公共采购日会议记录》（*Tagungsband zum 10. Düsseldorfer Vergaberechtstag 2009*）、《德国电子与通信领域管理政策》（*The Policy on Regulating Electronic，Communications in Germany*，出自 S. Arrowsmith 主编的 *Reform of the UNCITRAL Model Law on Procurement：Procurement Regulation for the 21st Century*，2009：305－327）、《将采购法现代法作为一项长期任务》(*Die Modernisierung des Vergaberechts als Daueraufgabe*, DOV 829, 2009);《德意志联邦共和国》(*Federal Republic of Germany*, 出自 N. Steytler 主编的 *Local Government and Metropolitan Regions in Federal Systems*, 2009:136 – 165)以及《赔偿金是否可以成为一种有效救济？德国视角》(*Damages as an Effective Remedy? German Perspective*, 2010)。

达里奥·卡萨利尼(Dario Casalini)博士 都灵大学经济学院公法助理教授,为经济专业学生讲授公法和欧盟公共采购法。他是都灵律师团的律师,曾在 2008—2009 年伦敦国王学院做访问学者。他参与了与欧洲公共采购法有关的数个研究项目,并就这些欧盟法在欧盟各国实践中出现的问题发表了一系列文章,另外还出版了《受公法制约的机构与受国内法制约的机构》(*L'organismo di diritto pubblico e l'organiszazione in house*, Jovene, 2003),论述什么样的机构应当受到公法与国内规则制约。他在国际会议(2009 年 IGU 会议,2010 年 IPPC 会议,2011 年 PLPR 会议)上提交了多篇论文,研究领域涉及公法与行政法、公共采购、公共设施、英国国民医疗服务体系、公共服务、水与自然资源法,以及公有制度的比较。

理查德·克莱文(Richard Cleven) 诺丁汉大学的在读哲学博士,其论文论述了竞争性对话在英国的实施情况,并通过对相关关键人员的定性访谈对相关法律规则进行了社会法律层面上的分析。这些相关关键人员包括采购当局采购人员与国内法律顾问、国际法律顾问,以及决策者。其研究指导老师是苏·爱罗史密斯教授、戴维·弗莱瑟教授和苏西·史密斯教授(贝文布里顿律师事务所),并获得经济社会研究委员会和贝文布里顿律师事务所的资助。

安娜·戈尔岑斯卡(Anna Gorczynska) 波兰罗兹大学法律与行政学院的欧洲经济法特聘教授。她在罗兹大学攻读法律学位,其硕士论文的题目是"外国资本在波兰的直接投资"(Direct Investments of the Foreign Capital in Poland)。2005 年完成博士论文,题目为"欧洲法中的公共采购"(Public Procurement in the European Law)。目前正在为其公私伙伴关系培训做准备。她曾在德国明斯特大学、吉森大学和波恩大学学习法律,是华盛顿天主教大学和雅盖隆大学合办的公法和商法学院的研究生(1994 年、1996 年)。1999 年在德国联邦议院国际议会实习,2000—2002 年在布鲁塞尔地区游说机构工作。担任过柏林自由大学和吉森大学的客座教授。2010 年应邀在北京国际公共采购大会上做了发言。她在法律与行政学院指导研究生对欧洲结构性基金进行研究。她同时还是欧洲法律协会的会员。其主要研究领域和发表的论文、著作涉及公共采购法、公私伙伴关系、欧洲经济法、地区政策以及欧盟的结构性基金。除了学术研究,她还一直为地区自治做出不懈努力,是罗兹地区国际合作机构的领导(1999 年至今)。她参与了欧洲法律办公室的工作。

西尔维娅·德马尔斯(Sylvia De Mars)博士 纽卡斯尔大学纽卡斯尔法学院的法学讲师。其本科毕业于乌特勒支大学,获社会科学学士学位,随后专攻公法,取得诺丁汉大学法学硕士和博士学位。目前她的授课内容涉及公共采购法、国际贸易法、欧洲内部市场法,以及金融管理。其主要研究领域包括欧盟采购法比较、监管理论,以及通用欧盟内部市场法。

雅各宾·蒙茨-比奎斯(Jacobien Muntz-Beekhuis) 采购当局专业与创新采购网络(PIANOo)的高级律师。采购当局专业与创新采购网络是公共采购领域的专业中心,是荷兰经济事务、农业和创新部的一部分。2005—2008 年,她担任政府建设局公私伙伴关系部的高级顾问。她于 1994 年取得阿姆斯特丹大学民法与公证法的法律学位。其专业领域为采购法,曾任特朗尼特·凡都尔内律师事务所的注册律师和西门子公司的法律顾问。其发表的相关论文包括《竞争性对话》(*The Competitive Dialogue*)。这是一篇指导性论文,以荷兰政府建设局、荷兰公共工程和水务管理局和国防部的应用情况为基础。

马约克·纳盖尔科克(Marijke Nagelkerke) 荷兰水务管理与公共工程部基础设施与环境司的高级法律事务顾问。2007—2011 年,她担任水务管理与公共工程部公私伙伴局的高级顾问。目前她是该服务机构公共设施局的高级法律顾问。她于 2000 年取得蒂尔堡大学的法律学位,其专长领域是采购与合同法。最近为了完成代尔夫特理工大学的博士论文她又开始了研究,主要研究领域是私人主动融资合同。她在基础设施部和国防部工作期间积累了丰富的经验。之前发表的论文包括《竞争性对话》。

弗雷德里克·奥利维耶(Frédérique Olivier) 自 2005 年成为德尚律师事务所的合伙人,为公共当局和私人企业就国内外公共采购和诉讼事宜提出建议。她擅长公共合同,尤其是公私伙伴关系合同。1982—1990 年,曾担任法国环境与能源管理局(ADEME)法律部部长。ADEME 是法国环境、能源和可持续发展领域的一个公共机构。1990—1996 年,她在科学工业城法律部工作,1996—2005 年在法国建筑联合会法律部工作。法国建筑联合会是法国专业的建筑联合会。

加不列埃尔·M. 拉卡(Gabrielle M. Racca) 行政管理教授,都灵大学经济学院副主任,国际劳工组织国际训练中心和都灵大学联合组织的可持续发公共采购管理理学硕士项目理学委员会委员。她主持了数个国家级和欧洲级研究项目,如在卫生管理机构的合同自治方面(PRIN 2005 和 PRIN 2007)的项目和由皮德蒙特地区(欧洲社会基金)资助的协作式公共采购教育路径项目。目前她负责公法网(Ius Publicum Network)的采购合同部分。公法网成立于马德里,由《管理学》《行政法》《国际宪法杂志》《公法》《管理杂志》《法国行政法评论》共同创办。加不列埃尔·M. 拉卡教授的研究领域包括公共服务、公共合同和公共采购、公私伙伴关系、协作式采购与欧洲卫生系统的中央采购机构、公共采购中的可持续性(指环境和社会两个方面)、公共责任与损害赔偿金、公共管理中的公共受托责任。她在国际会议上多次提交论文(这些国际会议包括:卫生领域公、私采购人员国际研讨会,巴黎,2010;全球(无)秩序下的新公共采购法,纽约大学,2010;2010 年 IPPC 会议,首尔;以及亚利桑那大学凯瑞法学院,2011)。最近在《公共采购法评论》(*Public Procurement Law Review*)上发表的论文题目是"意大利卫生领域中的协作式采购与合同绩效:欧洲采购中共同问题的一个反应"(*Collaborative Procurement and Contract Performance in the Italian Healthcare Sector:Illustration of a Common Problem in European Procurement*,*Public Procurement Law Review*,2010(19):119)。另外她在《欧洲采购法丛书》(*European Procurement Law Series*)的 Quaderni Consip① 网站上,与 R. Cavallo Perin 和 G. L. Albano 就公共采购实施阶段的竞争发表了论文。

德维达斯·索洛维茨卡斯(Deividas Soloveičikas)博士 维斯纽尔大学法学院的讲师,讲授公共采购法和欧盟公共采购法相关课程。他于 2001 年取得维斯纽尔大学法学硕士学位,1999 年在瑞典隆德大学法学院学习,2004 年在英国艾塞克斯大学学习,取得欧共体法方向法学硕士学位。2001—2005 年在维尔纽斯大学法学院学习,攻读博士学位。2005 年,其关于法人刑事责任的博士论文成功通过答辩,获得法学博士学位。目前他是立陶宛律师协会的会员,同时是 MAQS② 律师事务所的任事股东。2011 年,成为英国皇家御准仲裁员协会会员。

佩德罗·特列斯(Pedro Telles)博士 威尔士班戈大学法学讲师,讲授与采购相关模块课程和媒体法。他是投标制胜(Winning in Tendering)项目成员之一。INTERREG③ 计划为此项目资助了 370 万欧元,目的是为威尔士和爱尔兰的采购进行多方面评估。在此项目中,他主持的是在不过分增加采购当局负担

---

① 意大利加德尼公共信息特许服务公司。(译者注)
② 瑞典著名律师事务所。(译者注)
③ INTERREG 是欧盟为了促进区域合作而制定的五个计划之一,由欧洲地区开发基金资助。(译者注)

的前提下为提高中小企业参与程度而进行的低价采购项目研究,以及此类项目的效果。他在取得诺丁汉大学博士学位后于 2011 年入职威尔士班戈大学。其博士论文论述的是竞争性对话在葡萄牙和西班牙的实施,指导教师是苏·爱罗史密斯教授和戴维·弗莱瑟教授。为了完成此篇论文,他与律师、采购当局和立法者进行了半结构化访谈并进行定性分析,对竞争性对话在实践中的应用进行评估。在此之前,他于 2003 年毕业于里斯本大学,在里斯本和巴塞罗那一直从事法律工作,主要涉及领域为公共采购和国际合同。2005 年之后他一直是葡萄牙律师协会的会员。

第艾德里克·范德斯德(Diederik Van der Staay) 13 年来一直活跃于荷兰政府建设局。自 2003 年第一个实验性 DBFMO④ 项目开始以来,他在建设局见证了 DBFMO 的发展,已成为该领域的专业培训者。目前其主要工作是帮助那些协作项目中需要帮助的人,使其在真正实操之前掌握必要的技能。

---

④ DBFMO(设计(Design)、建设(Build)、融资(Finance)、维护(Maintain)与运行(Operate))是 1998 年以来荷兰政府在建筑和基础设施方面实施的一种公私合作项目。(译者注)

译者序

本书是关于欧盟公共采购中的采购方式——竞争性对话(competitive dia-logue)的学术专著。而竞争性对话是欧盟采购中一种最新的采购方式。竞争性对话由欧盟在2004年通过的《指令2004/18/EC》首次提出,是2004年欧盟"一揽子立法"的一部分。到2012年为止,欧盟所有国家已全部将竞争性对话引入本国公共采购(包括国防采购)体系。

竞争性对话作为欧盟公共采购(包括国防采购)法律体系的一种采购方式,目的是为成员国提供一种灵活性强、兼具招标与谈判特点的采购方式,简化采购规则,防止成员国对现有采购方式的不当使用。一般来说,受到《公共部门指令》约束的所有公共采购包括国防采购都可使用竞争性对话的采购方式,尤其适用于那些"特别复杂"(particularly complex)的合同。由于竞争性对话是欧盟目前为止最新的采购方式,因此成员国对竞争性对话的理解存在一定差异,在成员国内部的实施情况也不尽相同,而且欧盟采购法专家针对这种全新的采购方式也有不同的看法,针对竞争性对话提出了一些意见。本书基于数年来欧盟成员国对竞争性对话的使用情况,对竞争性对话进行了综合性的介绍和评论。

本书共分两部分:

第一部分是"竞争性对话在欧盟",包括本书第1章和第2章。第1章对竞争性对话的法律背景进行了梳理(包括欧盟公共采购的规治、竞争性对话实施之前复杂采购的实施方式和竞争性对话规则介绍),对竞争性对话的法律实施情况进行了综述,介绍了竞争性对话的适用范围和具体操作步骤。第1章在最后指出,由于竞争性对话在适用范围和操作上的不明确性,成员国在使用竞争性对话这种采购方式时具有很大的法律风险,进而影响了成员国对竞争性对话的使用。第2章从统计学角度综合论述了成员国对竞争性对话的使用,着重回答四个问题:①使用竞争性对话的是一些什么样的机构? ②竞争性对话在市场的应用领域是什么？③竞争性对话都用在什么样的采购项目上？④在通过竞争性对话完成的采购项目中，涉及私人融资的占多大比例？作者根据发布在《欧盟官方公报》上的合同数量，将成员国分为三类：①使用频繁的国家，如法国、英国，使用次数超过 1000 次；②经常使用的国家，如德国、爱尔兰、荷兰，使用次数为 50 ~ 100 次；③很少使用的国家，如葡萄牙、比利时和西班牙，使用次数在 50 次以下。从采购当局的类型来看，地方政府是竞争性对话最为频繁的使用者；从合同类型来看，基础设施建设和信息与通信技术（ICT）合同是最为常见的合同类型；从合同的资金来源来看，PPP 是最为常见的项目融资方式。作者指出，由于欧盟范围内针对 PPP 项目没有一个正式定义，因此难以对竞争性对话中的私人融资项目进行统计。另外还指出，发布在《欧盟官方公报》上的合同公告措辞含糊，人们难以通过这些公告了解采购目标和采购方式。

第二部分是"竞争性对话在某些成员国的应用"，包括本书第 3 章 ~ 第 12 章。该部分从各个国家的角度论述了竞争性对话在数个成员国的具体应用。这些成员国包括英国（第 3 章）、法国（第 4 章）、德国（第 5 章）、丹麦（第 6 章）、葡萄牙（第 7 章）、西班牙（第 8 章）、波兰（第 9 章）、立陶宛（第 10 章）、意大利（第 11 章）和荷兰（第 12 章）。各章在论述上述各国对竞争性对话的应用时，主要围绕各国在竞争性对话引入之前的采购制度、竞争性对话在本国的适用范围、应用程序、应用特点和应用效果进行了论述。

英国和法国作为公共采购制度比较完善的国家，对竞争性对话的发展和应用起到了很大的推动作用，在采购过程中对竞争性对话的应用也最为频繁。法国的"基于业绩的招标"（l'appel d'offres sur performances），是法国立法机构为了应对复杂采购而专门制订的一种采购方式，可以说是竞争性对话的鼻祖。而英国在 20 世纪 90 年代就存在一种比较成熟的采购惯例，虽然从名义上来说走的是发布公告的谈判的路子，但在采购期间还包括一个正式的投标过程，而在这个投标过程中又包括临时报价、讨论和最终投标阶段，很好地保留了限制性招标的一些好处，同时在某些方面又得到了更大的灵活性，避免了在大型复杂项目中单纯使用限制性招标和公开招标所带来的一些不便之处。所有这些惯例几乎都被整合到现有的竞争性对话中。法国和英国属于"频繁使用的国家"，使用次数在 1000 次以上（2006—2009 年数据）。

竞争性对话在德国的使用并不能称之为成功，因为虽然德国的公共采购制度经过长期的争论修订，比欧盟许多成员国的制度都要复杂，但德国对于竞争性对话的使用指导少之又少且可供参考的案例数量有限，适用的项目也有限，因此采购当局在采购过程中更多的是使用谈判的采购方式。德国对于谈判的规定更加明确,经过多年的使用人们对其程序更加熟悉,而且由于专家针对竞争性对话提出了各种质疑,因此德国对于竞争性对话的使用没有法国和英国那么多,2006—2009年的使用次数在200次以下,属于"经常使用"的国家,少于法国和英国。荷兰与德国同属"经常使用"的国家。由于竞争性对话属于全新的采购方式且适用范围有限,因此竞争性对话在荷兰的使用也不如英国和法国。

丹麦是第一个将竞争性对话加入到国内法的欧盟国家。由于与竞争性对话有关的案例很多,尤其是在竞争性对话的适用范围方面,因此丹麦的判例法对于欧盟其他国家都有很大的参考意义。由于丹麦的执法制度比其他成员国都要严厉,因此丹麦的采购当局对竞争性对话的使用积极性并不是很高。丹麦是一个人口相对较少的国家,相对于其他成员国来说,其竞争性对话的使用频率是比较高的。

葡萄牙属于"很少使用的国家"。葡萄牙对竞争性对话的使用做出了各种限制,这在所有欧盟国家中是非常罕见的。它对竞争性对话的适用范围进行了缩小,规定在PPP项目中不得使用竞争性对话(而《指令2004/18/EC》则指出PPP项目是最适合使用竞争性对话的项目),在一些最为复杂的工程项目中,如战略性基础设施项目中也不得使用竞争性对话。在竞争性对话的对话阶段不得淘汰任何方案和对话人,这大大增加了竞争性对话的资金和时间成本;采购当局对于投标人提交的投标书不进行任何补偿。所有这一切都对竞争性对话的使用产生了很大的遏制,因此2004—2012年竞争性对话在葡萄牙的使用次数只有6次。

西班牙与葡萄牙一样,也属于"很少使用的国家"。西班牙在将《指令2004/18/EC》转化为国内法时,采取了原文照搬的形式,但西班牙与其他成员国的不同在于虽然欧盟委员会规定竞争性对话并不适用于所有的PPP项目,只适用于"特别复杂的合同",但西班牙将竞争性对话设为PPP项目默认的采购方式。西班牙针对竞争性对话的对话阶段规定了三种对话模式,且在西班牙的法律中并没有提出在对话过程中不得淘汰投标候选人和投标书的要求,而是对对话人提出了更高的要求,使部分投标候选人自动退出。西班牙的采购当局与投标人或中标人也不进行讨论,这一点与《指令2004/18/EC》和其他成员国也是不一样的。

波兰对于竞争性对话的法规几乎是对欧盟《指令2004/18/EC》的照搬,但波兰的竞争性对话也有与《指令2004/18/EC》不同的地方,如波兰规定参加对话的人数最少为 5 人,多于《指令 2004/18/EC》规定的 3 人。另外,提交最终投标书的日期从对话结束起 10 日内,而这个时限在欧盟《指令 2004/18/EC》中是没有的。

意大利对于竞争性对话的法规非常详细,似乎也比《指令 2004/18/EC》规定得更加苛刻,如意大利规定对话阶段的对话人数最少为 6 人,远多于《指令 2004/18/EC》的规定。由于语言上的障碍,加上投标人担心参加了竞争性对话之后,成本高却最终得不到合同,因此人们对于竞争性对话的参与积极性并不高,2010 年 4 月至 2011 年 3 月竞争性对话的使用次数为 6 次。

立陶宛关于竞争性对话的规定与《指令 2004/18/EC》是一样的,而在采购实践中采购当局对于竞争性对话的使用次数也极少,2010 年 4 月至 2011 年 3 月竞争性对话的使用次数为 1 次。

通过竞争性对话在欧盟各国的应用情况,读者可看出目前在欧盟法律上尚有一些不明确的地方,因此成员国在具体运用竞争性对话时存在一些法律的盲区和灰色地带。另外,由于竞争性对话操作时间长、成本高,因此近年来某些国家甚至有了取消竞争性对话的打算。

本书是对欧盟公共采购领域一种全新采购方式的深入研究,也是对该采购方式实施以来的全面总结。由于国防采购也是公共采购的一部分,而欧盟的《国防安全采购指令》(即《国防与安全采购指令 2009/81/EC》)又将竞争性对话规定为国防采购中的采购方式之一,因此要研究欧盟的国防采购政策,竞争性对话是始终无法绕开的一个话题。本书特别适合以欧盟公共采购政策(包括国防采购政策)为研究对象的专家和研究人员使用,也适用于以欧盟采购制度(包括国防采购制度)为研究对象的研究生,对于深入了解欧盟的公共采购制度,包括欧盟的国防采购制度,都有很好的参考意义。

虽然英国于 2020 年 1 月 31 日正式脱欧,但由于英国在欧洲乃至全球公共采购制度研究中占据核心地位,同时也是竞争性对话最为频繁的使用者之一,本书中关于英国的论述对于研究竞争性对话仍然具有重要参考作用。

译　者
2020 年 10 月

　　2004 年把竞争性对话引入欧盟的公共采购法律制度,无疑是近期最为重要的制度改革举措之一。竞争性对话的引入,目的是改善复杂项目的采购。复杂项目是指私人融资公共设施项目、复杂的 IT 系统以及新型服务项目等。在竞争性对话引入之前,许多利益相关人认为此类项目的采购方式要么过于死板,要么在法律制度中没有明确规定,而竞争性对话的加入正好填补了这个空白。适用竞争性对话的复杂合同往往具有非常重大的意义,因为这些项目常常需要大量公共开支,而且涉及非常重要的公共服务和基础设施。因此,针对此类措施制订一个合适的授标方式,无疑具有非常重大的意义。

　　既然竞争性对话的目的是为欧盟各成员国的复杂采购项目提供一种全新的采购方式,本书的主要目的就是对与竞争性对话相关的法律制度进行分析研究。如果想对竞争性对话相关的法律制度进行研究,就必须研究两个方面,一个是欧盟层次的法律制度,另一个是这些法律制度在欧盟各国的应用情况如何,而后一点对于全面分析这些欧盟规则具有非常重要的意义。

　　本书的另一个重要目的是在欧盟法规和欧盟成员国国内法的应用这两个方面,为竞争性对话的稳妥发展做出贡献。欧盟成员国对竞争性对话的实施与实践包括立法变更、司法进展、政府指导,甚至采购当局对竞争性对话的具体应用。另外,对欧盟公共采购法在欧盟各国法律中的体现和在实践中的应用,以及为了对公共采购进行规治,欧盟公共采购法如何影响成员国的立法,而成员国的立法又如何影响了欧盟的公共采购法,本书都进行了相关案例分析,这些案例分析具有非常重要的意义。

　　简化欧盟法律制度,提高采购制度的灵活性,也是目前欧盟采购制度现代化的一个大事。本书完成之后,也就是 2011 年 12 月,欧盟委员会第一次提出要制定一个新的公共采购基本指令。这个立法过程的结果,因为其性质的关系,从一开始就是不确定的。不过有一点倒是非常值得注意:如果欧洲立法者接受了欧盟委员会的建议,那么竞争性对话的实施就会容易得多。本书指出,各成员国之间对于竞争性对话的使用频率有很大不同,重要原因之一是竞争性对话的适用范围很不明确。但是欧盟委员会指出,竞争性对话的相关规定在未来将会更加明确,在选用竞争性对话时存在的各种不明确性和法律风险也会一一消除。

为了提高本书的价值,我们进行了数个实证性研究,这些研究分析了数个成员国中那些负责竞争性对话的实施或就竞争性对话提出相关建议的人(主要是律师、从业者和决策者)如何应用和诠释"书本"上的法律规则。另外还展示了其他实证性研究的相关信息,主要是成员国政府相关信息。我们希望这些实施研究的相关信息对从业者有所启示,提醒决策者在实施这种相对较新的采购方式过程中遇到的实际困难,以及与此相关的具体问题。

本书的出版得益于许多作者的努力,也有许多人对此进行了大力支持。本书部分论文的最初版本出现在 2009 年 9 月哥本哈根大学商学院的一次讨论会上。这些论文经过修改,加上其他论文,提交到 2010 年 4 月在诺丁汉大学召开的"公共采购:全球化革命"第四次会议上,以及 2010 年 9 月在哥本哈根召开的"公共采购:全球化革命"第五次会议上。这两次会议都是由诺丁汉大学和哥本哈根大学联合举办的。在此我们感谢在这两次会议上发言的所有人员,对那些针对这些论文提出中肯意见的代表也表示诚挚谢意。我们还要感谢那些协助组织这两次会议的人,尤其协助组织诺丁汉大学会议的贾斯汀·古德依那夫和保拉·法斯蒂诺,以及协助组织哥本哈根会议的蒂娜·福特朗普·勃格。

我们要感谢诺丁汉大学法学院为此书技术问题付出不懈努力的所有人员,尤其感谢理查德·克莱文和盖勃·苏斯。理查德·克莱文和盖勃·苏斯为本书快速提交了论文。苏·爱罗史密斯还要感谢公共采购研究小组的组织者,尤其感谢阿基里斯信息为此项目多方面提供资金(如对西班牙和葡萄牙的实证研究提供资金),并感谢贝文·布里顿为英国实践的实证性研究共同提供资助。另外我们要感谢社会研究委员会(ESRC)为此英国项目提供的资助。这个英国项目是 CASE① 计划资助项目。英国、丹麦、西班牙和葡萄牙的许多从业者和决策者自愿参加了与竞争性对话有关的实证研究,在此我们表示衷心感谢。

感谢剑桥大学出版社的吉姆·休斯对我们的热心鼓励和极大耐心,感谢理查德·伍德汉姆对本书手稿的出版提供的重要帮助。

---

① 理工科联合奖(Collaborative Awards in Science and Engineerings,CASE),英国生物技术与生物科学研究理事会(BBSRC)提供的一个重要奖学金。(译者注)

另外我们还要衷心感谢本书各章的所有作者。他们无偿牺牲了自己的时间,无偿提供了自己的英明见地。没有他们的努力,本书不可能出版。

本书相关信息截止到 2011 年 7 月,但在某种程度上也有一些非常重要的最新进展,如第 3 章提到 2011 年 11 月英国宣布在竞争性对话的使用政策上发生了一些改变。

插图目录

表格目录

目　录

第一部分　竞争性对话在欧盟

第二部分 竞争性对话在欧盟某些成员国中的应用

竞争性对话在欧盟

第1章 欧盟法中的竞争性对话:分析研究

苏·爱罗史密斯 斯蒂恩·特莱默

1.1 引言

竞争性对话是欧盟采购法中相对较新的一种采购方式,于 2004 年引入,①是欧盟采购制度中的一个重大改革。② 引入竞争性对话的目的是为"复杂"合同(如基础设施、交通网络和重大信息系统项目)的授予提供一种合适的方式。复杂合同的重要性在整个欧盟变得越来越突出。这些项目之所以重要,不仅因为它们往往涉及大量政府开支,还因为这些项目对于保障公共服务和基础设施的有效运行具有非常重要的作用。因此,为此类合同制定一个合适的法律制度显得尤为重要。2004 年之前,有些利益相关人认为,欧盟法中现有的授标方式要么不能适用于所有复杂合同,要么没有明确的规定(如灵活性很强的谈判应当如何进行),竞争性对话恰恰填补了这个空白。

考虑到竞争性对话的目的是为欧盟各成员国提供适用于复杂合同的采购方式,因此本书的主要目的是对竞争性对话相关法律制度进行分析研究,以便达到上述目的。③ 这就需要对欧盟层面的法律规则进行分析,同时还要分析这些法规在欧盟各国的实施和应用情况,而后者才是全面了解竞争性对话在整个

---

① 见 *Directive 2004/18/EC of the European Parliament and of the Council of 31 March 2004 on the co-ordination of procedures for the award of public works contracts,public supply contracts and public service contracts [2004]OJ L134/114*(《公共部门指令》)。

② 一般参见 S. Arrowsmith,*An Assessment of the New Legislative Package on Public Procurement*, *Common Market Law Review*,2004,41:1。

③ 英语法律分析参见:S. Arrowsmith, *The Law of Public and Utilities Procurement*,2nd Ed. ,London:Sweet & Maxwell,2005,Ch. 10;P. Trepte,*Public Procurement in the EU:A Practitioners Guide*,Oxford University Press,2007:404 - 409,445 - 453;M. Burnett,M. Oder,*Competitive Dialogue - A Practical Guide*,2009;S. Treumer,*Competitive Dialogue*, *Public Procurement Law Review*,2004(13):178;S. Treumer,*The Field of Application of*

欧盟应用情况的一个重要因素。从欧盟这一方面来说,主要解释相关法规的重要特征,指出法规上的不明确之处,对相关解释进行评估,并指出这些法规上的一些问题。这些问题对于整个欧盟范围内应用这些相关法规的人来说具有非常重要的意义。本书的另一个重要目的是通过分析欧盟法规和欧盟成员国国内法对这些法规的实施与实践两个方面,为竞争性对话的稳妥发展做出贡献。欧盟成员国对竞争性对话的实施与实践包括立法变更、司法进展、政府指导,甚至是采购当局对竞争性对话的具体应用。另外,对欧盟公共采购法在欧盟各国法律中的体现和实践中的应用,以及为了对公共采购进行规治,欧盟公共采购法如何影响成员国的立法,而成员国的立法又如何影响欧盟的公共采购法,本书都进行了相关案例分析,这些案例分析具有非常重要的意义。不过有一点必须指出:本书并没有涵盖竞争性对话应用的所有方面,也不能作为应用竞争性对话的一个通用指南。④本书讨论的应用相关问题,只是一些引发众人争议的问题。

　　本书得益于数个实证研究。首先,有几个研究由本书主编完成,或在本书主编指导下完成,在别处从未发表过。这些研究探讨了相关法规最初几年在欧盟各国的实际应用情况。这些研究涵盖了英国、丹麦、西班牙和葡萄牙,分析了这些成员国中负责竞争性对话的实施或就竞争性对话提出相关建议的人——主要是律师、从业者和决策者,如何应用和诠释"书本"上的法律规则。同时,还论述了利益相关人对这些法规的应用情况所发表的意见。我们还展示了其他实证性研究的相关信息,主要是成员国政府相关信息,尤其是荷兰和英国。另

Competitive Dialogue, *Public Procurement Law Review*, 2006(15):307; A. Brown, *The Impact of the New Directive on Large Infrastructure Projects*: *Competitive Dialogue or Better the Devil You Know?*, *Public Procurement Law Review*, 2004(13):160; M. Burnett, *Conducting Competitive Dialogue for PPP Projects – Towards an Optimal Approach?*, *European Public Private Partnership Law Review*, 2009(4):190; M. Burnett, *Developing a Complexity Test for the Use of Competitive Dialogue for PPP Contracts*, *European Public Private Partnership Law Review*, 2010 (4):215; P. Delelis, *The Competitive Dialogue*, *Revue du Tresor*, 2007(3):279; M. Farley, *Directive 2004/18/EC and the Competitive Dialogue Procedure*: *A Case Study on the Application of the Competitive Dialogue Procedure to NHS LIFT*, *European Public Private Partnership Law Review*, 2007(2):60; C. Kennedy – Loest, *What Can Be Done at the Preferred Bidder Stage in Competitive Dialogue? Public Procurement Law Review*, 2006(15):316; A. Rubach – Larsen, *Competitive Dialogue*, in R. Nielsen and S. Treumer(eds.), *The New EU Public Procurement Directives*, Copenhagen: DJOF Publishing, 2005:67; S. Verschuur, *Competitive Dialogue and the Scope for Discussion after Tenders and Before Selecting the Preferred Bidder – What Is Fine – Tuning Etc. ?*, *Public Procurement Law Review*), 2006(15):327.
　　④　实践指南及建议特别参见 Burnett, *Competitive Dialogue*, 前注③,以及本书其他章节提到的由各成员国政府发布的指南,尤其是第3章(英国)和第12章(荷兰)。

外,对竞争性对话在成员国的使用情况进行了非常详细的数据分析,以此说明是什么类型的项目应用了竞争性对话。相关分析结果见第 2 章。关于这些研究的具体方式及重要研究结果见相关章节。

第 1 章详细论述欧盟相关规则,并分析这些规则在欧盟成员国的实施和应用情况。所有这些分析都是以各成员国制度具体分析(详见后面章节)和公开发表的其他论著为基础的。

第 2 章对竞争性对话在数个成员国的应用情况进行了统计分析,并具体分析是什么样的项目应用了竞争性对话,同时指出是什么样的采购当局在应用竞争性对话。

其余章则具体论述数个成员国应用竞争性对话的情况,本章分析就是以这些论述为基础的。这些论述包括英国(第 3 章)、法国(第 4 章)、德国(第 5 章)、丹麦(第 6 章)、葡萄牙(第 7 章)、西班牙(第 8 章)、波兰(第 9 章)、立陶宛(第 10 章)、意大利(第 11 章)和荷兰(第 12 章)。论述各个国家的章节,均分析了欧盟规则向国内法转化的方式、成员国的法学体系(虽然篇幅相当有限),以及以政府指南为表现形式的软性法律。如上所述,在分析某些国家时,作者不仅分析欧盟法规,还对这种采购方式的操作进行了实证性研究,尤其是相关法规在这些国家的应用和诠释。这些章节按照同一模板进行写作,可以对多个重要主题进行横向比较。另外,这些章节的组织与本章的结构也是一样的。有关各个成员国的章节在长度上有很大不同,但是反映的问题都是一样的,如硬性法律和软性法律在多大程度上存在,人们使用竞争性对话的程度如何,尤其是可用的实证性信息有多少,等等。

在这些有关成员国的章节中选中哪个国家进行研究,出于几个方面的考虑:

第一,把法国和英国考虑进去是非常重要的,因为单从应用次数来说,这两个国家是应用竞争性对话最为频繁的国家,而且从人口来说也属于欧盟五大国之列。为了对欧盟有一个全面的认识,五大国中的其他三个成员国,即德国、意大利和西班牙也应当包括进去。另外,对一些小国也应当进行考察,于是人们又把立陶宛和丹麦也包括进去。此外,还应当考虑虽然可以使用竞争性对话,但实际上很少使用的国家,西班牙和立陶宛就是这样的国家;还要把最近加入欧盟的国家也考虑进去,其中一些国家刚刚从计划经济转为市场经济。以上这两种情况引发了在其他国家不曾有的问题,如对欧盟法缺乏了解,以及供需两方对竞争性的公共采购方式都缺乏经验。立陶宛和波兰(均于 2004 年加入欧盟)都属于这两种类型的国家。

最好对具有悠久公共采购法规传统的国家进行一番研究(例中多数国家属于此类,而整个欧盟也属于此类),另外对公共采购法仅达到欧盟成员国最低要求的国家,如英国和丹麦也应当进行一番研究,这样才能判断这个古老的公共采购传统是否从竞争性对话那里得到了体现。在研究分析的国家中,既包括大陆法系国家(如具有独立行政法庭的国家,法国和意大利即在此列),也包括英国那样的英美法系国家。

最后一点是,在最后才决定要加一个有关荷兰的章节。这是因为我们得到了竞争性对话在该国应用的足够信息,可以对我们的研究起到很大的提升作用。⑤

通过对这十个成员国的分析,可以对竞争性对话在欧盟的应用情况描绘出一幅相对广阔的画卷,许多法制方面的重要问题不需要过度描述,也不需要冗长分析,就可以凸显出来了。不过考虑到本书从深度上来说只包括 27 个成员国中的 10 个国家,显然不能为读者提供一幅完整的画卷,因此在阅读此书时应当牢记这个局限性。

1.2 节是相关背景介绍,相关背景包括欧盟通用采购规则、竞争性对话之前人们进行复杂采购的方式、引入这种新式采购方式的原因和立法历史,以及对重要规则的一个简述。1.3 节介绍这种全新的采购方式在多大程度上被引入各成员国的法律体系中,成员国如何将这种采购方式引入本国法律体系;另外,还论述了引入这种采购方式对欧盟法和成员国采购法之间的关系以及对于形成统一的认识会造成什么样的影响。

1.4 节详细论述了竞争性对话的适用范围,尤其是竞争性对话的应用前提。在这一节针对该采购方式的解读提出了许多非常具体的主张,目的是保证竞争性对话这种采购方式在法律中有明确规定,的确像原先设计的那样可以为成员国带来更大的灵活性。另外,那些类似于竞争性对话,适用于不受《公共部门指令》约束合同的采购方式,本节也进行了分析。

1.5 节讨论的是竞争性对话的各个不同阶段。在简单介绍之后,接下来介绍的是准备与计划(1.5.2 节)、保密要求(1.5.3 节)、广告要求(1.5.4 节)、筛选阶段(1.5.5 节)、对话阶段(1.5.6 节)、最终投标阶段(1.5.7 节)、"优先竞标人"阶段(1.5.8 节),以及对参与者的成本补偿(1.5.9 节)。在这些章节中,两

---

⑤ 本书作者完成的针对英国、丹麦、西班牙和葡萄牙的实证研究是为完成本项目目标而进行的研究,之所以对这些国家(如荷兰)进行研究,并不是因为正好有这些国家的数据。

次讨论了欧盟层面的法律规则和成员国国内法对这些规则的实施问题,并就如何应对这些欧盟规则解读过程中出现的问题提出了一些建议。

1.6 节对人们普遍关心的问题以及在详细论述相关法律规则过程中发现的一些不明确之处进行了论述,并提出了相关解读主张。作者指出,在解决这些问题时,应当采取平衡考虑的方式,将比例原则、竞争、平等待遇和透明性都考虑进去;作者还指出,欧盟委员会应当再出台一个指南,在指南中体现出这种平衡考虑的方式。此举应当会对竞争性对话的未来发展起到促进作用。

1.2　背景:欧盟采购制度、竞争性对话实施之前的复杂采购以及竞争性对话的引入

1.2.1　欧盟采购制度

竞争性对话是规治欧盟公共部门采购行为的重要指令,即《指令 2004/18/EC》(又称为《指令 2004/18》《公共部门指令》)中的一个合同授予方式。该指令针对的是欧盟公共机构的重要合同授予方式,其目的是保证公共采购有一个公平竞争的环境,而公共采购又是欧盟内部市场的一部分。《欧盟运行条约》(TFEU)禁止公共采购中任何形式的歧视性措施,并通过其条款禁止对进入政府采购市场采取任何限制性措施,如《欧盟运行条约》第 34 条关于货物自由流动的规定,第 49 条关于开业自由的规定,第 56 条关于提供服务的规定,都适用于公共采购和政府的管理行为。[6] 但是仅有这些法规不足以开放采购市场;必须对采购过程中的透明性提出要求,确保公共部门不会以自由裁量权为借口掩盖自己的歧视性措施。因此,早在 1970 年欧盟就通过颁布的各个指令[7],针对公共合同的授予方式做出了相关规定,以确保整个过程中的透明性。[8] 按照这些指令的要求,指令约束范围内的公共部门必须采用规定的采购方式,而按照这些采购方式的要求,这些公共部门一般需要在《欧盟官方公报》上发布招标公告,并使用预先公告的投标人筛选方式和决标标准。为了保证企业能够进入政府采购市场,这些指令还做出了其他相关规定,如规定了招标过程中重要阶段的时间限制,还起草了相关规则,消除参与招标的各种

---

⑥　另参见 Arrowsmith,前注③,第 4 章;Trepte,前注③,第 3 ~ 27 页。

⑦　发展历程参见 Arrowsmith,前注③,第 3 章。

⑧　详见 Arrowsmith,前注③;及 Trepte,前注③。

障碍。

当前的《指令2004/18》是针对公共部门的主要指令。该指令适用于国家（如政府部门）、地区和地方当局，以及受公法约束的各种机构。受公法约束的各种机构包括所有主要靠其他公共机构拨款运行，或运行受这些机构监督[9]的所有其他机构（如国家拨款的高校）。这些机构统称为"采购当局"。该指令的目标是开放贸易市场，但它只适用于某些门槛价以上的合同。之所以要制定某个门槛价，是为了确定某些合同对其他成员国的投标人是否具有吸引力。2010—2011年，主要门槛价的规定如下：所有工程合同的门槛价为484.5万欧元，中央/联邦机构的供应/服务合同为12.5万欧元，其他机构的供应和服务合同为19.3万欧元。[10]

除了几个例外，门槛价以上的所有工程、供应和服务合同都有相关规定。但是某些类型的服务合同（"B"类服务合同）并没有详尽的规定，只有一些数量有限的规定，如与技术规格相关的规定就非常有限。[11] 对服务类型做出划分，是在1992年首次将服务纳入指令约束之下的时候，因为当时在某些成员国就服务做出相关规定是一件相当新奇、相当敏感的事情。如何选出某些类型的服务做出详尽规定，依据的是这些服务是否具有跨境贸易的潜在范围、潜在成本节约，以及是否具有相关信息。具有详尽规定的服务类型见附录ⅡA，包括车辆维修、垃圾收集以及专业性服务，如会计、IT服务和咨询等；此名单之外的所有服务，如法律服务、医疗服务和许多社会服务都没有详尽的规定。

还有一点也非常重要：该指令并没有就特许经营做出详尽规定，也就是说，按照某些协议，经营者并不是从采购当局得到报酬，而是从第三方得到报酬，并承受经营活动中的各种经济风险。[12] 因此特许工程只需要进行协议公告，留出最低投标时限就可以了；[13]而特许服务则完全不受该指令的限制。[14]

虽然这样一来有许多重要合同不受该指令约束，但是公告义务以及某些其他透明性要求，在《欧盟运行条约》本身就有明确的要求。因为按照欧洲法院对

---

[9] 《指令2004/18》（Directive 2004/18）第1条第（9）款。

[10] 《指令2004/18》第7条经欧盟委员会《条例1177/2009》（Regulation 1177/2009）[2009]OJ L314/64修订。

[11] 《指令2004/18》第20条和第21条。

[12] 《指令2004/18》第1条第（3）款，及案件C-382/05（Case C-382/05）欧盟委员会诉意大利[2007]ECR1-6657。

[13] 《指令2004/18》第56~61条。

[14] 《指令2004/18》第17条。

《欧盟运行条约》有关自由流动条款的解释，自由流动不仅是禁止采取歧视性措施，也不仅是禁止采取某些限制进入公共采购市场的其他"负面"限制性措施，还意味着一个支持反歧视行为的透明原则。[15] 但是在此应当指出，对这些指令约束范畴之外的合同提出一些强制性程序要求，目前欧洲法院似乎还比较谨慎。[16] 不过《欧盟运行条约》就这些合同做出相关义务规定具有非常重要的意义，因为这些完全不受指令规则约束，或只部分受指令约束的合同，尤其是特许合同或 B 类合同，大多是复杂性很高的合同，竞争性对话可能非常适用。虽然并没有正式规定这些合同要采取竞争性对话的方式，但并不意味着不能采取与竞争性对话类似的采购方式，也并不意味着不能遵守《欧盟运行条约》中的透明义务。下面章节中的某些案例就是一个很好的说明。[17]

按照《指令 2004/18》的规定，合同必须按照该指令规定的方式完成合同授予。

在竞争性对话引入之前，采购当局一般要使用两种采购方式中的一个完成任何类型的采购：一种是公开招标，它是一种正式的招标方式，必须在欧盟官方公报上发布公告，任何感兴趣的经营者都可以提交投标书。[18] 采购当局必须按照最低价格标或最具经济优势标的标准选出中标人。[19]（当然采购当局可以淘汰不具履行合同的资金或能力，或者达到不到投标要求的投标书。）另一种是限制招标，[20] 按照限制招标的要求，相关合同必须在欧盟官方公报上进行公告，向任何感兴趣的经营者开放，但与公开招标不同的是，按照限制招标的要求，采购当局没有必要允许所有感兴趣的经营者提交投标书，它可以只邀请达到投标要求的经营者参加投标，还可以只邀请达到投标要求的一部分投标人参加投标，前提是投标人筛选标准是一个客观标准，符合《指令 2004/18》的规定。[21]

---

[15] *Advertising, Procedures and Remedies for Public Contracts outside the Procurement Directives, Public Procurement Law Review*, 2010, 19:169; *Commission Communication on the Community Law Applicable to contract Awards not or not Fully Subject to the Provision of the Public Procurement Directives*（下称"适用范围之外的合同"）[2006] OJ C179/2。

[16] 案件 C－95/10（Case C－95/10）斯特朗·赛古兰加公司诉辛特拉市（Strong Seguranga SA v. Municipio de Sintra），2011 年 3 月 17 日判决；案件 C－226/09（Case C－226/09）欧盟委员会诉爱尔兰（Commission v. Ireland），2010 年 11 月 18 日判决。

[17] 见 1.4.6.2 节。

[18] 在《指令 2004/18》第 1 条第（Ⅱ）款第（a）项中进行了规定。

[19] 《指令 2004/18》第 53 条。

[20] 在《指令 2004/18》第 1 条第（Ⅱ）款第（a）项中有规定。

[21] 见 1.5.5 节。

另外,《指令2004/18》还规定了另一种采购方式,即谈判。与公开招标和限制招标不同的是,谈判只限于某些条件下使用,[22]相关规定见《指令2004/18》第11条第(d)款:"(谈判)意味着在此过程中采购当局就其选择征询经营者意见,并就合同条款与一个或多个经营者进行谈判。"虽然该指令只正式提到了一种谈判方式,但其实有两种完全不同的谈判方式。

一种谈判方式称为"事先发布合同公告的谈判"(简称"发布公告的谈判"),要求采购当局在《欧盟官方公报》上发布公告,进行招标,评估所有感兴趣的经营者(按照限制招标的方式,可以只邀请部分经营者参加投标);另外公开招标或限制招标的许多其他规则也必须遵守,如怎样筛选出被邀请的投标商,按照什么样的决标标准。但是招标的形式是灵活的,采购当局可以通过讨论的形式决出最佳投标书。

第二种谈判称为"不事先发布合同公告的谈判"(简称"不发布公告的谈判")。按照这种采购方式,采购当局只要与一个或多个经营者就合同进行谈判即可,没有必要发布合同公告,通常也不进行投标。

上述各种采购方式必须按照《指令2004/18》规定的详细程序进行。另外,该指令在第2条明确规定了采购当局必须遵守的三个原则,即透明原则、平等待遇原则和非歧视性原则(平等待遇原则的一个方面可能就是不得以国家利益为由采取任何歧视性措施)。这三个原则有助于解读其他明确规定的各条款,也有助于制定该指令以外的其他义务。[23] 举一个后一种情形(参见1.5.6节)的例子:虽然没有任何条款向采购当局提出明确要求,但是按照透明原则,采购当局应当公布次要决标标准。

竞争性对话作为一种可以采用的采购方式是2004年全新全面"一揽子立法"措施的一部分,这个新的"一揽子立法"用一系列的新指令(包括《指令2004/18》)取代了旧的欧盟采购指令。这个新的《指令2004/18》将原本三个独立的指令整合成一个独立的公共部门指令。[24]《指令2004/18》不仅整合了现有规则,还进行了大的整改,为采购当局带来了更大的灵活性。竞争性对话就是其中一例。

必须指出,该指令以及下文列出的与决标方式有关的各个指令并没有对成

---

[22] 目前在《指令2004/18》第30条和第31条中有规定。

[23] 见 Arrowsmith,前注③,第424~432页。

[24]《指令93/36/EEC》(*Directive 93/36/EEC*)[1993]OJ LI99/1(关于公共供应合同)、《指令93/37/EEC》(*Directive 93/37/EEC*)[1993]OJ LI99/54(关于公共工程合同)、《指令92/50/EEC》(*Directive 92/50/EEC*)[1992]OJ L209/1(关于公共服务合同)。

员国的采购形成一个全面覆盖的体系,只是为成员国制订了一个必须遵守的基本框架,成员国在这个框架范围内可以对本国采购自行规定相关规则和实施标准。《指令 2004/18》的这个框架性质在欧洲法院早期的判例法中有所体现。[25]因此,成员国可以自行决定是否在该指令以外再规定新的采购形式;[26]是将《指令 2004/18》允许的灵活性全部赋予本国采购实体(如将公司淘汰出局的理由),还是提出更加严格的要求;[27]是否在欧盟各指令之外再提出不违反各指令原则和规则的新要求。指令的这种基本原则和框架性质在《指令 2004/18》的第 28 条有明确表述。该条指出:"在授予公共合同时,采购当局应当遵守国家法律,而国家法律与《指令 2004/18》的目的是一致的。"这说明国家采购法与《指令 2004/18》规则是并列存在的。下面将在 1.3 节讨论成员国在竞争性对话方面在多大程度上对《指令 2004/18》框架进行了补充。一般来说,我们认为前面提到的灵活性非常重要,因为每个国家的实际情况各不相同(如腐败程度不同,市场性质不同,采购官员的技术水平不同),而各个国家的价值观和政策也各不相同(如对公共受托责任的重视程度不同),所有这一切在国家法规中必然有所体现。[28]伯耐特(Burnet)指出,实践中应当在法律许可范围内针对 PPP 项目制定一个实施竞争性对话的标准方式。[29]虽然某些领域在标准化程度方面有一定的活动余地,但我们认为成员国的上述种种差异(以及各项目之间的差异)限制了标准化的空间,因此不能消除法律上的灵活性。

欧盟的公共采购除了受《指令 2004/18》的约束,还要受《公用事业指令 2004/17》的约束。[30]后者约束范围内的合同涉及能源、水务、交通和邮政服务部

---

[25]　案件 27 - 29/86(Cases 27 - 29/86)S. A. 建筑与工业企业公司及其他诉"阿登斯高速公路社区间协会"合作社(S. A. Construction et Entreprises lndustrielles and others v. Société Cooperative ' Association lntercommunales pour les Autoroutes des Ardennes' and others)(CEI and Bellint)[1987]ECR 3347、案件 31/87(Case 31/87)比斯特吉斯兄弟公司诉荷兰(Gebroeders Beentjes BV v. Netherlands)(Beentjes)[1988]ECR 4635 第 20 段。另参见系列案件:案件 C -226/04(Case C -226/04)和案件 C -228/04(Case C -228/04)卡希纳及其他诉国防部及其他(La Cascina and others v. Ministero della Difesa and others)[2006]ECR 1 -1347,证实了成员国可自行决定是否应用欧盟各指令规定的各种例外。

[26]　见 1.3 节。

[27]　卡希纳案(La Casdna),前注[25]。

[28]　可参见 S. Arrowsmith, *The EC Procurement Directives*, *National Procurement Policies and Better Governance*;*The Case for a New Approach*,*European Law Review*,2002(27):3。

[29]　Burnett,*Competitive Dialogue*,前注[3]。Burnett,*Conducting Competitive Dialogue for PPP Projects*,前注[3]。

[30]　2004 年 3 月 31 日欧洲议会与欧洲理事会关于统一水务、能源、运输和邮政服务领域各实体采购方式的《指令 2004/17/EC》(*Directive 2004/17/EC*)[2004]OJ LI34/1。

门的各种活动,这些活动可能由公共部门完成,在某些情况下也可能由私营企业完成。当由私营企业完成上述活动的时候,就有可能发生歧视性行为(如在发放执照时受到政府的左右)。㉛《公用事业指令2004/17》的决标方式更加灵活,采购当局可以自由选择公开招标、限制招标和事先发布招标公告的谈判。㉜《公用事业指令2004/17》中没有竞争性对话,因为竞争性对话并不是必须采取的采购方式:竞争性对话所体现出来的灵活性,在《公用事业指令2004/17》中已经有了,因为在所有合同上,公用事业单位都可自行决定是否使用谈判的方式;公用事业单位可以在谈判时按照竞争性对话的方式进行,以此完成采购。㉝另外,由于各指令并不具备全覆盖性(在前面已提到过),因此成员国在规定本国公用事业单位的采购方式时可以参照竞争性对话的方式。

最近欧盟还发布了《指令2009/81》,㉞即《国防安全指令》。这个《国防安全指令》与国防和安全领域的采购有关,其原则和规定与其他指令的一般模式是一样的,其中最大的不同是采购当局可自行采用两种采购方式,即限制招标和发布公告的谈判。㉟虽然谈判可以按照竞争性对话的方式进行,但是竞争性对话仍然是该指令明确规定的一个采购方式,这一点与《公用事业指令2004/17》是完全不一样的。㊱按照《指令2004/18》的规定,竞争性对话并不是完全没有限制,它只能用于特别复杂的合同。㊲《国防安全指令》解释性条款第48条指出,在某些情况下无论是谈判还是限制性招标都不适用,但是竞争性对话适用,这是因为采购当局不可能事先把合同规格准确定下来,因此投标候选人不可能依此提交投标书。这一点从谈判的角度来说似乎有点问题,因为如果有事先无法确定的东西,那么在必要时完全可以按照谈判的方式进行确定,如在谈判规则的框架内,采用与竞争性对话相似的方式。这一点似乎与《公用事业指令2004/17》中对竞争性对话的省略不太一致。㊳《国防安全指令》解释性条款第

㉛ 详细论述见 Arrowsmith,前注③,第15章。

㉜ 与差异相关论述见 Arrowsmith,前注③,第16章。

㉝ 该观点在欧盟委员会的《解释说明——竞争性对话——传统〈指令〉》(*Explanatory Note - Competitive Dialogue - Classic Directive*)的第2个脚注中也进行了论述,网址为 http://ec. europa. eu/internal_market/publicprocurement/ocs/explan - notes/classic - dir - dialogue_en. pdf。

㉞ 2009年7月13日欧洲议会与欧洲理事会关于协调国防与安全领域采购当局或实体的某些工程合同、供应合同和服务合同授予方式的《指令2009/81/EC》(*Directive 2009/81/EC*)[2009]OJ L216/76。

㉟ 《国防安全指令》第25条。

㊱ 《国防安全指令》第25条。

㊲ 《国防安全指令》第25条、第27条及第1条第(21)款均对特别复杂的合同进行了定义。

㊳ 在实践中有时候会按照谈判的方式授予合同,见1.2.2节。

48 条的论断如果有道理,就意味着按照《公用事业指令 2004/17》的规定,某些复杂合同是无法完成的,因为根本就没有一个可行的采购方式。尽管如此,在《国防安全指令》中仍然明确规定竞争性对话是一种正式的采购方式。欧盟直到 2011 年 8 月 21 日才要求欧盟各成员国将这个指令转化为本国的国内法,此时本书才刚刚完成,因此对《国防安全指令》的讨论到此为止。

在欧盟法的实施方面,受害经营者有权向独立的国家复议机构提出诉讼。受上述指令约束的各种合同的救济和相关事宜,[39] 在《救济指令 89/665/EEC》(受《公共部门指令》和《国防安全指令》约束的合同适用)和《公用事业救济指令 92/13/EEC》中有具体规定。[40] 《指令 2007/66》颁布之后,对救济措施进行了大幅修订和强化。[41] 对于不受相关指令约束的合同来说,其救济措施按照欧盟一般救济规则进行,但是与指令约束范围内合同的救济措施相比,这些救济措施没有那么强硬。[42] 欧盟委员会作为《欧盟条约》的"卫士",在保证这些规则的实施方面也起到了很大作用:它可以向欧洲法院起诉成员国。[43]

最后要指出的是,欧盟采购制度目前正在进行总体审查,以便对其升级换代。某些人提出的改革建议可能于 2011 年完成。[44] 虽然这次审查总的来说会涉及采购当局的"采购方式工具箱"是否适用的问题,但从《绿皮书》来看,并没有迹象说明人们将专门针对竞争性对话进行修订。[45] 《绿皮书》是这次改革意见征询会的基础。但是赋予谈判更多的灵活性可能会对采购制度中的竞争性对话产生重大影响。是否应当赋予采购当局更大的灵活性,人们在《绿皮书》中进行了争论。不过任何形式的改革都是数年之后的事情了。

---

[39] 见 S. Treumer, F. Lichère, *Enforcement of the EU Public Procurement Rules*, Copenhagen: DJØF Publishing, 2011。

[40] 《欧洲理事会指令 92/l3/EEC》(*Council Directive 92/13/EEC*) [1992] OJ L76/7。

[41] 2007 年 12 月 11 日欧洲议会与欧洲理事会关于修订欧洲理事会《指令 89/665/EEC》和《指令 92/13/EEC》中关于提高公共合同授予审议程序效率的《指令 2007/66/EC》(*Directive 2007/66/EC*) [2007] OJ L335/31。

[42] 尤其参见案件 C-91/08 (Case C-91/08) 沃尔股份公司诉法兰克福市 (Wall AG v. Stadt Frankfurt am Main) [2010] ECR I-2815。

[43] 关于这一点见 A. Delsaux, *The Role of the Commission in Enforcing EC Public Procurement Rules*, *Public Procurement Law Review*, 2004, 13:130。

[44] 《欧盟公共采购政策现代化绿皮书:建成一个效率更高的欧洲采购市场》(*Green Paper on the Modernisation of EU Public Procurement Policy: Towards a More Efficient European Procurement Market*, 正文中简称《绿皮书》), COM(2011) 15 final。

[45] 同上,1.2.2 节。

1.2.2 竞争性对话实施之前的复杂采购及引入竞争性对话的理由

人们之所以提出要引入竞争性对话这样的采购方式,是因为在 2004 年之前复杂合同的授予方式往往不能尽如人意。另一个原因是复杂合同在某些成员国的采购实践中变得越来越重要,原因显然有以下几个:第一个原因是 IT 技术发展迅速,因此 IT 技术往往被用于生产制造和政府服务的技术支持;第二个原因是先前由政府提供的服务越来越多地进行了外包,常常需要与私营企业签订长期合同;第三个原因,也是最为重要的原因,是新型采购方式的兴起,尤其是在一些试点地区通过私人融资完成公共设施的建造和运行——而其中某些项目根据欧盟各指令的规定,并不属于"特许经营"范围,因此不能使用欧盟法中针对特许经营而规定的灵活采购方式。[46] 由于政府越来越多地与私营企业建立起一种非契约式伙伴关系,[47]使得其中的某些协议越来越复杂。英国就是一个很好的例子。英国是强烈建议制定一种新采购方式的成员国之一。[48] 所有这些趋势都促使政府越来越多地与外部供应商签订合同,而这些合同要么本身就非常复杂,要么相对于时代来说比较新颖。

在这些领域授予复杂合同,一个可能就是通过公开招标或限制招标的方式。而在前面已经说过,公开招标和限制招标可无条件用于任何采购,包括复杂采购。

这些采购方式在过去和现在仍然用于各指令约束下的许多复杂合同。波兰和葡萄牙仍大量使用公开招标和限制招标的方式;而在立陶宛,由于政府往往倾向于公开招标,因此人们更多地使用公开招标;[49]丹麦经常使用限制招标。[50] 法国现在是使用竞争性对话最多的国家之一。它过去使用的是符合欧盟法的一种限制招标方式,但其国内法又对这种限制招标进行了某些具体改变(详见第 4 章)。这种采购方式就是"基于业绩的招标"(l'appel d'offres sur performances)。这种采购方式的适用对象与目前欧盟的竞争性对话非常相似,显

---

[46] 见 1.2.1 节。

[47] 见欧盟委员会,《关于在国际公私伙伴关系(IPPP)项目中应用欧共体公共采购与特许经营法的解释性通讯》(Interpretative Communication on the Application of Community Law on Public Procurement and Concessions to Institutionalised Public - Private Partnerships(IPPP)),C(2007)6661。

[48] 见第 3 章。

[49] 虽然不发布公告的谈判也使用得很频繁。见第 10 章。

[50] 见 6.2 节。

然对竞争性对话适用对象的草拟起到了启发作用。[51] 意大利的情况与此相似,在本国法律中也规定了自己的特别采购方式,称为"竞争合同"(appalto concorso),后来又规定了"综合合同"(appalto integrato,该方式目前仍可用)。后者是欧盟采购方式(公开招标或限制招标)的一个变种,用于计划/设计和执行方均参与其中的复杂项目。[52] 前者目前被废止了,因为按照这种采购方式,可以把合同授予某一方而不必加以完全说明,因此在竞争这一方面不符合欧盟法的规定,而后来制定的新的采购方式就纠正了这一不足。英国与法国一样也是竞争性对话的主要使用者。目前按照竞争性对话方式完成授予的合同,如重大 IT 项目,在以前英国是按照限制招标的方式完成的。但限制招标似乎不能完全令人满意,且人们以一种灵活的方式使用限制招标,因此在某些方面与欧盟法是不相符的,[53] 而现在处理相关合同时,竞争性对话在很大程度上已经取代了该方式。英国和法国作为欧盟的两个主要成员国,竭力在欧盟各指令"标准"方式框架内寻找一种令人满意的采购方式,以此完成复杂合同的授予。现在这两个国家以竞争性对话作为解决方案,进而成为该方式的主要使用者,并没有令人惊讶的地方。

下面这种采购方式在某些成员国中得到了广泛应用。在使用该方式时,人们把项目的研究、设计和计划分成数个合同,减少了项目的总体复杂性,也方便项目其他部分应用指令规定的其他采购方式。因此,成员国可首先授予一个研究服务合同,确立相关技术规格;然后是其他独立的合同,以(期)完成该项目的设计和履行。在最初的计划和设计阶段可以举行一个设计比赛,然后数个公司提交设计或计划,报酬支付给最佳设计公司。此类设计具有明确规定,目前见于《指令 2004/18》的第 66 ~ 74 条。按照该指令的规定,可以通过不发布公告的谈判授予一个合同(该合同不是履行阶段的合同)以便完成设计,而这个设计就是以设计比赛中的获胜方案为基础的,中标人就是设计比赛中的获胜者。[54] 该指令的这个规定促进了人们对上述分割合同方式的使用,如意大利和葡萄牙都使用过这种方式,[55] 而且广泛使用了设计比赛的方式。而丹麦则把设计比赛局限在公共工程和 IT 项目上。

与竞争性对话相比,这种方式有长处也有短处。按照竞争性对话的方式,

---

[51] 见 4.2 节。关于各种采购方式见 11.2 节。

[52] 关于这些采购方式见 11.2 节。

[53] 见 3.2 节。

[54] 《指令 2004/18》第 31 条第(3)款。

[55] 分别见 11.2 节和 7.2 节。

项目的开发和执行阶段只有一个合同授予过程,而两个合同授予过程就可能要花费更多的时间。这两个阶段的竞争都参与可能会引发利益上的冲突,因此要保证企业全面参与这两个阶段的竞争可能会非常困难。要选出优胜设计,很难做到完全不考虑该设计的成本,而且把设计和履行分割开来根本就不可能,因为只有相关人员才具有这种特权或专利。使用设计比赛时可能会出现这样的问题:在按照《指令2004/18》规定进行的设计比赛中,其评委必须具有自主决策权,而如此一来采购当局在合同的授予决策方面就损失了一些控制。另外,有人认为与单一合同授予方式相比,将各元素分开可以更好地保护机密信息⑯(竞争性对话中有专门的保密条款针对这一问题)。⑰ 因此认为将项目的各因素分成不同的合同,可以更好地使用欧盟规定的更加透明的采购方式(尤其是公开招标和限制招标)。

在此应当指出,本书涉及的大部分欧盟成员国认为,公开招标和限制招标是复杂项目合同的主要授予方式,仍然会继续使用。在某些情况下,在进行公开招标和限制招标之前要先完成项目设计服务合同和/或设计比赛。例如,前面提到的葡萄牙和立陶宛,虽然国内法中的竞争性对话相关政策实施多年,但其旧有做法几乎没有改变,或者说根本就没有任何改变(见1.4节);而在意大利竞争性对话一直暂缓使用,直到最近才开禁,因此竞争性对话在意大利根本就没有使用过,因为意大利人认为现有授予方式足够了。以上事实从某种程度上来说可以解释为什么有些成员国(如立陶宛)直到最近才在竞争性对话方面有所进展,而所谓进展就是其他成员国的人们有了使用竞争性对话的需求,尤其是在私人融资基础设施的采购项目上。但这毕竟只是一个小小的画面,在实践中,使用竞争性对话的采购并没有取代"传统"采购方式。

另外,也有几个成员国认为传统的"标准"公开招标和限制招标方式在几个方面无法满足某些复杂采购的需求,于是人们开始了竞争性对话的使用。

认为传统采购方式无法完全满足许多复杂采购要求的国家就是英国。实证研究表明,在20世纪90年代进行私人融资公共设施采购时(包括许多新领域),英国企业对发布公告的谈判形成了一种标准的谈判方式(见第3章)。在

---

⑯ 欧洲委员会《关于在跨欧洲网络项目中公私伙伴关系对欧洲理事会、欧洲议会、经济与社会委员会和地区委员会的通讯》(*Communication of the European Commission to the Council, to the European Parliament, to the Economic and Social Committee and to the Committee of the Regions on Public Private Partnerships in Trans - European Network Projects*),COM(97)453,2.1节。

⑰ 见1.5.3节。

第 3 章指出:⑱英国这种发布公告的谈判并不仅是简单的谈判,而是有一个正式的竞标过程(一般包括临时报价、讨论和最终报价),在竞争和透明性方面保留了限制招标的一些长处,但在某些方面更加灵活,反映出限制招标的某些特征(当然更多的是公开招标的特征)根本不适合复杂采购。尤其值得一提的是:按照英国的这种采购方式,⑲投标人数可以限制在 5 人以下(限制招标最低人数),⑳这一点对于采购成本来说非常重要;在整个采购过程中都可以进行讨论,这样投标人就可以提出不同的方案并进行调整。另外,还可以根据提交的方案大纲进一步减少参与者人数,进而两次降低参与成本;不需要所有参与者都提交最终的完整投标书,这样成本可再次降低。需要指出的是,这些灵活性几乎都被整合到竞争性对话中,但有一个重要特点没有收入到竞争性对话中:按照英国人的做法,在投标结束、进行详尽谈判和调整之后,还可以对投标书进行完善(见 1.5.7 节和 1.5.8 节)。在第 3 章将指出,竞争性对话出台之后,英国人在进行复杂的公共设施项目采购时,这种新的采购方式已经取代了在整个过程中都可进行讨论的谈判方式。㉑ 另外,尽管从表面看人们在某些其他项目(如复杂的 IT 合同)中仍然使用限制招标,但似乎有一些问题,而且有些情况下并不合法,因此在英国竞争性对话从某种程度上来说把限制招标也取代了。

德国也是如此。2004 年以前,德国人在授予复杂合同时大量使用发布公告的谈判(见伯吉(Burgi)第 5 章)。㉒

尽管英国和德国大量使用发布公告的谈判,但并不是所有利益相关人都认为发布公告的谈判能够为《指令 2004/18》约束下复杂合同的授予提供一个令人满意的解决方案。

第一,关于在某些情形下使用发布公告的谈判是否合法一直存在着争议。在第 3 章指出,当总体价格无法定出(如工程和服务合同),无法设定技术规格

---

⑱　见 3.2 节。

⑲　见 3.2 节。

⑳　而不是发布公告的谈判中的 3 人,见现在的《指令 2004/18》第 44 条第(3)款。

㉑　见 3.4.2 节。

㉒　见 5.4.6 节。在波兰,人们将一种发布公告的谈判用于低价值合同,其适用范围比《指令 2004/18》及其前身规定的范围还要广泛。这种采购方式广泛用于《指令 2004/18》门槛价以下的复杂合同,但不用于门槛价以上的合同。立陶宛在授予复杂合同时广泛应用谈判的方式,包括不发布公告的谈判。据说如果使用公开招标和限制招标招不到满意投标书,就可以使用不发布公告的谈判。虽然人们在适当的时候使用了谈判的采购方式,但政府决策者并不这么认为——他们对此非常不满,并采取措施阻止这种行为。见 10.2 节。

(如服务合同)时,英国人一般会应用发布公告的谈判。[63] 同样,德国也是在应对复杂合同时会使用谈判的方式。[64] 但是相关条款的意义相当不明确,[65]而欧盟委员会对于发布公告的谈判的适用范围又采取一种狭义解释的态度,对于私人融资基础设施合同大量应用谈判的方式心存疑虑,曾与英国就此问题进行过讨论。[66] 而英国本身的案例法又紧随英国实践中的灵活做法,并得到政府指南和某些学术论著的支持。[67] 显然,在这一点上存在着法律上的不明确之处。似乎也正是这个原因,英国才从谈判转向了竞争性对话。[68] 2004 年以来,由于竞争性对话的存在,人们对于谈判的广义解释有了更多的疑惑。[69] 但是,在德国,虽然法律在这一方面存在不明确性,而且学术界对此也争论不休,[70]但德国人在复杂项目上仍然继续使用谈判的方式,而使用竞争性对话的次数要少得多,其绝对应用次数甚至少于英国和法国(德国是欧盟成员国最大的经济体)[71]。在德国,这种全新的竞争性对话并没有取代发布公告的谈判,这一点与英国是不一样的。[72]

第二,欧盟委员会认为,从商业角度来说,许多项目原本似乎没有必要使用谈判的方式,因为完全可以使用更加透明的采购方式。因此,欧盟委员会在起草新一揽子法规的时候,不同意简单地将原指令中规定的谈判的适用范围加以扩大,[73]而是制定一种新的更加透明的采购方式。

引入竞争性对话,目的是满足某些成员国在法律方面的需求:它们需要一个适用于复杂项目、能够带来足够灵活性、达到金钱价值的最大化,同时在灵活性和透明性之间又可以保持适当的平衡的采购方式。从这一角度来说,竞争性

---

[63] 依据分别见于《欧洲理事会指令 93/37/EEC》(*Council Directive 93/37/EEC*)〔1993〕OJ L199/547 (2)(c)(《工程指令》)和《欧洲理事会指令 92/50/EEC》(*Council Directive 92/50/EEC*)〔1992〕OJ L209/1 (《服务指令》)第 11 条第(2)款第(b)项,以及《指令 92/50》(*Directive 92/50*)第 11 条第(2)款第(c)项。见 3.2 节。

[64] 见 5.2 节和 5.4 节。

[65] 详细讨论见 Arrowsmith,前注③,第 562~569 页。

[66] 见 3.2 节。关于谈判应用条件的狭义解释,见欧盟委员会《解释说明》(*Explanatory Note*),前注㉝,第 1 节。

[67] 见 Arrowsmith,前注③,第 562~569 页。

[68] 另外,人们还认为竞争性对话还是一个更适合的采购方式。

[69] 见 1.4 节。

[70] 见 5.4 节。

[71] 见第 2 章。

[72] 见 5.4 节。

[73] 2000 年首次提出要给予复杂合同更多的灵活性。这个提议实际上从理论上来说是谈判的一个延伸,但后来实际上是形成了一个更加详细、更加透明的采购方式。详见下文解释。

对话处于限制招标和发布公告的谈判之间:前者与竞争性对话相比灵活性稍大,但透明性不足;而后者灵活性更强,但透明性稍低。此次改革的结果:凡是被欧盟委员会认为不符合各指令规定的谈判方式,以及在某个方面可能会违反指令规定的限制招标,成员国都不再使用了;在可能不适用谈判的情况下,成员国也不再会使用谈判。可以说竞争性对话的引入,修正了欧盟采购规则中的违法陷阱,至少遏制了采购过程中将这些采购方式的应用边界扩大化的趋势,[74]而英国和法国正是热衷于以上两种行为的国家。正是由于这一方面的原因,英国和法国成为竞争性对话使用频率最高的国家(见第 2 章)。

下面将对公开招标和限制招标的适用范围进行讨论,尤其是在旧版和新版指令的约束下,各成员国对这两种采购方式的应用。这些讨论对于 1.4 节关于竞争性对话的法律适用范围非常重要。

第一,与更加灵活的采购方式相对的公开招标和限制招标,在判断它们是否适用复杂合同时不能完全以客观概念为准,在很大程度上必须视总体情况而定,而各个成员国的总体情况又各不相同。爱罗史密斯强调指出,由于成员国现实情况(如腐败程度、训练水平和公共采购官员的技能)各不相同,其国家采购的目标各有差异,各目标之间的平衡方式也不尽相同,因此成员国对于如何保持透明性和灵活性的统一并最终达到国家各个采购目标(包括物有所值),各有各的一套做法。[75]因此,《指令 2004/18》只对成员国规定了最低程度的透明性,只要达到某个门槛价,成员国就可以在国家裁量权限内自行决定如何达到透明性和裁量权的统一。在前文指出,由于成员国国家情况各不相同,因此欧盟各指令具有一般"框架"性的特点;也正是因为这些不同,各成员国对于如何引导竞争性对话(以保留目前法律制度中的灵活性)、如何应用竞争性对话也有着各自不同的做法。事实上,某个成员国中的某个采购项目更适用公开招标、限制招标还是竞争性对话取决于各国的不同情况。举个例子来说,如果一个国家的腐败水平很高,那么在进行复杂采购时竞争性对话不会是最好的采购方式,因为腐败风险可能会超过招标阶段与经营者讨论所带来的潜在好处;但如果某个成员国认为腐败风险很低,那么该国就可以通过讨论得到更好的方案和合同条款,从竞争性对话中获益。正是由于这个原因,成员国对于是否需要针对复杂采购制定一个更加灵活的采购方式有着不同的看法,且竞争性对话在欧盟各成员国的受欢迎程度也不尽相同。例如,关于意大利的那一章(第 11 章)

---

[74] 在先前采购实践中这些采购方式的应用范围见 Burnett, *Competitive Dialogue*, 前注③, 第 20~21 页。

[75] Arrowsmith, 前注㉘。

指出,意大利在把竞争性对话纳入本国法律后,起初暂停了竞争性对话的使用,因为政府担心竞争性对话中的裁量程度可能会不适用于意大利,意大利现有授标方式足够了。

第二,关于公开招标和限制招标是否适用于某些复杂采购,取决于人们对公开招标和限制如何解释。事实上在涉及复杂采购的某些重要领域(包括前面提到的 2004 年以前人们使用某些"灵活"采购方式的某些重要领域)应用这些灵活性是否恰当,仍然存在着很大的争议。不过能够厘清这一法律不确定性的判例法少之又少,这一点倒是有些令人惊讶。法律上这些不明确的地方包括:修正投标书错误或不明确之处的余地有多大,⑦在预投标阶段与投标人讨论的余地有多大;⑦在这些过程中是否可以包括第二次正式投标;⑦投标之后是否可以完善合同细节,⑦这些采购方式在合同义务上有什么样的要求;⑧等等。欧盟法院对于这些采购灵活性的范围以及谈判余地的解释(见 1.4 节讨论),将会由于竞争性对话的引入进而取代先前的采购方式而受到影响:由于在复杂采购中不再需要公开招标和限制招标,因此欧洲法院可能会对它们采取一种狭义解释的态度,而这种狭义解释态度又会扩大竞争性对话的适用范围。

前面讨论的都是在欧盟各指令中具有明确规定的复杂采购,但是必须指出,许多复杂采购并不在欧盟各指令的约束范围内。如 1.1 节讨论的特许权采购和 B 类服务,就完全或部分地不受欧盟各指令或相关法规的约束,只要履行《欧盟运行条约》规定的少数几条义务即可。由于这些合同的相关规定在欧盟法规中很少,因此各成员国可能会有各自不同的方法,其方法可能与他国完全不同,也有可能从欧盟各指令中得到某些启发。本书后面各章将对成员国的这些方法进行讨论。例如,在葡萄牙,欧盟指令范围之外的项目往往通过包含一个谈判阶段的公开招标的方式进行,需要提交投标书,之后是对这些投标书进行谈判,接下来是决出最佳报价;⑧而在英国,竞争性对话引入之前,私人融资基础设施项目(如特许服务项目)是不受各指令限制的,但其授予方式与指令规定

---

⑦　见 1.5.7 节。

⑦　见 S. Treumer, *Technical Dialogue and the Principle of Equal Treatment – Dealing with Conflicts of Interest after Fabricom*, *Public Procurement Law Review*, 2007(16):99; S. Treumer, *Technical Dialogue Prior to Submission of Tenders and the Principle of Equal Treatment of Tenderers*, *Public Procurement Law Review*, 1999(8): 147。

⑦　见 Arrowsmith,前注③,第 544~545 页。

⑦　见 1.5.8 节。

⑧　见 1.5.8 节。

⑧　见 7.2 节。

的方式非常相似,见上文。⑧

1.2.3 竞争性对话的引入和发展

如前所述,竞争性对话于 2004 年通过《指令 2004/18》而引入到欧盟采购体系。该指令是对欧盟各采购指令进行广泛讨论的最终成果。这次广泛讨论始于欧盟委员会于 1996 年发布的绿皮书,名为《欧盟的公共采购:前路探索》(*Public Procurement in the European Union:Exploring the Way Forward*),⑧发起了对于欧盟采购政策的广泛辩论。绿皮书本不想引发大的法律变动,而是希望带来"一个稳定时期",⑧主要是想满足企业对相关规则的需求,并让它们能够利用这些相关规则。但是在接下来的讨论会上,人们强烈建议提高法律在复杂合同授予和其他领域的明确性。于是接下来的 1998 年欧盟委员会通讯⑧指出必须做出一些改变,包括要制订一种新的授予方式,可以让采购当局与经营者进行更多的对话。⑧经过 4 年左右的法律程序,欧盟对最初的欧盟委员会建议进行了大量修订,最终制定了新的"一揽子法规",这个"一揽子法规"包括《公共部门指令 2004/18/EC》和《公用事业指令 2004/17/EC》。我们现在已经知道,这两个指令已经在很大程度上取代了以前的所有指令,并在公共机构的采购方式中加入了竞争性对话。

1998 年,欧盟委员会通讯首次正式提出一种适用于复杂合同的新的采购方式,供大家讨论。当时欧盟委员会已经将这种采购方式称为"竞争性对话",只不过对这种采购方式没有提出相关细节。⑧欧盟委员会通讯指出,之所以提出这种新的采购方式,就是为了满足采购当局在采购期间也能进行对话的要求,因为并不是在所有情况下采购当局都能知道什么方案才是满足自己需求的最佳方案。而欧盟委员会认为采购期间能否与供应商进行对话,在公开招标和限制招标的相关法规中都没有非常明确的规定:

---

⑧　见 3.2.2 节。

⑧　欧盟委员会,绿皮书《欧盟的公共采购:前路探索》(*Public Procurement in the European Union:Exploring the Way Forward*),COM(96)583 final。

⑧　同上第 6 段:"希望在一定时期内能够保持此框架体系的稳定性,因此不打算做出根本性的改变……"。

⑧　欧盟委员会通讯,《欧盟的公共采购》(*Public Procurement in the European Union*),COM(98)143。

⑧　同上,2.1.2.2 节。

⑧　同上,2.1.2.2 节。该文件设想用这种新的采购方式作为一种标准采购方式将取代发布公告的谈判,而不是作为它的一种特殊形式。竞争性对话虽然适用范围有限(但大于发布合同的公告),但必须从狭义角度理解其适用范围。同上,2.1.2.2 节。

多种因素使欧盟委员会更加深切地认识到,在一些发展迅速的领域(如高技术领域),如果相关合同是特别复杂的合同,那么采购者虽然对于自身需求非常清楚,但并不知道什么方案才能最好地满足自身需求。此时就需要在采购者和供应商之间就合同进行讨论和对话。但是按照以往"传统"指令中规定的标准采购方式,在合同授予期间几乎没有讨论的余地,因此其灵活性不足以应对此类情况。[88]

同样,2000年版的新指令建议的解释备忘录强调了授标过程中对话的必要性,认为应当进行一些改变:该文件就对话的可能性甚至提出一种更加狭义的观点,认为在公开招标和限制招标期间是"不允许"进行对话的,只能在招标之前进行对话。[89] 该文件还指出,设计比赛的方式可能不足以发现最佳方案,因为在参与投标之前就开始的竞争,可能会把设计比赛胜出者吓跑,使他们无法参加后来的投标。[90] 该解释备忘录还反复强调了欧盟委员会的观点,即谈判的采购方式适用范围有限,没有把需要更大灵活性的情形都包括进去。

在可用采购方式上,欧盟委员会最初的2000年建议提出一种与现有竞争性对话有重大差别的采购方式。[91] 在此我们没有必要对这种采购方式进行详细分析,但建议中的两个要点值得一提:

第一,该采购方式与之后的竞争性对话相比灵活性更低,因为它提出仅就技术规格的起草进行讨论并以此形成技术规格,所有投标人都要以此技术规格为基础进行投标。[92] 而现在的竞争性对话则允许投标人按照自己的方案进行投标,这个技术方案可能与其他方案有很大的不同。详见下文。[93] 另外,建议中提出的这个采购方式又表现出与现行竞争性对话非常相似的某些特征,不同于限制招标,也不是简单地规定可以进行对话了事,而是又进了一步,如规定参与投

---

[88] 同上,2.1.2.2节。

[89] 欧盟委员会,《关于就协调公共工程合同、公共供应合同及公共服务合同授予程序制定一个欧洲议会与欧洲理事会指令的建议》(Proposal for a Directive of the European Parliament and of the Council on Co-ordination of Procedures for the Award of Public Works Contracts, Public Supply Contracts and Public Service Contracts), COM(2000)275 final/2,《解释备忘录》(Explanatory Memorandum),3.2节和3.4节。

[90] 同上,3.4节。

[91] 同上,第29条和第30条。另参见S. Arrowsmith, The European Commission's Proposal for New Directives on Public and Utilities Procurement, Public Procurement Law Review,2000(9):NA 126。

[92] 同上,第30条第(6)款和第(7)款,以及欧盟委员会《解释备忘录》3.5节。

[93] 见1.5.6节。

标的人数少于限制招标，[94]提交投标书大纲，[95]以及减少决标阶段的参与人数。[96]但是要求为所有投标人制定一个共同的方案，就与现在我们所知道的竞争性对话有很大差别，而投标人众多，显然不能满足所有人的需求（见 1.5.6 节）。

第二，在最初的建议中，新提出来的采购方式并不是一种独立的决标方式，而是发布公告的谈判的一个样式——按照规定，当采购者无法确定自身需求方案时就可使用发布公告的谈判的采购方式，这是一个新的规定。但同时又规定在此时使用谈判时，必须遵守特别的程序规则。[97] 之所以会有这样的规定，是"为了避免采购方式上的多重性"。[98] 实际上这显然是不实之言，因为它虽然披的是谈判的外衣，但实质上就是一种新的采购方式。这种采购方式后来被放弃了，相关解释见下文。

通过对相关问题的进一步分析，最初提出的建议被完全推翻，重新起草。修订后的草案于 2001 年 5 月 31 日由欧盟委员会公布。[99] 这个草案与原先的方案有很大不同，与现行竞争性对话相当接近。按照这个新的方案，竞争性对话是一种独立的决标方式，其使用条件与现行竞争性对话相似；[100]预期投标人按照自己的方案提交投标书；其中的许多规则与现行竞争性对话相同，只是在最后确定竞争性对话规则时对内容进行了补充和调整。

与欧盟采购指令中的其他规则一样，最后确定的竞争性对话规则表现出某些成员国法律规则与实践的影响。竞争性对话的使用前提与法国"基于业绩的招标"的规定高度一致，相关论述见第 4 章。法国的"基于业绩的招标"是限制招标的一种，用于某些复杂采购。另外，竞争性对话的结构在很大程度上与英国私人融资公共设施项目的决标方式是一致的，英国的这种方式对竞争性对话的影响似乎很大。相关解释见第 3 章。[101] 因此，竞争性对话不仅可以在决标过

---

[94] 草案第 30 条第（7）款规定最终投标书的数量不得少于 3，比限制招标的规定少了两个（但根据被采用的竞争性对话方式，两个也是可以的：参见 1.5.7 节）。

[95] 见欧盟委员会，《建议》，前注[89]，第 30 条第（2）款和第（5）款。

[96] 同上，第 30 条第（1）款。

[97] 同上，第 30 条。

[98] 同上，3.6 节（《解释备忘录》（*Explanatory Memorandum*）。

[99] DG C II，《关于就协调公共工程合同、公共供应合同及公共服务合同授予程序制定一个欧洲议会和欧洲理事会指令的建议》（*Proposal for a Directive of the European Parliament and of the Council on the Co-ordination of Procedures for the Award of Public Supp Contracts, Public Service Contracts and Public Works Contracts*），工作文件，SN 2325/1101 REV 1（MAP），第 30 条。

[100] 同上，第 30 条第（1）款。使用设计竞赛还有一个条件，但并不恰当，因此在最终版本中没有将这个条件包括进去。

[101] 见 3.2 节。

程中进行对话(这是最为主要的一个调整),而且带有英国 2004 年以前的采购实践特征,尤其是在决标阶段可以让更少的人参与决标(一开始是 3 人,而限制招标则为 5 人)、决标阶段可分阶段进行(包括不同的投标阶段),而且在此阶段可以减少参与者的人数。决标过程中的这些特征与该程序中的对话范围有关,因为这些规则的目的就是减少对话过程中的成本,但是这些特征并不是接受对话的必然结果。

1.2.4 当前规则综述

在《指令 2004/18》中,与竞争性对话的适用范围和操作方法有关的主要条款是第 29 条和第 1 条第(11)款。前者专门针对竞争性对话,而后者则对各决标方式进行了定义。另外,与竞争性对话有关的其他规定分布于其他条款,这些规定适用于所有或部分决标方式,也适用于竞争性对话。

从适用范围来看,竞争性对话适用于受《指令 2004/18》约束的所有合同,同时这些合同中的采购当局客观上无法确定满足自身需求或目标的技术方案,和/或客观上无法明确相关项目的法律和/或资金结构。[102] 另外还有一个必要条件,就是采购当局认为采用公开招标或限制招标的方式无法完成合同的授予。[103]关于竞争性对话应用的法律要求以及竞争性对话在各成员国的实际应用见 1.4节。该节讨论依据的是第 2 章对竞争性对话的详细分析,以及以下各章节对各成员国应用情况的论述。

按照法规,竞争性对话的操作可分为五个不同阶段,见表 1.1,相关论述见1.5 节。

表 1.1 竞争性对话的结构

1. 广告阶段	在《欧盟官方公报》上发布合同公告
2. 对话参与者筛选阶段 第 44～52 条	适合性
	从合适人选中选出候选投标人
3. 对话阶段 第 29 条第(3)～(5)款	确定方案并可能对参与者人数进行缩减
4. 最终投标阶段 第 29 条第(6)款	提交完整投标书并选出最具经济优势标
5. 投标后阶段 第 29 条第(7)款	资金的说明与确认;通知与公示;合同授予公告

---

[102] 《指令 2004/18》第 29 条第(1)款,以及第 1 条(11)款第(c)项,都对特别复杂的合同进行了定义。

[103] 《指令 2004/18》第 29 条第(1)款。

法规中明确提到的第一个阶段是发起阶段,需要在《欧盟官方公报》上发布一个"合同公告",就相关合同发布一个广告,相关讨论见 1.5.4 节。在实践中应当先有一个认真计划和准备阶段,相关讨论见 1.5.2 节。在第 29 条没有针对该阶段的任何法规,但显然要遵守《指令 2004/18》中关于平等待遇和其他一般原则的规定。

第二个阶段是选出邀请参加对话阶段的经营者。这个筛选包括两个方面:第一个方面,对于有意达到参与标准的人,至少要进行临时性的评估,如通过相关经验进行评估,以减少参与者的人数。该措施称为适合性评估。第二个方面,与限制招标和发布公告的谈判一样,如果适合参与对话的人太多,那么采购当局可只选择一部分人参加。该阶段的相关规定见《指令 2004/18》第 44~52 条,相关分析见 1.5.5 节。

后面的三个阶段都与《指令 2004/18》中的决策阶段有关,称为决标阶段。在决标阶段,采购当局要取得各候选人提交的相关信息,并应用决标标准选出最具经济优势标。在该阶段第一部分,采购当局也可以按照公告和说明文件设定的参数(通常较为宽泛)选出可能入选的方案。

这三个"决标"阶段的第一个阶段即上述五段过程的第三个阶段在《指令 2004/18》中称为"对话"阶段。这个阶段处于提交最终投标书之前。在这个阶段,采购当局可以与选出的经营者就合同所有方面进行讨论。在这个阶段,采购当局可以(从技术、法律和/或资金方面)筛选合适的方案,并考虑这些方案的履行条件(包括价格和其他资金方面的条件)。在这个阶段,采购当局可按照方案是否合适和/或条件是否具备,进一步对参与对话的人数进行删减。欧盟各国如何组织这一阶段有很大的灵活性,可能会有各种不同的方法:可以安排讨论,同时又安排一次或多次投标阶段,包括提交临时投标书以供后来进行讨论,和/或减少参与对话者的人数或提交的投标书数量。从某种程度上来说,"对话"这个说法可能会引起误解,因为这个阶段可以有投标和讨论两个方面,也可以不进行任何讨论。该阶段相关规则见《指令 2004/18》第 29 条第(3)~(5)款,相关讨论见 1.5.6 节。

对话阶段的后面就是第四个阶段。在这个阶段,仍然参与其中的人要提交完整的最终投标书,采购当局要选出最具经济优势标。如前所述,投标书可以某个方案为基础,也可以让投标人按照自己的方案进行投标。最具经济优势标必须从这些投标书中选出,而且这些投标书必须相对完整。这是竞争性对话的一个重要特征。该阶段相关规则见《指令 2004/18》第 29 条第(6)款,相关讨论见 1.5.7 节。

第五个阶段在《指令 2004/18》中称为投标后阶段,也就是从最终投标书中选出最具经济优势标之后的阶段。《指令 2004/18》规定,在这个阶段可以"对资金进行说明和确认"(见第 29 条第(7)款),还要向投标失利者发送授标通知和停顿期通知,并发布一个合同授予公告。这一点与其他采购方式是一样的。相关问题的讨论见 1.5.8 和 1.5.9 节。

1.3 竞争性对话采购方式的法律实施: 综述及对欧盟统一采购制度的影响

竞争性对话作为一种决标方式对成员国来说具有非强制性,这一点在《指令 2004/18》解释性条款第 16 条得到了确认。该条明确规定,"应当允许成员国自行决定其采购当局是否可以使用"竞争性对话,并首次明确提出了可以使用的其他采购方式,如电子拍卖和框架协议。这样做似乎更加强调这些新的采购方式和方法只是一些原则性的东西,成员国可自行决定本国可采用何种采购方式。相关解释见 1.2 节。欧盟的各个指令只是设定了最低透明标准和准入标准,而成员国可自行决定本国采购当局能否得到指令所允许的各种灵活性。

在实践中成员国都在本国法律中就竞争性对话做出了规定,[104]甚至包括认为没有必要将竞争性对话加入指令并因此在实践中很少使用竞争性对话的国家,如葡萄牙和立陶宛,以及根本就从未使用过竞争性对话的国家。[105]为了尽快利用竞争性对话带来的更大的灵活性,一些国家,尤其是法国和德国,在新指令各项义务转化为成员国国内法的最后期限之前,就把竞争性对话引入本国法律。[106]

成员国除可以自行决定其采购当局是否可以使用竞争性对话外,似乎还可以对竞争性对话的一些规则进行删减,只要保证符合指令本身要求即可,也可以对这些规则进一步补充,提出新的要求,以便通过竞争性对话更好地达到本国采购目标。

[104] 见欧洲 PPP 专业技术中心(European PPP Expertise Centre,EPEC),《欧洲 PPP 采购以及竞争性对话的使用——欧盟公共领域实践回顾》(Procurement of PPP and the Use of Competitive Dialogue in Europe – A Review of Public Sector Practices across the EU)(2011),见于 www. eib. orglepeclresources/epec – ppp – procurement – and – cd. pdf。

[105] 见 1.4 节。

[106] 分别见 4.3 节和 5.3 节。

在实践中大部分成员国都是将《指令 2004/18》中的条文几乎原封不动地照搬到本国法律中,没有增加任何补充要求,因此成员国的采购当局可以得到《指令 2004/18》中的所有灵活性,如是否使用竞争性对话,如何使用竞争性对话。本书研究的成员国中大部分采取了这种态度,只有葡萄牙是一个例外,而其他成员国也大都如此。[107] 相关讨论见下文各章。

《指令 2004/18》的这种宽泛要求也不是没有例外和限制,因此成员国有时候把本国采购法中的某些一般要求应用到竞争性对话中。如成员国一般会要求在国内公开出版物或国家网站上发布广告——竞争性对话和其他采购方式都有这一要求。本书研究的成员国中,法国、意大利、荷兰、波兰、立陶宛和西班牙都把这样的要求延伸到竞争性对话上。[108] 把一般性规则延伸到竞争性对话上的另一个例子是西班牙。西班牙要求在评估阶段使用评标委员会(西班牙还要求在使用竞争性对话时,评标委员会必须有专业知识)。[109] 成员国在其他几个方面也提出了新的要求,在某种程度上对《指令 2004/18》规则进行了补充。

在意大利的采购法中有一些额外规定,如竞争性对话适用范围的规定,竞争性对话开始时公布的说明文件内容的规定,以及在对话第一阶段随投标书一起提交可行性研究的要求。[110] 波兰则要求对话过程中参与人数不得少于 5 人(而欧盟规定人数为 6 人),且暗示(没有明确提出)法律不允许在对话过程各个阶段减少对话人数。[111] 这些额外要求加起来会让竞争性对话的成本比其他成员国更高,灵活性也不如其他大部分成员国。另外法国和德国还规定,在某些情况下要对投标人的投标书成本进行补偿。[112] 不过成员国大多没有针对竞争性对话的某些重要方面(如怎样组织灵活性很高的对话阶段)制定具体的可执行性法规。

某些国家(如英国和丹麦)在面对欧盟采购规则时,只是重复欧盟指令中的要求,不增加任何实质性内容,因为这些国家一直具有这样的传统;但也有一些国家习惯把欧盟法律整合到本国法律中,使其成为本国法律的一部分,进而使本国采购法成为一个超出欧盟法律要求、内容更加详尽的国内采购制度。面对

---

[107] 欧洲 PPP 专业技术中心(EPEC),前注[104],附录 II。

[108] 见各章 5.4 节各国情况。葡萄牙还要求在国家级刊物上进行公告,另外其国内法中还有许多其他法规。相关讨论见下文。

[109] 见 4.2 节。

[110] 见第 11 章和第 3 章。

[111] 见 9.5.5 节和 9.5.6 节。

[112] 见 1.5.10 节。

竞争性对话,这两类国家都采取了照搬《指令 2004/18》要求,不增加任何实质性内容的态度,实在是令人惊讶。例如,法国针对竞争性对话就采取了"最低要求"的态度。但不管是在加入欧盟之前还是之后,法国的公共采购在引入竞争性对话之前一直受《公共采购法》(Code des Marches Publics)的约束。该法非常详尽,比欧盟各指令的要求详尽得多。[113] 如引入竞争性对话之前法国的"基于业绩的招标"是一种应用于许多复杂合同的决标方式,是欧盟限制招标的一个种类,但它具有许多额外的详尽规则。该决标方式后来被竞争性对话所取代。值得一提的是,虽然法国目前的公共采购制度仍然有许多超出欧盟采购指令的规则,但这种规则越来越少了。法国在面对 2004 年欧盟各指令其他创新(如框架协议)时,也越来越多地采取一种"最低要求"的态度。[114] 本国具有非常详尽的法律制度,但对竞争性对话采取几乎照搬指令条款的国家,包括西班牙、波兰和立陶宛。[115] 各成员国之所以会采取这样的态度,在某种程度上可能是因为竞争性对话相对较新,各国没有实施经验,因此人们并不知道如何去规范这种采购方式,[116] 也担心制定了超出欧盟法律要求的条款会因为与欧盟法律要求不一致而遭到起诉,尤其因为欧盟判例法很不明确,也没有什么可预见性。[117]

在前面提到,在这个原文照搬指令条款的大潮中,葡萄牙是一个例外。将在第 7 章指出,葡萄牙与竞争性对话相关的法律剥夺了指令赋予采购当局的所有灵活性,如在对话阶段禁止减少参与对话者的人数和方案,所有投标人必须在同一方案的基础上提交最终投标书,而不是按照自己的方案提交投标书。以上两点与其他国家实施竞争性对话的常规方式有很大不同。[118]

由于各成员国在制定本国法律时一般采取原文照搬的形式,更由于欧盟针对复杂合同又制定了一个更具针对性而相关规定又更加宽泛的决标方式,因此与之前相比,欧盟在公共采购方式方面有了更高的法律一致性,从法律角度来

---

[113] 见 4.1 节。

[114] 见 L. Folliott – Lalliot, *The French Approach to Regulating Frameworks under the New EC Directives*, in J. Tilipman, S. Arrowsmith(eds.), *Reform of the UNCITRAL Model Law on Procurement*, Thomson Reuters/West, 2010:193。

[115] 分别见第 8 章和第 10 章。

[116] 英国长久以来一直使用一种类似于竞争性对话的采购方式,但其法律规则不限于该指令提出的要求,也不仅通过政府指南的方式解决新出现的政策问题。见 3.2 节。

[117] 见 S. Arrowsmith, *The Past and Future Evolution of EC Procurement Law: From Framework to Common Code?*, Public Contract Law Journal, 2006(35):337。

[118] 相关说明见 1.5.5 节和 1.5.6 节;虽然最终被废止,但波兰法律也禁止在对话期间淘汰经营者或方案。

说,这个一致实际上超出了欧盟法的要求。但绝不能因此认为不规定相关规则就会带来法律上的一致性,因为在指令之外再制定本国相关规则可以协调本国采购当局的采购实践。

爱罗史密斯在前面指出,欧盟采购法之所以促使各成员国在采购方式方面达到一致,另一方面的原因是欧盟指令中没有相关规则的采购,各成员国一般会按照相当于《指令 2004/18》规定的规则进行。⑲ 从这一角度来看,可以说竞争性对话的引入促进了欧盟指令以外的采购方式的统一,见 1.4 节。作者在该节指出,这些在《指令 2004/18》中没有明确规定的采购方式,都在一定程度上使用了某种类型的正式或非正式的竞争性对话。由于此类采购方式在欧盟法中的规定并不全面,因此将竞争性对话一类的采购方式应用于此类采购,无论是从理论还是从实践上都促进了或者说能够促进《指令 2004/18》约束之外的采购方式的统一。不过此类采购方式的统一程度取决于各个因素,如 2004 年之前各国法律和实践有多大不同,以及如何使用竞争性对话。需要对此进行进一步研究才能得出最终结论。

在研究竞争性对话时发现,各国为了达到法规上的统一,在制定本国公共采购法和政策时往往会参照他国的法律和政策。⑳ 如在丹麦,人们成立了一个丹麦评议机构对英国和法国的竞争性对话政策进行评议,对于竞争性对话的适用范围是否进行变通进行了讨论,㉑而英国某些类型的私人融资公共设施采购的合同与采购方式标准,则经荷兰法律的调节后被应用到荷兰某些类型的交通项目中。㉒

1.4 竞争性对话的适用范围㉓

1.4.1 引言

在讨论竞争性对话的适用范围时应当指出,法律在这一点上的不明确性很大,而且法律上的这种不明确性至少抑制了某些国家(如德国和丹麦)对于竞争

---

⑲　Arrowsmith,前注⑰。

⑳　相关讨论还是参见 Arrowsmith,前注⑰。

㉑　见 6.4 节。

㉒　见 12.5.7 节。

㉓　另特别参见 Arrowsmith,前注③,第 632 ~ 635 页;Treumer,*The Field of Application of Competitive Dialogue*,前注③;Burnett,*Developing a Complexity Test*,前注③。

性对话的使用。⑫ 欧盟指令中关于竞争性对话适用范围的条款措辞相当含糊,分布于其他相关法规和解释性条款中的相关规定也因其碎片化而于事无补。相关条款的措辞和解释性条款的内容只是其中的两个方面,另外还要考虑引入竞争性对话的目的,欧洲法院的判例法,欧洲法院如何解释,欧洲法院其他采购判例法的判决趋势,成员国国内的判决法,成员国对竞争性对话的使用方式,国内采购法的实施情况,以及欧洲委员会的相关指南和执行诉讼。在此我们必须牢记,竞争性对话引入目的是简化采购方式,提高欧盟制度的灵活性,防止采购当局对于现有采购方式的不当使用,即对发布公告的谈判的过度使用以及对限制招标的灵活操作(见1.2节)。⑫

1.4.2 《指令2004/18》中关于适用范围的规定

如前所述,竞争性对话并不可用于所有合同,而只能用于《指令2004/18》规定的某些情形。第28条规定,采购当局在29条明确规定的特别情况下可使用竞争性对话。而第29条又规定,成员国可规定在遇到"特别复杂的合同"时,如果采购当局认为使用公开招标或限制招标无法完成决标,则可根据该条规定使用竞争性对话。《指令2004/18》第1条第(11)款第(c)项就什么是"特别复杂的合同"进行了定义,也就是说在这种情况下,采购当局客观上无法按照第23条第(3)款第(b)、(c)或(d)项的规定确定以何种技术方式达到自身具体需求或目标,和/或客观上无法明确项目的法律和/或资金结构。

《指令2004/18》解释性条款第31条规定:

在采购当局应对特别复杂的合同时,可能会发现由于非自身原因,客观上无法确定以何种方式方能满足自身需求,或者无法判断市场会提供何种技术方案和/或资金方案。此情况尤其容易发生于重大综合性交通基础设施建设项目、大型计算机网络项目或者涉及复杂的结构融资的项目。这些项目的资金和法律结构无法事先确定。如果通过公开招标或限制招标的方式无法完成此类合同的决标,则应提供一种更加灵活的方式,既保留经营者之间的竞争,采购当局又可以就合同各方面与各投标候选人进行讨论。

可以发现,这个解释性条款与《指令2004/18》本身的措辞是完全不同的,

---

⑫　分别见5.4节和6.4节。这一点与英国的观点是不一样的。英国人认为竞争性对话的使用风险不高,见3.4.2节。

⑫　在欧盟委员持的通讯中进行了强调,见前注㉟,第2节。

提到了当客观上无法确定以何种方式方能满足采购当局的需求或无法评估相关方案时,可以使用竞争性对话。不过应当注意的是,虽然解释性条款的某个说法可能会对理解某个法律规则有好处,但它本身并不能成为一个法律规则。[126]

1.4.3 欧洲法院

上述条款奠定了解释竞争性对话适用范围的根本基础。但是我们在前面说过,相关条款和解释性条款的措辞只是其中需要考虑的因素之一,还要考虑欧洲法院的判例法。欧洲法院在其判例法中还没有考虑这个问题,也没有考虑与竞争性对话有关的法律条款。据我们所知目前也没有等待判决的案子。这一点值得引起人们的关注,因为竞争性对话这种采购方式已经引入五年多,在实践中应用了数千次。

必须指出,欧洲法院以其对欧盟法的目的性解释和动态解释而闻名,而竞争性对话的引入,就是为了给复杂合同,尤其是为"重大综合性交通基础设施项目、大型计算机网络项目,或者涉及复杂的结构融资的项目"提供一种更加灵活的采购方式(见上述解释性条款第 31 条)。尽管有人会提出对于指令的措辞必须采取一种狭义解释的态度,但是必须考虑竞争性对话相关法规的立法历史和目的,应当支持人们的灵活务实态度。另外与以前相比,欧洲法院在解释采购法规时往往采取一种更加灵活、更加务实的态度。还有一点是欧盟委员会最近输掉了几个案子,而这些案子按照以前判例法的狭义理解方式,应当是会赢的。[127]

1.4.4 欧盟委员会

欧盟委员会扮演了欧盟条约"卫士"的角色,如果它认为有人违反了欧盟法规,就会向欧洲法院提起诉讼,在起草《公共部门指令》时也起到了领头作用,因此必须考虑欧盟委员会对于竞争性对话相关法规的解释和态度。在竞争性对话方面,相关的执法行动少之又少。本书作者根本就没有找到欧盟委员会因质疑竞争性对话的实施方式而提起的诉讼案件,因此说欧盟委员会可能已经接受了各成员国应用竞争性对话的方式。

欧盟委员会的书面材料也说明它对灵活应用竞争性对话是持支持态度的。

---

[126] 案件 C－215/88(Case C－215/88)卡萨·弗莱施汉德尔诉联邦国防军(Casa Fleischhandels v. Bundesanstalt fürLandwirtschaftliche Marktordnung)[1989]ECR 1－2789。

[127] 案件 C－480/06(Case C－480/06)欧盟委员会诉德国(Commission v. Germany)[2009]ECR 1－4747;及案件 C－250/07(Case C－250/07)欧盟委员会诉希腊(Commission v. Greece)[2009]ECR 1－4369。另参见前注[16]中与《欧盟运行条约》有关的案例。

下面是几个非常重要的例子：

第一，竞争性对话适用范围的一个重要界定因素是对"特别复杂的合同"的定义。在说明性条款第31条中，可以找到对"非自身原因"的疑似说明，对于第11条第(1)款第(c)项中("客观上无法确定以何种方式方能满足自身需求，或者无法判断市场会提供何种技术方案和/或资金方案")的意义，在《公共部门指令》的准备性文件中可以找到相关解释。该准备性文件指出：

其复杂性必须非常明确且采购当局具有客观理由，因此并不是指主观上的不可能，也就是说不是指采购当局自身的不足。采购当局不可简单地声称其自身无法提出明确说明或评定方法就万事大吉，它必须拿出证据证明自身因合同性质而客观上无法做到这一点。从判例法来看，这可能是说采购当局必须证明此项目尚无前例，或者说要取得必要相关知识，需要付出的时间和金钱过多。[128]

以上尤其重要的一点是指出在什么样的条件下才可称为客观上无法确定项目的实现方式，或者是需要付出过多的时间和金钱才能获得完成项目所需要的知识。

欧盟委员会发布的《竞争性对话解释说明》(*The Explanatory Note on Competitive Dialogue from the European Commission*，以下简称为《解释说明》)[129]也非常重要，但在此必须指出，该解释并没有反映出欧盟委员会的官方立场。该文件在解释竞争性对话的适用范围时在数个方面采取了灵活态度：

第一，在提到由于公私伙伴关系项目在法律或资金方面的复杂性而使用竞争性对话时所发表的言论。欧盟委员会指出，这样的情况在公私伙伴关系项目中十分常见。[130] 欧盟委员会明确指出，如果某个项目被称为"PPP项目"，并不意味着它本身一定存在法律或资金上的复杂性。[131] 需要注意的是，欧盟委员会给出的例子都是涉及私人融资的项目，说明欧盟委员会当时在做出这种说明时只想到了这种特别（常见）的"PPP项目"。不过在公私伙伴关系这类重大项目中使用竞争性对话的建议再明显不过了，而且欧盟委员会的简洁陈述也说明在这种情况下使用竞争性对话的空间很大。

---

[128] 《解释备忘录》(*Explanatory Memorandum*)，前注89，第26页。

[129] 《解释说明》(*Explanatory Note*)，前注33。

[130] 同上，第2.3节。关于竞争性对话在公私伙伴关系项目中的适用性，另参见欧盟委员会《公私伙伴关系及欧共体公共合同与特许经营法绿皮书》(*Green Paper on Public - Private Partnerships and Community Law on Public Contracts and Concessions*)，COM(2004)327 final，第8~11页。

[131] 同上，第2.3节。

第二,欧盟委员会在解释什么是"客观上无法确定技术方案"时,显然不是指采购当局能否确定某些技术规格,而是说它能否确定满足自身需求的最佳方案。《解释说明》[132]提到了这样一个例子:某采购当局想把河两岸连接起来,但不知道是建桥好还是建隧道好。欧盟委员会指出,虽然该采购当局能够明确造桥的技术规格,也能明确隧道的技术规格,但此时是可以使用竞争性对话的,因为采购当局无法确认最佳方案。实际上,如果这个例子中的采购当局对各个方案进行对比找出其中的差异,不可能无法确定哪一个才是满足自身需求的方案,因此竞争性对话也不可能适用。但是,欧盟委员会的主要意思是竞争性对话可以用来确定最佳方案,这一点是非常重要的(也会在下文论述其正确性)。另外还可以说,这种特别(极端)的例子也说明欧盟委员会在竞争性对话的适用范围方面持灵活态度。

总而言之,欧盟委员会似乎暗示它对竞争性对话的适用范围持一种灵活态度。

1.4.5 解读竞争性对话的适用范围:一些具体主张

以上讨论及下文即将进行的讨论,将对下面几个(在某种程度上)与竞争性对话适用范围有关的主张提供支持:

> 主张1:竞争性对话不是一种例外。

第一个主张是不可将此采购方式认为是不发布公告的谈判的一种例外情况。[133] 关于不发布公告的谈判,欧洲法院认为,不发布公告的谈判[134]有一种例外情况,在这种例外情况下可以不受欧盟法一般法规的约束,因此对于这种例外情况必须进行狭义解释,[135]由试图应用此例外的人承担举证责任,证明例外情况

---

[132]　同上,第 2.2 节。

[133]　另参见 Arrowsmith,前注③,第 632 页。

[134]　相关案件与发布公告的谈判无关,但与不发布公告的谈判有关系,即便如此,我们还是可以说前者并不是一种例外:见 Arrowsmith,前注③,第 560～561 页。

[135]　案件 199/85(Case 199/85)欧盟委员会诉意大利(Commission v. Italy)[1987]ECR 1039,第 14段;案件 C-71/92(Case C-71/92)欧盟委员会诉西班牙(Commission v. Spain)[1993]ECR 1-5923,第36 段;案件 C-328/92(Case C-328/92)欧盟委员会诉西班牙(Commission v. Spain)[1994]ECR 1-1569,第 15 段;案件 C-57/94(Case C-57/94)欧盟委员会诉意大利(Commission v. Italy)[1995]ECR 1-1249;案件 C-318/94(Case C-318/94)欧盟委员会诉德国(Commission v. Germany)[1996]ECR 1-1949;案件 C-385/02(Case C-385/02)欧盟委员会诉意大利(Commission v. Italy)[2004]ECR 1-8121,第 19 和 37 段。

的存在。[⑬④]

虽然不发布公告的谈判提出了使用例外情况的具体要求，但竞争性对话显然与这种例外是不一样的。之所以如此，是因为按照不发布公告的谈判方式，可以既不发布公告，也不进行招标就授予合同，完全背离了欧盟指令中的透明性基本原则，进而平等待遇和非歧视性也得不到保证。与此相反，竞争性对话有高度的透明性，尤其表现在招标、投标人筛选客观标准，以及必须按照完整的最终投标书选出中标人的要求。从这些方面来说，竞争性对话与不发布公告的谈判相比更加接近公开招标和限制招标。虽然与其他方面相比，竞争性对话在对话阶段有更多的裁量权，但并不是说它不受《指令 2004/18》基本原则的约束，而是在对话过程中因为复杂采购的特别需求而受这些原则约束的范围较小而已。在此应当指出，当欧盟委员会第一次提出一个适用复杂合同的全新的采购方式时，明确指出这种采购方式与公开招标和限制招标一样，是一种"标准"的采购方式，而不是某个采购方式的例外。[⑬⑤] 某个采购方式不适用于所有情形，并不是说它本身受限：欧洲法院在不发布公告的谈判的基础上提出的"例外"原则，说的是相关规则内容上的例外，即这个内容是豁免于欧盟法基本原则的，而不是想从立法上限制它的使用。

即使发布公告的谈判和不发布公告的谈判被视为一种例外，[⑬⑥]欧盟各指令对于这方面的解释在措辞上显然留出了余地，因为《指令 2004/18》把竞争性对话与上述两个谈判方式区分开了。第 28 条开始陈述各个采购方式，而关于竞争性对话的规则（第 29 条）和两个谈判方式的规则（第 30 条和第 31 条）分布在不同的条款。

这样做的结果是不发布公告的谈判并不是自动适用。如果想应用不发布公告的谈判，那么举证责任在于应用方，由他们拿出证据证明应用此采购方式的证据确实存在，[⑬⑦]因为他们可以得到相关证据。但是我们认为，如果给采购当局相对较大的裁量空间，由他们判断是否可使用不发布公告的谈判（公开招标和限制招标不适用）是不正确的。

另外，认为应当对竞争性对话的所有适用原则都像例外一样进行非常狭义

---

⑬④ 同上，案件 199/85（Case 199/85）第 14 段；案件 C-328/92（Case C-328/92）第 16 段；案件 C-57/94（Case C-57/94）；案件 C-318/94（Case C-318/94）；案件 C-385/02（Case C-385/02）第 19 段。

⑬⑤ 也不能取代竞争性的谈判：见《解释说明》（*Explanatory Note*），前注⑧，2.1.2.2 节。

⑬⑥ 相关内容参见前注⑬③。

⑬⑦ 也是 Burnett 的观点。Burnett, *Competitive Dialogue*, 前注③，第 27 页。关于实践中的应用条件参见 Burnett, *Competitive Dialogue*, 前注③，第 27~28 页。

的解释也是不正确的,因为在考虑竞争性对话是否适用时,必须对各方利益进行平等综合的考虑,包括在 1.2 节讨论的为适应各国法律上的不同而采取一些灵活措施。

如果根据以上论述得出竞争性对话不是不发布公告的谈判的一种例外,那么可以得出以下新的原则。这些原则本身依据的并不一定是竞争性对话的非例外性,因为这些原则还有其他依据。

> 主张 2:当采购当局无法确定满足自身需求的技术方法或相关项目的最佳法律或资金结构时,可以使用竞争性对话。

主张 2 是更加具体的一个主张,即竞争性对话是否适用在于采购当局是否客观上无法确定满足自身目标的技术方法,或者无法确定相关项目的最佳法律和/或资金结构(见《指令 2004/18》第 1 条第(9)款)。它不仅指采购当局无法明确或指定任何方案,而且指无法明确或指定最佳技术(注:加着重点的词为本书作者所加,下同)、法律和/或资金方案。[14]

这一点首先体现在对对话目的的陈述上。第 29 条第(3)款明确指出:对话目的是"明确或指定满足采购当局需求的最佳方法"。根据欧洲法院的解释原则,在解释法律条款时,应当从法律整体出发,而这个整体显然是支持主张 2 的。

我们的这个观点还得到了解释性条款第 31 条的支持:这里指的是采购实体可能客观上无法确定以何种方式才能满足自身需求,或者无法判断市场会提供何种技术方案和/或资金方案。这样一来,无法确定相关方式与无法判断市场提供的各种可能就被明确地关联起来。

另外,引入竞争性对话的历史背景也对上述主张形成了强烈支持。竞争性对话的引入是为了适用于复杂合同,其适用范围广于发布公告的谈判。1.2 节指出,英国在私人融资基础设施合同上使用的是谈判的方式。欧盟委员会对英国使用谈判的理由,即(工程和服务合同)总价无法确定,(服务合同)规格无法确定提出了异议,于是人们针对此类合同的决标引入了竞争性对话,因为竞争性对话比谈判的适用范围更广(说明性条款第 31 条也提到了这一点)。如果仅仅因为采购当局无法确定技术方法就认为相关合同是特别复杂的合同,就好比把谈判仅仅局限于无法确定规格一样,完全背离了竞争性对话的引入初衷。即使离开这个历史背景,《指令 2004/18》中关于引入竞争性对话的理由的措辞也

---

[14] 另参见 Arrowsmith,前注③,第 633 ~ 634 页;Treumer, *The Field of Application of Competitive Dialogue*,前注③,第 312 页。

是对我们上述主张的支持,如果同样条件下可以使用谈判,那么竞争性对话的使用就没有意义了(因为此时竞争性对话可以整合到后一种采购方式中),因此仅仅是文字本身就说明了这两种采购方式的适用范围是不一样的。

另外要注意的是,1.4.4节指出,欧盟委员会对于竞争性对话的《解释说明》似乎也对上述解释形成支持。

主张2并不是以主张1为基础的,即使对竞争性对话的例外性持狭义解释的态度,主张2显然得到了条款措辞和历史背景的支持。

> 主张3:当采取其他方式需要的时间和/或成本过多时,可以使用竞争性对话。

主张3的意思是,当使用其他方式确定项目的技术、资金和/或法律结构必须花费过多时间和/或成本时,可以使用竞争性对话。同样,时间和成本以外的困难,尤其是在设计和实施阶段如何引起足够的竞争也是非常重要的。如1.2节所述,如果设计比赛的胜出者既参加设计比赛又参加实施阶段的竞争,则可能会引发利益上的冲突,因此设计和实施阶段是分开的。换句话说,由于第1条第(11)款规定了什么才是适用竞争性对话的复杂合同,因此采购当局"客观上无法"确定相关项目的(最佳)技术、法律或资金结构,指的是这样做会面临很多问题,而不是绝对的不可能。在1.4.4节指出,此主张在《指令2004/18》的准备文件中也得到了支持。必须指出,法国立法者在解释什么是复杂合同时依据的就是这个观点。[141] 法国在这一方面的司法实践非常值得关注,因为2004年以前的法国法律在很大程度上激发了人们对竞争性对话适用条件的制定。[142] 另外,怎样才算是成本过高,要根据成员国的不同政策和价值观来定(见1.2节)。例如,某个成员国的一次设计比赛需要的成本与另一个成员国相比有所不同,因为两国条件不同或者对于利益冲突的法律规则不同。[143]

可能有人会提出,解释性条款第31条提到的客观上不可能确定技术方法,或者不可能判断市场将提供何种方案,可能指的是采购当局不知道什么样的方法才能(最好地)满足自身需求,或者什么样的项目结构才是最好的结构。对于该条款必须进行狭义解释。但是对于文本的真正意义,解释性条款并不具最终

---

[141] 法国法律规定,当采购当局无法"事先独立"确定合同规格时,相关合同即为特别复杂的合同:"est objectivement dans l'impossibilité de définir seule et à l'avance",参照《公共采购法》(*Code des Marchés Publics*)第36条,2008年12月19日通过《合作关系合同第2008–1355号法令》第4条进行修订。

[142] 见4.2节。

[143] 有一些国家禁止参加设计比赛的人参加竞争性对话,也有一些国家不禁止。

性,而且前面提到的几点都说明它不具有最终性。不管怎样,当某个行为过程
特别困难时,就可以理性地认为这种"不可能性"是真实存在的。

> 主张 4:当判断某个采购当局是否"客观上"能够确定合同的技术、资金或
> 法律结构时,是以同规模、同性质的"理性"采购当局为基础的。

主张 4 涉及第 1 条第(11)款中的措辞"客观"。该条款用这个词形容采购
当局确定相关合同的技术、资金或法律结构的能力。这说明应当按照同规模同
性质的"理性"采购当局为基础,但是另一方面,采购当局的具体情况尤其是其
以往经验并不是与该能力的评判毫无关系(可以此判断出能否使用竞争性对
话)。另外,欧盟委员会在《解释说明》中指出,虽然采购当局能力有限,但采购
当局具有勤奋义务,必须对相关市场情况进行必要的具体研究,[⑭]——恰恰从另
一方面说明采购当局的特点也是非常重要的。

> 主张 5:在决定相关合同使用公开招标还是限制招标时,采购当局享有裁
> 量权。

主张 5 是采购当局在判断是否符合第 29 条第(1)中规定的条件,即"通过
公开招标或限制招标的方式无法完成决标"时,享有一定程度的裁量权。第 29
条第(1)款规定,"通过公开招标或限制招标的方式无法完成合同的决标"时可
使用竞争性对话,而解释性条款第 31 条又提到了这一条件,即客观上不可能确
定技术方式或判断市场将会提供什么样的方案时,可使用竞争性对话。对于竞
争性对话的应用条件有一个丹麦判例法,该判例法指出:采购当局在这一方面
只享有一定程度的裁量权,因为原告认为既然提到了客观上的不可能,就说明
这是一种狭义上的解释。[⑮] 但是上述解释性条款的恰当性在《指令 2004/18》本
身的措辞中又被否认了。《指令 2004/18》中使用了主观性的语言,提到采购当局
认为通过这些其他方式是否可以完成合同的决标。总检察长雅各布斯在 SIAC
一案(该案与最具经济优势标的裁量权有关)的判决中指出,采购当局行使裁量
权时必须符合欧盟商业判决复议法所规定的针对采购当局的最低标准。[⑯] 但是
主观性的语言又说明,即使有法庭对相关决策进行详细审查以防止裁量权的滥

[⑭] 《解释说明》(*Explanatory Note*),前注㉝,2.1 节。

[⑮] 见 6.4 节。

[⑯] 案件 C - 19/00(Case C - 19/00)SIAC 建筑有限公司诉马约县县议会(SIAC Construction Ltd
v. County Council of the County of Mayo)〔2001〕ECR 1 - 7725,《意见书》(*Opinion*)第 53 页。对商业案件判
决的法律审查力度在成员国之间有很大不同,但都在欧盟法规定的成员国自主权范围内。

用,决策主要还是采购当局的事情。

因此,即使竞争性对话是某种采购方式的例外,这种裁量权也应当通过明确的措辞进行详细解释。

在 1.2 节指出,各成员国因为情况不同,价值观不同,对复杂合同的处理方式也不同;而解释性条款第 3 条又指出,将欧盟各指令转化为国内法的相关条款"应当符合当前各成员国的法律程序和实践",我们的主张在此再次得到了支持。以上事实表明,在某个成员国可以通过公开招标或限制招标的方式完成某种合同的决标,在其他成员国未必如此。

总之,应当强调指出,某个合同是否属于特别复杂的合同与具体情况有很大关系。因此,即使上述解释原则明确与法律一致,在具体情况下是否可行仍然要视具体情况而定。不过法庭对这些原则的认可,加上过渡期间通过欧盟委员会发布正式的指南,会对竞争性对话的应用起到促进作用,进而达到引入这种采购方式的目的,即为某些成员国提供更加灵活的采购方式,降低某些成员国对其他采购方式的依赖。

与上述提倡的针对竞争性对话的灵活态度形成鲜明对比的是,竞争性对话的解释原则,包括竞争性对话的历史背景,可能会促使欧洲法院对于发布公告的谈判持一种比 2004 年更加严谨的态度。不难看出,在 2004 年《指令 2004/18》生效之前,欧洲法院可能允许将谈判用于各种类型的复杂合同,与欧盟委员会的态度正好相反。但是,现在竞争性对话正式引入,这种情况就不太可能再发生。欧洲法院以一种相当狭义而不是宽泛的方式解释谈判的适用范围,规定在很多情况下都不能使用;而且在一些与竞争性对话相重叠且后者适用的情况下,欧洲法院可能会禁止使用谈判的方式,将采购方式的"层次"加以延伸。这种采购方式上的层次从相关要求上就可以看出,因为在使用竞争性对话之前,要求先考虑是否可应用公开招标和限制招标的采购方式。另外,考虑最近欧洲法院对竞争性对话采取一种更加灵活的态度,[147]而欧盟委员会在 2011 年《绿皮书》中承认竞争性对话这种采购方式的灵活性可能还不够,因此欧洲法院会对所有决标方式持灵活态度。

1.4.6 成员国

1.4.6.1 实施

欧盟成员国在将与竞争性对话有关的法规转化为国内法时,大都采取了照

---

[147] 见 1.4.3 节。

搬《指令 2004/18》条款的方式(见 1.3 节),同样,本书涉及的各个成员国在规定竞争性对话的适用条件时,也都照搬了《指令 2004/18》中的条件,对竞争性对话的使用条件没有增加限制,也没有进一步的解释。

不过也有一些例外。改革力度最大的是西班牙。在西班牙竞争性对话自动适用于某些类型的公私伙伴关系协议,这一点与《指令 2004/18》可能正相反(按照欧盟法的规定,对竞争性对话相关规定的解释必须尽量与欧盟指令的要求相一致)。[148] 另外,法国的立法者对"特别复杂"的意义进行了详细解释,并指出,"特别复杂"就是采购当局客观上无法独自或事先确定技术规格。[149] 这种解释显然使竞争性对话的应用条件更容易满足,应用的范围更广泛。如前所述,欧盟委员会在《解释说明》中指出,公私伙伴关系合同是竞争性对话的典型适用领域。因此,当葡萄牙立法者禁止将竞争性对话应用于此类合同时,就显得有些令人吃惊。葡萄牙之所以会做出这样的禁令,是因为本国关于公私伙伴关系的法规与竞争性对话的相关法规不一致。[150] 另一个值得注意的是,葡萄牙法律似乎把竞争性对话限制在客观上不可能明确技术规格的条件下,刻意采取了一种更加严格的措辞。[151] 意大利在其法律中也缩小了竞争性对话的适用范围:最重要的限制表现在最复杂的工程项目,如战略性基础设施项目和制造工厂是不允许使用竞争性对话的。[152]

1.4.6.2 成员国的公共采购实践

1.4.6.2.1 《指令 2004/18》中有详尽规定的合同

如前所述,尽管所有成员国现在都把竞争性对话纳入本国采购法,应用于《指令 2004/18》规定的合同,并按照该指令本身的方式为竞争性对话的使用规定了同样宽泛的适用范围,但在实践中各成员国的法律实践有很大的不同。

表 1.2 显示了 2010 年 4 月 1 日到 2011 年 3 月 31 日发布在《欧盟官方公报》上的公告数量,按照竞争性对话的使用频率排列。由此可知目前竞争性对话的大致使用情况。[153] 但从目前使用情况可以看出,竞争性对话目前所处阶段

---

[148] 见 8.4 节。

[149] [E]st objectivement dans l'impossibilité de définir seule et à l'avance,参照《公共采购法》(*Code des Marchés Publics*)第 36 条,后由 2008 年 12 月 19 日《第 2008 – 1355 号法令》(*Décret No. 2008 – 1355*)第 4 条和 2004 年 6 月 17 日《伙伴关系合同条例》(*Ordonnance of sur les contrats de partenariat*)第 5 条进行修订。

[150] 见 7.4.4 节。

[151] 见 7.4.1 节。

[152] 见 11.4 节。

[153] 这些数据都是或者说主要是《指令 2004/18》约束范围内的合同数据。需要注意的是,竞争性对话在此时并没有纳入比利时的法律体系,而意大利虽然有了这样的法律但尚未生效。

可称为试验阶段。[154]

第2章详述论述了2005年1月1日到2009年12月31日竞争性对话在本书涉及国家的应用情况,这些国家包括法国、德国、荷兰、葡萄牙、西班牙、英国和爱尔兰。该章不仅研究了应用竞争性对话的合同数量和大致类型(工程合同、供应合同或服务合同),还论述了是什么样的采购当局在使用竞争性对话,应用竞争性对话的市场领域是什么,相关项目的准确类型,以及涉及私人融资的项目比例是什么。随后又通过对各成员国应用竞争性对话相关合同的叙述,对以上信息进行了粗略的数据补充。这些成员国包括丹麦、立陶宛、波兰和意大利。这些国家相关情况在第2章没有论及。下面的论述只是以上述数据为依据罗列了竞争性对话使用情况的要点。

表1.2 《欧盟官方公报》上与竞争性对话相关的合同公告
(2010年4月1日至2011年3月31日)

成员国	合同公告数量
法国	452
英国	356
波兰	48
芬兰	25
德国	19
荷兰	19
爱沙尼亚	17
西班牙	16
瑞典	16
爱尔兰	15
斯洛文尼亚	13
丹麦	8
捷克共和国	7
意大利	6
罗马尼亚	5
希腊	4
匈牙利	2

[154] 见 Burnett, *Competitive Dialogue*,前注③,第19页。

（续）

成员国	合同公告数量
卢森堡	2
斯洛伐克	2
奥地利	1
立陶宛	1
比利时	0
保加利亚	0
塞浦路斯	0
拉脱维亚	0
马耳他	0
葡萄牙	0
总量	1034

　　按照第 2 章的方法,将成员国分为频繁使用的国家、经常使用的国家和很少使用的国家。按照这种分类方式可以发现有两个使用(非常)频繁的国家,即英国和法国:在本章涉及的 3 年间(2006—2009 年),竞争性对话公告数量的记录数量分别是 1380 次和 1430 次。这个数量是其他所有成员国应用数量总和的许多倍。从表 1.2 可看出,过去的一年里这种趋势仍然没有发生改变。经常使用的国家在同样 3 年期限内其公告总数为 50 ~ 200 次,包括波兰、⑮爱尔兰、荷兰、丹麦⑯和德国,不过将德国称为真正意义上的经常使用的国家可能会有一些问题,因为德国具有欧盟最大的经济体。⑰ 很少使用的国家在此 3 年期间发布的公告不到 50 个,有波兰、西班牙、立陶宛、比利时和意大利⑱(不过应当指出,在同期内的后面两个国家中,转化《指令 2004/18》中竞争性对话适用合同相关规定的国内法,要么尚未制定,要么尚未生效)。

　　英国和法国对竞争性对话的大量使用,说明这两个国家对于竞争性对话应用条件的解释是比较灵活的。

　　如 1.4.4 节所述,欧盟委员会的《解释说明》指出公私伙伴关系项目(至少是涉及私人融资的项目)常常在资金/法律方面具有很高的复杂性。英法两国

⑮　见 9.4 节。

⑯　见 6.3 节和 6.4 节。

⑰　其观点详见 5.4.5 节。

⑱　见第 2 章,关于立陶宛和意大利见第 10 章和第 11 章。

频繁使用竞争性对话,从某种程度上来说反映了私人融资项目的高频使用。但这个解释并不全面,第 2 章指出,英国此类项目的数量只占本书相关竞争性对话项目总数的 35% ,而法国大约占 13%。[159] 有一件事情值得一提,最近由英国政府内阁办公室完成的评估报告指出,在使用竞争性对话的项目中有 30% "没有必要使用竞争性对话,也没有从中得到任何好处"。[160] (见第 3 章)。不过这个结论是建立在实际需求的基础上,与使用竞争性对话的法律依据没有明显关系。另外,英国竞争性对话项目大多是基础设施和 ICT 合同,而这两类合同在《指令 2004/18》解释性条款第 31 条中是"特别复杂的合同"实例,可以使用竞争性对话。因此,从频繁使用竞争性对话的国家来看,在使用竞争性对话的项目中有许多与《指令 2004/18》规定的适用范围完全一致。

至于什么样的采购当局在使用竞争性对话,第 2 章通过对八个成员国的研究,说明竞争性对话最为频繁的使用者是地方政府,而在英国、法国和德国卫生部门也是竞争性对话的频繁使用者。[161]

另一个需要研究的问题是这种新的方式对其他决标方式的使用造成了什么样的影响。在实践中,竞争性对话的引入对于频繁使用竞争性对话的法国和英国造成了很大的影响。

在 1. 4 节指出,20 世纪 90 年代初,法国开始实施一种名为 l'appel d'offres sur performances(基于业绩的招标)的招标方式,以此作为欧盟限制招标的一种,人们可以享受此方式带来的灵活性,使限制招标更加适合复杂合同。[162] 但是在竞争性对话引入法国之后这种方式就完全废止了。[163] 换句话说,竞争性对话的引入导致法国某种采购方式的完全消失,而这种采购方式与竞争性对话有一些相似之处,其使用条件相似。另一个有趣现象是,从 2006 年起法国发布公告的谈判的使用次数大幅下降。第 4 章指出,这一切可能与竞争性对话的引入有关,但也可能会有其他解释,其中一个是由于法律和判例法的变化,谈判的使用条件变得更加严苛。[164]

英国的数据显示,以前通过谈判完成的许多项目,包括以前一般通过发布

---

[159] 见 2. 6. 4. 1 节和 2. 6. 4. 2 节。

[160] 见 3. 4. 5 节。

[161] 见 2. 4. 3. 3 节。

[162] 见 4. 2 节。

[163] 但是必须指出,竞争性对话早在《指令 2004/18》颁布之前就在法国得到应用了。法国相关法律于 2004 年 1 月 10 日生效,而该指令于 2004 年 3 月 31 日才最终转化为欧盟成员国的国内法。见 4. 3 节。

[164] 见 4. 4. 5 节。

公告的谈判完成的私人融资基础设施项目,现在都通过竞争性对话来完成。[165]
这是因为英国政府针对此类项目和其他复杂项目有一个政策导向,促使人们采
用竞争性对话的方式,而不是发布公告的谈判的方式。[166]

另外,竞争性对话的引入对于欧盟大多数其他成员国来说,影响可谓小之
又小,甚至没有影响。竞争性对话对于这些国家的影响显然是可以忽略的。从
表 1.2 可看出,欧盟大多数成员国是很少使用竞争性对话的国家。其实经常使
用的国家也属于此类情况,因为每个国家使用竞争性对话的总次数(数年期间
使用次数为 50～200 次)与发布在《欧盟官方公报》的总体数量相比是微不足
道的。[167]

在此必须再次指出,竞争性对话的适用范围还存在着很大的不明确性(见
1.4.2 节),对于竞争性对话的操作方式也存在着很大的不明确性(见 1.5 节)。
这似乎会对竞争性对话的使用起到遏制作用,因为采购当局担心会遭到起诉。
丹麦和欧盟最大的经济体德国就属于这种情况。由于担心在竞争性对话的使
用和操作方式上遭到起诉,这两个国家的采购当局一直坚持使用熟知且灵活的
谈判方式。[168] 这似乎说明虽然欧盟委员会对于谈判规定了非常狭窄的适用范
围,但德国人认为发布公告的谈判比竞争性对话更加安全。还有一个事情也值
得注意:在荷兰使用竞争性对话的项目中有 15% 以上的项目发生了纠纷,而采
用其他招标方式的项目中发生纠纷的只有 3.5%。[169] 如此高水平的纠纷率可能
会让人们对竞争性对话的适用范围和操作方式更加怀疑,进而影响对竞争性对
话的使用。虽然竞争性对话刚刚引入意大利,竞争性对话的使用情况还不确
定,但如前所述,由于法规上的不明确性,意大利人担心遭到起诉,而竞争性对
话的分段进行和裁量权都对竞争性对话的使用起到了遏制作用。[170]

英国的情况完全不同。与意大利完全相反的是,自从竞争性对话引入英国
之后,谈判的使用频率大大降低。这可能是因为使用谈判可能会遭到起诉,但
显然也是因为中央政府从谈判向竞争性对话的引导(英国政府显然是受到了欧
盟委员会的影响)。另外,在英国,竞争性对话作为公开招标和限制招标的替代

---

[165] 见 3.4.2 节。

[166] 同上。

[167] 另外必须指出,荷兰对于竞争性对话和发布公告的谈判的使用次数在 2010 年之前一直在增加。
后来谈判的使用次数大幅下降,可能是因为欧盟委员会认为某些成员国违法而提出了诉讼。见 12.4 节。

[168] 分别见 6.4 节和 5.6 节。

[169] 见 12.3 节。

[170] 见第 11 章。

方式,与其相关的法律诉讼相对较少,部分原因是一旦决定了使用竞争性对话的方式,人们一般不愿意对此提起诉讼,而且因为诉讼时限的关系常常也无法提起诉讼。[171]

1.4.6.2.2 《指令2004/18》中没有详尽规定的合同

在1.2.1节指出,许多公共部门的合同在欧盟指令中并没有相关规定,或者说只有部分规定。许多这样的合同,尤其是特许经营合同和B类服务合同属于复杂合同,适合通过竞争性对话的方式完成授予。如1.3节所述,英国2004年以前私人融资基础设施合同的授予方式从一定程度上为现在的竞争性对话提供了模板。当时,英国的这种合同授予方式同样适用于特许经营合同,受欧盟指令的约束。另外,还能发现这样的现象:用《欧盟运行条约》来约束欧盟《指令2004/18》之外的涉及跨境利益的合同,可促使人们在没有相关指令要求的前提下通过类似于《指令2004/18》规定的方式完成合同授予,因为这样可以降低违反《欧盟条约》规则的风险。因此不难发现,无论是在成员国的法律规则中,还是在法律实践中,面对《指令2004/18》中没有规定或没有详尽规定的合同,人们会采取类似于该指令规定的与竞争性对话类似的方式完成合同的授予。

对于《指令2004/18》中没有规定或没有详尽规定的合同,本书许多成员国的国内法都把竞争性对话作为正式的授予方式。在意大利有一种非正式的合同授予方式,这种合同授予方式与竞争性对话很像,在意大利国内法中称为"竞争性对话"。意大利的国内法规定这种竞争性对话适用于《指令2004/18》中没有规定或没有详尽规定的公共领域合同,如特许经营合同、其他形式的私人融资协定,以及公私伙伴关系合同。[172] 意大利人在实践中也一直使用这种授予方式,2006—2010年,意大利在《欧盟官方公报》上公告的此类项目就有34个。[173] 葡萄牙也是如此,[174]葡萄牙正式规定竞争性对话适用于一般公共合同,包括门槛价以下的合同,[175]而且原则上也适用于特许经营合同,前提是满足葡萄牙使用竞争性对话的一般条件(葡萄牙使用竞争性对话的条件比欧盟指令严格)。[176] 不

---

[171] 见3.4.2节。英国人认为关于竞争性对话应用有关的法规不明确,因此可能会引发一些诉讼。这些法规对于人们使用竞争性对话会有影响,尤其是对决标阶段会有影响。见3.5节。

[172] 见11.3节。

[173] 见11.3节。

[174] 见11.4.2节。

[175] 见11.4.4节。

[176] 见11.4.2节。

过这种方式不可用于 PPP 合同,因为它与葡萄牙关于 PPP 项目的法规不一致。⑰ 波兰规定竞争性对话也适用于门槛价以下的合同,使用条件与《指令2004/18》规定的类似。在法国,对于许多公共机构来说竞争性对话是一种正式的采购方式,其适用范围超出了《指令 2004/18》规定的范围——不仅适用于门槛价以上的合同,而且适用于门槛价以下的合同,其使用条件也是一样的,也就是适用于"特别复杂"的合同。⑱ 但是,法国没有正式规定竞争性对话适用于特许经营合同,传统上一直使用法国自己的非常灵活的合同授予方式。在西班牙,竞争性对话同样也适用于门槛价以下的合同,使用竞争性对话的前提是相关合同必须达到一定的复杂程度。⑲ 另外,竞争性对话还是"公私合作合同"必须使用的授予方式,而这些合同有一些可能是不受《指令 2004/18》约束的。不过此类合同在西班牙很少使用。西班牙的大部分特许经营协议合同不使用竞争性对话,而是像法国一样,特许经营协议合同一直有自己的授予方式,目前仍然在使用且使用非常广泛。⑳

一些其他成员国没有规定《指令 2004/18》中没有详尽规定的合同必须按照竞争性对话的方式,这些国家有丹麦、㉑英国㉒和立陶宛。㉓

当现有法律没有相关合同的详尽的相关规定,且正式法规中没有规定必须使用竞争性对话或类似方式时,有证据表明成员国至少有时候会使用等同于竞争性对话的合同授予方式,或者以竞争性对话为基础的合同授予方式。因此,在英国当此类合同不受任何国内法规的约束,只是应当达到《欧盟运行条约》规定的欧盟一级的要求时,法律显然并不禁止使用类似于竞争性对话的授予方式,而且许多 B 类服务合同和特许经营合同就是通过这些方式完成授予的,有的在《欧盟官方公报》上进行了公告并以竞争性对话的方式完成合同授予,有的虽然没有进行公告,但以一种类似于竞争性对话的方式完成了合同的授予。㉔

---

⑰　见 11.4.2 节。

⑱　一些不受《公共采购法》约束的其他公共机构,不适用正式的竞争性对话,但是对于门槛价以下的合同来说,可以使用一种非正式的采购方式;某些合同也是如此,如门槛价以下的伙伴关系合同(contrats de partenariat),可以使用谈判的方式,其组织方式类似于竞争性对话:见 4.4 节。

⑲　见 8.4.3 节。

⑳　见 8.4.3 节。

㉑　见 6.4 节。

㉒　见 3.4.2 节。

㉓　见 10.4 节。

㉔　见 3.4.2 节。

丹麦的情况也是如此。⑱

1.4.6.3 成员国关于竞争性对话应用的法律诉讼

由于某些成员国的采购当局对于竞争性对话的使用条件持一种灵活解释的态度,显然愿意使用这种可高度对话的方式,因此可以预见在这些成员国存在着与竞争性对话的使用有关的诉讼。

但是,在实践中丹麦是本书相关成员国中具有此类判例法的唯一国家。在丹麦的某些案例中,竞争性对话的使用是没有问题的,但丹麦法律对于竞争性对话的使用条件一般是非常严格的。另外,按照丹麦法律的规定,在合同授予之后,投标人可以就合同授予方式提出诉讼。⑱ 英国虽然使用竞争性对话的频率很高,但是与此相关的判例法也没有,可能是因为经营者认为使用采购竞争性对话是没有问题的,没有兴趣对竞争性对话的使用提出诉讼;另一个原因是英国有一个短暂的时限,在此期间如果发现合同授予方式有问题,就可以提出异议,不用等到决标结果之后。另外,我们在前面也说过,诉讼的成本很高,而且英国人也没有诉讼的传统。⑱ 我们不知道为什么法国还没有这一方面的判例法。法国是频繁使用竞争性对话的另一个国家,而且具有采购诉讼的传统。

1.4.7 关于竞争性对话适用范围的结论

对于受《指令 2004/18》约束的合同来说,竞争性对话的适用范围存在很大的不明确性,这种不明确似乎至少限制了某些成员国对于竞争性对话的使用。但是法律上的不明确性并没有导致欧洲法院的判例法,没有导致欧盟委员会提出的违反欧盟法的诉讼(丹麦是例外),也没有导致国内审查机构的法律诉讼,因此来自这些方面的指导几乎没有。

在前面指出,由于竞争性对话的立法过程以及欧洲法院的解释原则,实际上不能对竞争性对话进行非常狭义的解释。我们在前面就竞争性对话的解释提出了几个主张,认为这些主张可用于指导未来竞争性对话的发展方向。使用竞争性对话的成员国认为它具有很高的价值,而未来的判例法、欧盟委员会指南或者国家机构对于我们所提主张的支持,对于竞争性对话在适用国家应用于

---

⑱　见 6.4 节。

⑱　见 6.4 节。

⑱　最后两点见 D. Pachnou, *Bidders' Use of Mechanisms to Enforce EC Procurement Law*, *Public Procurement Law Review*, 2005(14):256。

复杂合同会起到很大的作用(但我们不能忘记其他成员国可能永远不会使用竞争性对话,或者限制竞争性对话的使用)。

还有一个非常重要的事情:竞争性对话的引入不仅影响了《指令 2004/18》约束范围内合同的授予方式,对其范围以外的合同授予方式也产生了一定影响,显示出欧盟采购制度潜在的协调作用,这种作用甚至超出了其理论上的应用范畴。

1.5 竞争性对话的操作

1.5.1 引言

在前面讨论了竞争性对话的适用范围,下面讨论竞争性对话的操作。讨论的角度仍然包括两个方面,即欧盟一级的法律规则,以及在欧盟成员国中的法律规则和法律实践(在具备相关信息的前提下)。《指令 2004/18》中规定的各个主要阶段已经在 1.2.4 节进行了简要论述。从《指令 2004/18》与竞争性对话适用范围相关的法律条款来看,本书中的各成员国大多原文照搬了该指令中的措辞,因而该指令规定的所有灵活性,本国采购当局均可享受。这些灵活性非常重要,因为有了这些灵活性,实践中的发散空间就很大。实际上,竞争性对话在各个成员国有许多不同的操作方式。如前所述,伯耐特提出要制定一个标准程序以更好地达到物有所值的目标,但是由于竞争性对话的适用范围很宽泛,因此面对不同项目的具体性质和具体情况显然可以有不同的操作方式。

1.5.2 计划阶段和说明文件的起草

对于竞争性对话的计划阶段,《指令 2004/18》中没有具体的规定。关于竞争性对话的开始阶段,只是规定采购当局必须在《欧盟官方公报》上发布合同公告,说明采购当局的需求和要求(第 29 条第(2)款和第 35 条第(2)款关于合同公告的一般要求;见 1.5.4 节);这些需求和要求必须在一个"说明文件"中进行说明;该说明文件提供给投标候选人的时间不得晚于邀请投标候选人参加对话的时间,因为该文件(或者说是如何得到该文件的相关信息)必须与邀请书一起发送给投标候选人(第 40 条第(2)款,见 1.5.5 节)。

虽然欧盟法规中没有就合同的计划阶段做出规定,而且不适合通过欧盟指令做出相关规定,但计划阶段是一个非常重要的阶段:认真计划,包括认真起草说明文件,都是从竞争性对话的实践中得到的重要经验。[⑱]

英国作为竞争性对话的频繁使用国,政府、私人和最近的学术研究都非常重视发布合同公告前的计划阶段。[⑲] 这些研究指出,认真计划对于降低双方成本、吸引投标人参加竞争性对话都是非常重要的。将在第 3 章指出,有明显证据表明,投标人在参加竞争性对话之前会对采购当局的准备进行评估,如果认为准备不充分,则可能会不愿意参加竞争性对话。研究还指出,计划一直没有得到足够的重视。[⑲] 在第 7 章关于西班牙的论述中,强调了认真计划的重要性。该章作者特列斯指出,计划周密性和结果成功与否之间存在很大关系。[⑲] 在此要提一提丹麦的经验(见第 6 章)。丹麦的计划非常周密,说明文件的质量很高且非常详细,因此最后的结果也非常令人满意。

在这个计划阶段中,明确采购当局的实际需求,确定该需求的技术规格显然是非常重要的。为了达到物有所值,提高竞争性对话的效率,采购当局应当对自身需求进行充分研究,恰当设定相关项目的各项参数。这样做的目的是把对话双方的时间和成本降至最低,并保证采购当局从市场的创新点和提供的各个方案受益。[⑲] 伯耐特认为竞争性对话的计划有两种主要方式,在立陶宛的公共采购办公室发布的《建议书》中特别指出并强调了这两种方式。[⑲] 一种是"意见征询"方式,即采购当局在对话开始时根据前期进行的调查找出一个首选方案(但其实在对话期间对其他方案也进行考虑),[⑲] 围绕这些方案如何实施以及相关的资金问题进行竞争。举例说明这种方式:一栋大楼(如一个学校)的选址和设计确定后,将围绕使用的材料和建造方法进行竞争。另一种是"调查"方式,即采购当局对某项目进行非常笼统的说明,方案通过对话本身产生。例如,某项目是通过私人融资方式为某学校提供高质量学校设施,一个比较极端的例子是只说明要建造一个学校以容纳一定数量的学生,没有选址,也没有设计,让经营者提出不同的方案达到相关要求。这可能需要对现有学校进行装修,推倒

---

⑱　另参见 Burnett, *Competitive Dialogue*, 前注③, 第 83 ~ 96 页。伯耐特详细讨论了现实中应当考虑的一些问题。

⑲　见 3. 5. 2 节。

⑲　见 3. 5. 2 节。

⑲　见 7. 5. 2 节。

⑲　Burnett, *Competitive Dialogue*, 前注③, 第 108 页。

⑲　同上, 第 107 ~ 108 页;以及 10. 5. 6 节。

⑲　关于优先方案中应当考虑什么样的问题, 见 Burnett, *Competitive Dialogue*, 前注③, 第 113 页。

现有学校,在旧址重新建设一个新学校(各参与人提交了不同的设计),也可能是推倒现有学校,在新校址建立一个新学校(可能会有不同的设计和校址)。显然这些都像是光谱上色度的变化,在不同的颜色之间会有许多不同的可能。在此特别指出,在这个光谱上,伯耐特总体来说赞成"意见征询"方式,因为这种方式虽然需要采购当局事先付出更多的努力和成本,但是可以最大限度地达到物有所值的目标。

从英国实践可看出,在计划阶段需要强调的另一个重要问题是明确哪些东西需要在对话阶段进行讨论——虽然法律明确表示可以就合同所有方面进行讨论,但是事先将对话范围限制在某些问题上,比起把合同所有问题都留到对话阶段进行讨论成本会更低一些。[195] 不过,伯耐特指出:[196]

这个问题很难判断——一端是一个临时选出的方案,具有纯粹的指令性;另一端是一系列的目标、业绩标准和操作限制,同时又没有达到期待目标的首选方式。

在临时方案的范围内调节空间有多大,允许有什么样的调节,对于采购当局来说是一个非常重要的决断。

从业者和英国研究认为,应当事先明确的其他问题(英国的这些研究认为这些事情过去有时候没有处理好),包括机构内部的组织准备(如对谈判的管理和资源准备),竞争性对话本身的准备(各阶段数量、性质和时间限制等),以及文件和各项标准的制定(投标人筛选标准和决标标准)。[197]

使用竞争性对话的国家在起草本国指南甚至立法来规范本国采购当局时,如果想从欧盟其他成员国的实践中得到一些经验教训,那么计划阶段的重要性显然是一个非常重要的经验教训。有意思的是,立陶宛虽然从没有竞争性对话的实际经验,但其公共采购办公室起草了一个非常详细的《建议书》,对计划阶段进行了非常精确的指导,如要有一份详细清单,还制定了实施竞争性对话前对市场状况进行评估的指导说明。[198] 英国政府正在针对竞争性对话的计划阶段起草更深一层的材料,以避免未来出现某些采购当局在实践中出现的一些问题;德国的 PPP 专门工作组也正在进行类似的工作。[199]

---

[195] 见 3.5.2 节。
[196] Burnett, *Competitive Dialogue*, 前注③, 第 39 页。
[197] 见 3.5 节; 另参见 Burnett, *Competitive Dialogue*, 前注③, 第 83~96 页。
[198] 见 10.5.2 节。
[199] 见 5.5.2 节。

　　某法律问题专著指出,之所以要重视计划阶段,其中一个原因是避免法律上的麻烦。如果对采购方式进行了"重新调整",同时又无法让所有相关方面按照变更后的条款参与到项目中,就是对项目性质或已公布的规则进行实质性的更改,而平等待遇原则是禁止对项目性质或已公布的规则进行实质性变更的。[200] 例如,某项目经公告后如果发生了内容的变化,而某些经营者虽然对最初公告的项目不感兴趣,但对变更后的项目发生兴趣,那么该内容上的变更即为实质性变更,应当对修改过的项目进行重新公告,让这些经营者能够按照变更过的条款参与到项目中。同样,如果在合同公告中提出了最低技术或资金要求,但后来这种要求又没有必要,就必须重新发布一个公告消除这些最低要求,为经营者提供参与项目的新机遇。可能会有经营者在最初的公告发布后由于之前某些条件的限制而没有做出回应,但现在条件有所改变又可以参与项目。有时候关于公告内容变更的规则更加严格,甚至不允许上述条件的任何非实质性改变。如果发生了这种非实质性改变,采购当局可能会利用这种机会操作事态使其有利于某个投标人(如1.5.6节与决标标准有关的论述)。因此,如果没有认真准备,就需要花费大量成本和时间对采购过程进行调整。进一步的讨论见1.5.2节有关合同公告变更的讨论,1.5.6节有关合同授予方式变更的讨论,以及1.5.8节关于优先竞标人选定之后项目变更的讨论。计划阶段是一个覆盖面非常广的问题,可能会对采购过程的许多方面都有影响。

　　关于竞争性对话的准备阶段虽然没有特别的法规,但平等待遇和透明原则还是适用的。在发布合同公告之前通过市场意见征询,人们发现平等待遇原则的应用在英国引发了一些问题。如3.5.2.2节所述,这样的市场意见征询在英国非常普遍。英国人认为市场意见征询非常重要,首先可以决定是否使用竞争性对话,还可以判断市场热情,并且有利于制定最初的技术要求。将在第3章指出,英国2010年进行的一次政府调查发现,无论是公共领域还是私人领域都觉得市场意见征询非常重要,早期进行充分的市场意见征询可以让竞争性对话进行得更加顺利。欧盟其他成员国(如德国)也进行了市场意见征询,但并不是所有成员国都有这样的经历,如葡萄牙在本书研究过程中的三次竞争性对话中从未进行任何形式的市场意见征询。[201] 但正如第3章所述,[202]进行有效的市场意

---

　　[200]　参照案件 C‑454/06(Case C‑454/06)新闻文本通讯社诉奥地利(Pressetext Nachrichtenagentur v. Austria)[2008]ECR 1‑4401,已签订合同的变更。

　　[201]　见7.5.2节。

　　[202]　详见3.5.2.2节。

见征询在英国可能会对采购当局带来法律风险:虽然与大范围市场意见征询相
比,与有限数量的参与者进行详细对话可以更方便地得到有益信息,但采购当
局仍然担心此举会违反平等待遇原则。因此,采购从业者对于市场意见征询的
态度有很大不同:与少数几个经营者进行详细对话的采购当局尽量按照透明的
方式进行对话,对相关讨论进行认真备案,并且公众可以查阅相关文件;其他采
购当局根本不进行这样的详细对话。

1.5.3 信息与方案的保密

《指令 2004/18》第 29 条第(3)款规定,参与对话的候选投标人提交的任何
方案建议或其他机密信息,[203]没有该候选人的同意,采购当局不得向其他参与者
透露。另外,第 29 条第(6)款规定,采购当局应当要求竞争性对话参与者根据
对话阶段确定的方案(或数个方案)提交最终投标书。从以上规定可看出,选取
各候选人提交的完整方案或方案的一部分,以此作为其他投标候选人提交最终
投标书的基础(这种做法有时被称为"摘樱桃"),没有相关参与者的许可是不
允许的。如果没有此类协议,那么每个参与者都要根据自己的方案提交一份投
标书。第 29 条第(3)款对《指令 2004/18》第 6 条的一般性规定进行了补充。
后者是指令中针对决标过程保密的一般性规定。[204]成员国在将《指令 2004/18》
中的竞争性对话相关内容转化为国内法时,一致采取了原文照搬的方式,因此
成员国与此相关的法律条款也照搬了《指令 2004/18》第 29 条的措辞,对于什么
信息属于保密信息一般没有明确规定,也没有规定以什么方式对机密信息进行
分级。不过葡萄牙和立陶宛的法规是一个引人注目的例外。葡萄牙和立陶宛
的法律规定,如果参与竞争性对话的人认为自己的相关信息是机密信息,那么
采购当局必须按照机密信息的方式对待这些信息。[205] 这种方法的明显缺陷是采
购当局不能对这些信息的机密性进行评估。不过,此种方式迫使参与者认真考
虑这个问题,采取相关措施保护自身利益。英国的普遍做法在某些方面与此相
似,[206]但也有一些重大差异。英国人的普遍做法是:如果参与者认为某些信息不
能与其他投标人分享,就必须对这些信息进行标注。如果采购当局认为相关信

---

[203] 其他保密信息应当如何定义不是很清楚。参见 12.5.3 节。

[204] 该规定与提交与采购当局的机密信息有关,尤其是与技术、商业方面的机密,以及与投标人有关
的机密信息。

[205] 见 7.5.3 节和 10.5.3 节(该节指出,立陶宛投标人常常把投标书中的所有信息指定为机密信
息,以杜绝第三方接触相关信息)。

[206] 见 3.5.3 节。

息不是机密信息,那么在将这些信息分享给其他参与者之前必须征得投标人同意;如果不能达成一致,则允许参与者删除相关信息。⑳ 荷兰采购机构的做法与此相似。⑳

法国的做法与此完全不同,认为应当积极采取措施对机密信息进行保密的是采购当局。⑳ 德国的做法与法国相似并且比法国更进一步,规定投标候选人的方案不得透露给其他参与者或第三方。德国法律保证了参与者提交的方案不会被透露给第三方,第三方也无法将其用于其他项目。⑳

在1.5.6节指出,欧盟成员国的普遍做法是采购当局与所有合格候选人或选出的候选人进行对话,然后在对文件进行修订后允许所有参与者进行投标。许多投标人对此有所担心,害怕采购当局不能妥善保管机密信息和方案,或者至少在开始就对此有所担心。⑳ 另外,成员国进行的竞争性对话虽然已有数千次,但与机密信息相关的判例法至今连一个都没有(⑳相关讨论见1.5.6节)。

采购当局是否可以在合同公告或说明文件中加上一个投标条件,并规定参与者必须允许采购当局将其方案分享给其他参与者,这个问题一直没有定案,常常成为人们争论的话题。⑳ 一种观点认为,这种做法是违法行为,因为它从根本上违反了第29条第(3)款对投标人进行保护的规定。⑳ 不过更多的人认为,如果采购当局认为在当时条件下此举是一种有益的商业行为,就可以这样做,⑳而且在欧盟委员会的竞争性对话《解释说明》中也表达了类似的观点。⑳ 不过,如果采购当局从开始就规定了这样的投标条件,而潜在投标人又不同意分享其方案和专业知识,此次竞争性对话就面临失败的风险,不过这种投标条件并不常见。⑳ 在1.5.10节指出,采购当局可对参与者的方案进行定价并进行补偿。

---

⑳ 见3.5.3节。

⑳ 细节见12.5.3节。但是这种做法未用于任何方案,因为与提交方案有关的任何信息将自动视为保密信息。

⑳ 法国采购当局一般会与参与者签署一份保密协议。当采购当局想以提交的方案为基础起草一个共同方案时,首先必须得到投标候选人的同意。参见4.5.2节和4.5.5节。

⑳ 见5.5.3节。

⑳ 见3.5.3节(英国)、8.4.4节(西班牙)、第6章(丹麦)和5.5.3节(德国)。

⑳ 需要注意的是,丹麦投标人一般不认为在他们参与的采购中违反了保密规则。见6.5.3节。

⑳ 见12.5.3节(荷兰)、第9章(波兰)、第5章(德国)、第6章(丹麦)和第3章(英国)。

⑳ 另参见5.5.3节关于德国的论述。该节指出,这样的投标条件与保密规则的初衷相悖:保密规则的初衷,是为了保护投标人的方案使其不被泄露;另见9.5.6节关于波兰的论述。

⑳ 另参见12.5.3节关于荷兰的论述,以及第六章关于丹麦的论述。

⑳ 见《解释说明》;前注㉝,第7页;注㉑。

⑳ 但是特莱默至少在一个丹麦案例中发现了这种情况,在英国也有数个这样的案例:见3.5.3节。

这种做法可以促进信息的分享,但是本书涉及的成员国大多没有这种为促进信息分享而对相关方案进行补偿的做法(见 1.5.10 节讨论)。

1.5.4 公告要求(合同公告等)

合同授予过程的第一步是在《欧盟官方公报》上发布一个合同公告,让市场知晓相关合同,使经营者能够表示其参与兴趣。按照《指令 2004/18》第 35 条第(2)款的规定,所有竞争性对话与公开招标、限制招标和发布公告的谈判一样,都必须有这个步骤。[218]

《指令 2004/18》明确指出,相关公告也可以在国内进行发布,但不得早于发往欧盟委员会的日期,且国内公告不得有新增信息(第 36 条第(5)款)。在1.3 节指出,许多成员国对欧盟要求进行了补充,要求相关信息还必须在国内出版物或国家网站上进行公告。例如法国、意大利、荷兰、波兰、立陶宛和西班牙就有此方面的普遍要求,且规定此要求适用于竞争性对话。[219] 英国也要求某些采购当局在国家网站上发布公告,但这个要求是通过政府政策提出的,而不是通过法规提出的,这一点符合英国的规治传统。[220]

本书相关国家认为,发布公告时面临的主要法律问题也是主要困难,是如何起草一个好的公告。这个公告既要为竞争性对话带来足够的灵活性,又要对合同问题说明得足够清楚,在公告说明上达到《指令 2004/18》的法律要求,[221]同时又要吸引合适的投标人。在 1.2 节指出,按照欧盟法律的规定,如果公告中的说明发生了任何实质性变更,[222]就必须发布一个新的公告。因此,必须有一个好的公告才能避免成本上的浪费,避免因为发布新的公告而造成的时间迟滞。第 3 章指出,[223]英国从业者认为在这种条件下起草一个合适的公告是一件非常困难的事情,而欧盟委员会又以违反欧盟法为由于 2008 年发起了与此相关的

---

[218] 关于竞争性对话另参见第 29 条第(2)款。该条指出:采购当局必须发布一个合同公告,在公告中说明需求。

[219] 分别见 4.5.4 节、11.5.4 节、10.5.4 节、9.5.4 节和 8.5.4 节。葡萄牙还要求必须在国内发布公告,另外还有许多其他要求,见下面讨论。

[220] 见 3.5.4 节。

[221] 案件 C – 423/07(Case C – 423/07)欧盟委员会诉西班牙(Commission v. Spain),2010 年 4 月 22日判决。

[222] 新闻文本(Pressetext),前注[220]。同样适用于不受《指令 2004/18》约束的合同,见案件 C – 9 l/08(Case C – 9 l/08),沃尔(Wall),前注[42]。

[223] 见 3.5.4.2 节。

诉讼,因此英国政府专门就这些问题向采购当局发布了一些建议。[24]

1.5.5 筛选阶段:选出参加对话的候选人

公告发布以后,有兴趣的经营者就可以与采购当局联系表明自己的兴趣。接下来采购当局要确定邀请哪些人参加下一阶段,即"对话"阶段的活动。在对话阶段,采购当局要与参与者讨论可能采纳的方案,并讨论提出这些方案的条件(见1.5.6节)。

竞争性对话与限制招标和发布公告的谈判一样,采购当局不需要邀请所有感兴趣的经营者参加对话,甚至不必邀请所有合格企业;他们可以限制受邀参加对话的人数,只要合格投标候选人达到一定数量即可(见第44条第(3)款)。这一点与公开招标是不一样的。这样做可以大大节省政府和供应方在竞争性对话过程中的成本。

关于受邀参加对话的人数,《指令2004/18》第44条第(3)款规定,采购当局必须保证参加对话的合格企业数量不少于3个,保证能够进行真正的竞争。

如何选出参加对话的人见《指令2004/18》第44~52条相关规定。总之,[25]采购当局可以根据淘汰供应商的标准,尤其是资金和技术标准选出参加对话的投标候选人。一种观点认为这些筛选标准就是可以应用的所有标准;另一种观点认为其他标准也可以考虑,只要这些标准符合第44条第(3)款的规定,客观、不具歧视性即可。[26]

按照照搬竞争性对话原则的一般方式,成员国关于筛选人数的规定一般也只是对《指令2004/18》的原文照搬。但也有一些国家没有采取这种方式,而是要求更多的受邀人数。在意大利只有当"为了保证管理质量确实需要"对人数进行限制时,才可以对参加对话的人数进行限制,[27]且参加对话的人数不得少于6人。[28] 这说明,在意大利只选出一定数量的合格企业参加对话是一件相当罕见的事情,而其他所有投标方式的判例法都规定采购当局必须邀请所有合格经

---

[24] 见3.5.4.2节。

[25] 详见Arrowsmith,前注③,第462~473页;S. Treumer, *The Selection of Qualified Firms to be Invited to Tender under the EC Procurement Directives*, *Public Procurement Law Review*,1998(7):147;D. Triantafyllou and D. Mardas, *Criteria for Qualitative Selection in Public Procurement:A Legal and Economic Analysis*, *Public Procurement Law Review*,1995(4):145。

[26] 前一观点可参见Arrowsmith,前注③;后一观点可参见Treumer,前注[20],以及6.5.5节关于丹麦的论述;另参见5.5.5节。在该节中,Burgi指出德国学者的观点各有不同。

[27] 见11.5.5节。

[28] 同上。

营者参加对话。㉙ 另外,如果合同价值达到《指令 2004/18》的门槛价,那么波兰采购当局必须邀请 5 人参加对话。㉚

成员国在实践中应用与此相关的法律规定时,采购当局一般会按照本国法律的规定对参加对话的人数进行限制,而不是邀请所有合格经营者参加对话。一般情况下,采购当局会邀请 3 ~ 5 个候选人参加对话。㉛ 但是西班牙和葡萄牙的做法不一样,其采购当局事先会避免对参加对话的人数进行限制。因此,在西班牙受邀参加对话的人数有时候达到 20 人甚至多于 20 人,造成了采购当局的资源浪费,对话效率无法保证。㉜ 葡萄牙使用竞争性对话的数量有限,采购当局喜欢邀请所有合格投标候选人参加对话。㉝

值得注意的是,伯耐特提出一般 4 人是投标候选人的最佳数量(这也正是成员国在实践中普遍采用的数量),因为这样既符合欧盟指令的要求,可以保证真正竞争的展开和高效采购的进行(即使 1 人退出,仍然还有 3 人),也可以将成本控制在合理范围内。㉞ 但我们认为,虽然 4 人的确常常是一个合适的数量,但最佳人数将随成员国的价值观念和具体情况(相关讨论见 1.2 节)、采购具体条件和市场情况(如中途可能退出的人数)而发生变化。

在实践中,要从合格候选人中选出参加对话的企业,一般按照《指令 2004/18》规定的资格筛选标准进行筛选。法国、德国、英国和波兰就是如此。㉟ 采购当局一般会将此标准作为一个相对标准,按照经营者的经验、资金状况等选出最佳合格者。㊱(不过在淘汰阶段和候选人选择阶段,采购当局考虑的资金/技术问题不一定相同;一种方法是先通过是否有足够的一般性技术经验选出合格企业,再选出相关项目经验最丰富的企业)。不过这种"资格"式的标准并没有得到普遍采用。例如,丹麦人认为采购当局不能仅根据《指令 2004/18》明确列出的淘汰标准选出参加对话的企业(在实践中,人们认为采购当局可通过这个标准选出能够参加投标的潜在投标人,以此带来最大竞争)。采购当局将考虑到

㉙ 见 11.5.5 节。

㉚ 当此方式用于门槛价以下合同时,人数为 3;见 9.5.5 节。

㉛ 法国采购当局一般将候选人人数固定在不超过 5 人,见 4.5.4 节;德国一般是 3 ~ 5 人,见 5.5.5 节;丹麦一般是 3 ~ 4 人,见 6.5.5 节;荷兰的人数是 3 ~ 5 人,见 12.5.5 节。英国的 PPP 项目一般是 3 ~ 7 人,见 3.5.5 节。

㉜ 见 8.4.6 节。

㉝ 见 7.2.5.3 节。

㉞ Burnett, *Competitive Dialogue*,前注③,第 97 ~ 98 页。

㉟ 分别见 4.5.5 节、5.5.5 节、4.5.5 节和 9.5.5 节。

㊱ 同上。波兰必须采用这种相对标准,见 9.5.5 节。

一系列的因素(如公司的经验和规模),选出最佳企业组合,如选出一个新老公司的混合体。[237] 关于对话选择人标准是否只能使用《指令2004/18》规定的资格标准,在德国一直存在着争议。[238] 但是应当指出,法国法庭认为,为符合对话筛选人标准的中小企业保留参加对话的机会,违反了平等待遇原则。[239]

最后一点,从成员国的经验来看,在整个过程中不断对资格筛选决定和对话人筛选决定进行审核是一件非常重要的事情。竞争性对话持续的时间一般长于公开招标或限制招标,因此影响对话筛选人决定的事件发生率更高。[240] 这一点无论从物有所值的角度,还是从法律角度来看,都是非常重要的:按照平等待遇原则,[241]一旦某种变故导致本来合格的参与者不合格,或者因为该变故导致该参与者不能被选中参加对话,就必须更改原来的资格标准或对话筛选人标准。这个标准的改变可能会导致投标团成员的改变,[242]而这种改变在竞争性对话中是不常见的。

1.5.6 对话阶段

1.5.6.1 引言

对话参与人选出后(见1.5.5节),采购当局就开始了"对话"阶段。关于对话阶段,29条第(3)款规定:

采购当局将与根据第44～52条相关规定选出的候选人展开对话,目的是明确并详细说明满足采购当局需求的最佳方式。在对话期间,采购当局将与选出的投标候选人就合同所有方面进行讨论。

《指令2004/18》并没有明确规定对话应当如何组织,只是在第29条第(4)款中明确了采购当局具有一定的机动性,指出(如果在合同公告或说明文件中说明)对话可以分"数个连续阶段"进行,这样可以在最终投标阶段之前(通过决标标准的运用)减少需要考虑的方案数量。除了该条规定,该指令还重申了平等待遇的必要性,尤其强调了对机密信息的保密(相关讨论见1.5.3节),但

---

[237] 见6.5.5节。

[238] 见5.5.5节。

[239] 见4.5.4节。

[240] 见3.5.5节关于英国的论述;法国法规(和政府指南)中都明确规定可以就竞争性对话期间的变更事宜签署一个协议,见4.5.4节。

[241] 可参见对已签订合同的实质性变更规则,见1.5.2节。

[242] 原则上来说这种变更是可以的,见案件C－57/01(Case C－57/01)马其顿地铁公司和米卡尼基建筑公司诉希腊政府(Makedoniko Metro and Michaniki v. Elliniko Dimosio)[2003]ECR 1－1091。

对于竞争性对话的这个阶段没有明确规定。

这样一来,成员国或成员国的采购当局(如果没有国内法的限制)就可以按照不同的方式自行设计竞争性对话的进程。与对待竞争性对话的老路子一样,关于如何组织竞争性对话的对话阶段,成员国的法律将《指令 2004/18》赋予成员国的灵活性全部留给了本国的采购当局。[23] 但葡萄牙是一个例外(见第 7 章),规定采购当局必须按照非常详细的组织和方式进行对话。

1.5.6.2 在对话阶段形成方案的模式

在 1.5.2 节指出,竞争性对话开始时发布的说明文件可能会留给候选人不同的灵活空间,灵活空间的大小与倾向于意见征询方式还是调查方式有关。关于如何在对话期间进一步完善方案,在欧洲实践中有不同的方式或模式。与明确方案初始参数一样,这些方式的不同是程度上的不同(它们只是色谱上的色调,而不是完全不同的概念),但是对于说明事情具有很重要的作用。下面将对这些模式进行简要说明。

应当指出的是,不管一开始使用的是意见征询方式还是调查方式(前者初始规格较为详细,后者方案参数相对宽泛)最初的方案说明和条款要么几乎根本无法明确(见模式 1:自有方案模式),要么在很大程度上需要使用对话参与者的建议(见模式 2:指定方案模式)。这些模式与最终投标文件的详尽程度都没有任何关系,自有方案模式中的初始参数比较详尽,而指定方案模式用于细化最初非常宽泛的方案条款,但前者导致的最终投标条款可能比后者要宽泛得多。

模式 1:自有方案模式。

色谱的一端可称为自有方案模式[24](在意大利称为"长城"模式)。[25] 按照这种模式,投标人根据最初方案描述提出自己的方案,并在保密情况下与采购当局进行讨论。在对话期间形成方案后,经修改并在此基础上形成最终投标书,由投标人提交。采购当局在对话阶段结束时不会指定某个方案,也不会按照提出的方案形成投标说明文件。

例如,采购当局就某一项目进行招标,在某一区域建设一个自动停车场。此类项目尚无前例。自动停车场的小汽车由自动化提升装置通过一个排架系

---

[23] 只有葡萄牙的法律与此不同,见本节分析。

[24] 虽然第 8 章作者认为不同的提交方案共同使用一套技术规格不属于此类模式,但这个名称在第 3 章论述英国(5.6.1 节)和第 8 章论述西班牙时,仍然用于一种类似于"自有方案"的模式。

[25] 见 11.5.6 节。

统放入停车场(司机不用寻找停车位且占用空间小于传统停车场)。该停车场位于某购物中心附近,临近市中心,交通繁忙,也就是说停车能力和速度都很重要。采购当局先是确定合格申请人,从中选出 5 人并邀请他们进入对话阶段。进入对话阶段后,采购当局将严格遵守保密纪律,明确"摘樱桃"禁令,表示不会通过"摘樱桃"的方式摘取各方案有用的东西。采购当局按照不同的阶段进行对话,期间不断淘汰报价、停车能力或停车速度等方面不尽如人意的方案。通过这种方式正式淘汰了 2 个参与者,因为他们提供的方案停车能力有限且需用时间过长。采购当局邀请剩下的 3 个投标人以对话期间形成的方案为基础形成最终投标书并提交。被选为最具经济优势标的投标书方案在停车能力、停车速度和竞争价格上都具有突出优势。提出该方案的投标人曾为城市地区建造停车场。在这样的停车场,停车能力和停车速度都很重要。另外,2 个投标人的商业理念是以城市中心以外地区的停车场为基础的。在这样的停车场,一般更看重价格和操作成本。

　　欧盟委员会无疑希望这种模式成为一种标准模式,可以完全按照此形式进行,或至少是这种模式的混合体(见模式 3):因此,欧盟委员会《解释说明》指出:"一般来说,这些最终投标书是以各对话参与人的方案(或数个方案)为基础的。"[246]在我们阅读《指令 2004/18》的时候,首先想到的也就是这种至少以投标人自有方案的一部分为基础的投标方式。这种方式似乎在一些大的欧盟成员国,如英国、法国、德国和意大利中应用得非常频繁。[247]完全按照这种方式展开竞争性对话有一个潜在的缺点:虽然将所有参与人提交的方案进行整合,吸取所有参与人的专业知识和创新后可形成一个新方案,且这个新方案好于某个参与人提交的某个方案,但采购当局只能接受后者。也有可能会发生这样的情况:最初提交最佳方案的投标人可能无法以最好的条件完成该方案。有时候对这些方案进行有效透明的比较也是非常困难的,不过困难程度取决于这些方案在实践中的具体差别有多大。这种模式的一个突出优点是参加竞争的公司会全力出击提交具有创新性的新颖方案。为了保护自身商业利益,投标候选人在对话期间可能会对自己方案的创新点闭口不言,[248]而此举可能会导致最终投标书的缺陷,不过这一切取决于具体情况以及对话的操作方式(在英国,人们一般

---

　　[246]　《解释说明》,前注㉝,3.3 节。另参见 5.5.5 节关于法国的论述。在该节中,作者指出该模式与竞争性对话在"精神"上大多是一致的。

　　[247]　分别见 3.5.6.1 节、4.5 节、5.5.6 节和 11.5.6 节。

　　[248]　可参见 12.5.3 节。

会在对话阶段举行一次完整的模拟投标，在这种模拟投标中，投标人在对话结束之前会完整披露自己的方案）。也有可能发生这样的情况：由于某些国家的土地所有制或者知识产权方面的原因，某些方案只能由某一家企业提出。

模式2：指定方案模式。

色谱的另一端称为指定方案的模式。按照这种模式，采购当局不对提交的方案进行保密，而是以一种公开的方式从中选出最佳方案，以此作为最终投标条件的基础。这需要对最初的说明文件进行实质性修改和完善，使其从一个相对宽泛的说明文件成为一个更加准确更加具体的方案。[⑲] 有数个采购当局完全采用了这种模式。这种模式在西班牙使用了至少15次。[⑳] 这种模式的一个变体在葡萄牙属于强制性模式。按照葡萄牙的这种模式，对话阶段的目的是在对话阶段结束时形成一个指定的唯一方案。[㉑] 如果葡萄牙的候选人认为相关信息为机密信息，采购当局就必须对其保密，在将这些信息纳入指定方案时会有一些困难。[㉒] 按照这种模式，指定方案可能会从数个方案中各选取一部分，或者说完全或主要以某个方案为基础。如果这个指定方案主要是以某个或数个参与者提出的方案为基础，这些参与者就有了某种竞争优势，可能会影响竞争的公平性，采购当局必须谨记在心，小心对待。在西班牙这种模式称为"共同主干"（common–trunk model）模式。[㉓] 如果指定方案来自于数个投标人，则称为"众包"模式（crowd–sourced model），[㉔]在意大利称为"补缀"模式（patchwork model）；[㉕]如果指定方案以某一个建议为基础，则称为"启动"子模式（promoter model）（意大利）。[㉖]

举例说明这种模式：采购当局发布招标公告计划建设一条高速公路。路径非常具有挑战性，要从群山之间穿过，而且为了减少对濒危物种栖息地的破坏还要考虑许多其他因素。采购当局在合同公告和说明文件中对项目进行了简要说明，并特别指出了环境方面的要求。由于参加对话很费时间，因此采购当局会对参加各阶段行动而产生的费用进行补偿，同时保留从各提交方案中选取

[⑲] 此时采购当局必须非常谨慎，不能在不遵守相关规则的前提下进行任何实质性的变更——如对公告项目进行变质性变更，就可能需要对其再次进行公告，见1.5.2节。

[⑳] 见8.5.6.3.3节。

[㉑] 见第7章，尤其是7.5.3节。

[㉒] 同上。

[㉓] 见7.5.6.3.3节关于西班牙的论述。

[㉔] 见7.5.6.3.3节。

[㉕] 见11.5.6节关于意大利的论述。

[㉖] 见11.5.6节。

相关内容并以此整合成为一个指定方案的权力,投标人以此为基础提交最终投标书。采购当局还在初始招标文件中指出,通过对话可能会对项目说明加以修订和扩展。合同公告规定,采购当局选出参加对话的企业最少 3 个,最多 6 个,且整个竞争性对话将分阶段进行。但是,采购当局不会在对话阶段减少对话者人数,为更多地收到投标书,希望参加对话的人越多越好。有 10 个企业提出了申请,其中 6 个企业被选出参加对话。但是其中 3 个企业中途退出,因为采购当局没有从其方案中提取任何内容。剩下 3 个企业则按照指定方案提交了投标书,而该指定方案则从所有这些企业的方案中都提取了一部分内容。其中一个投标企业在其投标书中提出一种用炸药移除石块的方式,这种方式非常具有创新性,因而显得非常突出。这种方式比其他方式费用更低,更为突出的是通过这种方式可以更好地控制爆炸移除物。还有一个投标企业提出一种小型桥梁系统的方案,可以让某些野生物种从高速公路的一侧转移到另一侧,没有被车撞死的危险,因此这一方案也被收入成为指定方案的一个要求。另外,该指定方案还包括第三个投标企业提出的两点内容:一种是由某位奥地利教授开发出来的新式"永久性"沥青混合物的使用;另一种是钢芯薄壁混凝土栏杆的使用,生产成本很低。由于最终投标书是以唯一指定方案为基础,因此这些投标书很相像。最初提出使用沥青混合物和钢芯薄壁混凝土栏杆的投标企业提出了非常有利的报价,原因是它提出了指定投标书中的一部分内容,具有一定的成本优势。最终该投标企业的方案被选为最具经济优势标。

在模式 1 中提到的自动停车设施可以不使用自有方案模式采购,而通过指定方案模式采购。如果按照指定方案的模式,采购当局仍然会说明将保留从各提交方案中选取相关内容并以此整合成为指定方案的权力,投标人以此为基础提交最终投标书。假设这个即将建设停车设施的地块中有 2000 米^2 因为地面上的某种障碍(如变压站之类的技术设施)而无法施工。除一个投标人之外,所有投标人的方案都没有将这个 2000 米^2 地块纳入停车区域,而这个与众不同的投标人提出的方案则是把停车设施延伸到这个 2000 米^2 地块之上,解决了障碍物的高度问题,停车设施的停车能力大为增加。这个创新性的方案因此被纳入指定方案。

模式 3:混合模式。

混合模式是实践中的另一种常见模式,是模式 1 和模式 2 的混合体。按照这种模式,先要在保密条件下与所有受邀者进行对话。对话结束时,应当在初始说明文件的基础上完成招标规格和招标条件。为最终投标做准备的这个招标规格应当表述清晰,将经讨论仍然保留在对话中的所有方案涵盖其中,不过在实践中对于初始文件的修改和变更一般不大。所有投标人以这个修订过的共同招标规格和条件为基础提交投标书。

仍然可以模式 2 中的山区高速公路项目为例。假设采购当局一开始在其公告和说明文件中对于此项目的描述相当简要,但提出了环保方面的要求。采购当局在说明文件中明确指出要在保密条件下进行对话。合同公告声明采购当局将至少选出 3 个企业,最多选出 6 个企业进行对话,且整个竞争性对话过程将分阶段进行。有 7 个企业申请参加,其中 4 个企业被选中。这 4 个企业中的 1 个企业中途退出,因此采购当局没有行使其减少对话人数的权力。剩下的 3 个企业按照修订后的通用条件提交投标书。招标规格在工程内容上几乎没有变化,大部分与初始文件中的宽泛条件一样,仍然是简要的功能性描述。但是采购当局又特别指出,提交的方案必须保证野生动物能够在不影响交通和不受交通影响的条件下从公路一侧转移到公路另一侧。招标规格中的调整主要是受到其中 1 个企业提出的小型野生动物桥的启示(见模式 2)。模式 2 中提到的提出使用新型沥青和钢芯薄壁混凝土栏杆的投标企业的投标书被选为最具经济优势标。该投标企业在方案中提出将高速路下方的通道与公路上方的桥梁结合起来,可以让野生动物从公路一侧转移到另一侧。

这种模式在英国、荷兰和丹麦比较常见(丹麦以此模式为主),在西班牙偶见(在关于西班牙的研究论文中提到有两例),在法国也属于偶发。在法国,这种模式与自有方案模式并用。[27]

在此需要指出,在应用混合模式时可能会出现"摘樱桃"的现象,而"摘樱桃"则可能导致机密信息或方案被纳入最终的招标规格[28](不过这种情况并不是必然现象,如果招标规格修改的全部是非机密信息,那么这个问题根本就不可能发生)。由于这个原因,加上企业常常担心采购当局不尊重他们的机密信息,[29]人们希望国家能够有一个有关保密信息和对话组织方式的案例法,不过这种案例法并不存在。[30] 还有一点需要指出,与我们面谈的投标人一致认为他们的机密信息得到了尊重(见 1.5.3 节)。其中一个原因是采购当局对于保密工

---

[27] 见 3.5.6.1 节(英国)、12.5.6.4 节(荷兰)、第 6 章(丹麦)(在丹麦,大多数采购采用此模式)、4.5.5 节(法国)和第 8 章(西班牙)(西班牙的"共同规格"类似于"混合模式")。

[28] 请对比 8.4.3 节。该节作者对西班牙各采购当局的自信表示怀疑(西班牙采购当局声称在制定共同主干方案时,完全可以保证相关信息和方案的机密性)。

[29] 见 1.5.3 节。

[30] 依据的是 1.5.3 节(机密信息的保密),以及本书成员国中没有与对话组织方式有关的案例法。

作的风险性有了充分认识,一般会采取一些措施平衡各方利益,这些措施都得到了投标人的认可;另一个原因是不同的模式使投标人的关注点产生了很大不同。[261] 作者在研究西班牙的第 8 章指出,当从各投标书中选取有益部分时,投标人关注的是如何对方案起草产生影响(因为如果对招标方案产生了影响,相关投标人在此方面就具有一定的竞争优势)[262],因此他们很愿意就其方案进行非常详细的解释,可能不愿意对整个竞争性对话的组织表示不满。另外,如果采取自有方案的模式,投标人就不会阻止采购当局将其创新点告诉其他竞争者,进而导致其失去竞争优势。

1.5.6.3　竞争性对话的结构

1.5.6.3.1　概论

如上所述,对于如何制定最终要求,欧盟指令的规定非常有限,给了采购当局相当大的灵活性;而成员国的国内法一般也没有进一步的限制,因此对话阶段如何进入最终的投标阶段,也意味着采购当局具有很大的灵活性。

在前面指出,关于对话阶段如何进入最后的投标阶段缺乏规则,意味着可以就合同的所有方面或者某些方面进行讨论:第 29 条第(3)款明确规定,采购当局可以与选中的投标候选人就合同的所有方面进行讨论。因此,在对话阶段不仅可以讨论现有技术方案,而且可以讨论这些方案的任何条件,包括资金条件、合同的风险分布等。这一切显然都与对话的基本目的有关,即定夺什么才是满足采购当局要求的最佳方式(见第 29 条第(3)款规定)。不过有一点不能忘记:虽然可以就合同的所有方面进行讨论,但这样做并不一定合适(而且法律也没有这样的要求)(见 1.5.2 节);在实践中,究竟项目的哪一部分可以放到对话阶段进行讨论,采购当局必须进行认真计划。[263]

如上所述,从《指令 2004/18》可看出对话过程中还可以有多个投标阶段。[264] 这些投标阶段中不一定要提交完整的投标书,这些投标书往往比较简略,或者只涉及项目的某些方面。[265] 有时候通过这些投标阶段可以减少参与者人数(见

---

[261] 见 8.4.7.3.3 节关于西班牙的论述。

[262] 见 8.5.6.3 节。

[263] 进一步讨论见 1.5.2 节。

[264] 另参见《解释备忘录》(*Explanatory Memorandum*),前注⑧,3.2 节。该节指出,在对话期间,采购当局可以按照第 29 条第(5)款的暗示,让参与对话的人以书面形式说明自己的方案,可表现为投标书的不断补充和不断完善。

[265] 欧盟委员会在其《解释备忘录》,前注⑧,3.2.1 节中指出,即使这些文件被视为"投标书",也不可能要求这些文件中"包含履行合同所需要的所有必要元素",因为这样的要求只适用于最终投标书(见 5.7 节)。

下面讨论)。但即使参与人数没有减少,这些投标阶段往往也很重要,因为这是确定项目条款和提交方案的重要途径(见下面讨论)。伯耐特提出,临时性投标应当用于上述目的,而不是用于减少参与者的人数[266]。正因为如此,临时性投标才被认为是"采购当局对竞争性对话进行管理的重要元素"。[267]

这些讨论和投标阶段,首先可帮助采购当局确定最终招标书的基本内容,也就是说对合同的技术要求和条款(资金和合同要求)进行修正。例如,如果采用 1.5.6.2 节描述的指定方案模式,通过这种方式可以从某个或多个参与者提交的方案中选出一个作为指定方案;如果认为合同草案的某些条款应当进行讨论,则可以按照参与者能够接受的条件或者按照物有所值的标准对这些条款进行修正;也可以通过这种方式检验该项目在经济上是否可行。这些讨论和对话阶段的临时投标可以让投标人更好地了解采购当局的需求,并将这些需求整合到自己的最终投标书中。通过这种方式可以保证合同的技术要求和条款在技术的各个方面对于企业来说经济上可行,因此如果不为企业所接受,那么该企业要么被淘汰,要么主动退出(见下面讨论),当然也有可能对其方案进行修改。另外,通过这种方式也可以保证达到物有所值的目标(如投标人可能从其方案中删除费用高,但对于采购当局来说不会带来相应好处的部分)。

英国的经验就很能说明问题。从英国的经验来看,随着对话的深入,方案的细节往往一步步增加。第 3 章指出,[268]对话刚开始时,方案往往只是一个大纲,资金方面的内容根本没有或只有很少。采购当局常常会选出少数几个参与人,让他们进一步提交方案,这些方案随后在细节方面进行补充,接下来在资金和技术方面再进行细化。有时候甚至会出现最终投标书的"演练"模式。这些演练投标书从内容上来说与最终投标书一致,但是按照欧盟各指令和成员国国内法的规定并不能视为最终投标书。之所以会有这样的规定,是为了保证最终投标书中不会出现任何问题,因为在正式的最终投标阶段,最终投标书的合法修改空间是相当有限且很不明确的。[269] 最后一步是采购当局正式结束对话阶段,让企业提交最终投标书,这些最终投标书应当非常详细且有报价。[270] 荷兰的做法与此相似,先是开一般性的初选淘汰会,然后采购当局一般会把注意力集中到对话阶段,专注于几个方案。在荷兰实践中(英国和其他国家一般也是如

---

[266]　详细讨论见下文。

[267]　Burnett, *Competitive Dialogue*, 前注③, 第 41 页。

[268]　见 3.5.6 节。

[269]　见 1.5.7 节和 1.5.8 节。

[270]　见 3.5.6.1 节。

此),一种方式是邀请剩下的参与者提交最终投标书,同时考虑投标书中的各个因素;另一种方式是(尤其用于大型项目)⑳要求参与者提交在讨论阶段形成的部分投标书的终稿,然后在最终投标阶段提交最终投标书。

1.5.6.3.2 减少参与者和方案数量

《指令 2004/18》第 29 条第(3)款明确指出,采购当局可以规定对话阶段分步骤进行,以便通过事先规定的决标标准"减少对话阶段需要讨论的方案数量"。这说明采购当局在最终投标阶段可通过初步投标书和/或讨论的形式减少讨论过程中需要讨论的方案数量,如淘汰价格过高、未能完全达到采购当局要求或包含某些不可接受因素(如对环境影响过大)的方案。在这个阶段,采购当局不仅可以淘汰不合标准的方案,在最终投标阶段不可能中标的方案也可以淘汰。

从《指令 2004/18》第 29 条第(3)款的规定来看,该条款提到的"方案"淘汰显然是指当投标候选人提交方案不合格时,淘汰相关投标候选人,因此没有必要让这些被淘汰的投标候选人继续留在投标过程中与其他人一起竞争。这种根据提交方案淘汰投标候选人的方式具有非常重要的意义,因为投标人至少在某种程度上要与自己的方案进行竞争。也就是说,在自有方案或混合模式下要与自己的方案进行竞争。

从《指令 2004/18》第 44 条第(4)款可看出,欧盟指令是允许淘汰投标候选人的。该条款规定:"在最后阶段,最后的数量应当能够形成真正的竞争,有足够的方案或合适的投标候选人。"在此提到了方案,说明经营者有可能与自己的方案进行竞争。另外,在第 41 条也证实了这个观点,该条款规定,应当允许采购当局将采购划分为几个不同的阶段,以逐渐减少"投标人的数量",而减少投标人的数量意味着减少对话参与人数。欧盟委员会在其《指导说明》中也表明了这样的态度,这说明在大多数情况下每个参与对话的人只形成一种方案,而方案的淘汰意味着参与者的淘汰。⑳禁止减少参与对话的人数与保密规定和其他实际要求不相符:某个投标人的方案被淘汰,同时又允许其在他人方案的基础上进行投标,往往是不可能发生的事情,保密规则或者专有权(如投标人对某个合适地块的所有权)不允许这么做。另外一点需要注意的是,竞争性对话的诸多细节性的东西大多受到竞争性对话之前英国复杂合同实践的启发。按照英国的这种方式,常常要根据合同授予标准对提交的简要方案进行评估,以此

---

⑳　见第 12 章。
⑳　《解释说明》,前注㉝,3.2.1 节,尤其是前注㉙。

减少对话参与者的人数。㉓

　　欧盟指令允许以各参与者提交的方案为基础减少方案数量，并减少参与者人数，也是欧洲法理的主流解释。㉔ 欧盟数个成员国，如英国、德国、西班牙、荷兰和丹麦在实践中也是持这种态度。㉕ 需要指出的是，似乎这些国家的许多采购当局都规定整个对话过程分数个连续步骤进行，这期间会淘汰一部分参与者，㉖且在英国、德国和荷兰的采购实践中常常以参与者提交的方案为基础对参与者进行淘汰。㉗ 由于上述实践原因，是否可以减少参与对话的人数也是各成员国在竞争性对话操作方式上的根本区别。直到最近，一个法国法庭才判决以这种方式减少参与者人数是合法的。㉘

　　需要注意的是，关于对话过程是否可以分步骤进行，在波兰法律中没有明确规定；㉙但是葡萄牙法律明确规定不可减少参与者的人数，㉚因此在葡萄牙减少参与者人数根本是不可能的（葡萄牙法律在保密规则中没有就由此可能引发的保密问题做出相关规定，且竞争性对话在葡萄牙并没有得到实际应用，这一点倒是非常有趣，可能也有很重要的意义）。

　　需要指出，在某些成员国，如西班牙和丹麦虽然采购当局有权减少参与者的人数，但是他们往往保留这种权利，在实践中并不会减少参与者的人数，而且他们认为自己有权不减少参与者的人数。㉛ 许多采购当局甚至特意规定不减少参与者人数。在实践中不减少参与者人数，甚至规定不减少参与者人数，可能出于多种原因。减少参与者人数有时在实践中很难做到，例如会因此而降低透

㉓　见 1.2.2 节和 3.2 节。

㉔　Brown，前注③，第 174 页；Treumer，*Competitive Dialogue*，前注③，第 180 页；以及 Arrowsmith，前注③，第 644～646 页。丹麦文献参见 Rubach - Larsen，前注③，第 75 页；S. Troels，S. Poulsen，S. E. Kalsmose - Hjelmborg，*Hvor meget konkur - rence skal der vaere i konkurrencepraeget dialog? Om afvejningen af markedsåbning om ofFentlige ordregiveres behov inden for rammerne af EU's udbudsdirektiv，Ugeskrift for Retsvæsen*，2007，B：34；M. Steinicke，L. Groesmeyer，*EU's udbudsdirektiver med kommentarer*，2nd Ed.，Copenhagen：Jurist - og 0konomforbundets Forlag，2008：329；R. Offersen，*Udbud sprocessen*，Copenhagen，2010：28；S. T Poulsen，P. S. Jakobsen，S. E. Hjelmborg，*EU Udbuds retten*，2nd Ed.，Copenhagen，2011：364。相反观点见 J. Fejo，S. Treumer，*EU's Udbudsregler - implementering og handhcevelse i Norden*，2006，J：25。

㉕　分别见 3.5.6.1 节、5.5.5 节、8.4.7.2 节、6.5.6 6 节和 12.5.6 节。

㉖　在丹麦，50% 以上的采购程序都规定可以进行这样的操作，见 6.4 节。

㉗　分别见 3.5.6.1 节、5.5.6 节和 12.5.6 节。

㉘　见 5.5.6 节。

㉙　见 9.5.6 节。

㉚　见 8.5.6 节。

㉛　分别见 8.4.7.2 节和 6.5.6 节。

明性,或者采购当局会因此面临法律诉讼的风险。[22] 另外,采购当局还可能面临这样的风险:候选人减少了,但是留下来的候选人不一定能够提交最佳投标书;当采购当局纯粹为了减少参与者人数,而不是因为候选人提交方案达不到采购当局最低要求而减少人数,以及对参与者的淘汰仅仅以不完整信息为依据的时候(见1.5.6.4节),往往会产生这样的担忧。采购当局有时候不愿意过多地限制竞争人数,因为合格申请者的人数常常非常有限;另一个原因是即使候选人数多于预期时,采购当局仍然愿意保留态度认真、竞争力强的参与者。

当然,如果某些方案无法接受或者不可能成功,而采购当局又不想正式淘汰相关经营者(如由于法律风险或在提交最终投标书之前难以确定这样的决策是否正确),采购当局就可能会做出一个反馈,让参与者决定是否继续。采购当局也可能制定或重申某些要求,让某些参与者感到很难达到这些要求而自动退出,而不是直接将他们从最终投标步骤中正式淘汰。[23]

在某些情况下,尤其是当参与者对相关项目都有极大兴趣的时候,在对话阶段中减少参与者的人数,对于保证相关费用维持在采购当局和供应市场都认为合理的范围内是一件非常重要的事情。从后者的角度来说,如果中标成本太高,那么参与竞争的公司可能不愿意参与最终投标,而这个中标成本与竞争者人数具有很大的关系。所有这些都是人们非常关心的问题(如在英国),也正是由于这个原因,当竞争有保证时,采购当局一般会在对话阶段中减少参与者的人数。[24]

1.5.6.4 竞争性对话的结束

《指令2004/18》第29条第(6)款规定,在对话结束时,采购当局必须宣布对话结束,并将此消息通知给各参与人。

提到对话的正式结束,我们应当指出:从以往经验来看,因为竞争性对话的灵活性,所有问题都可以在对话过程中得到充分讨论,而如果所有问题在对话中都能得到充分讨论,就可以防止在最终的投标步骤中因为错误、误解、投标书信息不充分,或者想修改投标书而出现任何问题。有一种做法,也就是前面所说的英国人的"演练"方式,可以保证不出现上述问题。按照英国人的这种方式,未被淘汰的参与者在对话结束之前提交完整的投标书。这样做可以保证此

---

[22]　另参见 Burnett,*Competitive Dialogue*,前注③,第127页,作者认为,从物有所值的角度来说,这样做具有法律风险,但也是不可避免的事情。

[23]　见8.4.7.2节(西班牙)和6.5.6节(丹麦)。

[24]　见第3章。

类困难在最终投标阶段之前得到解决,而且是合法的。这一点非常重要,因为在最终的投标阶段,采购当局和投标人可以进行什么样的讨论、对投标书可以进行什么样的更改和修订在法律上都是不明确的(见1.5.7节)。

1.5.6.5　决标标准

1.2.4节对竞争性对话进行了简要说明。该节指出,在选出参加对话的候选人之后,无论是对话阶段和最终投标阶段,主要目的都是按照事先规定的决标标准从选出的候选人中再选出最佳报价人。

《指令2004/18》中的基本规则似乎相当明了,但是如何应用这些规则有一些不明确的地方,其中一些与竞争性对话有关,或者说对于竞争性对话来说非常重要。一些判例法根据一般性透明原则对这些规则进行了补充,提出了新的要求,让原本不明确的地方更加不明确。英国学术界指出,法律在决标标准方面的不明确是英国人在操作竞争性对话或就竞争性对话提出建议时的主要担忧,人们尤其担心该阶段法律诉讼的高风险,以及这种法律诉讼的严重后果。[285]在成员国与竞争性对话有关的判例法中(数量非常有限)有许多与决标标准有关,这更是增加了欧盟法律在决标标准这一领域的不明确性。下面就这些规则进行讨论,因为这些规则与竞争性对话有关。讨论将涵盖整个"决标阶段"(包括最终投标步骤)的决标标准应用问题(见1.5.7节)。

决标标准问题在《指令2004/18》第53条有明确规定。公开招标、限制招标或谈判[286]不涉及多方案报价,采购当局要么以最低价,要么以《指令2004/18》所说的"最具经济优势标"作为决标标准选出中标人。但是如果采用竞争性对话的方式,采购当局必须以最具经济优势标为决标标准(第29条第(1)款规则)。在竞争性对话的条件下(可多方案报价的其他授标方式也是如此),不能单纯以价格作为授予合同的基础,因为在对投标书进行评估时,必须考虑到各方案有不同的长处。[287]

第53条第(1)款第(a)项列出了可以作为决标标准的诸多元素,如质量、运行成本、售后服务、交货日期以及价格,但是该条款列出的标准并不具穷尽性,采购当局可以其他因素作为决标标准(关于这一点,之前在案例法中有规定,[288]

---

[285]　见3.5.11.1页。

[286]　只适用于发布公告的谈判。

[287]　忽略了这样的事实:实际上完全可以某个共同方案为基础提交最终投标书。

[288]　案件C-19/00(Case C-19/00)SIAC建筑有限公司诉马约县县议会(SIAC Construction Ltd v. County Council of the County of Mayo)[2001]ECR 1-7725、案件C-513/99(Case C-513/99)芬兰康科德迪亚客车公司诉赫尔辛基市政府(Concordia Bus Finland v. Helsinki)[2002]ECR 1-7213。

现在《指令 2004/18》条款中也有了明确规定）。第 53 条第（1）款第（a）项明确规定,最具经济优势标的选择标准必须与合同标的物相关（例如,这些标准不能仅涉及投标人自身,不能以投标人是否为中小企业为标准）。

关于如何进行授标也有一些非常重要的规则。这些规则可能是欧盟指令的规则,也有可能是欧洲法院规定的透明原则。

第一,合同公告本身必须说明授标是以最低价格为标准,还是以最具经济优势标为标准。[29]

第二,《指令 2004/18》第 53 条第（2）款规定,当采购当局提出以最具经济优势标为决标标准的时候（此为竞争性对话的要求）,采购当局必须在合同公告中或者说明文件中说明竞争性对话的要求（如果使用竞争性对话的采购方式,必须在说明文件中加以说明）。

另外,第 53 条第（2）款还规定,采购当局必须在合同公告或说明文件中说明这些标准的"相对权重",这一要求在《指令 2004/18》中首次提出。此条规定,该权重必须是一个可变范畴,按照采购当局的标准设置最低权重和最高权重。权重要求有一个例外:如果"采购当局认为"不可能按照客观标准设置权重（又是第 53 条第（2）款的规定）,就可以不设置权重;但即便如此,采购当局还是要按照重要性的降序排列各个决标标准。关于这一点必须强调指出,《指令 2004/18》说明性条款第 46 条提出这种事先无法确定权重的情况,"在合同非常复杂时尤其可能会出现"。由于竞争性对话只适用于复杂合同,因此通过竞争性对话授予的合同可以没有权重要求。欧盟委员会关于竞争性对话的《指导说明》对此解释得更加详细,明确指出:

竞争性对话的使用说明相关合同为"特别复杂的合同",因此,当使用竞争性对话这种合同授予方式授予合同的时候,几乎等于说决标标准可以不加权重而直接应用——采购当局只需按照重要性降序排列决标标准即可。[30]

这一点有些过了。我们不可能像欧盟委员会那样,仅仅因为"某些"复杂合同满足了权重例外的条件,就认为所有此类合同都满足权重例外的条件。在采购刚开始的时候,采购当局对于如何满足自己的需求并不是非常清楚,因此很难决定如何排列决标标准的权重。此时人们可能就会希望所有竞争性对话合

---

[29] 《指令 2004/18》第 36 条第（1）款和附录 VⅡA（Annex VⅡA）;《合同公告》（Contract Notice）第 23 点。

[30] 《解释说明》,前注㉝,第 3.1 节。

同都可以没有决标标准权重。不过,此《指导说明》说明了这样的事实:如果采购当局在竞争性对话过程中启用了《指令 2004/18》中的决标标准权重例外规定,欧盟委员会一般是不会提出质疑的。至少这一点对人们是有所帮助的。

除了这些明确要求,欧洲法院最近的一些判例法也规定:采购当局不仅要把将要使用的欧盟各指令中的"标题式"决标标准(如质量、运行费用、售后成本等)予以公布,如果在竞争性对话过程中还要应用一些正式的次要标准,而这些次要标准及其权重"可能"会影响投标书的准备,那么按照透明原则这些正式的次要标准也要进行公布。[29] 例如,如果宣布"质量"为决标标准,而随后为了评估方便又将质量分为几个质量因素,那么这些不同的质量因素及其相关权重(如果制定了权重)也必须对外公布。如果采购当局进行的是复杂合同,那么很有可能会有一个非常详细非常正式的评估机制用于授标,而其中的许多细节都必须按照这个原则向投标人进行公布。在英国有关竞争性对话的判例法中,这个原则已经得到了应用。该案中的采购当局没有将所有必要材料向投标人进行公布。[22] 该案例说明透明原则也会引发一些不明确性,因为有些时候很难确定什么材料应当进行公布,什么材料会对投标书造成影响。从对英国的研究来看,即便是在刚才提到的竞争性对话案例法公布之前,在使用竞争性对话的人们看来,哪些东西需要公布一直是大家非常关注的一个问题。[23]

在前面指出,通过应用以上原则制定的决标标准可以在对话阶段中淘汰一部分投标候选人,一些成员国在采购实践中也确实这样做,常常是在评估正式的简要方案的时候淘汰候选人。上述原则同样也适用于最终投标步骤中的投标书筛选过程(见 1.5.7 节)。

欧洲法院的判例法对欧盟指令的各项规则进行了说明。在这个规则体系中有数个涉及竞争性对话的非常重要的灰色地带,欧洲法院至今没有相关的判例法,更增加了这一领域的不明确性。这些问题有时候在判例法和学术分析中非常混乱,必须认真厘清。

第一个问题是公布时间的确定。这个问题源于竞争性对话决标阶段的"重复"性,这个重复性与公开招标和限制招标是完全不一样的(在谈判中也存在这

⑳ 案件 C - 532/06(Case C - 532/06)艾姆·G. 利亚那基斯公司诉亚历山德鲁波利斯市(Emm. G. Lianakis v. Dimos Alexandroupolis)[2008]ECR 1 - 251、案件 C - 331/04(Case C - 331/04)ATI、EAC 责任有限公司和可行有限公司诉 ACTV 威尼斯共同股份公司(ATI EAC Srl e Viaggi di Maio Snc v. ACTV Venezia SpA)[2005]ECR 1 - 10109。

㉒ 见 3.5.1 1.2 节。

㉓ 见 3.5.1 1.2 节。

种重复性,因为在谈判中也会有这样的重复决标阶段)。这个问题是各个阶段使用的标准及其权重,[24]是在对话开始之前就全部制定出来并向外公布,还是在对话期间和竞争性对话的后期阶段对其进行修改后再对外公布。例如,采购当局的决标标准是否可以相当宽泛,只以"方案质量"为标准对提交的简要方案进行评估,然后为了评估最终投标书(或为了淘汰候选人而在竞争性对话后期要求提交其他正式文件)再制定并增加一些更加详细的次要标准(进行质量评估的次要标准)。

《指令 2004/18》第 29 条第(4)款对此有明确规定(针对竞争性对话阶段)规定:可以按照合同公告或说明文件中的决标标准淘汰某些方案。第 29 条第(7)款也有类似的规定:应当根据合同公告或说明文件中公告的决标标准对最终投标书进行评估。但在后续阶段是否可以在上述标准的范围内对其进一步详细说明,《指令 2004/18》只字未提。有一点是显而易见的:如果在后续阶段可以对决标标准进行细化并制定一些次要标准,那么根据透明原则,任何可能对投标书造成影响的细节变化都要向投标人公布,至少让他们有足够的时间在投标书中将这些因素考虑进去。从前面提到的判例法也可以得出这样的结论,该判例法规定:采购当局在决标过程中将要使用、可能会对投标书造成影响的任何次要标准或其权重都必须公布。但是这个判例法并没有规定第 53 条中的决标标准及其权重以外的其他信息,也必须在合同公告或规格/说明文件中进行说明。该判例法似乎故意不说这是一种强制性要求,只是规定投标人必须知道相关信息以便准备投标书,并暗示可以在竞争性对话后期让投标人知道这些相关信息。[25]

这个问题在部分成员国中成为一个非常现实的问题。在法国,这个问题被提到了最高法院。法国最高法院认为,《地方政府法》允许采购当局说明在对话阶段结束后如何应用决标标准,并不违反欧盟指令的规定,只要这些决标标准本身及其权重与合同公告相比没有发生更改即可。当然,这个说明必须通知给

---

[24] 这说明是可以对某些细节进行进一步说明和/或修改的,这些细节可以是即将应用的主要决标标准(见下文讨论)、权重,也可以是次要标准的详细应用问题。

[25] 案件 C – 33 1/04(Case C – 33 1/04)ATI 、EAC 责任有限公司和可行有限公司诉 ACTV 威尼斯共同股份公司(ATI EAC Srl e Viaggi di Maio Snc v. ACTV Venezia SpA)[2005]ECR 1 – 10109,第 24 页。本判例法在提及公布与主要决标标准相对应的次要标准时,只是指出投标人必须"知道哪些因素需要考虑",并没有指出必须什么时候进行公布。这一点在利亚那基斯(Lianakis)一案的判决中再次得到了体现,见前注[20],第 36 段。该判决还指出,投标人在准备投标书的时候,必须确保能够得到这些信息(第 37 段),而且"提醒投标人注意这些信息"(第 38 段)。

投标人。⑳ 同样,丹麦的公共采购投诉委员会明确指出,原则上可以对决标标准
进行修改,当对话过程中和对话结束后制定最终决标标准时,可以从经济和技
术两个方面再对次要决标标准进行说明。㉗ 但是,在意大利最初的法规中,明确
规定采购当局可以在最终投标阶段对决标标准进行详细说明,以便与对话阶段
选出的方案(或数个方案)相匹配,但后来意大利被诉违法,该规定随即被废
止。㉘ 现在根据意大利法律规定,对话阶段和最终投标阶段,在合同公告和说明
文件中必须公告决标标准,后期不得发生任何变动。在英国,这个问题无论是
在立法还是在判例法中都没有相关规定,但是学术界认为在 PPP 项目中可大致
对等地分为两种做法:一种是开始即非常详细地对决标标准进行说明,另一种
是在 PPP 项目的决标阶段进一步修订并应用决标标准,后者情形稍多于前者。
英国学术界也认为这种做法是合法的。㉙ 德国和荷兰出于商业方面的考虑,也
是在决标阶段形成评估标准。㉚

之所以认为在合同公告或说明文件中公布了决标标准和/或其应用之后,
还可以对其进行修改并在决标阶段进行公告,是因为成员国认为这是一种有益
的商业行为,可以根据对话阶段发生的情况变化对方案进行正确评估,这样成
员国就可以通过对话最大限度地达到物有所值的目标。这一点正是人们支持
后一种灵活方式的重要原因之一。前一种不赞成修改决标标准的观点认为,采
购当局在大致了解投标书的性质之后,允许他们对决标标准进行任何修改,都
会给他们提供按照对某个投标人有利的方式修改决标标准的机会。这种事情
在公开招标和限制招标中都是不存在的,因为在公开招标和限制招标中只有一
轮投标,在采购当局知道各投标书的内容之前,对于决标标准的修改早已完成;
而在竞争性对话或谈判中却有可能对决标标准进行修改,因为决标阶段是重复
出现的。㉛ 但是必须指出,判例法并没有要求采购当局对次要标准进行说明。
因此,采购当局不必在决标过程中对决标标准进行说明和公布,偏向于某个投
标人的机会也就更大了。从这一角度来说,以防止歧视性措施为由禁止在决标
过程中对决标标准进行任何详细规范的观点都是站不住脚的,因此那种认为不

㉖ 见 4.5.5 节和 12.5.6.5 节。

㉗ 见 2.5.6 节。

㉘ 见 7.5.2 节。

㉙ 见 3.5.11 节。

㉚ 见 5.5.7 节。

㉛ 必须指出,如果由于以上原因,在竞争性对话中对决标标准的限制大于公开招标和限制招标,那
么这些限制在对话阶段开始之前,都不具有重要意义。

允许改变决标标准就会有一个更加透明的环境,整个采购过程就不会没有章法(至少可以比照事先制定的次要标准等尺度对某些决策进行监管的看法),自然也站不住脚。因此更多的人认为可以对决标标准进行细化修改。

人们争论的另一个问题,是决标标准和其他事项(如次要标准,或者决标标准和次要标准的权重)一旦根据欧盟指令确定下来并公布于众,在多大程度上可以进行变更(这个问题不同于刚讨论过的是否可在最初决标标准或权重的范围内形成更加详细的决标方式)。变更评估标准的需求与决标标准的细化相比似乎并没有那么迫切,因为前者通过事先计划将制定和完善评估材料的可能性考虑进去,避免决标标准的变更。(如果采购当局在决标阶段一开始就制定出与决标有关的所有规则,而不是抓住一切机会在后续阶段对决标标准进行细化,那么变更决标标准的需求就不一定那么大)对于竞争性对话来说,可以进行决标标准的变更是一件非常重要的事情,因为只有允许变更决标标准,采购当局才能应对不测(这一点对于时间很长的采购过程来说尤其重要),在复杂艰难的采购过程中才能不断纠正错误。有了这样的灵活性,采购当局才能最大限度地利用竞争性对话的各种长处,避免由重新开始采购程序而造成的不合理成本和时间上的浪费。

从法律的角度来说,首先应当指出,欧洲法院指出决标标准不可变更,因此在采购过程中变更决标标准的可能性是不存在的。[302] 但是大部分人认为,通过对法源的广泛研究可看出,在某些情况下是可以进行决标标准变更的(关于这些决标标准的变更条件,特莱默教授和爱罗史密斯教授持不同看法,爱罗史密斯教授的看法更加灵活)。在此应当指出,欧洲法院提到的不可变更决标标准,实际上指的是相关决标标准的变更违反了欧盟指令平等待遇原则和透明原则的情况,而且也仅指在这种情况下不得变更决标标准。因此,在 EVN 一案中,欧洲法院指出不得变更决标标准[303],但是在这个案件中决标标准的变更发生在投标书提交之后,而且没有通知任何参与者,这显然是违反了平等待遇原则和透明原则。

---

[302] 案件 C－448/01(Case C－448/01)EVN 能源环保服务公司和维也纳能源公司诉奥地利(EVN AG and Wienstrom GmbH v. Austria)[2003]ECR 1－14527,第 93 段;案件 C－226109(Case C－226109)前注[16],第 60 段。

[303] EVN,前注[302],第 93 段。在案件 C－226109(Case C－226109)(前注[16])中在进行决标标准的变更时也是违反了事先制定的条件,由于该变更发生在投标书提交之后,因此投标人没有机会针对这些变更调整投标书。

反对在竞争性对话过程中变更决标标准的另一个理由[304]是担心采购当局在二次投标过程中为了偏向某个投标人提交的投标书而刻意改变决标标准。允许变更已经确定的决标标准不仅仅是允许对已经设定的决标标准进行修改，而是允许滥用裁量权。欧盟委员会在竞争性对话的《指导说明》中提出这样的观点：[305]

必须强调指出，决标标准（及其重要性排序）在决标过程中（最迟到邀请参加对话的通知发出后）不可变更，显然是为了保证平等待遇；事实上，该阶段后对决标标准的任何变更都是在采购当局了解各对话人提交的方案之后才能进行。

从欧盟指令的历史中也可找出一些证据证明，在竞争性对话过程中决标标准一旦确定并公布不得变更。欧盟指令的一个早期版本明确规定，"谈判阶段结束后，在合同文件中预先设定的决标标准如果不再适用于合同标的物"，可以对其进行修订，[306]但是在正式的指令中这一规定又被取消了。另外需要指出，在欧盟委员会诉爱尔兰的 C－226/09 一案中[307]（涉及一个《欧盟运行条约》中 B 类服务合同），欧洲法院明确规定评标开始后不得变更决标标准。但这个判决并不是竞争性对话的最终判决，因为该案涉及的是非重复性投标过程，变更决标标准的理由几乎都站不住脚，在提交最终投标书后变更决标标准显然有操纵投标结果的重大嫌疑。

一方面要满足复杂条件下优质采购对灵活性的商业需求，另一方面要限制滥用裁量权的风险。是否可以变更决标标准取决于能否达到以上两者的平衡。在竞争性对话过程中，决标标准的应用在复杂条件下具有一定的裁量空间（还可能需要对各种各样的投标方案进行比较），各决标标准的权重可能得不到应用，决标标准也可能发生修改。如果完全禁止对决标标准进行任何形式的变更，或者只允许发生微小改变，实际上是增加了裁量权滥用的风险，因此应当把商业需求放在第一位。原则上应当允许进行决标标准的变更，只要这些变更符合某些条件，能够保证平等待遇即可。这些条件包括：变更之处必须及时通知给投标人，使他们在制作投标书时有充分的时间将这些因素考虑进去（如 EVN 和欧盟委员会诉爱尔兰案的判决）；变更之处不得具有实质性，也就是决标标准

---

[304] 以及谈判的采购方式。

[305] 《解释说明》，前注㉝，3.1 节。

[306] 欧盟委员会建议，前注㉙，第 30 条第（4）款。

[307] 案件 C－226/09（Case C－226/09），前注⑯，第 60 段。

发生变更早期不得对竞争结果产生影响(如影响到早期投标阶段就会被淘汰出局)。这是爱罗史密斯教授的观点。此外,人们也可能认为如果允许变更决标标准(不是仅仅对决标标准进行修改),滥用裁量权的风险太高,因此无论是从欧洲法院的判例法,还是从前面提到的欧盟指令的历史来看,在很大程度上都是不允许的。如果对话阶段分段进行,为了保证平等待遇,就更有理由不允许变更决标标准。通过不同的决标标准方案,可以有效减少参与者的人数。这是特莱默教授的观点。但即使原则上在任何情况下都不允许变更决标标准,仍然可以说只要采购当局有充分的理由变更决标标准,还是可以变更的(如在情况突变的条件下),类似于规则可变或采购内容可变的情况。[308]

当然,在竞争性对话过程中,如果决标开始后没有修改预先制定的决标标准的空间,从实质上变更决标标准也就没有可能。尽管如此,也是可以对决标标准进行修改的。

针对这个法律上的问题,各成员国仍然持不同的态度。例如:立陶宛和意大利的法律明确规定,决标标准一旦在合同公告或说明文件中确立,就不得变更;[309]在德国,至少学术界认为决标标准是不能变更的。[310] 第4章在介绍法国的竞争性对话时指出,判例法没有明确涉及决标标准变更的问题,然而法国最高行政法院在关于修改决标标准的判决中指出,虽然在决标过程中可以对决标标准进行修改,但是不得变更决标标准。研究发现,在丹麦的采购实践中虽然还没有与决标标准有关的判例法,但采购当局一般不会变更决标标准(只是偶尔有所为),因为法律风险过高。[311] 虽然这个问题在英国法律中没有明确规定,但通过对英国的学术研究发现,大多数采购人员认为决标标准、次要标准和/或权重的修改有一定空间,只要修改幅度未达到"实质性"即可。[312]

关于决标标准的另一个问题是各个决标标准、次要标准及其权重在决标各个阶段的应用程度问题。这个问题可能事先在合同公告和说明文件中做出了相关规定。意大利法律明确规定,各阶段的决标标准应当在合同公告中进行说明。[313] 第2章指出,此问题虽然在英国法律中没有明确规定,但在英国的采购实践中也有所表现,尤其是在应用资金标准的时候。在技术方案完整出台之前,

---

[308] 见1.5.8节讨论。

[309] 分别见10.5.2节、10.5.6节、11.5.2节和11.5.6节。

[310] 见5.5.7节。

[311] 见6.5.6节。

[312] 也就是说,不会对任何阶段的结果造成任何影响。

[313] 见11.5.2节。

很难应用资金标准进行横向比较。第 3 章指出,政府指南认为在各个阶段应用不同的决标标准和/或权重可能是合法的,而且在某些情况下也是一种高效的采购行为。研究表明,大多数采购人员认同这一观点,认为资金问题可以在决标后期再考虑,在重点考虑资金问题之前先淘汰一部分方案。

在欧盟指令中找不到否定这一做法的规定。按照《指令 2004/18》的规定,不论采取什么样的做法,只要能够按照实际情况确定最具经济优势标即可。的确,按照这种方式有可能在早期就淘汰某个经营者,而这个经营者恰恰有可能提交最具经济优势标。但是,这种风险在许多类型的采购过程中都存在(如只选取部分企业参加投标的所有采购方式,以及只将部分供应商纳入框架协议的框架协议),而且只有这样做才能达到广泛竞争和程序简化之间的平衡。由于在竞争性对话过程中操作和竞争的成本可能会很高,因此竞争性对话对于这种平衡是非常敏感的。也正是因为这一点,在竞争性对话的不同阶段是可以使用不同的决标标准的。

1.5.7 最终投标阶段

1.5.7.1 引言

1.5.6.4 节指出,《指令 2004/18》第 29 条第(6)款规定,在对话阶段结束时,采购当局必须正式宣布对话结束并告知对话参与者。此条还规定,采购当局接下来"应当要求参与者按照对话期间提交或指定的方案提交最终投标书",并规定"这些投标书应当包括完成项目所需要的所有信息"。

1.5.7.2 投标人数量

关于在最终投标阶段邀请多少投标人参加投标,《指令 2004/18》只在其第 44 条第(4)款规定:"在最后阶段,确定下来的人数应当能够保证进行真正的竞争,能够提交足够的方案或有合适的候选人。"关于邀请多少人参加对话,《指令 2004/18》规定:如果有 3 人,则邀请人数不得少于 3 人。但是关于邀请多少人参加投标,则没有做出最少人数的规定。许多成员国在将竞争性对话纳入本国法律时沿袭了传统做法,只是将欧盟指令中关于投标人数量的措辞照搬到本国法律中。不过,立陶宛是一个特例。立陶宛的法律就此做出了详细规定,要求最终参加投标的人数不得少于 3 人;[314]而按照葡萄牙的规定,方案被选入参加对话的所有投标候选人必须全部受到邀请参加最终投标[315](葡萄牙的最终投

---

[314] 见 10.5.7 节。

[315] 见 7.5.7.3 节。

标以共同方案为基础,而不以投标候选人的自有方案为基础)。

在成员国的实践中,实际受邀参加最终投标的人数有很大不同,因为各成员国政策各不相同,也因为各次采购的实际情况各不相同,这一点倒没有令人惊讶之处。各成员国的实际情况包括诸多因素,如投标成本问题,再如所有接到邀请的投标人可能都会提交一份最终投标书。在前面指出,西班牙法律规定必须邀请所有合格经营者加入对话,有时候参加对话的人数多达 20 人左右(尽管人们也承认这样的效率不会很高),而且对话阶段的目的也不是正式减少投标人数(可以通过其他方式减少投标人数)。[316] 所有这些都会导致参加最终投标的人数众多。在葡萄牙也是如此。按照葡萄牙法律的要求,必须邀请所有提交合格方案的企业参加投标,这样就会收到大量的投标书。不过在葡萄牙竞争性对话的使用次数很少,这说明人们在实践中并不知道如何操作竞争性对话。另外,只邀请 2 个或 3 个对话参与人提交最终投标书在成员国中是非常普遍的现象。实证性研究表明:英国在公私伙伴关系项目中最常采用这个数量;[317]荷兰中央政府机构的标准做法是邀请 3 人(这 3 人在对话初期从最初邀请参加对话的 5~7 人中选出);[318]法国的竞争性对话指导说明还暗示 3 人是最为合适的最低数量[319](但是在法国的竞争性对话实践没有找到实证性证据)。另外还发现,立陶宛的法律规定参加最终投标的最少人数为 3 人,但这个问题还没有相关实践,因为迄今为止立陶宛使用竞争性对话的数量可忽略不计。丹麦邀请参加对话的人数一般只有 4 人或 5 人,此后一般不会再进行正式的人数删减。往往是这 4 人或 5 人进入最终投标阶段。但有时投标人中途退出,最终提交投标书的人数可能还会少一些。不过即使在对话阶段确定下来进入最终投标阶段的人数有所减少,但受邀提交最终投标书的人数还是常常多于 3 人。在英国虽然提交最终投标书的人数常常少于 3 人,但 2010 年英国财政部的一次调查发现,有 15% 的竞争性对话把进入最终投标阶段的人数定为 6 人(不过政府评论对此进行了抨击,认为这是一种极大的浪费);[320]在丹麦的竞争性对话中,最终投标阶段的人数有时也达到 5 人左右。[321]

从《指令 2004/18》来看,即使有更多的潜在投标人(提交可接受方案的合

---

[316] 见 8.5.6.2 节。

[317] 见 3.5.7.2. 节。

[318] 见 12.5.6 节。

[319] 见 4.5.7 节。

[320] 见 3.5.7.2 节。

[321] 见 6.5.7 节。

格投标人),采购当局似乎仍然可以只邀请 2 人提交最终投标书。㉒ 在某些竞争性对话项目中这是一个非常重要的问题,因为提交最终投标书的成本很高——这些最终投标书必须是完整的投标书,即使是最为复杂的采购项目,也必须提交完整的投标书。提交最终投标书的费用可能达到数十万甚至数百万欧元。对于许多投标人来说,这个费用是一个很大的问题,而在某些竞争性对话项目中,如果必须邀请 2 人以上进入最终投标阶段,很难进行真正的竞争,㉓而且将会导致资源的巨大浪费,而这些费用都会直接或间接地由投标人和/或采购当局承担。在某些情况下 2 人足矣,这个观点显然是有依据的:《指令 2004/18》虽然明确规定必须邀请 3 人以上参加对话,还泛泛提出必须保证对话阶段有真正的竞争,但是在最终投标阶段到底应当有多少人参加投标并没有这样的明确规定,说明这个最少人数在此阶段并不适用。欧盟委员会在伦敦地铁国家补助一案的判决中㉔似乎接受这样的观点:如果采用谈判的采购方式,邀请 2 人提交最终投标书即可。此原则同样也应当适用于竞争性对话。在竞争性对话中,因为必须提交完整的投标书,且竞争性对话的成本更高,因此更有理由将人数限制为 2 人。在某些情况下,只邀请 2 人提交最终投标书的做法受到了英国政府指南的支持,而且在一次针对英国从业者的研究中所有受访人都表示这是一种合法行为。㉕ 另外需要指出,法国政府在法国商业企业联合会(mouvement des entreprises de france,MEDEF)的指导说明书中提到了借鉴"外国经验",这说明将提交最终投标书的人数限制在 2 人是可以的,虽然法国政府并没有进一步提出 2 人的数量建议,只提出最多为 3 人。当然,这并不意味着在所有情况下都必须邀请 3 人,英国的指导说明强调指出,㉖到底多少人才能进行真正的竞争取决于多种因素(如受邀者有没有可能提交投标书),而且会随着各项目的不同而产生差异。

在对话结束时,如果合适的投标候选人数量少于正常最低人数,或者提交的可接受方案少于正常最低数量,甚至只剩下 1 个候选投标人,那么采购当局

㉒　另参见爱罗史密斯(Arrowsmith),前注③,第 649 ~ 650 页。

㉓　见对英国实践的讨论,见 3. 5. 7. 2 节。

㉔　《2002 年 10 月 2 日欧共体委员会在案件 N 264/2002 伦敦地铁公私伙伴关系项目中就〈公用事业指令〉做出的判决》(*Decision of the Commission of the European Communities in Case N 264/2002*,*London Underground Public Private Partnership*,*Decision of 2 October 2002*,*on the Utilities Directive*)。上述案例的三个项目中,有两个项目在最终投标阶段只让两个投标人提交了投标书,在该决议中并没有说此举违法。

㉕　见 3. 5. 7. 2 节。

㉖　同上。

也就只能继续与这些人打交道(欧盟委员会在《解释说明》中也接受了这一点),[327]虽然在整个过程中采购当局必须保证竞争,但此时显然是不可能的。至少在前几个阶段都遵守投标人人数规定的时候会有这样的结果。按照《指令2004/18》的规定,最终投标人数少于一般最少人数也是可以接受的,《指令2004/18》第44条第(3)款就发出邀请进入决标阶段做出相关规定时特别提到了这一点。按照《指令2004/18》的规定,如果采购当局认为这样做缺乏竞争压力不能令人满意,可以重新开始决标或者终止此次采购[328],这样即使剩下唯一1个投标人,在缺乏竞争的条件下也可以促使该投标人按照合理条件提交投标书。[329]

1.5.7.3 最终投标书的完整性[330]

在前面指出,第29条第(6)款规定最终投标书必须包含履行项目需要的所有"必要"元素。这说明决标不能仅限于资金,这样才能保证在选出中标人之后,采购当局还与中标人就合同实质内容进行谈判的空间。英国在引进竞争性对话之前,采用发布公告的谈判授予PPP合同时广泛采用这种做法——影响合同商业价值的重大问题(如重大风险的定位问题)在选出优先竞标人时往往不予解决,而是留到签订合同之前再解决[331]——第29条第(6)款针对的似乎正是这种做法。但是从法律原则和实际应用的角度来说,该条具体含义不甚明了,引发了一系列问题。[332]

从法律原则的角度来说,前面提到的历史背景以及该条款的措辞说明该条款的目的至少是规范选择中标人和签订合同之间的行为,相关研究文献和政府指导说明关注的也正是这一点。例如,最终投标文件与报价内容相结合可以制定出不同详细程度的建造设计合同条款:一个是建造具备某些设施并可以容纳一定数量病人的医院;另一个是非常具体的医院设计,具有所有设计细节,对于每个房间的具体功能都有详细说明。第29条第(6)款实际上限制了设计细节在选出中标人和签订合同之间进行展开。欧盟法之所以会有这样的限制,是为

---

[327] 《解释说明》,前注③,3.2节指出:"通过应用决标标准减少决标人数,可以说明只有一个合适的投标候选人或方案不会对采购当局采购程序的进展造成影响。"

[328] 关于终止决标过程的裁量权范围,特别参见案件 C – 27/98(Case C – 27/98)梅塔梅卡尼卡机械工程公司(Metalmeccanica Fracasso)案[1999]ECR 1 – 5697、案件 C – 244/02(Case C – 244/02)汉赛尔采购公司诉伊马特兰市(Kauppatalo Hansel v. Imatran Kaupunk)[2003]ECR 1 – 12139。

[329] 另外还要注意,可能会按照《指令2004/18》第30条第(1)款的规定,当所有报价均不合格或无法接受时,可以在不另行通知的情况下直接将采购方式转换成谈判。

[330] 另参见 Arrowsmith,前注③,第 650~652 页;Kennedy – Loest,前注③。

[331] 见 3.5.7 节。

[332] 从立法历史来看,关于这个规定人们并没有进行充分的讨论。

了保证在选择最具经济优势标时充分考虑到投标人提出的与项目所有细节相关的建议,保证在透明条件下选出最具经济优势标,降低偏向某些投标人的可能性,避免在没有竞争的条件下签订有益于某些投标人的条款。从这一角度来说,这一条款代表了欧盟的一个努力方向,要把复杂合同的授予变成一个远比谈判方式更具竞争、更加透明的过程。从国家的角度来说,为了达到物有所值的目标,在竞争阶段就把相关细节考虑进去,有助于得到最佳报价:如果采用没有竞争压力的谈判方式,那么达到的合同条款与竞争过程中达到的条款相比,可能对采购当局不利。另外,对最终投标书要求得越详细,投标人和采购当局的成本就越高;而高成本可能会使好企业望而却步,采购当局只能减少进入最终投标阶段的人数,也有可能会避开竞争性对话,进而采用一些不太合适的采购方式。必须对最终投标书的内容规则进行更新,对各方利益进行综合考虑。

虽然对于文献资料和政府指南的讨论主要集中于最终投标和签订合同之间的阶段,但是第 29 条第(6)款比我们更进了一步,对合同签订之后承包商履行合同的能力也做出了相关规定。如果这些规定不适用于合同履行阶段,那么在最终投标和合同授予阶段之间应当怎么做也就没有明显理由进行限制了。第 29 条第(6)款禁止采购当局和投标人在决标和最终投标阶段之间就某些设计细节达成协议,但为什么在合同签订后双方可以对这些细节进行完善就不得而知了。其实在合同签订以后仍然存在滥用职权的可能,也仍然存在缺乏竞争的可能,物有所值的目标仍然得不到保证,这些问题与"优先竞标人"阶段一样都是非常重要的问题。[333]

另外,还出现了这样一个问题,即最终投标书应当达到什么样的详细程度要用一个客观标准来衡量。也就是说,不能只由买卖双方来规定在合同中必须包括什么样的细节(在某个节点),而是应当从欧盟法的角度来规定,对协议的完整性和明确性提出一般最低要求,[334]这样才能保证选出最具经济优势标。按照成员国国内法达成的合同在完整性和明确性方面提出相关要求还是具有一

---

[333]　这两个阶段的主要不同,是后一阶段达成协议的过程更有可能受到合同机制(如第三方裁定)的限制,在没有达到一致的情况下也可以解决问题;在上述两个案件中,均看不出是否存在这样一个机制。

[334]　将完整水平问题抛给成员国的合同法(或成员国与公共合同的授予相关的任何其他规则),并不能保证该条款的目标能够实现,而且这种行为与欧盟法对欧盟指令的一般态度也是相悖的——欧盟法认为《指令 2004/18》中的概念都是独立完整的,不需要再到转化该条款的成员国国内法的类似概念中寻找相关定义。(可参见案件 C – 373/00(Case C – 373/00)阿道夫·特鲁利诉维也纳葬礼博物馆(Adolf Truley v. Bestattung Wien)(2003)ECR 1 – 1931)。

定客观性的。《指令2004/18》第29条第(6)款规定最终投标书提出的条款(一旦达成协议)必须足够详细明确,按照所在成员国的法律能够形成一个具有法律效力的合同。但是,成员国国内法在这一方面的要求各不相同,且常常非常有限。例如:按照这些国内法的规定,如果是工程项目,则只要提出一个"合理"的报价即可;如果是工程建设合同,签订合同时只要达到设计细节上的有限要求就可以。事实上,第29条第(6)款在细节完整性方面不仅提出了主观要求,还提出了客观要求。前者指双方希望在合同中包含的细节,后者指明确性和完整性方面的最低标准。英国在把《指令2004/18》转化为国内法时,使用了"required"(被要求的)和"necessary"(必要的)这两个词。如果说这两个词意义不同(实际上这两个词也可以表达同一意义),那么这两个词的使用说明以上两种要求都有必要。如果某个东西是"被要求的",说明它是由相关方面提出来的要求,具有主观意义。

不管会有什么样的法律标准,必然会出现该法律标准的应用问题,也就是说,应当在完整性和明确性上达到什么样的标准,这个一般标准应当如何应用到具体情况中。

从这一角度来说,某些东西似乎非常明显:在最终投标书中必须包括项目履行的"必要"条件,并不一定意味着后来阶段不能对任何细节进行补充完善。这一点从第29条第(7)款也可以得到证明。该条规定:

> 实体在确定最具经济优势标以后,按照采购当局的要求,可以要求被确定为提交最具经济优势标的投标人就投标书各方面内容进行说明,或就资金进行确认,前提是不得对投标书或招标书内容产生实质性影响,不会影响竞争,不具歧视性。

这意味着可以在后来对投标书进行完善:"说明"和"确认"这两个词应当从广义上进行理解,因为不允许采取对投标书和招标书产生任何实质性影响的任何措施,说明可以采取一些措施对投标书或招标书进行调整,只要不是实质性的变更即可(见1.5.8节);如果可以对投标书或招标书进行非实质性调整,那么按照我们对"说明"的理解,对相关内容进行完整性补充也是可以的,只要不具"实质性"即可。因此,不管人们如何理解第29条第(6)款,最终投标书是可以不考虑某些细节的(如某个水平的设计细节),可以在合同签订之前或合同履行期间对其进行完善。这样,法庭可以在完整投标书的成本和补偿之间做出平衡。

另外还要指出,不管人们对于竞争性对话的看法如何,投标书的完整性和明确性这个双重义务同样也适用受制于欧盟指令一般原则和/或合同授予规则的其他采购方式,因为政策方面的考虑是一样的。㉝ 但是,这个问题在欧盟法院还没有判例法,因此最终投标书在完整性和明确性的程度方面有什么具体要求,从欧盟法的角度来说并不清楚。在最终投标阶段之后,对项目细节进行完善的空间有多大取决于不同的合同授予方式,而不同的合同授予方式又取决于采购项目的性质。一般来说,采用的合同授予方式越灵活,这一方面的灵活性也就越高。㉞

本章是关于竞争性对话方面的讨论,对于这些至今没有得到解决的法律难题进行全面讨论似乎超出了本章范围,但是在讨论各成员国如何面对这个问题的时候必须对这个背景有所了解。

对第 29 条第(6)款的不同理解和应用在英国引发了热烈讨论和关注,但在本书涉及的其他成员国中人们对此几乎没有关注。

英国对于该条款的热切关注并不是什么怪事,因为引进竞争性对话之前,英国在处理复杂合同时采用的是谈判的采购方式,合同签订之前合同条款的完善和修订必须符合谈判的要求,因此第 29 条第(6)款和第(7)款对英国的采购实践可能会有所影响。考虑到这个历史背景,我们的讨论主要是第 29 条对优先竞标人选择阶段的影响的讨论,而不是合同履行阶段的讨论。第 3 章指出,英国对于竞争性对话的关注也主要表现在这一方面,因为英国人担心限制收紧会导致招投标成本的增加,进而会招致不好的结果,与得到的好处不成比例。

第 3 章指出,英国政府制定的指导性文件认为第 29 条允许与优先竞标人进行某种程度的谈判,且提出如果早期某些问题不能解决或担心成本效益问题是可以与优先竞标人进行某种程度的谈判的;但同时又指出这种谈判的空间与谈判方式相比是非常小的。㉟ 英国政府的这个指南规定,在优先竞标人阶段可以处理分包合同细节、详细的规划应用程序、金融掉期利率、设计细节㊳以及履

㉝ 在竞争性对话中提出一个明确要求,更能说明欧盟各指令实际上对投标书的完整性存在一般要求,因为在所有采购方式中,对这个问题的要求都是一致的:在竞争性对话相关规则中特别提出这个规定,是为了特别说明先前在处理复杂合同过程中的某些做法,在这种新的采购方式中是不允许的。

㉞ 例如 Verschuur,前注③,第 330 页,指出在公开招标和限制招标时进行的解释,局限于对供应信息的解释,这些供应信息可能已经存在了。下文指出,竞争性对话中不存在任何此类限制,但原则上可以对尚未完善的设计细节进行解释。

㉟ 见 3.5.7.3 节。

㊳ 另参见 Arrowsmith,前注③,第 651 页;Kennedy–Loest,前注③,第 324 页,均提出英国有一种"共识",认为在投标结束后可以对设计细节进行完善。

行机制的完善。[539] 对英国采购实践的实证性研究[540]表明,按照法律原则在这个阶段可以干什么,在实践中人们又实际干了什么,人们对此的看法各不相同。从前者角度来说,大多数采购从业人员认为必须对投标书进行大幅调整,这样在选出中标人之后才能马上签订合同(这是一种"精确"观点);但是也有一小部分人认为应当采用更加灵活的法律标准,允许对相关细节进行完善,只要不影响投标书的排序即可。另外,虽然上述"精确"观点大行其道有其理由,但即使认为这是一种法律上的要求,大多数采购从业人员在实践中并不会采取这种精确方式,而是将上述政府指南中提到的事情搁置起来留待以后处理,可能因为他们希望在成本和效益之间取得平衡,也可能因为时间或(内部)成本压力使人们不得不提前结束对话。

第3章指出,英国参加过竞争性对话的人中,有许多人认为由于从谈判转向竞争性对话而引发的采购实践的变化,从公私伙伴关系项目来看达成项目条款需要更大的竞争压力,因此更好地体现了物有所值的目标。这也是最近一次政府访谈的一个主要结论。[541] 虽然人们在实践中(法律上不见得如此)采用了相对更加灵活的方式,但是成本像预期的那样直线上升,同样项目的成本是之前采用谈判时的2倍多。[542] 作者在对英国进行实证性研究的过程中对英国采购从业者进行了访谈。许多人认为竞争性对话的所有好处都被更高的成本抵消了。[543] 英国工业联合会和英国政府的研究认为针对最终投标书的这些措施导致了过高成本。鉴于以上原因,第3章指出,"在法律上对第29条第(6)款进行狭义解释,与复杂项目中进行有效采购的实用要求相去甚远;即使英国在实践中采用了更加实用的方式,也无法完全消除投标人在商业上的担忧。"

本书涉及的其他成员国如何理解第29条第(6)款中的这一点我们不得而知,没有证据说明该条款在成员国引发了热烈讨论。一般来说,成员国的法律只是逐字重复欧盟指令的措辞,也没有相关的判例法。不过也有一些例外:有些成员国与英国一样,规定在投标之后可以对某些细节进行某种程度的修订。例如,意大利国内法对欧盟指令进行了补充,规定报价时只提交初步计划,中标

---

[539]　前注[533]。

[540]　见3.5.7.3节。

[541]　见3.5.7.3节(另参见 Burnett, *Competitive Dialogue*, 前注③, 第54~70页)。但某些受访采购从业人员并不认为这种新的采购方式促进了物有所值目标的实现,见3.5.7.3节。

[542]　见3.6节。

[543]　见3.5.7.3节。

人选出后要在合同签订之后起草最终执行计划。⑭ 意大利的这个最终计划与英国一样,包括设计细节一类的元素,而这些元素在选出中标人之后才会考虑(英国是在合同签订之前进行完善)。同样,法国商业企业联合会(MEDEF)发布的指南规定,在最终投标阶段没有必要提交相关项目的所有细节,并以设计细节为例说明后期还可进一步完善。⑭ 在第 6 章关于丹麦的报告中指出,从对采购从业者的访谈来看,在处理信息通信技术合同时,至少"有时候技术性更强的部分会特意保留到授标与签订合同之间的阶段,以便节省投标人的时间"。⑭ 因此,数个成员国在采购实践中都认为可以将部分细节性的东西保留到投标之后再进行补充。

但是必须强调指出,本书项目并没有调查相关成员国在采购实践中如何处理最终投标书中的细节标准问题,也没有对采购从业者对相关条款的理解进行研究。因此,这些成员国如何理解和应用该条款,以上多数成员国中的投标人有什么样的细节标准,对相关条款的不同理解是否会影响现有成员国采购实践,都无法给出一般性的结论。但是,可以认为在投标之后对某些细节进行一定程度的完善似乎是一种非常普遍且没有争议的做法。由于就最终投标和签订合同之间的细节完善没有进行大规模的讨论,因此在某些国家的采购实践中可能需要在前一个阶段就把所有细节性的东西准备好。同样,还可以得出结论:由于某些国家(如意大利)在合同履行阶段还可以对某些细节进行完善,且第 29 条第(6)款并没有就该阶段做出相关规定,尤其是这些国家的采购实践只是竞争性对话引入之前采购实践的延续,因此在某些国家是可以在投标之后对合同细节进行调整的。

至于在英国出现的问题(英国是竞争性对话的两大应用国之一,竞争性对话的应用非常广泛),有理由认为:必须避免对第 29 条第(6)款的不恰当的狭义解释,这样才能在外部条件的约束下(如通过对程序的设计)让竞争性对话具有可用性,控制投标成本,防止由于高成本而引发其他问题。凡是适用于竞争性对话的采购项目,因为其性质复杂,人们更需要一种比公开招标和限制招标更加灵活的采购方式,而参加竞争性对话的成本又十分高昂。⑭ 在前面指出,从第 29 条第(6)款的措辞看是可以将某些细节留到最终投标后再进行完善的。

---

⑭ 见 11.5.7 节。

⑭ 见 4.5.7 节。

⑭ 见 6.5.8 节。

⑭ Arrowsmith,前注③,第 655 页;Kennedy – Loest,前注③,第 318 页。

就此还可进一步认为：在任何时间节点上，包括在最终投标和签订合同之间以及在合同履行期间，都可以对相关细节进行完善，只要不影响中标人的选择即可。以建设设计为例，人们可以认为投标人在最终投标阶段需提交一定程度的设计细节，这些设计细节应当足以影响报价的评估，可以让投标人相互区分开来。此外的细节可以不提交。在这种条件下，发生滥用职权以及合同签订会影响竞争过程的概率显然很低。这一节点的重要性从第 29 条第(7)款可略见一斑：该条规定，当相关行为为"不影响竞争，也不会引发歧视性效果时，可以在投标之后对相关细节进行调整"。⑱ 另外，这样做可以降低成本，因此可能会促进竞争的广泛开展。此时，如果仍然要求在最终投标书中把合同的所有细节都写进去，就不符合比例原则了。另外需要强调的是，为防止应用相关细节标准时滥用职权或破坏竞争而设定的极限标准必须处于合理水平，必须符合比例原则，不能仅仅因为可能轻微影响竞争就完全禁止对细节进行完善。⑲

此外，从《指令 2004/18》的措辞来看，⑳将某些细节留待以后由优选中标人进行完善的空间与发布公告的谈判相比显然要小得多，而被欧盟委员会认可（并应用于英国实践）的灵活程度也并不适用于履行合同的所有必要元素。从法律原则上来说，这种不同可能还体现于不同采购方式下相同性质采购所设置的极限标准。这些标准会对中标人的选择产生实际影响（相比于竞争性对话，如果采用谈判的采购方式，这种影响更容易被接受）。

英国在这个问题上的经验表明：由于这个问题缺乏相关重要信息，因此最好对其他成员国在投标书细节方面的完善问题进行进一步研究。

1.5.7.4 投标书的解释、细化和微调㉛

与其他采购方式一样，一旦最终投标书上交，就会产生如下问题：在提交最终投标书之后和选出中标人之前还可以做哪些工作？在这一阶段会产生许多问题，这些问题都涉及投标书的完善、解释和修改。需要指出的是，从欧盟指令的其他采购方式来看，这个问题在法律上就很不明确，欧洲法院的判例法也几乎没有，因此采用竞争性对话的方式，要知道如何解决这个问题就更加困难。

---

⑱ 《指令 2004/18》解释性条款第 31 条提到了这一点，说明制定一个相关标准来衡量竞争是否可能会遭到破坏是一件非常重要的事情。

⑲ 伯耐特似乎持不同观点，见 Burnett, *Competitive Dialogue*, 前注③，第 162 页。伯耐特持一种"限制"观点，相关论述见该书第 58 ~ 79 页。他认为对优先投标人阶段可能永远得不到解决的这些问题，应当进行狭义理解。

⑳ 如上所述，已经得到英国政府指南的认可。

㉛ 另参见 Arrowsmith，前注③，第 652 ~ 659 页；Verschuur，前注③。

与其他采购方式不同的是，竞争性对话在该阶段有一个针对性条款，即第 29 条第（6）款。该条款规定：

按照采购当局的要求，可以对最终投标书进行解释、细化和微调。但是这种解释、细化和微调或者信息的增加不得导致投标书或招标书基本性质的改变。如果基本性质发生了改变，则有可能破坏竞争或引发歧视性效果。

这个规定的依据是欧洲理事会和欧盟委员会关于公开招标与限制招标投标后阶段的《解释说明》，内容虽然不完全一样，但非常相似。该说明规定必须遵守平等待遇原则。[62]第 29 条第（6）款可视为竞争性对话的平等待遇说明。根据该条款与上述说明之间的相似性（指对投标书或相关要求的"解释"和"补充"），有人提出一种狭义观点，认为欧洲理事会和欧盟委员会的这个说明只适用于公开招标与限制招标。另一个观点（也是本书作者认可的观点）则认为在理解第 29 条第（6）款时，必须考虑：竞争性对话适用于复杂合同，需要进一步提交更加详细的投标书，因此具有更大的灵活性。[63] 这一点与各采购方式中平等待遇的内容差异也是一致的。在不同的采购方式中，由于采购条件的不同，平等待遇的内容也稍有不同。[64] 但是解决了这个原则应用差异问题，并不意味着可以在实践中不应用这个规定，尤其是在当前公开招标和限制招标相关判例法非常少的情况下。欧盟委员会在竞争性对话《解释说明》中只认为"在提交最终投标书后，采购当局操作的空间相当有限"，[65]这说明应当持一种狭义观点，但是如何将其应用到各个问题上则没有进一步的准确说明。

一个重要的问题是采购当局是否可以向投标人提出修改投标书的要求以提高投标书的质量。一般来说，只让一个投标人而不是让所有投标人对投标书进行修改（如降低价格或提高服务），进而改变了竞争结果，是违反平等待遇原则的。[66] 这是对投标书根本性质的改变，是对竞争的破坏。采用公开招标和限

---

[62] 在案件 C－243/89（Case C－243/89）欧盟委员会诉丹麦（"斯多贝尔特"）（Commission v. Denmark（'Storebaelt'））[1993]ECR 1－3353，《意见书》的第 19 段以赞许方式提到了《欧洲理事会和欧盟委员会关于〈公共工程指令 93/37〉第 7 条第（4）款的声明》（*Council and Commission Statement concerning Art. 7（4）of Public Works Directive 93/37*）[1994]OJ L1 11/114。欧盟委员会的《解释说明》，前注③，3.3 节指出《指令 2004/18》中的这一规定就是以此为基础的。

[63] Arrowsmith，前注③，第 655 页。爱罗史密斯在这一问题上的观点还得到了 Kennedy－Loest 的认可，见 Kennedy－Loest，前注③，第 318 页，（关于投标书错误的纠正）见 Bumett，*Competitive Dialogue*，前注③，第 154 页。

[64] 只有公开招标（不是其他采购方式）规定所有感兴趣的公司都可以提交投标书。从这个事实可看出这一点。

[65] 《解释说明》，前注③，3.3 节。

[66] Storebaelt，前注⑫。

制招标的形式一般来说不允许谈判,不允许投标人对自己的投标书进行修改,即使是平等对待所有投标人,让所有人都进行修改也不行。⑤ 采取竞争性对话的方式,事情是否也如此? 人们会有不同的观点。一种观点认为,根据上述一般原则,竞争性对话的灵活性比公开招标和限制招标更高,"微调"(欧洲理事会和欧盟委员会针对公开招标与限制招标的《解释说明》中没有提到该词)"可理解为微小的修改,如敦促某投标人就 PFI 合同中设施管理服务的成本结构做出调整修改。"⑧如果按照原则这样做,那么应当让所有投标人都有修改投标书的机会。如果条件合适,则可以只让某一个或部分投标人修改投标书,这样采购当局就可以在这些投标书之间进行区分。另一种观点认为,竞争性对话特别计划了数轮投标,之后是在对话阶段进行讨论,并可能对投标书进行修改,因此在最终投标之后没有必要再进行修改。(采购当局甚至可以像英国那样,在最终投标之前进行一次"演练"。)正是由于在这个对话阶段可以考虑合同的复杂性,因此与公开招标和限制招标相比,在最终投标阶段对投标书的修改就变得没有必要了。对话阶段的灵活性加上严禁在最终投标阶段对投标书进行修改的严格态度,是可以保证透明性和灵活性之间的平衡的。因此可以认为,对第 29 条第(6)款中关于投标书修改空间的规定应当进行狭义解释。⑨

另一个问题是,如果修改是为了纠正其中的错误,而不是为了提高质量,而这个修改可能会让投标书的质量有所提高,采购当局又有可能滥用职权(如采购实体将供应信息提供给其他投标人),那么这种修改是否允许? 有可能发生这样的情况:投标人可能是因为对规格说明有误解而提交了一份不合规要约,希望将其调整为合规要约并做出其他相应调整(如价格上的调整);或者在投标书中有前后不一致或错误的地方,投标书想要表达的意义从文字表面看不出来。⑩即使在公开招标和限制招标中采购当局不得允许投标人进行这样的修改(法律上不明确)⑪,但如果采用竞争性对话的方式,进行第 29 条第(6)款中的"说明",或者(因投标书不合规)对投标书进行一些"微调"也是可以的,前提是

---

⑤ 见 Arrowsmith,前注③,第 540 ~ 547 页。

⑧ Arrowsmith,前注③,第 655 页。即使"微调"不会影响"投标书的根本特征",或者不会对竞争造成影响的条件下,"微调"仍然可能意味着任何变更都会有质性和量性上的限制。

⑨ 这并不意味着微调是个多余的概念,因为微调可以被赋予其他意义,如大于公开招标和限制招标的纠错权力,甚至可以在投标书内容不清楚的条件下纠正错误(见下文讨论)。

⑩ 如果错误和投标书内容非常清楚,那么按照比例原则必须允许人们纠正错误,至少在某些条件下应当允许人们纠正错误,见案件 T – 211(Case T – 211)潮间带信号公司诉欧盟委员会(Tideland Signal v. Commission)〔2002〕ECR 11 – 3781。

⑪ 见 Arrowsmith,前注③,第 540 ~ 544 页。

采购项目为复杂项目，出错的可能性更大，因此需要一种更加灵活的处理方式。

采购当局也可能希望从投标书中找出某些更加详细的信息或更多的信息，而这些信息的提供（如为详细说明合同资金）往往就属于第 29 条第(6)款中的"说明"或"规格"一类的信息。[362] 不管公开招标和限制招标的情况如何（欧盟级别的判例法少得可怜），适用竞争性对话的采购是非常复杂的，这个复杂性意味着应当有很大的灵活性，例如应当允许采购当局寻求更多的信息，这样才能判断相关投标书是否真正可行。[363] 如果这样的信息（如与服务质量有关的详细信息）会提高投标人的打分，就很成问题了。[364] 可以说，这种做法与修改投标书进而提高排队名次是没有区别的，应当采取同样方式进行处理，必须严令禁止。由于对话阶段具有很大的灵活性，因此这种做法从商业角度来说没有必要，具有滥用职权的风险。

按照第 29 条第(6)款的规定，任何微调等行为必须由采购当局做出要求才能进行。但是这个条件似乎只能说明是否允许微调等行为属于采购当局的自由裁量范围，投标人是没有权利这样做的（但应当符合一般比例原则。按照比例原则的要求，是可以让投标人进行某些错误纠正的）。[365] 没有理由认为采购当局不能提出修改投标书的要求，因为投标人可以让采购当局注意到某个问题。[366]

从成员国的经验来看，成员国在将这个条款转化为国内法时仍然采取了原文照搬的形式，国内法的措辞只是对《指令 2004/18》的重复。[367] 不过也有例外，德国和葡萄牙的法律[368]就不允许微调。[369] 葡萄牙法律还明确采取一种严格态

[362] 这些概念似乎与欧洲理事会和欧盟委员会声明中提到的对投标书的说明和完善相似，前注[351]。总检察长伦兹(Advocate General Lenz)在案件 C‑87/94(Case C‑87/94)欧盟委员会诉比利时（瓦龙客车)(Commission v. Belgium(Walloon buses))[1996]ECR 1‑2043 中对这些概念进行了详细说明，认为这些概念涉及"细节交流。这些细节可对相关问题进行更加清晰更加准确的说明"，而"在此之前是不可能增加细节的"(《意见书》第 37 段)。

[363] 伦敦地铁案(London Underground)，前注[324]。

[364] Verschuur，前注[3]，第 330 页，禁止可能影响打分结果的任何行为。更加灵活的观点见 Brown，前注[3]；Burnett，*Competitive Dialogue*，前注[3]，第 341 页。虽然此两人认为在中标人选出之后应对任何变更采取严格限制的态度，但在评估最终投标书阶段，按照"微调"的概念，投标人为了对投标书进行"微小"完善，是可以增加一些内容的。

[365] 潮间带信号案(Tideland Signal)，前注[360]。

[366] Arrowsmith，前注[3]，第 658 页；Treumer，*Competitive Dialogue*，前注[3]，第 183 页，根据普遍禁止谈判的共同理解，认为投标人是可以对投标书进行微调等工作的。

[367] 见 3.5.7 节（英国）、4.5.7 节（法国）、5.5.7 节（德国）、6.1 节（丹麦）、9.5.7 节（波兰）、10.5.7 节（立陶宛）和 11.5.7 节（意大利）。

[368] 见 7.5.7.6 节。

[369] 见 7.5.7.6 节。

度,禁止采购当局向投标人索取更多信息,把其他授标方式下的《公共合同法》(*Public Contracts Code*)的规定应用到竞争性对话中。⑦

关于采购当局和投标人的交流范围问题,即在多大程度上可以进行解释、细化和微调,成员国的国内法一般也没有做出解读,在其国内法中也没有对这些词的解释。成员国就此发布的指南也非常少,说明成员国的指南在这一方面起到的作用相当有限,或者根本就没有起到作用。英国是一个例外,英国政府的指南往往起到很大作用,对于欧盟法的解释也非常详细。不过有一点很有意思:英国财政部/政府商业办公室发布的指南故意避开了这些问题,同时也避开了解释、细化和微调的适用条件,也没有对解释、细化和微调做出通用定义,只说这一切由欧洲法院来定,国内指南可能会起到误导的作用。⑦ 总的来说,英国政府采取一种狭义解释的态度,认为竞争性对话的投标阶段相当于公开招标和限制招标的投标阶段。⑦ 更确切一点,一旦提交了最终投标书,英国是不允许对投标书进行修改的。英国"学校伙伴关系"(partnerships for schools)项目发布的指南指出,竞争性对话与公开招标和限制招标相比有更大的灵活性,并特别指出针对纠正错误和小的修改都可采取灵活态度来处理。⑦ 同一问题的不同态度反映出第29条第(6)款在意义上的不明确性,并具体在英国实践中体现出来。

以上证据表明这个规定是不明确的,在应用这个规定的时候,人们往往采取一种狭义理解的态度,至少在投标书的修改上是这样。因此,在第5章对德国的讨论中,只大略指出关于与投标人的接触程度,人们持有不同的观点,但大多数人在实践中会避免与投标人接触。⑦ 第8章关于西班牙的论述中指出,在实践中,西班牙的采购当局分为不同类型,有的采购当局根本不应用该条款,其他采购当局则只在某种程度上应用该条款,只用于一些不重要的地方,如可以修改供应设备的品牌(与功能性没有关系),或者声明符合规格。⑦ 接受本书访谈的丹麦采购当局认为,丹麦只在一定程度上应用了该条款,采取了与公开招标和限制招标一样的策略——并不一定是因为他们觉得法律不允许采取一种更加灵活的态度,而是为了避免法律诉讼的风险,或者是因为投标前阶段的灵

---

⑦ 见7.5.7.6节。
⑦ 见3.5.7.4节。
⑦ 见3.5.7.4节。
⑦ 见3.5.7.4节。
⑦ 见5.5.7节。
⑦ 见8.5.7节。

活性,最终投标后就没有必要再采取灵活态度来处理问题。⑤⑥ 在英国,⑤⑦本书访谈的多数采购从业人员对此采取一种狭义理解态度,与财政部/政府商业办公室指南的态度是一样的,与投标人的交流保持在公开招标和限制招标一样的范围内,但是也有不少人认为法律中存在更大的灵活性。在英国,人们对此规定的实际应用也是不一样的。与丹麦一样,有人认为在这个阶段与投标人接触根本就不需要(从一定程度上反映出英国在结束对话前对最终投标阶段进行一次模拟是一种普遍行为),也有人认为与投标人接触有时候并非仅仅为了让投标人对投标书进行说明,还包括允许投标人修改完善投标书。在受访的英国采购人员中,很多人指出在采购实践中怎么处理这个问题往往取决于实际情况,如法律风险等,从另一个方面说明了这一规定的不明确性。

由此可以看出该规定具有法律上的不明确性,在实践中存在着禁止对投标书进行修改的大趋势,但是由于缺乏更多的信息,因此无法了解该规定在实践中的应用情况,如是否允许纠正投标书中的错误,是否允许对投标书信息进行补充完善等。

1.5.7.5　竞争性对话的备用投标书

竞争性对话是否可以采取备用投标书在法律上没有明确规定,可以说没有必要采取备用投标书,因为按照《指令 2004/18》第 29 条第(3)款的规定,采购当局"在对话期间,可以与选出来的候选人就合同所有方面进行讨论"。因此,在某些成员国普遍可以提交备用投标书就有些奇怪。⑤⑧丹麦公共采购投诉委员会(danish complaints board for public procurement)特别规定,可以在竞争性对话过程中提交备用投标书。⑤⑨

没有证据表明可以提交备用投标书。《指令 2004/18》第 29 条第(6)款规定:"采购当局应当要求他们(投标人)以提交或指定的某个或数个方案为基础提交最终投标书。"这说明在起草相关规定的时候,人们并没有预想可以提交备用投标书。在竞争性对话过程中允许提交备用投标书与平等待遇原则是不相

---

⑤⑥　见 6.5.7 节。

⑤⑦　见 3.5.7 节。

⑤⑧　见 5.5.7 节(德国),称大约有 50% 的采购当局允许在竞争性对话中采取备用方案的形式;6.5.7 节(丹麦),称在实践中备用方案是一种常见行为;3.5.6.1 节(英国);但 4.5.6 节(法国),备用方案不多;以及第 8 章(西班牙),称曾有一次批准了备用方案形式。荷兰的《工程投标采购条例》(*Procurement Regulations on Tender Procedures for Works*(ARW))规定不允许采取备用方案的形式(见 12.5.7 节),但要注意的是,《工程投标采购条例》并不是法律。

⑤⑨　见 6.5.7 节。

符的,因为如果竞争性投标分为连续阶段进行,那么方案和参与人数就会减少,⑧各阶段被淘汰的投标人就不能与进入最终投标阶段的人一样通过提交备用投标书的方式赢得合同。

尽管事先没有预想到提交备用投标书,但并不是说提交备用投标书没有可能。另外,《指令2004/18》的措辞中也没有明确禁止提交备用投标书。支持备用投标书的一个重要依据是这个方法对于采购当局来说是有好处的,因为某一个备用投标书可能就是最具经济优势标。另外,在欧盟委员会的《竞争性对话指导说明》中有一个冗长且常常被忽视的一个脚注,这个脚注认为备用投标书的可能性是存在的,虽然欧盟委员会也指出备用投标书的必要性不是很大。⑧我们认为,在竞争性对话中是可以提交备用投标书进行报价的;⑧但是如果采购当局在对话过程中淘汰了投标候选人,就不可以提交备用投标书。

1.5.7.6　中标人(或优先竞标人)的选择

一旦投标书最终完成,并完成了所有说明等工作,采购当局就要选出最具经济优势标。这一点在第29条第(7)款有明确规定:

> 采购当局应当按照合同公告或说明文件中制定的决标标准对收到的投标书进行评估,根据第53条的规定选出最具经济优势标。

该阶段选出的中标人有时候称为优先竞标人,因为此后某些成员国可以在最终签订合同之前就某些事务进一步的确定(见1.5.8节)。

1.5.8　中标人(或优先竞标人)选择之后的程序⑧

选出优先竞标人之后这段时间与最终投标书提交之后、中标人选出之前这段时间一样,在欧盟指令与竞争性对话有关的规定中也有一个针对性条款(其他采购方式中没有类似条款)。该针对性条款规范的是与中标人的交流。该条款特别禁止对最终投标阶段确定的合同条款进行变更。这个条款就是第29条第(7)款,该条规定:

> 按照采购当局的要求,可以要求被确定为提交最具经济优势标的投标人就

---

⑧　关于这一点见1.5.6节。

⑧　另参见 Arrowsmith,前注③,第660~663页;Kennedy - Loest,前注③。

⑧　S. Treumer,《竞争性对话的实施——荷兰立法与案例法:迄今为止的实践》(*Implementation of Competitive Dialogue—Danish Legislation and Case Law : The Experience so far*),公共采购:全球化革命第五次会议论文,哥本哈根,2010年9月9日。

⑧　另参见 Arrowsmith,前注③,第660~663页;Kennedy - Loest,前注③。

投标书各方面内容进行说明，或就合同资金进行确认，前提是不得对投标书或招标书内容产生实质性影响，不会影响竞争，不得具有歧视性效果。

那么在选出中标人之后、实际签订合同之间这段时间里能做什么呢？

在 1.5.7 节指出，在竞争性对话过程中需要提交完整的最终投标书，这样在选出优先竞标人之后，由于完善项目条款的空间受到了限制，因此与优先竞标人之间的交流空间也受到了限制。这一点与谈判是不一样的，这是因为第 29 条第（6）款规定最终需要提交完整的最终投标书。但是有人指出，在最终投标阶段之后仍然可以对合同细节进行完善，只要在第 29 条第（7）款规定的"解释"范围内即可。按照该条规定，这种解释不得影响竞争结果。

另外一个问题是已经达成的协议是否还可以变更。完善和变更是相互关联的，如果合同重要元素可以改变，那么双方可能希望以此作为讨价还价的一部分，就其他问题也进行协商。因此，提交完整最终投标书的要求可能会减少投标后对合同条款的变更需求。但是还有几个原因使双方希望能够进行合同条款的变更。第 3 章根据对英国从业者的调查，总结出希望对合同条款进行变更的几个原因。[84] 在英国，希望对合同条款进行变更最常见的原因是必须在规定时间内满足贷方提出的要求。最近贷方（尤其是在经济衰退之后）一直是在确定优先竞标人之后才肯出资。另外，贷方出资的意愿有时候会发生变化。研究表明，为避免因出贷人要求而发生变更合同需求的各种策略均未奏效，采购当局常常是只能（按照资金市场的情况）进行合同条款的变更，或者干脆流标。采购当局同意变更合同条款的另一个原因是必须面对计划问题。计划部门在同一地点一般不愿意考虑多个申请人提出的详细计划申请。其他原因还包括：对话期间考虑的事情不周全；投标书中的成本和其他错误；投标人的错误估计（如地面情况的错误估计）；以及由于条件的变化而提出的新要求，如政治变化或开支缩减。

关于是否可以变更合同条款，第 29 条第（7）款的规定非常含糊，可能是为了反映成员国的不同意见而故意如此。因此，"一方面，对相关内容进行说明或确认的话不得改变'实质'内容，说明还是可以就一些非实质性方面进行调整的；另一方面，'说明'和'确认'这两个词从本意上来说也不允许进行任何实质性的变更。"[85]

---

[84]　下文所有观点，见 3.5.8 节。

[85]　Arrowsmith，前注③，第 661 页。

首先介绍本书成员国在操作这些条款时的实际做法,然后说明对这些条款的理解。

从成员国的角度来说,应当注意成员国在将欧盟规则转化为国内法时仍然按照实施竞争性对话的老路子,对于该条款并没有进一步的说明,没有与此相关的判例法(这一点与许多其他领域一样),而且成员国的国内法也没有对该条款进一步的解释并制定专门规则。[86] 有一段时间法国是一个例外,当时法国关于某些合同类型(contrats de partenariat)的法律明确规定是可以就资金安排和投标书的其他资金问题做出变更的,以应对经济衰退。[87] 在这一方面也有几个例外,如葡萄牙关于竞争性对话过程中与中标人进行讨论的法规和其他采购方式是一样的,因此即使《指令2004/18》容许采取一些比其他采购方式更加灵活的方式,葡萄牙的采购当局也享受不到这种灵活性。

第3章指出,英国在优选竞标人阶段进行什么样的调整一直是人们争议的话题。与该阶段进行合同细节补充的问题一样,这个问题也是非常重要的,因为它决定了采取竞争性对话的方式,以前按照谈判方式进行的私人融资基础设施项目还能不能继续。总的来说,这个问题对于合同双方的成本都有重要影响(因为重新开始采购程序或者一部分程序会导致成本增加和时间延迟),在某些情况下甚至会影响合同的签订。

与其他领域一样,英国政府就这一问题发布了政府指南。[88] 主要的指导文件认为,修正的空间比谈判要小。[89] 财政部/政府商业办公室发布的指南指出:如果某些变更可以在对话阶段完成或处理,那么采购当局不得做出任何变更,也不得变更直接受采购当局控制的因素。

此外,该指南再没有做出具体的法律解释,只是就实践中如何处理法律上的不明确性提出了建议。该建议从某种程度上来说考虑了上述商业约束条件——使用了降低法律诉讼风险的措辞,而不是使用绝对化的法律论调——该建议提出要使用事先达成的透明机制处理合同条款变更的问题。英国"学校伙伴关系"项目发布的指南措辞明确,引用了爱罗史密斯的《公共与公用事业采购法》(*The Law of Public and Utilities Procurement*)[90]一书中的观点,即由于正当外

---

[86] 见3.5.8节(英国)、4.5.8节(法国,另参见下文资格论述)、6.5.8节(丹麦)、9.5.8节(波兰)、10.5.8节(立陶宛)和11.5.8节(意大利)。

[87] 见4.5.8节。

[88] 此观点的进一步讨论和对下文观点的提及,见3.5.8节。

[89] 见3.5.8节。

[90] Arrowsmith,前注③。

部原因可以进行投标书的变更,但是投标书变更的内容不得为实质性变更,不得破坏竞争,也不得引发歧视性效果。[391]

英国政府于 2010 年进行的针对英国采购实践的研究发现,优先竞标人阶段的时间以及按照该指南规定进行投标书内容变更的时间都缩减了很多,由于竞争而带来的压力更好地保证了物有所值目标的实现,减少了该阶段在时间上的耽搁[392](需要注意的是,所有这一切都有一个大背景:以前采取谈判的采购方式时,人们对于是否达到物有所值的目标就非常关注,而且各项目的标准化工作也做得比以前好,因此很难准确判断实践中的变化在多大程度上是由采购方式向竞争性对话的转化而引起。)

英国政府进行的研究和第 3 章针对从业者的实证性研究发现,人们在实践中仍然会变更与优先竞标人达成的协议。至于对法律规则的看法,[393]受访人往往强调法律规则具有不明确性,与我们在本节讨论的法律规则持不同观点,但总的来说,在实践中是否进行投标书的变更或支持投标书的变更,要综合考虑法律风险、商业和其他方面的因素。其他重要因素包括:投标书变更的程度;为什么要进行变更(变更是否具有政府指南中所说的正当外部原因,这一点对于降低法律风险具有非常重要的意义);是否会有诉讼风险;是否有重新开始采购或返回某一节点的可能;重返某一节点的法律风险如何;重新开始或返回某一节点导致的成本、时间延迟、政治和职业困窘如何;以及与投标人队伍的个人关系如何。考虑其他处理方式(尤其是重新开始采购或者返回到对话或最终投标阶段)会有各种不便,并由此引发实际困难和法律困难,英国的采购当局在多数情况下会做出一些重要变更,并与优选竞标人签订合同。需要指出的另外一点是,英国政府的研究发现大量采购从业人员认为,法律把在优先竞标人阶段进行调节的空间控制得过于狭小,实际上增加了实施竞争性对话的实施困难(但该研究没有说明采购从业者认为该阶段的调节空间应当有多大)。

关于竞争性对话在其他成员国的实施情况相关信息非常有限,而法国在该阶段的操作情况更是缺乏科学数据。从对丹麦采购当局代表的访谈(见第 6 章)[394]来看,无论是采购方还是投标方,都认为必须遵守法规,虽然在中标人选出之后、合同签订之前这一段时间往往很长,但不得对相关条款进行"实质性"变

㉛ 见 3.5.8 节。
㉜ 见 3.5.8 节。
㉝ 详细讨论见 3.5.8 节。
㉞ 见 6.5.8 节。

更。但到底什么才是实质性变更,如何判断所做变更的性质,没有任何准确信息。根据一些未经证实的证据,第5章指出,德国的采购从业人一般会拒绝就投标书内容进行谈判,该阶段的主要目标是确定资金和必要的授权,但是如果一些"小"的变更不影响中标人选择,不影响竞争,不引发歧视性效果,那么这些"小"的变更是可以进行的。⑨⑤ 因此,德国与英国一样并不是任何变更都不能进行,但是德国的变更都是一些什么样的变更,为什么要进行这样的变更,没有具体的相关信息。(在此还要指出,德国在处理复杂合同时大量采用谈判的方式,这样可以减少竞争性对话方式下对相关条款的变更需求)。荷兰与英国、德国一样,优先竞标人阶段持续的时间可能会很长(几个月),但是这个时间一般会用在签订资金协议和准备最终合同文件上。西班牙的采购当局在此期间一般不会与投标人进行任何讨论(见1.5.7节),但会按照公开招标的方式处理投标后阶段。

另外还发现,立陶宛公共采购办公室发布了一个指南,确定了禁止进行的几种类型的变更(如支付机制和支付时间的变更、合同范围的变更),但是竞争性对话在立陶宛的使用次数少得可怜。

下面对第29条第(7)款的解释进行介绍。

虽然该条款的意义还有一些不明确的地方,但至少有一点是非常明确的,即优先竞标人阶段不能用于对投标阶段达成条款的再讨论。没有这一点的认同,对于该条款的解释就无从开始。欧盟委员会在《解释说明》中评论第29条第(7)款时概述了这一点:⑨⑥"必须强调指出,这并不意味着与该经营者可以进行谈判——虽然有人提出了修正建议,说应当授权允许进行这样的谈判,但该建议都被欧共体法庭否决了。"由此可以看出,证据虽然有限,但足以说明无论是在成员国的指南还是在采购从业者的心中都认可这样的观点。

但是,第29条第(7)款并没有把变更条款的可能完全排除,这是因为禁止进行"实质性"的变更,说明至少某些不具实质性的变更还是可以的。另外,有充分理由认为这是一种恰当解释,因为适用竞争性对话的许多采购都是非常复杂的,如果在最终投标阶段就把采购的所有方面都确定下来,实际会有非常高的成本,也是非常困难甚至是不可能的。已经签订的合同也可以很好地佐证这一观点。欧洲法院认为,在不进行重新投标的情况下可以对某些条款进行变更,⑨⑦

---

⑨⑤ 见5.5.8节。

⑨⑥ 《解释说明》,前注㉝,3.3节。

⑨⑦ 新闻文本案(pressetext),前注⑳。

仅仅因为合同没有签订就完全禁止对合同进行调整是没有道理的。在进行复杂采购的时候尤其如此:复杂采购项目的决标过程必然很长;实际上在合同签订之前重新进行公开招标或限制投标,以此调整一个业已签订的合同,与重新进行几近结束的竞争性对话,或重新进行竞争性对话的某几个阶段相比要容易得多。

以上两种情况都说明按照比例原则的规定,在有正当理由的前提下,对条款进行某些调整是有一定空间的。在前面指出,英国和立陶宛的政府指南认为可以进行某些条款的变更,而且在许多成员国的采购实践中这种变更也是切实存在的,不过与变更细节和变更程度限制相关的信息非常少,只有英国是一个例外。

确认和解释这两个词的含义,可以从一个侧面说明可以进行条款的变更。也就是说在某些情况下,通过"解释"这个词的使用,可以进行条款的修改。例如,发现错误、语义含糊或前后矛盾时就必须进行纠正,其必要性不亚于对投标书检查期间或合同签订之后发现的错误的纠正。诚然,在合同签订之前纠正合同中的错误,远比进行一个错误合同要好得多,因为后者会引发一些实际困难。[298] 另外,通过"确认"也可以对合同进行调整。当由于外部条件的变化(如投资人不接受条款)导致投标人无法获得款项确认时,也是可以进行条款调整的。[299] (如果资金上仍然不能接受这样的条件,则可按下面讨论的原则再进行调整,这些原则均关乎外部条件变化时可进行的条款调整)。

可以用已经签订的合同举例说明合同签订之后仍然有变更条款的空间。我们认为第 29 条第(7)款对于优先竞标人的规定并不详细,不过它明确指出可以进行说明和确认,前提也非常明确,只要这种行为对投标书或投标书的内容没有实质性影响,没有破坏竞争的风险,不会引发歧视性效果就可以。该条款还暗示双方一般不能对条款进行再讨论,但是针对条款的调节问题,如为应对突发情况而进行的调整,没有做出详细的规定。关于这个问题,《指令 2004/18》中只介绍了一般原则,没有详细规定,而其他采购方式中的这个问题,以及在其他时间点(如合同签订之后)有关该问题的规定,在该指令中也是语焉不详。

从已经签订的合同来看,条款变更的限度是什么?

按照一般原则,在投标后阶段不能对协议条款进行协商,因此对变更条款

---

[298] 该观点的依据是按照国内法的规定,出现差错对于合同义务会有什么样的影响。

[299] 见《总检察长特莱斯腾雅克意见书》(*Opinion of Advocate General Trstenjak*),发表于 2009 年 6 月 4 日;案件 C - 536/07(Case C - 536/07)欧盟委员会诉德国(Commission v. Germany),第 132 ~ 134 段。

的范围进行限制,就必须对条款变更的原因进行限制。这一点非常重要,具体说来,条款的变更必须是由某些外部因素(如条件变化或突发情况)而引发。从英国实践经验来看,这一方面的例子包括:出资人拒绝对相关项目出资;规划部门没有批准投标书设计中的细节;或者是在伦敦地铁改造维护项目的"优先竞标人"阶段突发"9·11"恐怖袭击,进而提高了项目中的风险,需要对某些条款进行重新协商。[400] 这种对变更原因的关注从前面提到的英国政府相关指南文件中也可以看出。当然,什么才算是充分的理由还有一定的讨论空间。举例说明:如果双方能够在最终投标阶段切实可以拿到资金、得到相关部门的批准或计划批准,没能得到批准就不能成为变更条款的充分理由。可否为了节省费用先把投标人自己的现场勘察搁置起来直至优先竞标人选出,在勘察结果完全出乎意料、先前协议中没有相关协议时,再对协议条款进行调整? 关于这个问题还存在一定的争议。[401] 在优先竞标人选出之前不是绝对不能处理这个问题,也就是说对协议进行变更是可能的——根据比例原则,在出现不符合比例原则的问题时是可以变更协议的。这一点与我们前面提出的观点是一致的:调整成本是应用竞争性对话的一个重要方面,也是理解完整投标书要求的一个重要方面。[402] 在考虑这个问题时,人们必须牢记:即使原则上可以进行条款的变更,这些变更也必须符合一定的重要条件,这样才能把破坏欧盟采购规则、影响采购目标的风险降至最低。因此,针对原则上可进行什么样的变更采取一种狭义解释的态度,显然是不符合比例原则的。当有情况发生(如当计划无法批准)优先竞标人无法继续进行相关项目时,按照比例原则应采取灵活方式进行处理,而不是制定新条款(又会将新条款置于新的风险中),因为变更优先竞标人的成本非常高:在实践中必须进行新的最终投标,而此时其他投标人已经对此项目没有兴趣(从英国经验来看经常如此)[403],即使不进行新的决标,也会导致极大的时间浪费。

按照原则可以进行的所有变更,不管是为了说明还是为了进行资金上的确认都有一些重要的限制。这些限制源自第 29 条第(7)款的推定或平等待遇原则。

其中一个重要的通用规则是任何变更不得对结果造成影响。该规则用于

---

[400] 英国政府指南的例子,说明在什么情况下可以进行变更,见 3.5.8 节。

[401] 见 Arrowsmith,前注③,第 651 页,她认为可以这样做;Kennedy – Loest,前注③,第 324 页。

[402] 见 1.5.7 节。

[403] 见下文讨论。

确定合同签订之后可进行什么样的变更。欧洲法院在新闻文本案中指出："如果在修订合同条款时制定了新的条件，而这些新条件成为原决标过程的一部分之后会导致提交不同的投标书，或者会将其他投标人确定为中标人，则视为形成新合同。"[404]这个规则同样适用于合同签订之前的条款变更。按照伦敦地铁国家补助一案的判决，采用谈判方式进行采购时，在优先竞标人阶段显然也存在这样的规则。[405] 例如，因定价出现错误需要提高价格，但如果按照该调整过的价格进行评标，则该投标书不可能成为最具经济优势标。在这种情况下不能对相关价格进行修改。又如，因为计划没有被批准，因此投标书没有纳入某个会影响投标结果的重要内容。在这种情况下也不能对相关内容进行修改。

在实践中，优先竞标人能不能坚持到最后往往不是很明朗。如果变更内容涉及合同范围，那么其他投标人会有什么样的报价，进而投标人的排位会受什么样的影响，并不总是很清楚。第 29 条第(7)款规定任何变更不得具有破坏竞争的风险，因此如果该变更有影响投标结果的风险，则不得进行这样的变更。这个风险必须有多大才会有如此禁令并不是很清楚，但是按照比例原则的规定，人们对此应当灵活处理，充分认识重新进行竞争性对话的实际困难。[406] 在变更已签订合同时也会出现同样的问题，该原则同样也非常重要，但是对于已签订合同法律上还没有相关规定。

从对已签订合同的研究还可推出第二个规则，即任何变更，即使对中标人的选择没有影响，也不得改变合同的经济平衡，使其变得有利于某个投标人。[407]如果采用谈判的方式，这种变更在一定程度上是可以的，前提是必须进行谈判才能达成协议，或者说谈判尚未结束。[408] 如果采取竞争性对话的采购方式，提交的投标书是完整投标书，而且对已经达成事宜不得进行再协商，那么这种变更是不允许的，此时的变更与谈判采购过程中优先竞标人阶段的变更相比，它更像是对已签订合同的变更。

第 29 条第(7)款规定任何变更不得为"实质性"变更，可以说明即使发生的变更处于以上讨论的许可范围内，但都有其独立的定性定量限制。这一点与欧洲法院对变更已签订合同的态度是一样的，欧洲法院认为，"如果变更超出合同

---

④④　新闻文本案，前注⑳，第 35 段。

④⑤　伦敦地铁案(London Underground)，前注㉔。

④⑥　本书第 5 章指出，一部分德国作者认为在这一问题上应当持宽容态度，见 5.5.8 节。

④⑦　新闻文本案，前注⑳，第 37 段。不同观点见 Arrowsmith，前注③，第 662 页，但该观点应当根据新闻文本案判例法进行调整。

④⑧　见伦敦地铁案，前注㉔。

范围,涵盖原合同不曾包括的服务时,不得进行此变更。"⑨

在案件 C – 160/08(Case C – 160/08)欧盟委员会诉德国一案中,⑩人们对德国某地区救护车服务进行了扩展,增加了一个新的救护车服务站,欧盟法院按照上述规则判定此举为新合同。法院只是指出合同"大大超出"门槛价⑪,但总检察长 Trstenjak 指出⑫判断某个数量是不是"大大"增加,依据的标准是增加的量与原合同相比得出的比例(上述案例中合同总价超出 15%,覆盖地区增加 25%);判断是不是"大大"增加还有一个条件,就是新增加的门槛价以上的工程总价超出了合法界限。⑬

在判断上述原则是否适用于相关变更时,必须明确什么是实质性变更,什么只是对协议条款的应用。对于已经签订的合同来说,在协议中是否已经考虑可能会对项目进行某些调整或修改,这一点对于判断合同中的调整或修改是不是变更非常重要;⑭但不具有决定性⑮,即是不是变更取决于几个因素。有人提出,在制定竞争性对话优先竞标人阶段的变更规则时,也应当采取同样的基本处理方式,即在合同签订前或合同签订后阶段,某个问题(如报批被拒绝引发的结果)不管是否得到了处理,应当如何应对条款变更事宜只取决于当事人的选择,此时针对这两个阶段采取不同的处理方式也不符合逻辑。根据平等待遇原则和透明原则的规定,某个调节是否属于条款变更取决于多个因素:合同是否准确规定了在什么情况下可以进行调节,调节对当事人和相关义务带来什么样的影响;⑯在不能进行精确规定时,对于调节需求和当事人义务的调节(如价格提高程度)方式是否有一个客观的认证批准机制;⑰一般商业惯例,如在一定时

⑨　新闻文本案,前注⑳,第 36 段。

⑩　案件 C – 160108(Case C – 160108)欧盟委员会诉德国(Commission v. Germany),2010 年 4 月 29 日判决。

⑪　同上,判决第 99 段。

⑫　见《总检察长特莱斯腾雅克意见书》(Opinion of Advocate General Trstenjak),发表于 2009 年 6 月 4 日,案件 C – 536/07(Casc C – 536/07),第 132 ~ 134 段。

⑬　门槛价以下工程合同将余下工程以一种透明方式将合同授予中标人,也是达到了《欧盟运行条约》中的透明要求。

⑭　新闻文本案,前注⑳,判决书第 6 ~ 9 段和 84 段。

⑮　如果各方能够达成一致,同意将来以"协议"形式提高价格或增加数量,那么手中就有了自由行动权,可以不受《指令 2004/18》的限制。另参见爱罗史密斯(Arrowsmith),前注③,第 287 ~ 290 页。

⑯　作为价格变更的一种体格指数,见新闻文本案,前注⑳,第 6 ~ 9 段;案件 C – 337/98(Case C – 337/98)欧盟委员会诉法国("雷恩铁路")(Commission v. France(Rennes Railway))[2000]ECR I – 8377,第 53 段;伦敦地铁案,前注㉔。

⑰　见伦敦地铁案,前注㉔。

间内每年进行合同和保险的续签是否是通用商业惯例；以及评估原始投标书时是否详细考虑过调节带来的影响。⑱ 有人提出，正是由于这个原因（前面讨论的英国政府指南也提出同样观点），最终投标阶段达成的应对突发情况的条款对于优先竞标人阶段的调节是否合法可能会有影响。如果在最终投标过程中明确规定计划报批被拒绝时采取替代性设计方案，那么此时采取替代性方案（从具体情况看）属于对协议条款的应用，而不是对相关项目的变更。

如果不能就以上限制达成一致，采购当局可视具体情况就相关项目进行重新投标（费用往往很高，需要花费的时间也很多）；返回到采购过程的某一节点，如在先前投标人的一部分或所有人愿意的条件下进行新一轮投标；或者根据投标人的最终投标书将合同授予另一投标人（因为发生的变更使该投标人的投标书成为最具经济优势标）。应当指出，《指令 2004/18》解释性条款第 31 条指出，使用竞争性对话时"应当让所有投标人参与，而不是只让提交最具经济优势标的投标人参与⋯⋯不得破坏或限制竞争"，意味着在采购当局选出最具经济优势标之后进行的讨论不得用于中标人的选择。即使该条（只存在于解释性条款中）具有法律效力，也并不意味着当最佳投标人退出竞争时，不能将合同授予第二投标人或进行重新投标。⑲

在采购当局可采取的上述措施中，英国指南认为后两种为合法行为；⑳但从英国的采购实践看，这些措施常常不可行，因为被淘汰的投标人不会再参加此项目投标。关于这个问题在英国或他处是否有解（如可采取何种措施让其他投标人在合同签订之前继续关注相关项目）尚不明了。从竞争性对话各类项目所需投入的资源来看，让被淘汰的投标人继续关注此项目是不现实的。如果按照平等待遇原则让这些投标人再次参加投标，但他们对此没有兴趣或者拒绝参加，且采购当局认为不返回到某个节点而直接做出合同变更是最佳对应措施，这种行为就不违反平等待遇原则。制定这样一个规则实际上对透明原则有促进作用，因为有了这样一个规则，采购当局更有可能在征询其他投标人意见之后公开处理此种情况，而不是因为担心违法而偷偷摸摸地对相关内容进行变更。不过从现在情况来看形势并不明朗。

---

⑱　案件 C – 340/02（Case C – 340/02）欧盟委员会诉法国（Commission v. France）[2004]ECR 1 – 9845.

⑲　《指令 2004/18》并从未规定在其他采购方式中不允许这么做，而且这么做也是很有必要的，原因有很多，如中标人没有资格或拒绝在合同上签字；如果采取竞争性对话的采购方式事情就不一样了，倒会让人觉得很奇怪。

⑳　见 3.8 节。

总之,在最终投标阶段对协议做出某些变更是可以的,但是做出这些变更必须符合某些条件,且从已签订合同的规则上可推出这些条件:变更必须有客观原因,必须是条件发生了变化或出现了突发情况;这些变更实施不得改变结果(在判断是否会引发不同结果时应当持灵活态度),不得改变合同的经济平衡,不得超出某些定性定量限制。在最终投标阶段,当事人可在协议中加入某些情况下对协议细节进行调整的机制,这样这些调整就不会被视为条款的变更。这些调整是不是条款的变更取决于几个因素,如是否使用了客观透明的变更机制。有了这些条件,可以充分保证平等待遇并避免歧视风险,如此一来,就没有必要再针对条款的变更制定更加严格的限制,而是应当按照比例原则照顾成员国的重大相关利益,这样才能保证达到物有所值的目标,限制竞争性对话的参与成本。

1.5.9 停顿期[421]

竞争性对话与《指令 2004/18》中的其他竞争性决标方式一样,在《救济指令 89/665》中都要求在向参与者通告授标决定之后和签订合同之前这一段时间设立一个"停顿期"。[422]《救济指令 89/665》第 2a 条第(2)款规定:

《指令 2004/18》范畴内的合同在以下日期内不得签订:如果采用传真或电子方式,从授标决定向投标人和相关候选人发出之日起至少十日历日内;如果采用其他沟通方式,则从授标决定向投标人和相关候选人发出之日起至少十五日历日内,或者从收到授标决定起至少十日历日内。

设立这样一个停顿期是为了让未中标的人在合同签订之前有机会就授标决定提出质询。为了保证这个机会切实有效,授标通告发出的同时必须说明授标原因。[423] 各指令中的这个明确规定,用一种更加具体、更加明确的方式确定了停顿期义务,而这个停顿期义务按照欧洲法院对阿尔卡特尔(Alcatel)一案的判决,[424]已经体现在《救济指令》对有效救济的一般要求中。[425] 这是一个非常重要

---

[421] 详见 A. Brown,Applying Alcatel in the Context of Competitive Dialogue,*Public Procurement Law Review*,2006(15):332。

[422] 《指令 89/665》(*Directive 89/665*),前注[411],第 2a 条,通过《指令 2007/66/EC》(*Directive 2007/66/EC*)添加,见前注[411]。

[423] 《指令 89/665》,前注[411],第 2a 条第(2)款。

[424] 案件 C – 81/98(Case C – 81/98)阿尔卡特尔奥地利诉联邦科学与运输部(Alcatel Austria v. Bundesministerium für Wissenschaft und Verkehr)[1999]ECR 1 – 7671、案件 C – 444/06(Case C – 444/06)欧盟委员会诉西班牙(Commission v. Spain)[2008]ECR 1 – 2045(做出这样的判决:即使可以对已经鉴定的合同提出质疑,也必须设置一个停顿期)。

[425] 《指令 89/665》,前注[411],第 1 条第(1)款。

的义务,如果没有遵守这个停顿期义务,在某些条件下将导致随后签订的合同为无效合同。[426]

在竞争性对话条件下,《指令 2004/18》规定的上述最短时间(如通过电子邮件或传真方式从通告发出之日起十日历日内)相对较短,因此不会引起过长的延迟。成员国在竞争性对话中的停顿期一般与其他采购方式中的停顿期相同,都使用了《指令 2004/18》规定的最低时限,但在某些情况下也有一些小的调整或延长。[427] 意大利在时间调整上是一个例外,意大利规定所有采购方式的停顿期统统为三十五天。[428] 第 11 章指出,这个漫长的停顿期,加上采购当局应用竞争性对话时所面对的法律风险,可能会使意大利采购当局不愿意采用竞争性对话的采购方式。[429]

关于上述第 2a 条第(2)款中的"授标"决定到底是什么,在英国一直存在着争论。因为关于"授标"决定,该条款明确规定了一个通告义务,且必须遵守有关停顿期的规定。英国与其他国家一样,即使有这样的争论,人们还是无法解决这个问题,因为这里所说的"授予"是一个欧盟级别的概念,与各成员国的解释不相干。[430] 现在的问题是:在按照最终投标书中选出中标人之后、最终签订法律协议之前这段时间长达数月,这期间需要在一定程度上对某些非实质性细节进行补充,或者对某些条款进行变更;在所有细节修订好之后、合同签订之前(或在两者之间),当最初的授标决定做出后能否认为合同被授予某投标人。英国采购从业人员认为(英国国内法对于《指令 2004/18》的要求没有进行详细解释),对于如何理解和应用竞争性对话的停顿期有不同的正解与实践:授标通告有时候在确定优先竞标人后发出,有时候从优先竞标人正式批准后(此时离合同的签订就很近了)发出,有时候在合同即将签订之前发出,有时候在确定优先竞标人之后发出一个授标公告,之后阶段再发出一个授标公告[431](见第 3 章)。英国政府指南指出,停顿期不一定在优先竞标人确定之后立即开始,"一旦合同条款变更完成不再有变化时就应当立即开始。"[432]

---

(426) 《指令 89/665》,前注㊶,第 2d 条第(1)款第(b)项。

(427) 见 3.5.9 节(英国)、4.5.9 节(法国)、5.5.9 节(德国)、9.5.9 节(波兰)、10.5.9 节(立陶宛)和 8.5.9 节(西班牙)。

(428) 见 11.5.9 节。

(429) 见 11.5.9 节。

(430) 见前注(234)。

(431) 见 3.5.9 节。

(432) 见 3.5.9 节。

一个法律观点(也是特莱默教授赞同的观点)认为初次确定优先竞标人即进入停顿期。由于此过程中的所有当事人均认为这是优先竞标人选择后的结果,即将与优先竞标人签订合同,因此此时就应当发送一个授标公告。这样做还可以保证尽早对授标结果提出质询,保证《救济指令》目标的实现。

另一个观点则认为,只有当最终确定与某个投标人就某些条件签订合同时才应当发出授标公告。这也是前面提到的英国指南的观点。该观点认为,只有在即将签订合同之前发出授标公告,才不违背《救济指令》的规定。如果这个观点是正确的,那么当优先竞标人被选为备选对象时,尽早发出一个正式的授标通告也是与《救济指令》的规定相一致的。此时发出一个授标公告可以让投标人了解自己在此阶段的位置,在实践中还可以让受害投标人尽早提出质询。(即使《救济指令》没有规定向投标人发出正式的授标公告,此时也应当将授标决定告知投标人,因为按照透明原则的规定,应当让投标人了解自己的投标状况。)[43]

不管采取什么样的观点(按照法律规定必须在合同条款完全谈妥即将签订之前发出一个授标通知,或者按照第二种观点,采购当局选择在此时发出授标决定),如果在合同条款完全谈妥即将签订之前没有发出授标通知,那么在出现任何合同条款变更或对合同内容进行补充,且变更或补充的内容将影响上一停顿期公告的必要信息或收到的信息时,应当再次发出一个公告,再经过一个停顿期。[44] 如果在发出授标公告之后、签订合同之前变更了承包商(如中标人退出),那么不论采取什么样的采购方式都应当发出一个新的公告。

如前所述,虽然《救济指令》不适用于《指令2004/18》以外的合同,但是成员国必须按照《欧盟运行条约》通用原则,针对《指令2004/18》之外的合同授予制定有效的国内救济法律,对违反欧盟法律的行为(如违反《欧盟运行条约》义务的行为)进行处理。欧洲法院没有明确规定停顿期义务是否适用于不受欧盟各指令约束的采购,但通过对阿尔卡特尔判例法的引申并按照《欧盟运行条约》的一般效力原则,欧盟指令以外的采购也有停顿期义务(该案依据的是《指令2004/18》一般效力原则下的停顿期义务)。事情似乎并非如此,因为华尔(Wall)

---

[43] 重任豪华客车与服务公司诉欧洲议会(Embassy Limousines and Services v. European Parliament)[1998]ECR II-4239.

[44] Brown,前注[20],第335页,在《救济指令》(Remedies Directive)明确提出停顿期的规定之前,指出只有发生实质性变更时才需要再发布一个公告——这就等于允许人们违反上述规定,人们也不大可能遵守该规定;但不管事实是否如此,《救济指令》中的这个明确规定对此处观点都是一个有力支撑。

一案的判例法明确规定，[435]《欧盟条约》下的一般效力原则并不意味着要有一个强硬的救济原则（如《救济指令》中的救济原则）。

1.5.10 对参与者的成本补偿

《指令 2004/18》第 29 条第（8）款明确指出："采购当局可以对对话参与者支付报酬或进行补偿。""报酬"一词显然是指赢得的奖金或奖赏，[436]如提交一份富有创意的设计（经营者不一定是赢得合同的人，其设计也不一定被使用）；而"补偿"则是指任何形式的补偿，如对准备投标书的成本补偿。

该规定不限于竞争性对话。欧盟委员会在《解释说明》中指出，欧盟指令并没有禁止在其他采购方式中进行这种形式的补偿，[437]第 29 条第（8）款也不打算对此有所改变。之所以要有这样一个条款，就是为了说明这种补偿特别适用于竞争性对话。[438]原因是参加竞争性对话的成本非常高，各成员国的经验也证实了这一点。[439]在前面指出，高成本可能是阻止人们参加竞争性对话的一个重要因素，应当就这些成本对参与竞争性对话的人进行一些补偿，这样这个问题才有可能得到解决。另外，采购当局如果想在竞争性对话过程中使用某个指定方案或由数个方案合成一个混合方案，可通过奖金或补偿的方式更加方便地取得参与者的同意。《指令 2004/18》第 29 条第（3）款规定，没有投标候选人的同意，采购当局不得将投标候选人在对话过程中提交的方案或其他机密信息泄露给其他投标候选人。[440]我们建议，可以把同意使用此类信息作为参加竞争性对话的一个条件，为了吸引经营者在此条件下参与竞争性对话，或者保证经营者愿意在竞争性对话过程中提出其创意，补偿金的支付可能也是一种必要方式。从这一规定的应用实践来看，各成员国对此持不同态度，一部分成员国根本就没有此类补偿或非常少，另一部分成员国则广泛使用补偿金的方式，法律甚至规定在某些情况下必须支付补偿金。

第一组成员国的法律只是简单重复了欧盟指令的原文，在多数情况下通过

---

[435] 案件 C－91/08（Case C－91/08）沃尔股份公司诉法兰克福市（Wall AG v. Stadt Frankfurt am Main）[2010]ECR 1－2815。

[436] 见《解释说明》，前注[33]，前注[25]，见《解释说明》3.2 节。

[437] 《解释说明》，前注[33]，3.2 节还指出第 9 条第（1）款规定在计算合同价值时要将奖金和补偿计算进去，因为门槛价的设置并不局限于竞争性对话。

[438] 《解释说明》，前注[33]，3.2 节。

[439] 可见 3.6 节。

[440] 其他机密信息应当如何定义没有明确规定，见 12.5.3 节。

原文照搬或几乎原文照搬的形式规定可以支付补偿,是否支付补偿由采购当局自行决定,而这些采购当局也就很少支付补偿。英国、葡萄牙、西班牙和丹麦属于这种情况。英国人在使用谈判方式授予复杂合同时很少支付补偿金。英国政府的一个重要指导性文件强烈反对在竞争性对话过程中支付补偿金,[441]这一点在竞争性对话实践中也有所反映。本书对英国采购从业者的实证性研究发现只有一次这样的补偿,而且金额少得可怜,数量上属于"象征性"。[442] 第7章和第8章对西班牙和葡萄牙的研究发现,这两个国家没有任何此类补偿。[443] 丹麦也很少有补偿[444]。第6章对丹麦的实证研究发现,在 IT 领域和其他几个领域根本就没有支付补偿的传统,人们也没有这方面的期望。但是该实证研究发现,在公共建设工程方面的项目有时候会有补偿,一个是 33.7 万欧元,另两个是 13.5 万欧元——估算下来,补偿数量不到发生成本的 10%,但是(据采购当局说)收到此补助的人认为很值得。从以上及其他支付补偿的其他成员国案例来看,这些补偿均为对参与竞争性对话的补偿,不是对使用投标人方案的补偿。波兰法律提到,如果经营者提出的方案成为最终提交投标书的依据,那么应当对提出该方案的经营者进行补偿。但是,第6章指出,在波兰这样的补偿"非常少见"。[445]

法国、德国和荷兰(这些国家在竞争性对话方面都有很丰富的经验)常常会对投标人进行补偿。在法国,法律不仅规定要进行补偿,还规定在某些类型的项目中,当采购当局提出的要求在决标过程中需要投标人付出大笔资金时,必须进行补偿。补偿金一般是补偿参与投标所发生的成本,鼓励人们参与竞争性对话,提交更好的方案。[446] 德国的法律也要求必须对某些事项进行补助,采购当局如果要求参与竞争性对话的人提交草图、草案、图样、计算、图表或建筑设计方案,就必须对参与者进行"适当"补偿(该补偿不是对其计划或方案的价值补偿,也不是仅仅对投标书的处理进行补偿)。[447] 荷兰的法律虽然只规定采购当局可以对参与竞争性对话的人进行补偿,但在实践中通常是对参与竞争性对话的一部分成本进行补偿,如果投标候选人仅需对价格进行计算或需要付出的努力

---

[441] 见 3.5.10 节。

[442] 见 3.5.10 节。

[443] 分别见 7.5.10 节和 8.5.10 节。

[444] 见 6.5.10 节。

[445] 见 9.5.10 节。

[446] 见 4.5.10 节。

[447] 见 5.5.10 节。

不大是不会进行补偿的。

意大利和立陶宛规定可以对投标人进行补偿,同时又规定是否进行补偿主要由采购当局自行决定。关于如何操作这个规定,在这两个国家没有可以借鉴的经验。意大利的法律对如何应用该条款稍稍进行了一些解释,规定在支付奖金时必须以对话期间提交的初步计划的知识产权进行交换[48],说明为了保证提交方案可为其他投标人所用,补偿金起到了一定作用。

在前面指出,关于如何对待复杂性采购,意大利的做法与英国的做法完全不一样,意大利在复杂项目的设计比赛中,一直规定要对设计比赛支付奖金或其他形式的补偿。意大利这种做法对其应用竞争性对话可能会产生某些影响(见第 8 章)。[49] 立陶宛关于补偿金的规定在立陶宛公共采购办公室的指南中进行了阐述,而不是在法律条款中进行阐述。立陶宛公共采购办公室发布的《建议书》指出,至少应当对准备方案时发生的一部分成本进行补偿,这说明补偿金针对的是成本补偿,而不是为了购买相关方案。

实践表明,一部分成员国从不或很少对参与竞争性对话发生的成本进行补偿,认为没有必要,或者不应当通过补偿的方式保证经营者的充分参与或提交相关方案;而其他成员国则对企业在决标过程中发生的成本进行大量补偿,但此种补偿并不是为了将某个方案购买下来用于某个项目。这种补偿是否提高了采购当局的总体效率,最佳处理方式是否因成员国而异(如从当地市场或参与者的期望来看),成员国为什么会采取不同的处理方式,现在都是未知数。在判断是否进行补偿、如何进行补偿时,需要考虑补偿是否会提高人们参与竞争性对话的积极性,实践中的物资使用和资金投入情况如何,不同的处理方式是否对参与竞争性对话的成本控制起到促进或妨碍作用,以及相关成本是否会转嫁到采购当局身上。(关于是否对竞争性对话的成本控制起到促进作用,可能取决于某些成本由哪一方控制,或者补偿金是否只是企业的一种收入,并不能对竞争性对话的有效参与起到促进作用。)这将是一个非常重要的研究领域。

1.6　结论

本章主要是根据竞争性对话最初几年的实施情况对竞争性对话相关法规进行批判性分析。从开始就存在着两个相关主题,并在下面的结论中有所

---

[48]　见 11.5.10 节。
[49]　见 1.2.2 节。

反映。

第一个主题是不能过分强调透明性和形式上的平等而牺牲其他方面。当然,透明性和平等待遇是《指令2004/18》中其他授标方式的根本,也是竞争性对话的根本,对于公共采购具有非常重要的意义。透明性和平等待遇的内容因授标方式不同而有所不同,在解读法律规则时还要考虑其他原则,如比例原则和竞争原则,这两种原则对于竞争性对话来说非常重要,因为必须将竞争性对话的成本控制在合理水平,而参与竞争性对话的成本对于吸引竞争来说是非常重要的。在应用上述所有原则时可充分考虑各成员国的具体情况和侧重之处,以及成员国的利益,有利于采购目标的实现。有的成员国非常重视透明性和形式上的平等待遇,将透明性和形式上的平等待遇视为实现国家目标(如物有所值)的一个途径,但并不是所有情况下都是如此。实际上,综合考虑方式对于实现欧盟目标是非常重要的,因为这样可以控制成本,促进竞争。

第二个主题是解决法律规则不明确的必要性。这个问题对于竞争性对话的使用和操作都有影响,在某些国家大大限制了竞争性对话的使用,因为在这些国家竞争性对话的使用具有很高的法律诉讼风险。我们认为,通过政府指南的方式应对这一法律上的灰色区域,可促进人们综合考虑各原则,对促进竞争性对话的使用起到很大作用。关于法律上的不明确性,欧盟委员会必须发挥主要作用,特别是在当下某些成员国的政府指南非常有限或根本就不存在、一般不愿意发布正式政府指南以免与欧盟委员会意见相左的条件下。

那么在上述一般性结论中,哪些又是本章的重要结论呢?

关于成员国对这种采购方式的态度,在1.3节指出,虽然竞争性对话对于成员国来说不具有强制性,但是所有成员国都已经把这种新的采购加入到本国的法律体系中。在此应当指出,本书成员国大多对《指令2004/18》中关于竞争性对话的措辞原文照搬到本国法律中,对于欧盟一级的规则既没有增加新的内容也没有进行详细解释(葡萄牙是一个例外)。即使是具有丰富的公共采购规制传统、在其他领域对公共采购的规制超出《指令2004/18》要求的国家,在将竞争性对话引入本国采购法律体系时也采取了这种原文照搬的形式。通过这种方式,成员国将《指令2004/18》中留给采购当局的所有灵活性都保留了下来,但同时也将欧盟法律中的一些不明确性保留下来。在此必须重申:欧盟规定的可以采取的某些方式,并不意味着成员国采购法必须规定其采购当局可以采用这些方式。这一点对于理解综合考虑透明性和形式上的平等待遇是非常重要的——本国法律体系非常重视这些原则,希望在透明方面高于《指令2004/18》

的成员国,完全可以在本国法律中做出相关规定,其法律偏好不应当对欧盟赋予采购当局的灵活性造成任何影响。

同时也可看到,虽然竞争性对话在整个欧盟都正式启用,但其使用范围在很大程度上仅局限于英国和法国。这两个国家在 2004 年之前对于竞争性对话的需求最高,而且竞争性对话主要是在这两个国家的法律和采购实践基础上制定出来的。欧盟一部分国家(如波兰和丹麦)对于竞争性对话的使用非常有限,但并非没有意义或不重要;还有一部分国家竞争性对话的影响可以忽略。从竞争性对话已经取得的成效来看,欧盟在将竞争性对话纳入《指令 2004/18》时,充分考虑到成员国各自不同的特点,以及《指令 2004/18》各原则与成员国采购实践的相适用,是一件非常明智的事情。这种采购方式至少在某种程度上达到了目标,因为有了竞争性对话,英国人在处理复杂合同时大大减少了对谈判方式的依赖,提高了透明性,同时又为其他复杂合同提供了一种更加灵活的采购方式。

竞争性对话采购方式在其他方面也有好处(如减少对发布公告的谈判的重复使用),且为了方便竞争性对话的使用、达到立法者的目标,在解读竞争性对话的适用情况时应当采取一种灵活态度。在 1.4.5 节提出了五个重要的解读原则:竞争性对话不是不发布公告的谈判的一个例外,因此不可对竞争性对话进行非常狭义的解释;当采购当局无法确定通过怎样的技术方式满足自己的需求,或无法确定相关项目的最佳法律或资金结构时,可以使用竞争性对话的方式;当使用其他方式会导致时间和/或成本过高时,可以使用竞争性对话的方式;采购当局能否"在客观上"确定合同的技术、资金或法律结构,应当以同样规模、同样性质的"一般"采购当局为准;在确定使用公开招标、限制招标还是竞争性对话时,采购当局具有一定的裁量权。在 1.4 节指出,法律中关于竞争性对话适用范围的不明确性是制约某些成员国使用竞争性对话的一个重要因素,至少应当在欧盟一级制定一个明确的指南来处理这个问题,明确规定可以采取灵活方式进行竞争性对话。在 1.4.4 节指出,目前虽然欧盟委员会在《解释说明》中进行了"非正式"指导,一定程度上解决了这个问题,并说明许多方面可采取一种更加灵活的态度,但还是应当有一个更加正式、更加详细的指南。这个指南不仅要把上述观点囊括进去,还要根据采购实践举例说明如何进行竞争性对话,这样一个指南将会非常有益。由于对竞争性对话使用规则是否熟练在一定程度上会影响对竞争性对话的使用,因此为了进一步促进竞争性对话的使用,可以向成员国宣传竞争性对话在实践中的应用方式,通过这种方式还可以避免竞争性对话使用过程中的一些错误。某些成员国,如英国、西班牙和荷兰在这一方面有很多经验可以借鉴。竞争性对话在上述几个国家的应用情况分别见第 3 章、第 8 章和第 12 章。

从竞争性对话在成员国的应用来看(见 1.5 节),竞争性对话与限制招标的一个主要区别是对话阶段表现出来的灵活性。对话阶段是最终投标的先导,而最终投标书将是授标决定的依据。在这个对话阶段,成员国在如何组织对话方面具有很大的裁量权,并将这个裁量权留给了本国的采购当局。在成员国内部的采购当局之间、欧盟各成员国之间,关于邀请和选定多少人参加最终投标,如何在对话阶段减少投标人数,使用一个还是几个过渡性投标阶段,如何组织会议,对话是仅用于完善投标候选人提交的方案并在此基础上进行投标还是指定一个方案并在此方案基础上进行投标,都存在着很大的不同。其中一部分差异有时候会反映出效率低下或计划不周,但也有许多反映出成员国之间、项目与项目之间在价值观和具体情况方面的差异。如在各个阶段邀请多少人参加,在对话阶段是否要减少参与者的人数,可能会随参加竞争性对话预期成本和某类服务市场性质的不同而不同(可能会影响投标候选人中途退出比例)。在1.5.6 节指出,成员国在其采购制度中如何保持自由裁量权和其他因素的平衡(如竞争性对话的成本和透明性),显然也会对此产生影响。没有迹象表明如何组织对话的法律规则在实践中遇到了困难,可以说根本就不存在这样的困难,因此目前这种灵活方式非常好。从实践角度来说,成员国通过分享应用竞争性对话过程中的一些经验教训可以学到很多知识,如事先对对话进行周密计划的重要性,以及明确对话阶段会议核心的必要性。只有这样,成员国才能最好地利用《指令 2004/18》中的灵活性,而这些灵活性正是人们所期望的。(必须指出,使用竞争性对话的多个成员国如英国和西班牙在这方面有一些共同的看法。)通过竞争性对话经验教训的分享,可促进成员国就竞争性对话的组织形式制定相关法规或发布相关政府指南,这样可以进一步促进竞争性对话在这些国家的应用。

但是,与对话结构相关的法律观点应当进一步明确:按照《指令 2004/18》的规定,不仅可以减少对话阶段需要评估的方案,还可以淘汰方案不合格的投标候选人。1.5.6.3 节指出,从《指令 2004/18》的规定来看是可以减少方案和投标候选人的,而且始终是应用竞争性对话的一个主要方式,尤其是当人们面对各种保密规则的时候。但是由于第 29 条第(3)款提到了"方案"的减少,因此应当对这一点进行说明,以保证法律上的明确性,在今后修订指令措辞时这也是需要注意的地方。

在欧盟范围内应当解决的另一个问题是决标标准问题。该问题对对话阶段也有影响。在 1.5.6.5 节指出,在决标标准灵活性方面有几个问题尚不明确,可能会导致决标阶段的法律诉讼,因此解决这些问题具有非常重要的意义。如前所述,为了正确认识复杂采购的具体情况,应当有一个合理的灵活方式。第一个问题是所有标准、权重和对话阶段、最终投标阶段使用的所有其他方式,是应当在对话开始之前就起草并公布(披露规则是这样要求的),还是可以在后来的竞争性对话过程中逐步完善并公布。我们认为,在一定程度上对这些要素进行后期完善在法律上是合法的,关于这一点有充分论据。不能对这些要素进行后期完善,实际上是剥夺了采购当局的裁量权,减少了总体上的透明性。第二个问题,也是更具争议性的问题,是决标标准一旦确定并公布,是否还可以变更。欧盟委员会在其非正式的指南中禁止变更决标标准,但我们认为应当采取一种更加灵活的方式,在某些条件下应当允许进行决标标准的变更(包括非实质性的变更),但变更的程度应当有多大我们的观点各有不同(爱罗史密斯教授认为在所有情况下都可以进行变更,而特莱默教授认为只有在突发情况下才可以变更)。第三个问题是在不同的阶段(如过渡和最终投标阶段)是否可采取不同的方式进行决标。在此再次提出我们的看法:某些情况下从商业角度来说应当允许在不同的阶段使用不同的方式进行决标。

在 1.5.7 节指出,围绕最终投标阶段出现了一些非常重要的法律问题。灵活的对话阶段一结束,需要筛选最具经济优势标时,这个问题就出现了。这一点与公开招标和限制招标的投标阶段非常相像。关于竞争性对话这个阶段有这样一个观点(这个观点很有道理),即这个阶段的规则与公开招标、限制招标投标阶段的规则是一样的。我们认为,虽然竞争性对话的投标阶段与公开招标/限制招标的投标阶段有许多重要的相似之处,但如果把它们之间完全等同起来是错误的。

这个最终投标阶段的第一个问题与《指令 2004/18》第 29 条第(6)款规定的投标书明确性和完整性有关。该条款规定最终投标书应当包括与履行合同有关的所有"必要"要素。这是法律不明确的另一个地方,法律上的这个不明确性可能造成严重的后果,因为它可能会对参与竞争性对话的成本产生影响。我们的观点是这个法律上的不明确性引出数个更加重要、范围更加广泛的问题。这些问题都涉及欧盟法律对一般公共合同的完整性和明确性要求,涉及与中标人签订合同之前和之后合同细节的完善空间。关于这个问题欧洲法院至今也没有一个判例。本书不可能对这些问题进行详细研究,但是我们提出了一些基本原则:第一,第 29 条第(6)款的上述要求显然是一个非常重要的要求,针对中标人选出之前提交的出价,它提出的要求在完整性和明确性方面均高于谈判。这个要求不仅是竞争性对话的一个重要特性,可保证采购过程中的透明性,实现欧盟设定的目标,而且从英国经验来看(英国是一个频繁使用竞争性对话的国家),它还可以保证在竞争条件下就采购的商业条件进行谈判,促进国家在采购中达到物有所值的目标。另外,由于参与竞争性对话的成本非常高,因此这个要求与公开招标和限制招标中的要求相比可能不会那么严苛。因此,按照比例原则的要求,根据比例原则设定的可接受风险不能设定得过低,如果某些项目细节对中标人的选择没有影响,就可以在最终投标书中省略这些细节。

在法律上不明确、涉及最终投标阶段的第二个地方是第 29 条第(6)款的含义。该条规定可以对最终投标书进行"解释、说明和微调"。单从这一方面来说,上述要求就与公开招标和限制招标中的类似要求并不完全对等,而且这种灵活性(可能也高于上述公开招标和限制招标的采购方式)在某些方面也很有必要,如对于错误的纠正。另外,该条没有为投标书的细节完善留出空间,这一点与公开招标和限制招标是一样的。这一点完全没有必要,由于在比较灵活的对话阶段已经有了这样的完善机会,因此可能是为了透明才制定了这样的禁令。

在最终投标阶段,一旦确定了中标人,就又会出现另一个法律不明之处,即已经达成的协议是否还有变更的空间(相关规定见《指令 2004/18》第 29 条第(7)款)。这个规则非常重要,因为它可能影响竞争性对话的成本。从这一方面来说,对条款进行调节的可能性与谈判相比显然是低了很多。在 1.5.8 节指出,如果某些变更是由外部事件、环境变化或突发事件而引起,那么已经达成的条款还是存在一定的调整空间的;但必须要满足某些条件,而这些条件在很大程度上来自已经签订的合同。第一个条件是这些变更不得对中标结果产生任何影响。如果不知道是否会对中标结果产生影响,则按照不得具有破坏竞争的风险的要求禁止此变更,但是根据比例原则不得将可接受的风险门槛设定得过低。第二个条件是任何变更不得改变合同的经济平衡进而使其偏向于某一个投标人。第三个条件是无论在定性还是在定量方面均不得具有"实质性"。另外我们还指出,事先做出相关规定的调整往往不视为此类变更,但某个变更是否为"实质性"变更最终取决于多个因素。

这些与最终投标阶段、中标人或优先竞标人确认后阶段有关的问题在欧盟委员会的《解释说明》中只是一略而过,虽然这个《解释说明》对于该问题的解释既不明确也不具体,但相当严苛。因此,我们认为应当发布一个正式文件支持人们采用更加灵活的方式解读这个问题,这样才能促进竞争性对话的使用。在此我们再次指出,在此方面限制相当严格的国家也可以为本国的采购当局发布这样一个文件。

最后值得一提的是两个法规,这两个法规对于竞争性对话的实施具有普遍意义。

一个是《指令 2004/18》的第 29 条第(3)款。该条规定,没有相关参与者的许可,采购当局不得泄露其方案或其他机密信息。这一点对于竞争性对话的操作方式非常重要,因为在竞争性对话"指定方案模式"和"混合"模式中,需要从对话期间提交上来的一个或多个方案中提取内容并整合到一个最终技术规格中(见 1.5.6.3 节)。另一个是第 29 条第(8)款。该条明确规定可以对参与者的方案(和参与成本)进行补偿。虽然在将《指令 2004/18》转化为成员国的国内法时,人们担心会发生机密信息泄露的问题,但从几个有据可查的成员国(如英国、西班牙和丹麦)的采购实践来看(成员国数量确实有限),人们在竞争性对话过程中并不担心如何处理信息,同时采购当局也很少会从参与者那里"采购"方案。这可能是因为投标人很乐意在指定模式和混合模式中让自己的方案成为最终的强制性规格的一部分,因为这样他们就会有竞争上的优势。关于这个问题在法律上仍然有一个灰色区域:采购当局能否将信息分享作为参与对话的一个条件(采购当局能不能规定只要参与对话,就必须同意信息分享),但该灰色区域似乎在实践中并没有引发问题。

总之可以得出结论:虽然竞争性对话是公共采购方式中新增加的一个重要内容并得到了广泛应用,但在某些成员国竞争性对话所起的作用非常有限。这种采购方式虽然不一定适用于所有成员国,但在某些成员国竞争性对话的应用显然会变得更加深入、更加完善。在本章指出,在解读与竞争性对话有关的规则时,应当综合考虑各方面因素,并努力解决目前法律存在的一些不明确问题(法律存在的不明确问题会影响竞争性对话的应用范围和应用方式),促进竞争性对话在未来的发展,保证能够应用于适用的采购项目。我们认为,从短期来看,欧盟委员会的指南将会起到非常重要的作用,不仅可促使人们综合考虑各方因素,而且能减少目前在法律上的不明确性。但是从长远来看,希望我们的建议能够通过各种形式(如通过司法讨论会的形式)成为未来竞争性对话硬性或软性法规的基础。

第2章 对欧盟竞争性对话的分析

西尔维娅·德马尔斯 理查德·克莱文[*]

2.1 引言

本章阐述的是 2007—2010 年间欧盟国家竞争性对话的量化研究和对比性研究。数据皆来自 2006 年 1 月 1 日到 2009 年 12 月 31 日期间比利时、法国、德国、爱尔兰、荷兰、葡萄牙、西班牙和英国在《欧盟官方公报》(*Official Journal of the European Union*, *OJEU*) 上刊登的合同公告。本研究的目的是为以下问题寻求答案:

(1) 一直是什么样的"采购当局"在使用竞争性对话?

(2) 竞争性对话都用在什么样的市场领域?

(3) 竞争性对话用于采购什么样的工程?

(4) 通过竞争性对话采购的工程中,有多大比例涉及私人融资?

以便描述一幅欧盟国家使用竞争性对话的大致画面。

2.2 节介绍为更好地回答上述问题而采用的研究方法;2.3 节 ~ 2.7 节将说明本次研究的结果;2.8 节是对本次研究及其结果的最后结论。

2.2 研究方法

2.2.1 研究性质

本次研究从本质上来说是一种量化研究,也就是说,本次研究的目的是对

---

　　* 作者在此感谢 Pedro Telles 博士和 Pamela Hölbling 博士为西班牙、葡萄牙和德国相关研究所收集的数据,并感谢他们为这些数据做说明。

竞争性对话的使用进行研究,以便将其简化为量化数据。这样才能对收集到的数据进行统计分析,辨别出不同的趋势和行为方式。同时还具有对比性,将会收集不同的欧盟国家的数据,并对这些国家使用竞争性对话的情况进行对比。

本章数据来自一份研究,该研究的对象是发布在《欧盟官方公报》S 系列附录中的合同公告。采购当局在授予《指令 2004/18》约束范围内的合同时,①必须在《欧盟官方公报》上发布一个合同公告(见《指令 2004/18》第 35 条)。之所以要发布这个公告,是为了让全欧盟的承包商都知道有这样一个合同竞标,可以为他们提供充分的信息以便决定是否参加该合同的投标。《指令 2004/18》第 36 条明确规定了什么样的信息必须发布在合同公告上。

除了发布第 35 条规定的合同公告,采购当局还可以按照第 36 条规定的程序为《指令 2004/18》约束范围之外的合同发布"自愿"合同公告(第 37 条)。必须指出,本研究项目没有调查这些合同公告是"强制性"还是"自愿性"公告。合同公告中没有必要说明采购当局发布的是"强制性"公告还是"自愿性"公告,②发布在《欧盟官方公报》上的所有公告都是本研究项目的研究对象。

1998 年以来,《欧盟官方公报》的附录 S 就上传到了互联网上,从《每日电子标讯》(Tenders Electronic Daily,TED)网站上就可以进行浏览③。在这个网站,注册用户可以免费浏览《每日电子标讯》文档并查阅完整的合同公告。使用《每日电子标讯》提供的便利条件,可以浏览所有欧盟成员国将要授予的合同,而所有合同都将通过竞争性对话的方式决定承包商。因此,《每日电子标讯》网站也是一个理想的数据收集工具,通过《每日电子标讯》可以对整个欧盟的竞争性对话进行综合分析。但研究结果是否准确,完全取决于《每日电子标讯》的搜索是否准确。

2.2.2 作为研究对象的国家

由于目前资源有限,不可能对欧盟所有 27 个成员国的竞争性对话进行研究,因此选出一部分国家,如比利时、法国、德国、爱尔兰、荷兰、葡萄牙、西班牙和英国进行研究。之所以选择这些国家,首先是为了保证把英国和法国包括进去。这两个国家单从每年应用竞争性对话的次数来说,是应用竞争性对话最为频繁的国家(见 2.3 节)。除英国和法国以外,研究者根据自身语言能力和可以

---

① 2004 年 3 月 31 日欧洲议会与欧洲理事会关于协调公共工程合同、公共供应合同和公共服务合同授予程序的《指令 2004/18》。

② 两种情况下的标准公告格式是一样的,判别是否"志愿"发布公告的唯一方式,是从公告合同的价值入手。此事不属于当前项目的研究范围。

③ http://ted. europa. eu。

得到的信息对其他国家也进行了研究,这样我们的研究才能达到一个合理的数量。人们一致认为,本研究范围之外的国家在竞争性对话的应用方面可能与这些国家有很大不同。

2.2.3 类别

2.2.3.1 引言

本次研究采用的量化数据收集方式称为"内容分析"④。Bryman 认为,内容分析"可以用来对文件和文字进行分析,对其内容按照预定的类别以一种系统的、可复制的方式进行量化"⑤。 根据这种方式的要求,在本次研究的开始就确定了以下类别:

(1)公共机构的类型;

(2)公共机构的名称;

(3)文件的类型;

(4)合同的类别;

(5)合同的类型;

(6)合同的标的物;

(7)私人融资是否用于采购;

(8)发生的其他重要事情。

数据的收集绝非易事,其过程繁琐至极,对收集到的信息进行分类也是相当困难的。采购当局之所以使用竞争性对话的方式,主要原因是他们并不十分明确自己到底要采购什么东西,只能通过自己想要的结果来说明(见第 1 章)。另外,一份措辞严谨的合同公告,尤其是通过竞争性对话完成的复杂合同的公告,起草时只能在一定程度上考虑到合同内容的变化。另外,在起草合同公告时对可能出现的问题往往没有考虑或者考虑不充分。因此有时候需要把学者们召集起来对一些意义不甚明了的文本进行解读。当公告内容不能确定时,根据学者们的意见出现了"其他"和"不明"这样的类别和二级类别。

2.2.3.2 类别 1:公共机构的类型

在类别 1 中,《欧盟官方公报》要求采购当局将自身划分为以下类型:

(1)公法机构;

(2)政府的部或者国家或联邦的其他机构;

---

④ 见 Bryman,*Social Research Methods*,3rd,Oxford:OxfordUniversity Press,2008:182。

⑤ 同上,第 183 页。

（3）军队；

（4）地区或者地方政府；

（5）公共事业部门；

（6）欧洲机构或者国际组织；

（7）其他；

（8）不适用的机构；

（9）国家或者联邦机构/部门；

（10）地区或者地方机构/部门。

以上部门的信息都由研究者记录。另外，如果某个机构没有标明是什么机构，那么它会自动被《每日电子标讯》划归到"其他"门类。

2.2.3.3 类别 2：公共机构的名称

在类别 2 中，机构名称按照原名称记录下来。如果类别 1 的数据不能说明问题（见 2.4 节），研究者会将这些机构重新划分更加一目了然，意义更加清晰，重新划分时使用该公共机构的名称，以此作为划分门类的基本方式。因此，在对公共机构进行划分时，一般使用以下类型：

（1）地方政府；

（2）中央政府（包括二级部门）；

（3）卫生部门；

（4）教育部门；

（5）住房及其他地方性开发/改造部门；

（6）紧急事务部门；

（7）废物处理；

（8）其他。

需要注意的是：在对德国的研究中"联邦机构"也是一个类别，包括所有"州"或"国家"一级的机构。德国的中央政府机构被定义为"国家"（"联邦"）一级的政府部门。

2.2.3.4 类别 3：文件的类型

人们对《每日电子标讯》进行了彻底搜索，寻找与竞争性对话相关的所有文件。人们记录下合同公告的数量，同时也记录了追加信息公告的数量（这些追加信息公告是为了公告采购的取消）和勘误公告。本次研究没有包括这些追加信息公告和勘误公告，因为与它们相关的采购已经计算进去，再把它们相关的数据计算进去，就会出现重复计算的现象。

在数据过程中对采购取消的次数进行了统计,但是在下面的统计结果中并没有列出,因为本次研究数据收集完成后,这些公告过的合同很有可能还会被取消,因此无法对其进行记录。本次研究只是对发布的竞争性对话合同公告进行了综述,并不意味着人们一定完成了这些采购程序。

2.2.3.5　类别4:合同的类别

在合同公告中,合同被划分为工程合同、服务合同和供货合同。这种分类方法被记录下来。

2.2.3.6　类别5:合同的类型

为了划分合同类型,将其划分为以下二级类别:

(1)广告与公共关系,包括国内广告合同或者一般的传媒战略咨询合同等;

(2)商务服务,包括管理咨询或者基础设施管理合同等;

(3)国防,包括由国防部门发布的所有军事性质的合同;⑥

(4)能源,包括与能源(石油、电力、太阳能/风能)⑦采购和分配有关的所有合同,包括能源基础设施的建设合同;

(5)金融服务,包括银行、贷款与信贷等所有与金融服务有关的合同;

(6)卫生服务与供应,除卫生基础设施的建设合同以外,还指所有与卫生有关的采购合同;

(7)信息与通信技术(ICT),包括所有信息技术采购合同及电信采购合同;

(8)基础设施与房屋建筑,包括所有建筑建造合同,但"能源"与"废物处理"基础设施的建筑建造除外;

(9)保险;

(10)其他,包括所有因不常见而不足以构成一个单独种类的合同,是否为常见合同不仅要看一个国家的具体情况,还取决于这个具体的项目(如果某种类型的采购行为在某个国家比较多见而在其他国家并不多见,那么这样的合同就不构成一个类别的合同);

(11)废物处理,包括与垃圾收集和处理有关的所有合同,以及废物处理基础设施的建设合同。

2.2.3.7　类别6:具体的合同标的物

在类别6中,合同的具体特征被记录下来。所分析的数据只包括第5大类别中最主要的二级类别合同,即基础设施与房屋建筑和信息与通信技术。

---

⑥　例如,军事基地的餐饮项目不属于此类,因为合同的专业事项本身不具军事性。

⑦　法国还包括"供热分配"合同,因为这些合同要求建立热力厂,然后在住房中安装供暖装置。

"基础设施与房屋建筑"类别合同可划分为以下几种：

（1）教育基础设施，包括中小学校、继续教育学校和高等院校的合同；

（2）卫生基础设施，包括医院及医院附属建筑，以及诊所的合同；

（3）房屋及食宿，包括住房、保障性住房以及学生宿舍合同；

（4）混合用途区域开发，既需要进行新的居住设施基础建设，又要进行零售及非居住性基础设施建设的城镇更新项目合同；

（5）非居住性区域开发，不包括居住设施建设的城镇更新项目合同；

（6）办公楼；

（7）其他，与类别5中的"其他"类别一样，该类别合同指不便划为以上各类合同，同时又不足以形成一个独立类别的建筑合同。

"信息与通信技术"类别的合同可划分为以下几种：

（1）呼叫中心；

（2）硬件；

（3）混合（软、硬件的混合）；

（4）网络（电话与互联网）；

（5）其他，见上面关于"其他"的说明；

（6）软件；

（7）网络服务。

2.2.3.8　类别7：私人融资

机构是否希望该公告项目筹措私人资金，向私人资金打开了大门，或者说根本就不想让私人资金成为该项目经费的一部分，我们都记录了下来。对私人融资的调查工作相当困难，关于项目如何筹措资金的问题采购当局并不总是那么清楚。因此，如果弄不明白该项目是否愿意将私人资金作为整个项目资金的一部分，我们也会记录下来（见2.6节）。

如果合同公告明确说明合同将按照常规的私人融资协议进行，或者明确说明它的融资协议，如英国的"私人主动融资"（PFI）、荷兰的公私伙伴关系（publiek private samenwerking, PPS）以及法国的伙伴关系（contrat de partenarait, CDP），我们都会记录下来

2.2.3.9　类别8：其他重要事项

如果认为某些合同能够引起人们在某一方面的兴趣，如这些合同使用竞争性对话方式是否合适，或者它的某一点能够引起关注，我们都会记录下来以备后来研究讨论用。

必须指出：有几个合同公告过于复杂而受到研究者质疑。但是这种过于复杂的合同毕竟为数不多，还不足以证明人们过多使用了合同公告，而且仅仅根据合同公告上出现的有限信息就得出这样的结论似乎也不太合适。

2.3 合同公告的类型和数量概述

2.3.1 研究对象国的合同公告类型和数量

表2.1从两个方面显示了竞争性对话的使用：2006—2009年间，有多少《欧盟官方公报》公告提到在合同授予过程中将使用"竞争性对话"方式？这些公告涉及的合同类型是什么——是工程、服务，还是供货合同？

表2.1 欧盟国家合同公告的类型和数量

成员国	类型	2006 年	2007 年	2008 年	2009 年	总量
葡萄牙	供货	—	—	—	0	0
	工程	—	—	—	0	0
	服务	—	—	—	2	2
	总量	—	—	—	2(5)	2(5)
比利时	供货	0	1	2	0	3
	工程	0	1	1	1	3
	服务	5	5	7	1	18
	总量	5(7)	7(12)	10(13)	2(2)	24(34)
西班牙	供货	—	2	2	11	15
	工程	—	0	7	3	10
	服务	—	0	0	5	5
	总量	—	2(2)	9(10)	19(24)	30(36)
爱尔兰	供货	5	9	2	2	18
	工程	4	7	2	6	19
	服务	6	12	11	14	43
	总量	15(15)	28(33)	15(17)	22(31)	80(96)
荷兰	供货	0	0	5	1	6
	工程	15	12	6	17	50
	服务	2	4	10	12	28
	总量	17(20)	16(20)	21(29)	30(47)	84(116)

（续）

成员国	类型	2006 年	2007 年	2008 年	2009 年	总量
德国	供货	7	9	10	11	37
	工程	11	4	13	13	41
	服务	21	11	13	6	51
	总量	39(47)	24(31)	36(49)	30(46)	129(173)
英国	供货	53	57	49	46	205
	工程	65	73	74	54	266
	服务	162	237	252	258	909
	总量	280(322)	367(437)	375(475)	358(464)	1380(1698)
法国	供货	89	96	100	104	394
	工程	46	75	62	94	277
	服务	171	182	220	191	764
	总量	306(351)	353(381)	382(460)	389(499)	1430(1691)

2.3.2 通过数字看竞争性对话的使用

表 2.1 中带括号的数字表示某一年或者所有年份发布的所有合同公告的数量（合同公告、其他信息文件等）。不带括号的数字表示发布公告后没有被取消的合同数量，因此准确反映出在此特定时间内竞争性对话在相关成员国的实际应用次数。下面展示的研究结果只是以合同公告的信息为基础。

表 2.1 说明本书所研究的国家中人们对竞争性对话的使用频率有很大的不同，因此将这些使用竞争性对话的国家划分为三大类：

（1）不常使用的国家，如葡萄牙、比利时、西班牙（公告总数不到 50 个），这些国家使用竞争性对话的频率很低，因此几乎不可能对这些国家使用竞争性对话的情况进行总结。

（2）经常使用的国家，如爱尔兰、荷兰、德国（公告总数为 50～200 个），这些国家之所以被冠以经常二字，是因为这些国家经常使用竞争性对话，从而可以对其采购类型进行一般性分析。在下面会指出经常使用竞争性对话和频繁使用竞争性对话之间还是存在着巨大差异。

（3）频繁使用的国家，如英国、法国（公告总数超过 1000 个），这两个国家广泛使用了竞争性对话，将在下面对这两个国家进行详细分析。

2.3.3 合同类型

表 2.1 显示出公告的合同类型大多为服务合同,经常使用竞争性对话的英国和法国尤其如此,但是其他国家也显示了同样的趋势[⑧]。

工程合同的授予方式比供货合同的授予方式更加多样,这主要取决于相关国家通过竞争性对话方式采购的基础设施的数量。

虽然从合同公告上得到这样的数据很容易,但是这些统计数据并不能非常清楚地说明问题,因为不管是《指令 2004/18》中的"服务"合同还是"工程"合同都看不出采购的是什么。例如,许多大型基础设施项目既有工程建造又要在一定时期内对相关工程进行后续管理和运行,此类项目被认为是服务合同,根据《指令 2004/18》第 1 条第(d)款的合同划分标准,此类合同的主要目的是服务(服务往往是合同价值的一个主要组成部分)。以上发现促使研究者又去做了一些调查工作(见 2.4.6 节)。

2.4 使用竞争性对话的公共机构的类型

2.4.1 引言

从 4.2.3.1 和 4.2.3.2 节的讨论可以看出,《欧盟官方公报》收集了发布合同公告的公共机构的相关数据。但是,这些合同应当具体划分到《欧盟官方公报》中的哪一类是由采购当局决定的,因此几乎每个国家的数据都不可靠,有相当一部分公共机构被划分到"其他"类别中。因此,为了更好地说明问题,研究者从事物的本质出发将采购当局按运行部门进行划分,而不是按《每日电子标讯》的划分方式进行划分。显然,只运行于卫生部门的公共机构被划为卫生机构,而采购要求涉及各项职能的公共机构被划为地方政府机构。

2.4.2 不常使用竞争性对话的国家

在不常使用竞争性对话的国家,竞争性对话的可用数据比较有限。但是必须指出,西班牙最常使用竞争性对话的机构是地方和市政府,以及地区性公共

---

⑧ 西班牙和荷兰除外,这两个国家的合同公告更多的是供货合同和工程合同。

卫生服务机构(合同总量为 30 个,其中 15 个合同使用了竞争性对话)。比利时大多数合同都由欧洲机构授予(合同总量为 24 个,其中 14 个合同使用了竞争性对话)。这是因为 2010 年 1 月 1 日之后,比利时才把竞争性对话引入本国的采购法,不知道在此之前其他竞争性对话是怎么实现的。葡萄牙的采购合同也大都来自地方政府机构,并由地方政府机构授予。

2.4.3 经常使用竞争性对话的国家

2.4.3.1 爱尔兰

图 2.1 示出爱尔兰各部门通过竞争性对话完成的采购。

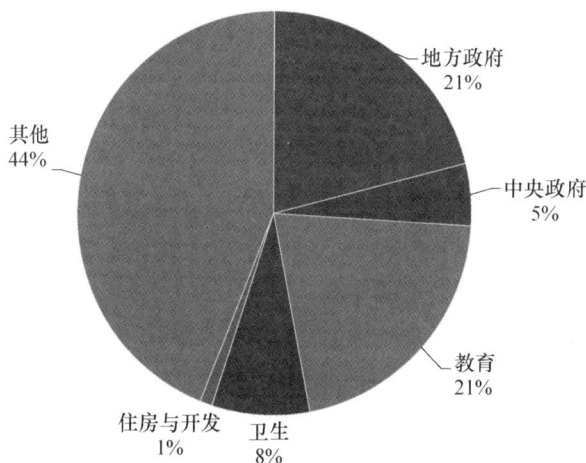

图 2.1 爱尔兰各部门通过竞争性对话完成的采购

图 2.1 不能很清楚地说明问题,因为有很多采购当局无法划分到地方政府、中央政府、教育部门、卫生部门。但是,从图 2.1 可以看出,爱尔兰与其他国家一样,大量合同是由地方政府机构发布合同公告的(8 个合同中有 7 个由地方政府机构发布合同公告)。其他政府机构包括出租车管理委员会(5 个公告)、爱尔兰林业产品公司(3 个公告)、爱尔兰灵缇委员会(2 个公告)、爱尔兰广播电视网络有限公司(4 个公告)、爱尔兰旅游公司(6 个公告)以及国家道路管理局(3 个公告)。

2.4.3.2 荷兰

图 2.2 示出荷兰各部门通过竞争性对话完成的采购。在荷兰 2006 年发布的所有合同公告中,几乎所有合同都是由它的国家服务机构"道路与水运"建设部发布的,而且第二年又至少发布了 2 个这样的合同公告,因此荷兰的中央政

府部门为此进行了大量的采购活动。经常使用竞争性对话方式的其他单位为地方议会。教育机构(如高等院校)在采购时对于竞争性对话的采用就少了很多,卫生部门(如医院)的采购也使用了竞争性对话的方式。

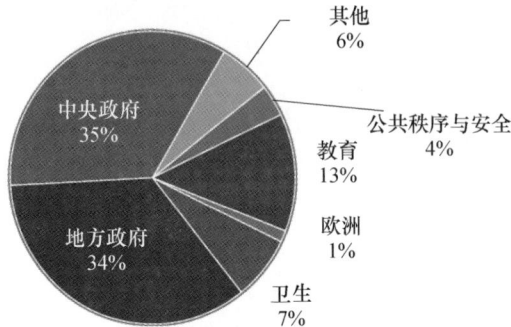

图 2.2　荷兰各部门通过竞争性对话完成的采购

2.4.3.3　德国

图 2.3 示出德国各部门通过竞争性对话完成的采购。从德国及下文英、法两国(见 2.4.4 节)可以看出,虽然德国的地方政府(而不是联邦政府)也经常使用竞争性对话的方式,但是卫生部门是使用竞争性对话相当频繁的部门。经常使用竞争性对话方式的其他部门被划分为“其他”门类当中,要么是负责社区开发(基础设施建设)的公法部门,要么是研究部门。

值得注意的是,在德国的合同公告中,中央政府发布的竞争性对话合同只有 2 个,而联邦一级的竞争性对话合同则只有 6 个;中央政府对于竞争性对话的使用虽然频率最高,但是优势并不是非常明显,其竞争性对话的使用频率相比该项研究的其他国家似乎格外地低。

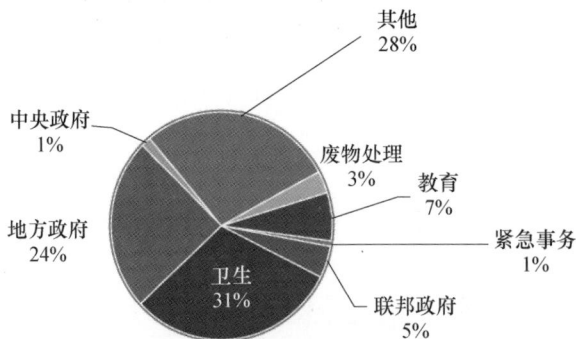

图 2.3　德国各部门通过竞争性对话完成的采购

2.4.4　频繁使用竞争性对话的国家

2.4.4.1　英国

图 2.4 示出英国各部门通过竞争性对话完成的采购。图 2.4 表明,在英国,地方政府是竞争性对话最为频繁的使用者。在此必须指出,英国地方政府除了要进行一般性的地方当局采购工作(如地方政府必须进行的基础设施建设),大多数教育基础建设和废物处理采购由地方政府负责。如在"为未来建校"的投资计划中,地方机构是管理人,且在《欧盟官方公报》上发布合同公告时,也是以地方机构的名义发布的。

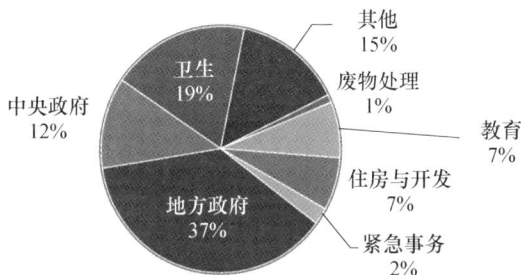

图 2.4　英国各部门通过竞争性对话完成的采购

另外,英国的教育部门主要由高等院校组成,而在卫生部门,竞争性对话的主要使用者是地方国民医疗服务体系(NHS)医疗机构。在"其他"种类中有英国广播公司、英国图书馆、伦敦运输局以及公平与人权委员会。值得一提的是,英国公共服务的采购尤其是共享服务的采购(地方机构为自己或者其他机构进行的服务采购)是一种相对比较常见的事情。

相关合同公告是否代表其他采购当局进行发布研究者也进行了记录。有376 个公告属于这种情况(占总数的 27%)(2006 年有 68 个,2007 年有 103 个,2008 年有 86 个,2009 年有 119 个)。在 806 个(占总数 56%)公告中,采购当局声明只为其自身进行采购(173 号、217 号、231 号和 185 号),本部门其他 198 个(占 14%)合同公告此项为空白(39 号、47 号、58 号和 54 号)。

2.4.4.2　法国

图 2.5 示出法国各部门通过竞争性对话完成的采购。从图 2.5 可看出,法国使用竞争性对话的部门多样,与其他大多数国家一样,竞争性对话最为频繁的使用者是地方政府、地区政府以及医院和卫生机构的卫生部门。引人注目的是法国的教育部门并没有大量使用竞争性对话,这一点与英国有很大

的不同。在 2.5.4.2 节关于法国基础设施建设的论述中将对这一点进行说明。

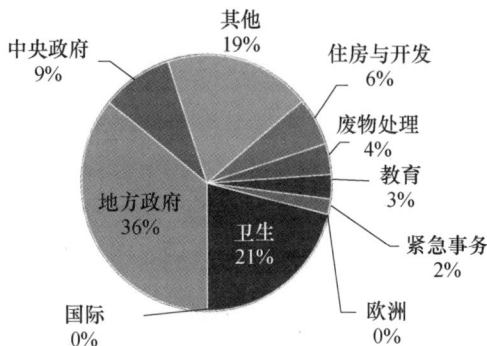

图 2.5 法国各部门通过竞争性对话完成的采购

在"其他"类别中有几个部门频繁进行采购颇具法国特色,如法国地方和国家的商会(chambers of commerce)使用竞争性对话的频率相当高;使用竞争性对话频率相当高的部门还有各种国家研究中心和机构。承担博物馆管理或者古迹管理的机构也常使用竞争性对话。另外,还有一大批通过法国法律得到监督或者管理权的其他机构也大量通过竞争性对话来完成其采购,这一点与英国是相同的。

2.5 合同涉及的主要领域

2.5.1 引言

在 2.5.3.5 节谈到,为了从全球的角度纵览采购类型,把合同公告中的合同划定为 10 个主要的合同类别,不便划分的划分到"其他"类别。下面是对这些国家研究结果的讨论。

2.5.2 不常使用竞争性对话的国家

如前所述,由于竞争性对话在这些国家的使用次数有限,因此很难对这些结果进行一般性归纳,但下列观点还是没有问题的。

葡萄牙通过竞争性对话采购了 ICT 软件包,还通过竞争性对话完成了一个自行车采购合同,使其成为市内交通的一部分。比利时的大多数合同主要是向俄罗斯核电站提供现场援助,其他合同则是金融服务(信贷服务)、商业服务(咨询)、广告与公关(有关欧盟的宣传)以及基础设施建设(欧盟代表团办公大楼)。

西班牙的各种合同,即 ICT、基础设施建设和卫生服务与供应的合同分配比较均匀;此外,也有一些引人注目的一次性采购合同公告,如为消防部门研制消防靴的合同⑨和天文望远镜的采购合同。

从不经常使用竞争性对话的国家来看,竞争性对话方式的使用范围相当广泛,而在研究经常使用竞争性对话的国家时这种印象更加深刻。

2.5.3 经常使用竞争性对话的国家

2.5.3.1 爱尔兰

图 2.6 示出爱尔兰通过竞争性对话方式完成的采购类别,图 2.7 对基础设施和房屋建造做了进一步划分。

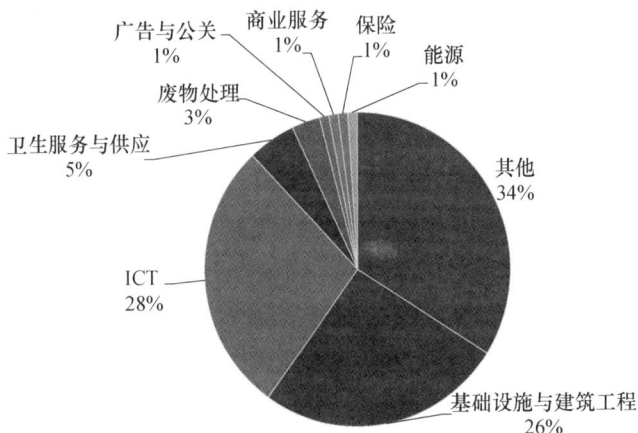

图 2.6 爱尔兰:合同领域

值得关注的是,爱尔兰最大的竞争性对话合同广告是"其他"类别的合同。有很多项目被划分到"其他"类别中,在这些一次性的复杂工程中,其中令人注目的是图书馆的图书供货、生根的云杉扦插苗(两个公告)、对医学项目研究生的选拔测试、为 2010 年科学城活动设计制造一种从爱尔兰到土灵的交通工具、新体育馆的命名权,以及证据性呼气酒精测试仪器的供应。

ICT 的采购经常发生,且与其他国家一样,主要是软件的采购。"基础设施"一类的合同表现得非常清楚。从图 2.7 可看出,基础设施类别之下的二级

---

⑨　Pedro Telles 指出,该合同公告已被取消没有授予,但《官方公报》没有反映出这一点。

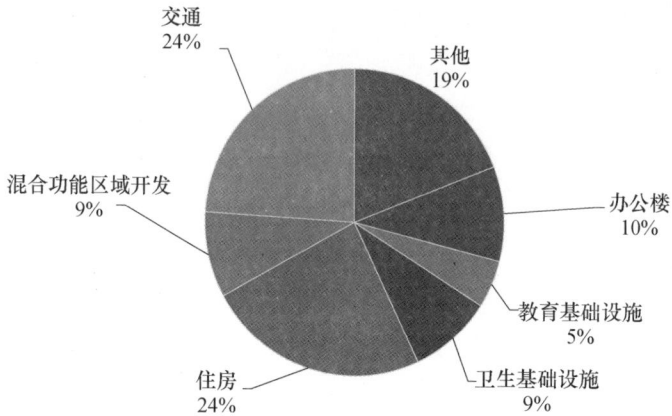

图 2.7　爱尔兰:基础设施类型

类别中,各种合同的分布比较均匀,与其他国家的情形有着很大的不同;其他国家在这一方面的分布是相当不均的,重点很突出。

2.5.3.2　荷兰

在荷兰,基础设施和 ICT 的采购与"其他"类别的采购一样是很常见的采购(图 2.8)。

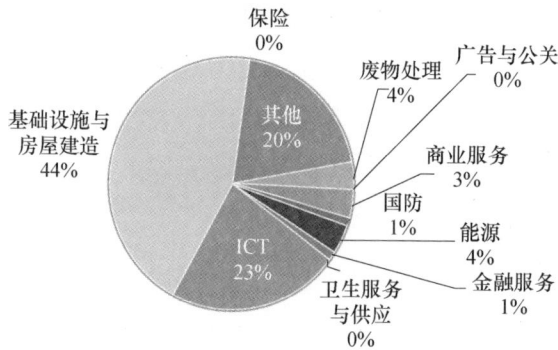

图 2.8　荷兰:合同类别

图 2.9 表明,很多基础设施合同要么是道路工程合同,要么是包括一整套住房与商业地产相混合的城市开发合同,另外还有大量的重要的一次性采购合同,如 2007 年采购了一套裂变研究反应堆,2009 年施福尔机场监狱的翻修通过竞争性对话的方式完成竞标。

在 ICT 合同类别中,大多数合同仍然是软件的采购。荷兰的"其他"类别合同也同样引人注目。由于篇幅关系不能在此谈论这些合同的具体细节,但是可以重点介绍其中一些重要的合同公告。其中一个是 KOSMOS 项目,即对荷兰境内所有省份的路边艺术品进行设计和维护,这样的公告共有 5 个。另一个是相当少见的采购合同公告,即某大学对"科研激光"的采购。另一些不少见但同样难以划分类别的是关于电车与火车的开发(通过授权的方式)、老年用品供货以及对荷兰某些高速公路路段高峰期交通流量的研究项目。

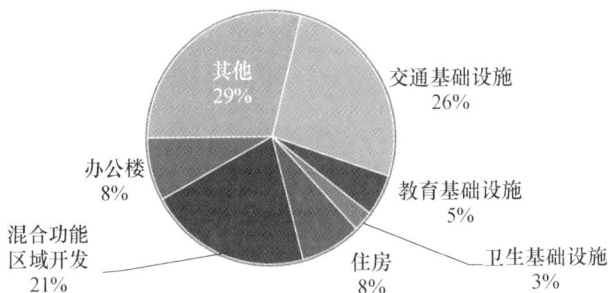

图 2.9　荷兰:基础设施类型

2.5.3.3　德国

图 2.10 表明,德国的合同领域主要有四大类。德国与荷兰、爱尔兰一样,在各种类别的合同公告中大部分是基础设施、ICT 和"其他"类别的合同,但是有 14% 的合同公告与卫生服务和供应有关,这是一个相当大的比例。

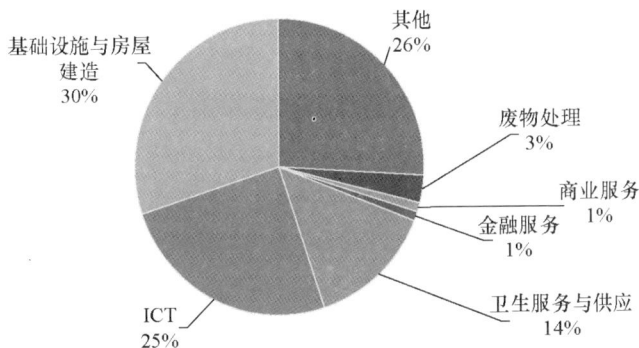

图 2.10　德国:合同类别

从图 2.11 可看出,德国的大多数基础设施建设合同都被划分到"其他"类别中。其中因为游泳池和矿泉疗养地的建设而发布了 7 个合同公告,这在其他国家并不常见。同样,在这个"其他"类别中有些合同是在全国范围内举办园艺展的建筑项目合同,还有的是公共建筑的建设,如市政厅或者新的议会大楼的建设。

ICT 类别的合同仍然主要是软件的采购。在"其他"类别的采购合同中,有许多引人注目的合同。竞争性对话用于各种合同的授予,如某个器官的供应、某个博物馆的展览大厅建设、收容所的衣食卡服务以及一部历史医学分册的修复,再次显示出竞争性对话作为一种合同授予手段,得到了非常广泛的应用。

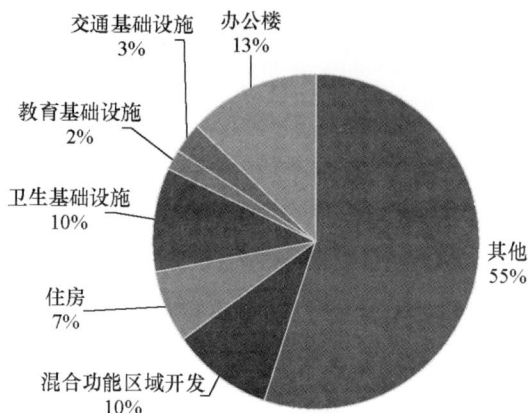

图 2.11　德国:基础设施类型

2.5.4　频繁使用竞争性对话的国家

2.5.4.1　英国

从我们研究的时期来看,英国发布的竞争性对话合同公告在数量上仅次于法国。图 2.12 明确说明公告的大多数合同为基础设施建设、ICT 和"其他"类别的合同。

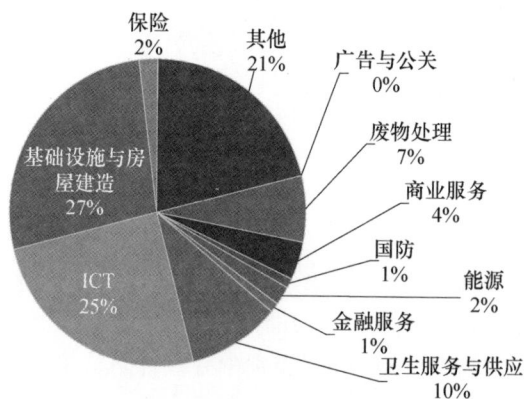

图 2.12　英国:合同类别

英国基础设施建设合同的构成如图 2.13 所示。从图可看出,包括学生食宿在内的住房建设成为最大的二级类别(28%)。教育部门的情形在图中表现得很清晰,这可能是因为英国政府重大的学校投资项目——"为未来建校"的影响。在这个项目中,2010 年之前的英国工党政府决定对英国境内所有中学进行更换、重建或者装修(总数大约为 3500 所)[⑩]。高等院校的工程建设也属于该二级类别。

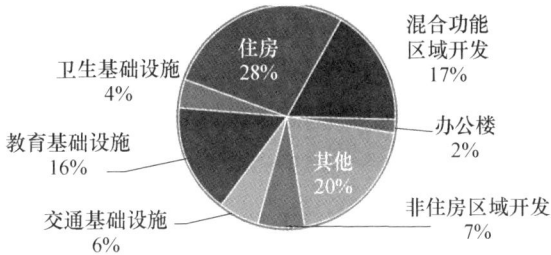

图 2.13　英国:基础设施类型

英国有大量的 ICT 竞争性对话合同公告。从图 2.14 可看出该类别的构成。如图 2.14 所示,软件采购在所有的 ICT 公告中几乎占了一半。在采用竞争性对话之前,ICT 从业者对于复杂的 ICT 项目采购的限制招标方式是相当不满的,以前只能以限制招标方式进行的许多复杂的 ICT 项目合同,现在都是以竞争性对话方式进行采购的。由此可以看出,竞争性对话为人们带来了更大的灵活性,似乎已经达到了自己的目的(相关讨论见第 3 章)。

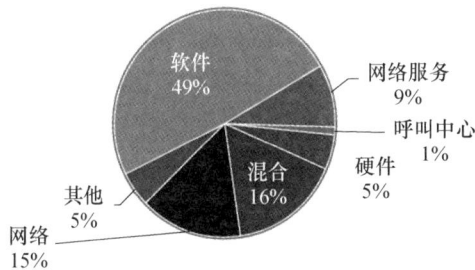

图 2.14　英国:ICT 类型

"其他"这个二级类别包含许多项目,如幼儿园、露天集市、酒吧与车上饮食服务、印刷与邮政服务、双层玻璃窗、英国护照的设计与生产、环保电扇的供应

⑩　见 http://www.partnershipsforschools.org.uk/about/aboutbsf.jsp。

以及防弹背心的供应。值得一提的是,其中有几个设施管理合同和几个维护类的合同,但是这些合同都不足以构成一个单独的门类。

2.5.4.2 法国

如图 2.15 所示,法国使用竞争性对话最为频繁的领域是 ICT 而不是基础设施,这一点与英国不同。实际上基础设施在竞争性对话的使用频率上只排第三位,"其他"类别的合同几乎占所有公告合同的 1/4。

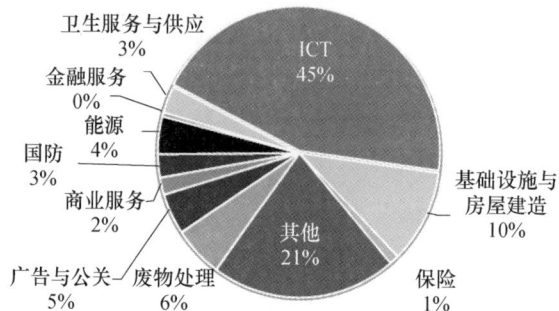

图 2.15　法国:合同类别

如图 2.16 所示,在所有 ICT 合同中几乎有一半合同的主要采购对象是软件。其他欧盟国家的情况也是如此,因而法国有这样的数据并不奇怪。值得一提的是,"软件"这一类的采购频繁使用竞争性对话方式,且有重复采购。在2.4 节提到,卫生部门是一个大量使用竞争性对话的部门,之所以会出现这样的情况,是因为在所有的 ICT 软件采购中大多数是为了满足医院的 ICT 要求以建立数字化病历。

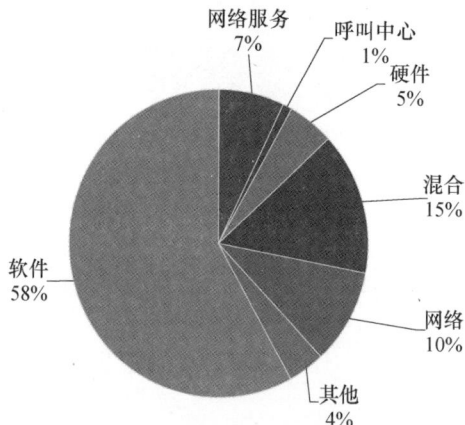

图 2.16　法国:ICT 类型

在法国几乎无法以图的方式表示"其他"类别的合同,因为法国公布的合同公告种类太多了(例如 2006—2009 年,在 306 个合同公告中,基础设施的合同公告有 152 个)。与竞争性对话中等使用频率的国家一样,竞争性对话应用于各种类型的采购,一年中同一类型的采购只出现了几次。

在此值得一提的是,有两种采购与"其他"类别的采购是重复的,这在法国很常见,也仅仅局限于法国。首先,公共照明合同不仅涵盖了城市所有类型的照明设备的安装、运行和维护,同时还包括一些不相关的要求,如路标的安装与维护。另外一种合同类别城市设施则要宽泛得多,包括城市可在户外建造的任何非建筑性质的结构,如公交车候车亭、公共座椅、多媒体亭甚至是公共自行车。这两类合同在我们研究的时间范围内反复出现,这一现象只有法国才有。

如图 2.17 所示,通过竞争性对话方式进行的基础设施采购合同大多归为"其他"类别。与德国一样,此类采购具有国家特色,在其他国家并不常见,在数量上还不足以独立形成一个类别。具有法国特色的采购是"宪兵队"(一种警力,是军队的一部分)基地/兵营的采购。这种采购在我们研究的时间范围内出现了数次。重复出现的采购还有动物园、足球馆、室内自行车赛场和各种会议/展览中心。

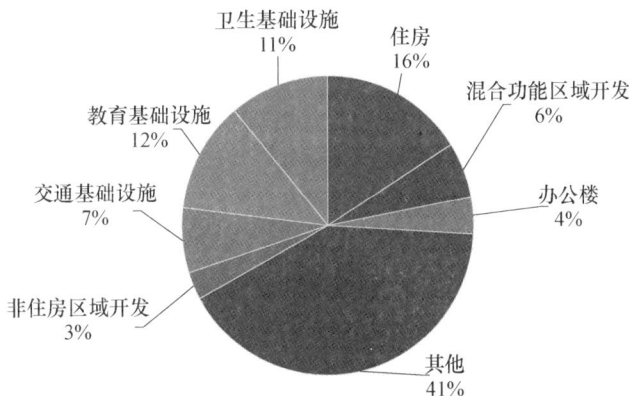

图 2.17　法国:基础设施类型

在法国,经常通过竞争性对话方式完成的基础设施采购是住房、卫生和教育。在此需要指出的是,英国的住房和学校翻新项目比法国多得多,但是法国在医院建设方面则远远多于英国。法国的卫生基础设施一般是为现有医院进行特定病房的建设,而不是像英国那样对整个医院的结构进行全盘重建。与此类似的是,法国在教育上的基础设施建设更多的是对高等院校建筑的重建,而不是像"为未来建校"项目那样建设一个全新的学校。

最后要说明,区域开发不管是混合功能还是非居住功能,在法国 2006—2009 年的合同公告中并不占有很大的比例。这一点与英国形成了鲜明的对比,因为英国人在区域开发合同中频繁使用了竞争性对话的方式。

2.6 竞争性对话与私人融资:含混不清

2.6.1 私人融资的概念

公私伙伴关系(PPP)在欧盟法律中没有定义。这个词对于不同的人来说具有不同的意义,其意义常常取决于当时的情形。英国政府对于 PPP 进行了宽泛的定义,包括"各种商业协议和伙伴协议,包括私人主动融资(PFI)、合资、特许经营业务外包,以及国有企业的股权销售"。⑪ 因此,这个词并不仅局限于私营机构的融资。

欧盟委员会的《竞争性对话的解释说明》对竞争性对话做出如下解释:PPP 项目"常常"会造成财务、法律上的"极大"的复杂性,正好满足了使用竞争性对话的理由⑫。这并不是说 PPP 项目就一定要使用竞争性对话,也不是说竞争性对话就一定局限于 PPP 项目。欧盟委员会又举了一些 PPP 项目的例子,这些项目在财务/法律方面非常复杂,这些例子都要进行私营机构的民间融资。因此,正确判断在私人融资项目中使用竞争性对话是否合乎比例原则是一件非常重要的事情。另外,有人认为英国在授予私人主动融资合同时使用竞争性谈判的方式不合适,需要一个替代性的采购方式,所以欧盟才引入了竞争性对话(见第 3 章)。

2.6.2 不常使用竞争性对话的国家

即便是在本次研究的四年间不经常使用竞争性对话的国家,也常常会发布一些要求私人主动融资的合同公告。例如,欧盟委员会在比利时采购了两个项目,要在外国建造新的代表团大楼。这两个项目都要求使用私人融资的方式,但是对于具体的融资结构没有明确说明。葡萄牙的情况与此相似,在它公布的两个合同公告中有一个可以选择私人融资,但没有具体说明融资方式。

---

⑪ 英国财政部,《公私伙伴关系:政府立场》(*PUBLIC PRIVATE PARTNERHIPS*:*The Government's Approach*)。

⑫ 同上,第 3 页。

西班牙的情况稍有不同,西班牙公告中要求私人融资的大都提到了"Contrato de colaboración entre el sector público y privado"(CPP),即一种特殊类型的PPP 合同,在《西班牙公共采购法》(*Spanish Public Procurement Code*)第 11 条有明确的说明[13]。另外还有一个特许经营合同的公告。这表明,即使在一些不常使用竞争性对话的国家,私人融资是许多竞争性对话合同的一个共有元素。

2.6.3 经常使用竞争性对话的国家

2.6.3.1 爱尔兰

在爱尔兰发布的 80 个合同公告中,只有 17 个完全是私营部门的民间融资。在这 17 个公告中,大多数是(或类似)设计—建造—融资—运行(DBFO)模式的合同。有一个合同公告说将会在对话过程中讨论是否做出私人融资的决定。明确说明要采取私人融资形式的 13 个公告,都与基础设施建设和建筑工程有关。另有一点要说明的是,有 14 个合同公告没有明确说明私人融资是否将成为该项目的一部分,原因见 2.2.3.7 节。

2.6.3.2 荷兰

在荷兰,公私伙伴关系(PPS)合同与其他私人融资项目(这些项目不使用"私人融资"这个名称)是不同的,前者是一种 PPP 合同,中央政府主要通过这些手段为基础设施工程及其他"私人融资"工程进行融资。通过对这些合同公告的研究,我们发现共有 13 个私人融资合同,其中 7 个为 PPS 合同,6 个为其他私人融资合同。

一般认为,之所以将某些合同划分为 PPS 合同,是因为这些合同是以 DBFM(O)的模式运作的,也就是说,对于采购的基础设施,私营合伙人要负责设计(design)、建造(build)、融资(finance)和维修(maintain)(有时还要负责运行(operate))。除了能够说明 PPS 合同是一种公私伙伴关系合同外,对 PPS 合同进行定义恐怕比较困难。之所以在此特别提到这些 PPS 合同,是因为西班牙中央政府特别颁布了在 PPS 合同中使用竞争性对话的指导原则[14]。这意味着,在我们研究一开始,就预料到会有数量众多的 PPS 合同采用竞争性对话的方式。

如前所述,在荷兰还存在着其他类型的私人主动融资协议,如融资性质的

---

[13] 2007 年 10 月 30 日《关于公共部门合同的第 30/2007 号法律》(*Ley 30/2007, de Contratos del Sector Público*)(BOE 261/2007)。

[14] Rijksoverheid, *De Concurrentiegerichte Dialoog*, 2009, 见于 http://www. ppsbijhetrijk. nl/dsresource? objectid = 709&type = org。

特许经营协议,或者是在合同公告中只是宽泛地提到"将风险转移"到私营伙伴身上,但具体如何转移则语焉不详。最后要说的是,还有一些 DBFM(O)合同进行了公告,却并没有标明是 PPS 合同,这又一次说明 PPP 这个词语的使用是相当不规范的,尽管这种不规范只发生在一个欧盟成员国。

2.6.3.3 德国

在德国共发现了 28 个私人融资合同,种类各有不同。

在德国,要明确说出政府主要采用何种 PPP 合同模式,或者鼓励采用何种 PPP 合同模式,都是一件不可能的事。与荷兰不同的是,关于新式的 PPP 模式,德国并没有任何形式的法律或者政策加以说明和约束[15]。德国的采购当局偶尔也会使用"öffentlich - privaten partnerschaft(OPP)"这个词,而它不过是 PPP 的德语称谓,对于 PPP 的构成却并没有一个具体的说明[16]。有 10 个合同公告明确使用了"PPP"或者"OPP"的字眼,有时是明确的要求,有时是一种融资选择。

除了一些表示对 OPP 感兴趣的合同公告,还有许多合同公告要求以特许经营协议合同、长期租赁合同甚至私有化合同的形式进行私人融资。其中一个合同出售机场 49% 的股份及其日常运营权。与荷兰类似的是,也有几个合同只是宽泛地要求"融资"或者"筹资",但并没有明确说明是公私伙伴关系。与爱尔兰相同的是,德国也有几个合同要求是 PPP 模式,但并没有具体说明其融资方式。

2.6.4 频繁使用竞争性对话的国家

2.6.4.1 英国

在我们研究的国家中,英国使用私人融资的频率最高,共有 467 个这样的合同公告,但这样的合同最多占研究期间其竞争性对话采购合同总数的 35%。

英国的私人主动融资(PFI)始于 1992 年,目的是鼓励在大型资本投资项目中利用私人资本。一般来说,私人主动融资协定是一个长期合同(合同期一般为 15~30 年),而其中的私营方将负责对该资产的设计建造经费,并在合同期间通过服务收费得到补偿和利润。这种合同的典型模式之一是设计—建造—融资—运行(DBFO)模式。

---

⑮ 将与传统 PPP 协议,例如特许经营合同和长期租赁合同进行对比。

⑯ 参见 *EC Internal Market:Public Procurement website in German*,见于 http://ec. europa. eu/internal_market/publicprocurement/ppp_de. htm)。

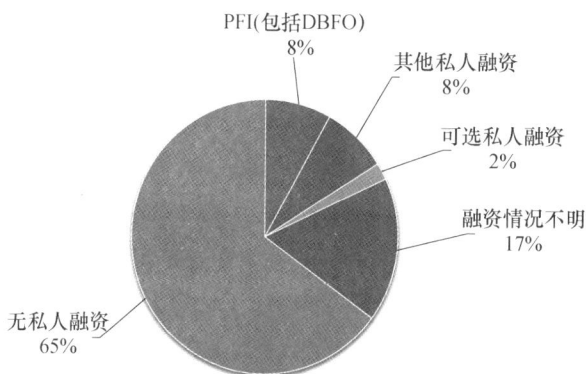

图 2.18 英国：私人融资

通过私人主动融资模式，人们完成了许多大型项目的采购，如道路（高速公路）与桥梁、学校、医院、监狱、废物处理厂以及重要的 ICT 项目。由于在本研究期间私人主动融资在英国非常重要，因此明确说明将通过 PFI 方式进行采购的私人主动融资项目必须与其他私人主动融资区分开来，单独列入一个门类。虽然专家建议英国官方机构进行私人主动融资模式的采购时，在合同公告中明确说明该合同为私人主动融资模式的合同，[17]但是作者在英国发布的合同公告中发现情况并非总是如此。所以明确说明为 DBFO 模式的合同公告虽然没有使用私人主动融资的字眼，但是仍然将它们划分到私人主动融资类别中。

在这些项目中，只有 8% 属于私人主动融资模式。但由于相关项目是比较少见的大型投资项目，因此还是认为这些项目为私人主动融资模式。不难设想这些私人主动融资模式项目主要是一些基础设施、建筑工程和废物处理项目（如建造废物处理工厂）。值得一提的是，有几个"为未来建校"项目以及许多住房和城市改造项目采用了这种融资模式。

在这些合同公告中，有 8% 的合同公告明确说明有私人融资，但是 DBFO 合同并不一定如此，例如在 DBFO 合同中有些私人融资模式采用的是合资经营。[18]

英国财政部的 PPP 项目指南根据 2009 年的市场情况，建议英国采购当局"在起草《欧盟官方公报》公告及其他招标文件时范围尽量扩大，保证把各种形

---

[17]　见 Treasury Taskforce, *Technical Note No. 2：How to Follow the EC Procurement Procedure and Advertise in the OJEC*, Treasury Taskforce Technical Note, 1998：10。

[18]　根据"为未来建校"项目和国民医疗服务体系（NHS）地方发展金融信托计划采购的学校项目，虽然严格说来不是 PFI 项目，但为了研究的目的，根据英国类似的伙伴关系分类，也被归类为 PFI（见 www. partnershipsuk. org. uk！ PUK – Projects – Database. aspx）。

式的融资形式都考虑进去"[19]。这个意见发布得相当晚（2009年8月28日），但显然这是一个非常必要的举措，因为根据作者的观察，只有3%的合同公告明确说明融资方式尚未确定可商谈。

从本书作者角度来看，有17%的合同公告不能确定其合同类别。一般是因为采购当局没有明确提到私人融资，而是用到了一个相当模糊的字眼"伙伴协定"（partnering arrangement）。这个字眼对于参加采购的人来说不难理解，但是对于本书作者来说属于语焉不详。

在2006年以前，竞争性谈判方式一直被认为是此类项目的最佳采购方式。[20] 英国政府商务办公室声称，英国采购当局在进行私人主动融资及其他私人融资模式的采购时，正稳步从竞争性谈判方式走向竞争性对话方式。[21] 这一点也得到了统计数据的证实。从中央政府指导意见（2006年发布）的措辞中就可以看出这一点：英国政府在中央政府指南中明确指出，谈判方式应当在"非常特殊的情况下"才使用[22]。英国商务办公室（OGC）认为，从2006年以来，谈判的使用总次数有所下降，说明上述政策性声明对于采购实践产生了影响。[23]

2.6.4.2 法国

在法国只有180个合同公告说明需要私人融资，这个数目少于英国，可能是因为在法国这种"不明确"的合同比英国要少得多。法国之所以会有更大的明确性，是因为法国对于PPP合同的法律规定与其他大多数成员国有着很大的不同：通常由采购当局所签订的PPP合同必须符合专门的法律规定，而不是仅

---

[19] 英国财政部，《应用说明——PPP项目在当前市场条件下的应用》（*Application Note – PPP Projects in the Current Market Conditions*），2009年8月28日，第2页。

[20] 参见 P. Braun，*Strict Compliance versus Commercial Reality：The Practical Application of EC Public Procurement Law to the UK's Private Finance Initiative*，*European Law Journal*，2003，9（5）：575，580。

[21] M. Wynne（英国商务部），《竞争对话：保持最佳实践的势头》（*Competitive Dialogue：Keeping up the Momentum on Best Practice*），《阿基里斯会议：操作竞争对话》（*Achilles Conference：Operating Competitive Dialogue*），2009年4月29日。另参见英国商务部，《英国商务部竞争性对话评论》（*HM Treasury Review of Competitive Dialogue*），2010年11月，见于 www. hm – treasury. gov. uk/d/ppp_competitive_dialogue. pdf，第10页。Arrowsmith 和 Craven 就此趋势在下面的第3章进行了详细论述。

[22] 英国商务部，《竞争对话程序：英国商务部关于新采购条例中竞争性对话程序的指导》（*Competitive Dialogue Procedure：OGC guidance on the competitive dialogue procedure in the new procurement regulations*），2006年1月，第3页；通过对《每日电子标讯》中谈判程序使用情况的快速搜索可看出，在2006—2009年间，这些公告大多与保险或金融服务有关，公共部门当局对谈判程序的总体使用量每年都在下降。因此该指南似乎正在产生效果。

[23] Wynne，前注[21]。

仅符合一般的采购规则即可㉔。因此,这些合同在合同公告中很容易辨认,在我们的研究中也很容易对它们进行分类。

从图 2.19 可看出,有一种 PPP 合同类别在法国占有统治地位,即伙伴关系(contrat de partenarait,CDP)合同,该类合同遵循的是 DBFM(O)模式。此类合同的授予受到 2004 年生效的一部专门法律的约束㉕。伙伴关系合同可用于所有部门,在 2.5.4.2 节所讨论的城市配置/公共照明类的采购中使用得尤其广泛。同时,它们也应用于一般的基础设施合同、废物处理合同和交通设施合同。

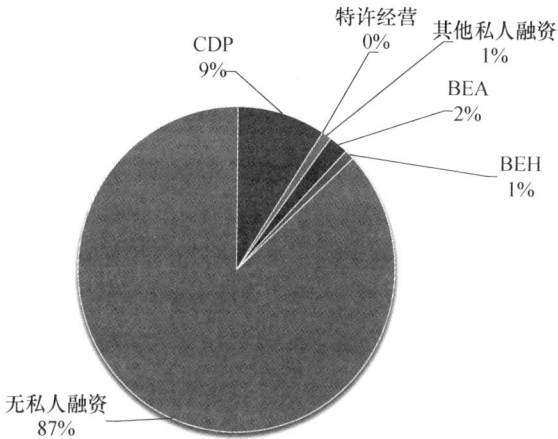

图 2.19 法国:私人融资

此外,在法国还有几个特别部门具有单独签署 PPP 合同的权力。公共卫生部门可使用一种特殊类型的名为"医院租赁"(bail emphytéotique hospitalier)的长期租赁合同,以便进行新的卫生基础设施建设㉖。一直到 2008 之前,负责公共秩序和安全的地方采购当局在进行必要的基础设施建设时,使用的都是长期租赁结构,如警察局、军营、法庭、监狱等都可以通过 PPP 模式的称为"行政租赁"(bail emphytéotique administratif,BEA)的长期租赁形式进行建造㉗。到 2010

––––––––––––

㉔ 为了全面了解法国受法律规范的 PPP 合同类型,参见 http://www. ppp. minefi. gouv. fr/tableau_comparatif. pdf。

㉕ 《第 2004 - 559 号法令》(*Ordinance No. 2004 - 559*),2004 年 6 月 17 日。

㉖ 《公共卫生法》(*Code de la santé publique*)第 L. 6148 - 1 条及以后。

㉗ 更具体地说,公共秩序和安全施工通常是使用所谓的 AOT - LOA 模式购买的;也就是说将临时占有和经营权授予租赁人的情况,租赁人以购买选择权结束租赁。详见 T. Laloum, A. Jahanguiri,《2007 年 PFI/PPP 项目国际对比法律指南》(*International Comparative Legal Guide to PFI/PPP Projects 2007*),第 5 章,见于 http://www. iclg. co. uk,登录日期为 2010 年 2 月。

年以前,BEA 模式也可用于消防相关基础设施建设⑳;在一般情况下,公共机构可以 BEA 形式进行采购以便向民众提供公共服务,或者具体一点,以便完成体育设施的建设㉙。除了上面所说的部门,BEA 模式还常用于采购游泳池和地方政府办公大楼。

在法国除了这些长期租赁合同和新型的 PPP 合同,还存在特许经营协议。但是以这些方式签署的合同并不像竞争性对话合同那么多,在我们的研究中只占很少一部分(图 2.19)。原因可能是按照法国采购法的规定,特许经营协议可使用比竞争性对话更加灵活的签订方式(见第 4 章关于法国的论述),而且按照《指令 2004/18》第 35 条的规定,可以不在《欧盟官方公报》上进行公告,因为特许经营协议是不受欧盟各指令限制的,因此发布公告的特许经营协议均属自愿行为。

另外,还有一些合同公告只提到必须是"融资"或者是"伙伴关系",但没有具体提到应当是上述何种合同类型。

2.7　对欧盟公告明确性与实用性的评论

虽然不是本研究的首要问题,但是在本章最后应当指出《欧盟官方公报》上提供的公告信息存在严重问题:有些信息在应当详细的地方不详细;其他信息情况如何在很大程度上取决于采购当局能否正确填写,而从实际情况看各采购当局的信息准确程度有很大不同。

总之,如果与合同有关的实质性问题(如技术或资金上的特别要求)只能从《欧盟官方公报》公告中的原始语言中寻找答案,就存在严重问题。从原始语言以外的公告中只能找到一些粗略信息,如合同标题很少能准确描述采购目标。如果"真实"信息只能通过当地语言得到,如通过《每日电子标讯》或采购当局网站(后者更为普遍),那么在《欧盟官方公报》上发布公告的作用也就大打折扣。

---

⑳　见《地方当局总则》(*Code général des collectivités territoriales*)第 L1311 - 2 条。

㉙　后者通过《2009 年 2 月 17 日关于加速公共和私营建筑和投资方案的第 2009 - 179 号法律》(*loi n° 2009 - 179 du 17 février 2009 pour l'accélération des programmes de construction et d'investissement publics et privés*)添加。

2.8　结论

本章所进行的研究产生了两个方面的结果。虽然研究的目的并非如此，但是在此还是要指出《欧盟官方公报》上进行公告的信息在传递方面存在着严重问题。有些信息于人无助，使人看不懂；其他信息是否准确则具有很大的偶然性，要看采购当局是否书写准确，我们在研究中发现，公告的准确程度有着很大差别。

一个更加普遍的严重问题是通过《欧盟官方公报》公告发布的一些具体合同要求，不管是技术上的还是融资上的，只能体现在这些合同原来的语言中。离开合同原来的语言，只能得到一些非常基本的信息，比如能够准确描述想要采购什么东西的合同标题就少之又少。如果"真实"的信息只能通过当地语言才能得到，如通过《每日电子标讯》或者常见的官方网站，那么《欧盟官方公报》公告的作用就存在很大疑问。

总之，从上述结果来看，我们可以对 2010 年以前竞争性对话的应用进行趋势性概括。从使用竞争性对话的合同数量来看，地方政府对于竞争性对话的使用最为频繁，随后是卫生部门。另外，基础设施和 ICT 合同是使用竞争性对话最为频繁的合同类别。这一点并不令人惊讶，因为基础设施和 IT 合同是"特别复杂的合同"的典型例证，只有这样的合同才能使用竞争性对话[30]。此外，很难做出其他结论，因为在我们研究的许多成员国中"其他"类别的合同数量太多。这说明一些重要的非定期采购也是通过竞争性对话方式完成的，这些采购有的只发生在某个国家，有的在我们研究期间整个欧盟只发生一次。

最后需要说明的是，通过对私人融资的研究发现，缺乏一个各国公认的"PPP"定义产生了很多严重问题，因为我们收集到的关于私人主动融资的统计数据在各成员国之间并不具可比性。另外，一些尚未就私人融资采购制定法律规范的国家，在许多合同公告中故意措辞模糊，更加深了人们的普遍印象——通过《欧盟官方公报》上的公告，人们可以知道以竞争性对话方式完成采购的合同的基本信息，但是这个合同买的是什么东西，以何种方式进行支付，就无法全面了解。

---

[30]　见《指令 2004/18/EC》的说明条款第 31 条，以及欧盟委员会的《竞争性对话解释说明》(*Explanatory Note on Competitive Dialogue*)，见于 http://ec. europa. eu/internal_market/publicprocurement/explan - notes_en. htm。

第二部分

竞争性对话在欧盟某些成员国中的应用

第3章 竞争性对话在英国

苏·爱罗史密斯 理查德·克莱文

3.1 引言

3.1.1 本章研究范围

本章论述竞争性对话相关法规在英国,确切地说在英格兰的实施情况,因为英格兰无论从人口还是区域面积来说都是英国最大的一部分。在第2章指出,英国与法国是使用竞争性对话最为频繁的两个国家,因此在竞争性对话方面的经验非常丰富。英国对于竞争性对话的操作也进行了大量的实证性研究,本文作者之一就调查了采购从业人员对竞争性对话的理解和应用情况。通过该研究可看出,人们如何应用竞争性对话相关法规,以及这些法规具有什么样的好处和困难。由于英国国内法只是对欧盟法进行了重复,并没有增加或减少实质性的内容,因此本研究的意义可延伸到英国以外的其他欧盟成员国。

总的来说,人们对于竞争性对话持欢迎态度,研究表明无论是公共领域还是私人领域都认为竞争性对话是《指令2004/18》中一个有益的新的授标方式,人们普遍认为竞争性对话是对2004年以前复杂合同授予方式的改进。[①]

另外,我们也发现竞争性对话并不是没有困难之处。其中一些困难源于法规,而这些法规正是本章的研究对象:在某些方面这些法规过于死板,人们无法根据竞争性对话相关法规完成有效的商业采购,而且非常非常不明确。我们在结论部分指出,应当对某些规则进行说明,使之与竞争性对话这种灵活的采购方式相匹配;欧盟成员国政府和欧盟也应当做出相应的指导说明,在司法方面也应当有相应的举措。只有这样才会提高竞争性对话的法律明确性,提高采购

---

① 见3.6节。

的商业效率。其他问题源于竞争性对话在实践中的操作,如人们对于竞争性对话的过度使用,②以及缺乏计划和重点。③ 这些问题引发了不必要的成本,并且浪费了大量时间。

以此为背景,英国政府最近宣称未来将禁止竞争性对话的使用。这是英国政府总体战略的一部分,目的是减少政府采购的成本,节约时间。另外,英国政府还将针对竞争性对话和其他采购方式提出新的方案,如向市场提供更好的信息,针对采购做出更好的计划等。④ 因此,未来人们对于竞争性对话的使用可能会减少。政府的这个声明受到了人们的欢迎,因为有了这个声明,在公开招标或限制招标更加适用时,人们就不会再使用竞争性对话,而且对于竞争性对话的运用也有提升作用。但是,如果这个新政策全面应用而不是遵循严格限制,就可能会把孩子和洗澡水一起泼出去。⑤

由于竞争性对话具有很大的灵活性,因此它的应用情形非常广泛。另外,我们也不能忽略这样的事实:英国人普遍认为竞争性对话是对先前采购方式的一种重要改善。我们认为,目前主要的难题是改善竞争性对话的实际应用,避免对竞争性对话的滥用,使竞争性对话的好处达到最大化。

在此必须对本章的局限性进行简要解释。英国不是联邦国家,整个国家在公共采购方面的总体决策和立法权掌握在位于西敏寺的英国中央政府手里。但1998年英国中央政府进行了权力下放,将立法和决策权从中央政府下放给新的英格兰、威尔士和北爱尔兰地区政府。⑥ 经过权力下放,这些地区的公共采购政策原则上由接手权力的地方当局制定。⑦ 因此,英国各司法管辖区在竞争性对话相关政策方面可能会产生很大不同。不过现实并非如此,尤其是在与竞争性对话相关的法规方面。在欧盟法方面,苏格兰政府享有欧盟制定的与苏格兰相关法律的一般权力。⑧ 从2004年开始,苏格兰政府就通过了单独的立法,

---

② 见3.4.2节。

③ 见3.5.2节。

④ 内阁大臣 Francis Maude 的发言,2011年11月21日,见于 www. cabinetoffice. gov. uk/news/crown – and – suppliers – new – way – working。除特别说明外,本章所有网址最后登录时间均为2011年12月6日。

⑤ 见3.4.4节进一步讨论。

⑥ 这项工作最初是根据1998年《苏格兰法案》(Scotland Act)、1998年《威尔士政府法案》(Government of Wales Act)和1998年《北爱尔兰法案》(Northern Ireland Act)进行的。适用于威尔士的条款现在主要载于后来的2006年《威尔士政府法案》(Government of Wales Act)该法赋予威尔士政府进一步的权力。

⑦ 进一步讨论见 P. Henderson, The Impact of Devolution on Public Procurement in the United Kingdom, Public Procurement Law Review,2003(12):175;C. Boch, The Implementation of the Public Procurement Directives in the United Kingdom:Devolution and Divergence?, Public Procurement Law Review,2007(16):410。

⑧ 《1998年英格兰法案》(Scotland Act 1998)第53节和附件8第15条。

将欧盟各采购指令转化为苏格兰当地法。⑨ 但是,苏格兰的这些法律与英国其他地方的法律几乎完全一致。⑩ 下面来看看威尔士。威尔士议会可能会被指定为某些领域执行欧盟法的专门机构(《威尔士政府法案》,2006 年,第 59 条),但是在公共采购方式方面并非如此,因此威尔士的公共采购仍然由英国财政部负责。另外,英国也没有指定某个部长负责北爱尔兰的欧盟法转化事宜。因此英国西敏寺政府针对英格兰、威尔士和北爱尔兰实行统一的公共采购法。但是得到中央政府下放权力的各地政府在竞争性对话相关实践和关键性事务上仍然负有很大责任,在某些政策上也产生了一些不同。对英国所有地区的司法体系进行描述并非明智之举,因此本章将重点放在英格兰,关于英格兰的大部分分析也适用于英国其他地区。

3.1.2 英国公共采购的组织与规范

英国的公共采购传统上以地方化的方式进行,由各中央政府部门和机构、各地方当局(市政府)和其他公共机构(如大学)完成,一般是为了满足自己的某些需求而进行采购。不过也有许多合作性质的采购,可以让各实体从联合采购中取得规模效益,从专业采购机构的专业技能中获益。

英格兰关于采购方面的一般政策和规范问题一直由英国政府商务办公室(OGC)负责,2011 年该部并入中央政府内阁办公室的效率和改革小组不再具有独立身份。⑪ 前英国政府商务办公室的职能或多或少由内阁办公室的政府采购服务处行使。前英国政府商务办公室的一个重要职能是为中央政府发布详细的采购政策指南,并针对所有公共部门就法律规则(包括由欧盟法转化而来的法规)的理解和应用发布指导说明。从目前情况来看该功能非常重要。前英国政府商务办公室的指导说明对于竞争性对话的处理方式产生了重大影响。不过内阁办公室似乎不再发布如此详细的指导说明,只泛泛地针对法规的理解发布一些集中指导。这样一来,这些集中指导在未来采购实践中的作用也就没有那么明显。另外,前英国政府商务办公室针对中央政府公共采购中的物有所值

---

⑨ 《2006 年苏格兰第一号法定文书》(*Scottish Statutory Instrument 2006 No. 1*)、《2006 年公共合同(苏格兰)条例》(*the Public Contracts(Scotland)Regulations 2006*)、《2006 年苏格兰第二号法定文书》(*Scottish Statutory Instrument 2006 No. 2*),以及《2006 年公用事业合同(苏格兰)条例》(*the Utilities Contracts(Scotland)Regulations 2006*)。

⑩ 详见 Boch,前注⑦。

⑪ 内阁办公室一般职责是确保政府各部门各项政策的有效制定、协调和执行,并确保整个行政体系提供切实有效的支持。

制定一般性指导以及其他职能,现由英国财政部统一承担,是财政部对公共开支统一管理功能的一部分。⑫ 另外,英国财政部还介入了竞争性对话相关工作。⑬

许多国家在规范采购当局时往往会针对公共采购合同制定相关的国内规则,尤其会对政府采购的招标制定一些相关规则。这些规则具有法律约束力,因此有时候一些受害企业和其他相关方面有权运用这些规则。英国与此相反,英国在实现国内采购目标(如物有所值和可持续性)的过程中,⑭长期以来没有具有法律效力或可实施的详尽规则。⑮ 英国政府依赖的是法院对于各采购当局和官员的判决。英国采购当局和采购官员传统上具有很大的裁量权,对于他们来说,采购是否成功主要看结果,而不是看是否遵守了相关法规。政府非常重视专业人员的训练和采购技巧的提高,更是强化了这种目的至上的政策。⑯中央政府各部门,如英国财政部、前英国政府商务办公室、内阁办公室和其他相关机构发布了各种行政指令和指导原则,确保达到物有所值的目标和其他目标。一般来说,这些规则不能由受害企业执行。另外,由中央政府部门颁布的这些指导原则,常常连不具法律效力的行事要求都称不上(是指导原则),只是一种行事建议(指导说明),关于如何行事各采购当局才具有最终决定权。英国传统采购规则中的另一个事实,即使这些"软"标准(不具法律约束力和/或不具实施性的各种规则)也往往是非常简略宽泛的。因此,英国把这些规则留给各采购当局,由各采购当局去填补其中的各个细节,自行决定如何完成采购。

英国1973年加入欧盟之后,其传统采购制度发生了重大变化。在加入欧盟后很长一段时间内,英国并没有按照欧盟的要求去做,仅由中央政府发布了

---

⑫ 一般性指导方针(例如竞争原则),除特别规定的豁免以外,见英国财政部,《管理公共资金》(*Managing Public Money*)(2011),第4章,附件4.4,见于 www. hm‐treasury. gov. uk/psr_mpm_index. htm。

⑬ 见3.3节。

⑭ 可参见英国政府商务办公室采购活动六大目标的陈述,见于 http://webarchive. nationalarchives. gov. uk! 20110822131357 /www. ogc. gov. uk。

⑮ 主要见 C. Turpin, *Government Procurement and Contracts*, London: Longmans, 1989; S. Arrowsmith, *The Law of Public and Utilities Procurement*, 2nd Ed. , London: Sweet & Maxwell, 2005), Ch. 2。

⑯ 见英国财政部,《设立新的标准:政府采购新策略》(*Setting New Standards: A Strategy for Government Procurement*), Cm 2840, 1995; A. Erridge, *Innovations in Public Sector and Regulated Procurement*, in A. Cox) (ed.), *Innovations in Procurement Management*, Boston, Lincolnshire: Earlsgate, 1996, Ch. 12; N. Deverill, *Change and Innovation in Government Procurement*, in Cox(ed.), , *Innovations in Procurement Management*, Boston, Lincolnshire: Earlsgate, 1996, Ch. 13; 英国财政部,《转变政府采购》(*Transforming Government Procurement*), 2007年1月, 2.4节, 见于 www. hm‐treasury. gov. ukJd/governmenCprocurement _puI47. pdf. 导致"政府采购服务(GPS)技能体系"(*Government Procurement ServÌCes(GPS) Skills Frameworks*)建立的最新报告,见于 http://webarchive. nationalarchives. gov. ukJ20110822131357/wwwogc. gov. uk! Iearnin_and_development_procurement_skills_and_competences. asp。

一个指导原则,说明欧盟各采购指令正式生效,应当遵守相关规则。按照欧盟的要求,这些规则应当在国内法中具有法律效力,具有可执行性。这一点恰恰反映出英国对待欧盟采购规则的传统态度。[17] 20 世纪 90 年代早期,英国终于履行了自己的义务,通过二级立法的形式颁布政府部级法律,特别规定经营者具有申请执法的权利。[18] 因为欧盟各采购指令涵盖了公共采购法规的大部分,[19]至少涵盖了大部分的合同形式,因此要让英国公共采购符合欧盟这个非常严谨的规则,显然与英国以往的方式大有不同。

但是,在欧盟法规许可的空间内英国还是保留了自己的传统:它只是按照欧盟指令的最低要求对公共采购进行了法律上的规范,对于采购当局并没有规定更多的义务。因此,欧盟各指令下放给成员国的所有权力,英国都留给了采购当局:它们可以自由选择各指令所规定的采购方式(公开招标、限制招标、谈判,以及竞争性对话),还可以选择框架协议、拍卖和动态采购方式,只要遵守各指令规则即可。英国法律一般还允许采购当局自行决定如何组织指令所规定的各种采购方式,例如在指令许可范围内可自行决定投标人筛选标准和决标标准。另外,英国中央政府并未就欧盟各指令以外的合同包括受《欧盟运行条约》约束必须遵守透明和非歧视性义务的合同制定专门的法律规定,它只是发布了一个指南,提醒人们注意这些义务。[20]英国政府对于竞争性对话的态度不仅反映出其对待欧盟采购规则的一贯态度,也是英国在将欧盟采购规则向国内法转化过程中的一般映照,并不能说明其他问题,如不能因此而说明英国政府不愿就一种全新的采购方式制定相关法规(见 3.3 节)。

目前,欧盟各指令通过两套法规在英格兰、威尔士和北爱尔兰实施。这两套法规都于 2006 年 1 月 31 日生效,取代了之前转化欧盟采购规则的两个法规。这两个新的法规是:2006 年《公共合同条例》(*Public Contracts Regulations*)[21],实施的是《指令 2004/18》;2006 年《公用事业合同条例》(*Utilities Contracts Regula-*

---

[17] 案件 C – 433/93(Case C – 433/93)欧盟委员会诉德国(*Commission v. Germany*) [1995]ECR 1 – 2303。

[18] 实施历史参见 Arrowsmith,第 3 章,前注[15]。

[19] 见 S. Arrowsmith,*The Past and Future Evolution of EC Procurement Law:From Framework to Common Code?*,*Public Contract Law Journal*,2006,35:337。

[20] 见英国政府商务办公室,《采购政策说明 10/03》(*Procurement Policy Note 10/03*)(2003 年 9 月 16 日)和《采购政策说明 03/06》(*Procurement Policy Note 03/06*)(2006 年 7 月 31 日)。关于苏格兰的讨论,参见 Boch,前注[7]。

[21] 2006 年《公共合同条例》(*Public Contracts Regulations* 2006),S. I. 2006/5。

tions)㉒,实施的是《公用事业指令2004/17》。

欧盟各指令规定的各项新义务经过这两个条例转化为国内法,同时针对指令新增的灵活性做出了相关规定,如将竞争性对话增加到采购方式中。这些条例经过数次修订,引人注目的是《公共合同(修订)条例2009》(SI 第2992 条)和《公共事业合同(修订)条例2009》(SI 第3100 条)。这两部修订条例根据《指令2007/66/EC》关于救济及相关事务的要求增加了修订条款。

英国的采购规则体现了英国在将欧盟法转化为国内法过程中的另一个重要特征,它几乎将欧盟各指令的原文原封不动地照搬过来㉓。这种做法可避免将欧盟指令转化为国内法时因解读错误而产生差错,因为欧盟各个指令措辞晦涩复杂、含糊不清,而欧洲法院的判决又无法预测。因此,英国政府商务办公室在该条例草案中指出:"我们避免进行任何不必要的解释,或者避免做出可能与指令意义不相符的任何解释。"㉔英国的这两部法律只在很少的地方对欧盟指令的意义进行了解释(如在某种程度上解释了什么样的国内机构属于采购当局的范畴),英国政府依赖通过发布指导意见的方式对外表明自己的态度。

在前面已经提到,英国政府商务办公室的功能之一是为整个公共部门发布公共采购指南,如怎样理解欧盟采购法,如何在欧盟法规下进行采购。在将欧盟指令转化为欧盟成员国国内法的过程中,英国政府商务办公室发布了一系列指南,涵盖指令中的重要新增内容,㉕后来又对这些指导意见进行了补充,如与竞争性对话有关的补充性指南。必须指出,2010 年大选之后,新一届政府于同年5 月上台,新政府指出,政府先前发布的指南(现已删除归档)正在进行修订更新,并不一定反映现行政策。㉖ 实际上自那时起除了通过内阁办公室发布了几个采购政策说明以应对最新出现的一些问题,英国政府在发布指南方面就少有作为。㉗

㉒　2006 年《公用事业合同条例》(*Utilities Contracts Regulations 2006*),S. I. 2006/6。

㉓　其中的各种例外以及英国实施情况的详细分析,见 S. Arrowsmith, *Implementation of the New EC Procurement Directives and the Alcatel Ruling in England and Wales and Northern Ireland:a Review of the New Legislation and Guidance*, *Public Procurement Law Review*,2006(15):86。

㉔　英国政府商务办公室,意见征询文件《实施新的公共部门和公用事业采购指令的条例草案》(*Draft Regulations Implementing the New Public Sector and Utilities Procurement Directives*),2005 年7 月,见于 http://webarchive. national－archives. gov. uk/20110822131357/www. ogc. gov. uk/index. asp,2.1 节。关于该政策的正式陈述,参见《规治影响评估:2006 年〈公共合同条例〉》(*Regulatory Impact Assessment:Public Contracts Regulations 2006*),2.2 节。由此可看出政府针对欧盟法的一般性政策。

㉕　英国政府商务办公室指南,见于 http://webarchive. nationalarchives. gov. ukl 20110822131357/www. ogc. gov. uk。

㉖　见前注㉕。

㉗　见于 www. cabinetoffice. gov. uk。这些说明由英国政府商务办公室正式发布。

这说明将来由政府发布的统一指南不再像过去一样扮演重要角色,无法为采购当局解读欧盟各种规则了。

另外一点也值得一提:英国的政府合同法首先无论从形式、内容还是实施上,原则上受制于普通私人合同法(英国的普通私人合同法也适用于私人与公司之间缔结的合同),由普通法院实施判决。但是这其中有许多例外,在判例法和立法上都有一些特别规则,以照顾政府的一些特殊情况,[28]如有时政府需要对招标过程进行控制。

在英格兰和威尔士,因违反欧盟采购法而发起的诉讼一般由高等法院处理,此后可向上诉法院和最高法院提起上诉(向最高法院的上诉很少发生,须准予许可)。[29] 这些法院具有普通审判权,可以处理所有类型的法律诉讼,但高等法院的采购诉讼有时候会通过专业法官进行审理,尤其是高等法院后座法庭(queen's bench division of the high court)的行政法庭(administrative court)或技术与建筑法庭(technology and construction court),或者由高等法院的衡平法庭(chancery division)进行审理(衡平法庭配备欧盟法事务的专家队伍)。

英国法律背景中还有一个重要特征值得一提:与其他国家相比,英国能够依赖的诉讼和案例法少得可怜。欧盟法规从开始实施到现在,一年的案例由每年一两个增加到现在的每年 15~20 个(虽然数量正在逐渐增加),与其他欧盟成员国相比,数量真是少之又少。[30] Pachnou 进行的一项关于欧盟救济制度的研究可以说明其中的原因:首先是走法律程序费用奇高,其次供货商一方面希望买卖公平,同时又不希望发生破坏整个买卖过程的诉讼事件;害怕采购当局的报复也是一个因素,但是并不是重要因素[31]。由于新的《指令 2007/66/EC》在近期制定了关于合同授予通知(notification)与公示期(standstill)的救济规定,有人认为这种情况有可能会发生变化。但有更多的人对此提出了怀疑。坊间传闻的在实施公示期的规定之后大量案件涌向法院的情形在现实中没有发生。

由于国内缺少足够的案例法供人们进行法规解读,因此政府颁布的指南在

---

[28]　政府采购的特别规则,参见 Arrowsmith,第 2 章,前注⑮。

[29]　2009 年,高等法院接手英国上议院成为英国最高法院。

[30]　这些数字由作者自己统计出来。例如 2010 年,作者统计出 20 起涉及欧盟采购法问题的报告案件。不涉及任何欧盟采购问题的采购案例非常罕见。

[31]　D. Pachnou,《投标人通过程序实施欧共体采购法》(*Bidders' Use of Mechanisms to enforce EC Procurement Law*),出自《公共采购法评论》(P. P. L. R),2005 年,第 256 页。

现实社会中对采购当局起到了重要的指导作用。㉜ 还有一点值得一提：当案件来到法院时，法院常常要参考政府颁布的指南去解读法规的意义，尽管这样的指南并不是正式的法律，但是在英国人们常常本着解读法律的基本原则去参考政府指南，即从上下文来理解词句的意义㉝。法院在实际生活中通过引用和照搬的方式，利用政府的采购指南来表述自己对采购法规的理解，这期间很少进行具体的讨论，而这些指南实际上就是原文照搬了欧盟法律的要求，在将这些条文转化为国内法的时候没有进行任何更改。㉞

3.2 竞争性对话引入之前的复杂采购

在英国为欧盟各指令范围内的合同引入竞争性对话之前，英国采购当局可以应用的合法采购方式只有当时在各指令中规定的公开招标、限制招标和谈判。在3.1节指出，按照英国对于欧盟各采购指令的一贯态度，英国人在本国法律中只是照搬了欧盟各指令的条文，各条文的应用条件也照搬不误。因此，采用何种方式完成复杂合同，如何应用选中的采购方式，一般由采购当局自行决定，当然采购当局必须在各指令许可的范围内进行操作。

目前，使用竞争性对话的合同主要是私人融资基础设施（PFI）合同，如学校、医院、监狱和道路的建造合同。㉟

Braun 在其实证性研究㊱中指出，20 世纪 90 年代，这些合同是通过具有竞争性质的谈判方式完成合同授予的，只不过在具体结构上使用了谈判的结构。

㉜ 见 P. Braun, *Strict Compliance versus Commercial Reality：The Practical Application of EC Public Pro-curement Law to the UK's Private Finance Initiative*, *European Law Journal*, 2003(9):575,3.3.2 节进行了详细讨论。

㉝ 见风险管理合伙人诉布伦特伦敦市议会(Risk Management Partners v. Brent London Borough Coun-cil) [2009] EWCA Civ 490(CA)。

㉞ 可参见德维尔比斯医疗有限公司诉国民医疗服务体系采购与供应局(DeVilbiss Medequip Ltd v. NHS Purchasing and Supply Agency) [2005] EWHC 1757(Ch)，提到了英国商务部关于框架协议的指南。

㉟ PFI 是指政府正式发起的鼓励在基础设施合同中使用私人融资的私人主动融资倡议。参见 P. Badcoe, *Public Private Partnerships and PFI*, London：Sweet & Maxwell。

㊱ Braun，前注㉜。另参见英国政府商务办公室(OGC)，《竞争性对话程序：英国政府商务办公室关于新采购条例中竞争对话程序的指南》(*Competitive Dialogue Procedure：OGC Guidance on the Competitive Di-alogue Procedure in the New Procurement Regulations*)，第 2 段，2006 年 1 月，简称为"政府商务办公室 2006 年指南"，见于 http://webarchive.nationalarchives.gov.uk/20110822131357/www.ogc.gov.uk/documents/guide_competitive_dialogue.pdf,指出在 2006 年以前，最为复杂的合同，如 PFI 项目合同和复杂的 IT 合同，都是通过谈判的方式完成授予的。

按照这种采购方式,会有一个非常宽泛的产品规格,选出参加谈判的企业进行初步报价,并以初步报价为基础进行讨论,有时候还要以初步报价为基础进一步减少提交最终报价的人数;然后是提交最终报价,并以最终报价为基础选出中标人。Braun 指出,这种方式在采购当局中非常普遍,应用非常广泛,并且政府决策者也有专门的指南进行引导,[37]只不过没有任何正式的相关法规。另外他还发现,一部分合同因为是特许服务合同而不受各指令的约束,但人们还是通过这种方式完成了合同授予(政府发布的指南中没有对特许合同和指令约束下的合同进行明确划分)。在下面讨论的东西与中标人的选择方式有关。[38]英国人曾经使用的这种中标人选择方式经过了多年发展,与欧盟竞争性对话的相关规则非常相像,实际上这个中标人选择方式对竞争性对话的规则产生了重大影响。[39]2006 年,当竞争性对话引入英国国内法时,英国政府商务办公室在其指南中指出:"有了英国利益相关者的意见,可以保证与竞争性对话有关的最终文本(比初始文本)更好地适用于英国现行的私人主动融资实践。最终结果是一个条理清晰的谈判方式,在许多方面与现行私人主动融资合同的操作方式相同。"[40]在 2006 年以前,英国政府认为谈判的采购方式通常适用于私人主动融资合同,原因有两个:一是不可能事先进行总体定价(指工程与服务合同);二是不可能事先设定技术规格(指服务合同)。[41]欧盟委员会则对谈判是否适用于私人融资合同表示关注,并就此与英国政府进行了讨论。[42]但是在这些私人融资项目中使用谈判的采购方式,在 R(卡斯罗)诉朗达·西农·塔夫县市镇议会一案中得到英格兰和威尔士高等法院的有力支持。[43]

---

[37] 财政部工作组,技术说明 2,《如何遵循欧共体采购程序并在〈欧盟官方公报〉做广告》(*How to Follow EC Procurement Procedure and Advertise in the OJEC*),1998 年,第 3.2 节。关于该指南如何对英国采购实践产生重大影响,参见 Braun,前注[32]。

[38] 见 3.5.9 节。

[39] 该意见以 Arrowsmiths 的经验为基础。爱罗史密斯曾是欧委会开放公共采购顾问委员会成员,曾以非正式会议的方式与欧盟委员会官员讨论应当如何制定竞争性对话这种新采购方式的程序。

[40] 商务办公室 2006 年指南,前注[36],1.2 节。

[41] 依据分别为《欧洲理事会指令 93/37/EEC》(*Council Directive 93/37/EEC*)[1993]OJ L199/547(2)(c)(《工程指令》)、《欧洲理事会指令 92/50/EEC》(*Council Directive 92/50/EEC*)[1992]OJ L209/1(《服务指令》)第 11 条第(2)款第(b)项,以及《指令 92/50》(*Directive 92/50*)第 11 条(2)款(c)项。见财务问题工作组(Treasury Taskforce),技术说明 2(Technical Note No.2),前注[37],3.2 节。

[42] 商务办公室 2006 年指南,前注[36],第 2 节。无人向欧洲法院提起诉讼,可能是因为欧盟委员会决心通过引进竞争性对话的方式解决人们遇到的各种问题。

[43] R(卡斯罗单方)诉朗达·西农·塔夫县市镇议会(R v. Rhondda Cynon Taff County Borough Council, ex parte Kathro)[2001]EWHC Admin 527。相关讨论见爱罗史密斯(Arrowsmith),前注[15],第 564~565 页。

在英国,广泛应用竞争性对话的另一种主要合同类型是重大 IT 合同(见第 2 章和 3.4 节)。此前人们采用何种方式授予这些合同并没有相关的科学实证性研究,但是据该领域活动频繁的律师介绍,此类合同是通过限制招标和谈判的方式完成授予的,且当一些重大 IT 合同按照私人主动融资方式进行,在数年之内由私人预付资金进行相关系统的开发和运行时,人们尤其偏爱后一种方式。[44] 为此类项目提供法律建议的律师告诉作者,当使用限制招标时,人们很难在该方式框架内完成有效采购。有一点值得一提:前中央计算机和电信局(Central Computer and Telecommunications Agency)发布的 IT 系统采购指南,[45]使人们更加认为限制招标的自由度很大,其中可以有一个迭代过程。

总之必须指出,自 2003 年以来,具有竞争性的谈判由于竞争性对话的兴起而逐渐衰落。因此,我们更有理由认为,现在通过竞争性对话方式授予的合同在此之前都是通过这种具有竞争性的谈判的方式完成的。[46]

3.3 竞争性对话简介

3.3.1 竞争性对话的立法

在 3.1 节指出,竞争性对话于 2006 年 1 月 31 日通过 2006 年《公共合同条例》正式引入英国国内法,针对的是《指令 2004/18》约束范围内的合同。竞争性对话将成为国内法的一部分,成为采购当局应用的一种采购方式。这一点从未有任何疑问。竞争性的引入加上该指令新增的一些灵活性充分反映出各采购指令向成员国国内法转化过程中的普遍政策,因而采购当局可充分利用欧盟法赋予他们的灵活性。[47] 实际上人们一直希望竞争性对话能给人们带来帮助,能够广泛应用于先前通过谈判方式完成的项目(见 3.4 节)。但是必须指出,欧

---

[44] 作者特别感谢 Bird & Bird 的罗杰·比克斯塔夫(Roger Bickerstaff),他在 20 世纪 90 年代就许多此类采购提供了咨询服务,并就此问题提供了信息。

[45] 完整采购流程(Total Acquisition Process)(TAP)。

[46] 另参见政府商务办公室/财政部(OGC/Treasury),《2008 年竞争性对话:政府商务办公室/财政部关于该程序的联合指南》(Competitive Dialogue in 2008:OGC/HMT Joint Guidance on Using the Procedure),以下简称为"商务办公室/财政部 2008 年指南",见于 www. hm - treasury. gov. uk/d/competitive_dialogueprocedure. pdf,3.2 节,其中概括性指出:"从历史上来说……竞争性谈判方式用于英国大多数复杂采购"。

[47] 见政府商务办公室,意见征询文件,《新〈公共部门采购指令〉的实施方法》(The Approach to the Implementation of the New Public Sector Procurement Directive),2004 年 5 月,3.5 节,说明了在 2006 年《公共合同条例》中将《指令 2004/18》的所有新条款转化为英国国内法的主要目的。

盟各指令规定的所有新机制在向英国国内法转化时都没有就其效用进行任何辩论,因此它们不过是一些泛泛的政策而已。让我们举一个动态采购的例子,人们甚至有可能希望这种方式用得越少越好。[43]

人们对于竞争性对话的立法方式反映了英国在将欧盟各采购指令转化为国内法过程中的宽泛态度(见 3.2 节)。在英国的法律中,关于竞争性对话的条文大多是对欧盟指令的照搬,只是在某些地方改变了条文顺序。同样,2006 年《公共采购条例》第 18 条对于竞争性对话的适用条件和应用程序也采取了这种原文照搬的形式。英国的采购法与欧盟各指令一样,在以下两方面给予采购当局最大的自由:

(1)在欧盟指令允许的任何情况下使用竞争性对话;

(2)以欧盟指令允许的任何方式实施竞争性对话。

英国没有增加任何额外的规定,例如,采购当局如何组织对话阶段,或者使用什么样的投标人筛选标准和决标标准,英国法律对此没有超出欧盟指令的任何其他规定。

由于在《公用事业指令》中没有与竞争性对话有关的相关条文,因此英国在将《公用事业指令》转化为国内法时,按照其一贯做法,在其 2006 年的《公用事业合同条例》(*Utilities Contracts Regulations*)中也没有竞争性对话的相关内容。不过各公用事业单位在进行发布公告的谈判时,可按照竞争性对话的程序进行。

不受各欧盟指令约束的合同和 B 类服务合同应当采用什么样的招标方式,一般在国内法中没有相关规定(见 3.1 节),此类合同具体采用什么样的方式完成各采购实体原则上具有裁量权,只要遵守政府指南、与采购价值有关的一般法律义务和《欧盟运行条约》的法律规则即可。因此,如果愿意,各采购实体可运用类似于竞争性对话的方式完成此类合同的授予。有时候采购实体愿意采用这种方法。不过,当他们采用类似于竞争性对话的方式进行采购时不受竞争性对话各正式规则的约束。竞争性对话的规则见《指令 2004/18》和 2006 年《公共合同条例》。

---

[43]　事实已经证实:见 S. Arrowsmith,*Methods for Purchasing Ongoing Requirements*;*The System of Framework Agreements and Dynamic Purchasing Systems under the EC Directives and UK Procurement Regulations*, in S. Arrowsmith,J. Tillipman(eds.),*Public Procurement Regulation in the 21st Century*;*Reform of the UNCITRAL Model Law on Procurement*,Eagan,MN:West,2010,Ch. 3。

3.3.2 案例法与指南

在案例法方面，由于英国国内缺乏竞争性对话的案例（见 3.1 节），而且迄今为止英国与竞争性对话有关的重大案例只有一个（该案与决标标准的总体披露原则有关），㊾因此人们无法从以往的案例中寻求对于竞争性对话的解释，英国案例法起到的作用微乎其微。

另外，政府又颁布了重要的指南，其中最为突出的是 2008 年颁布并在所有政府内应用的《竞争性对话》（*Competitive Dialogue*）。该文件于 2008 年 7 月由英国政府商务办公室和英国财政部联合颁布㊿（下称"政府商务办公室/财政部 2008 年指南"）。该文件对于竞争性对话的运作提供了战略指导，并借鉴了 2006 年以来英国操作竞争性对话的实际经验，为人们理解相关法律规则提供了指导。但是对于许多争议性问题和灰色地带，该文件没有提出更加详尽的解释，只是阐述一般规则，没有具体的例子。不过它的确也详尽阐述了其中的一部分问题，如在最终投标阶段应当邀请多少投标人的问题（见 3.5 节）。在较早的文件中还发现了政府范围内的指南，如《竞争性对话：政府商务办公室关于新〈采购条例〉中竞争性对话的指南》（*Competitive Dialogue Procedure*：*OGC Guidance on the Competitive Dialogue Procedure in the New Procurement Regulations*）（2006 年 1 月）(51)（下称"政府商务办公室 2006 年指南"，于新《采购条例》生效后发布），以及由英国政府商务办公室发布的《竞争性对话实际应用指南》（*Practical Guidance on the Use of Competitive Dialogue*）（2006 年 7 月）。(52) 另外，还针对某些部门专门发布了指南，例如"学校伙伴关系"（Partnerships for Schools）(53)专门针对如何在相关项目过程中实施竞争性对话发布了指南。"学校伙伴关系"是一个管理英国政府前"为未来建校"计划（Building Schools for the Future）投资项目的组织，(54)而"为未来建校"计划则是一个为学校进行基础建设或进行

㊾ 见 3.5.8.2 节。

㊿ 英国政府商务办公室/财政部 2008 年指南，前注㊻。

(51) 见前注㊱。

(52) 英国政府商务办公室，《采购政策说明 04/06：竞争性对话实际应用指南》（*Procurement Policy Note 04/06*：*Practical Guidance on the Use of Competitive Dialogue*），2006 年 7 月 31 日，见于 http://webarchive.nationalarchives.gov.uk/20110822131357/www.ogc.gov.uk/documents/ProcurementPoliqCompetitiveDialogue.pdf.

(53) 见于 www.partnershipsforschools.org.uk/library/BSF–archive.jsp。

(54) 从 2010 年 7 月起该项目被取消。

基础设施翻新的计划。(55) 要想知道在实施竞争性对话的最初几年政府如何指导采购当局,这一指南就显得非常重要。在此必须指出,之前发布的指南,其内容未必与2010年5月上台的当权政府的政策相一致。(56) 另外一点是,目前人们在评论竞争性对话时,对政府发布的指南前后不一表示出不满。(57)

考虑到政府指南对于采购当局行为的影响(见3.2节),该指南很有可能在实施竞争性对话的最初几年对于竞争性对话的应用和实施产生重要影响。从克莱文对英国竞争性对话的定性研究来看,该指南显然对于采购当局理解某些条文起到了重要作用,或者说在运用一些不明确的条文时给他们吃了一颗定心丸(见3.3.4节)。例如,在克莱文的研究中,有15人引用了2006年英国政府商务办公室(58)和2008年财政部(59)的话,这说明在PPP项目中一般不使用具有竞争性的谈判,且人们在采购某些项目,决定采用竞争性对话还是具有竞争性的谈判时,尽管对英国政府商务办公室和财政部的观点不完全认同,但它们还是起到了决定性作用。(60) 还有一点,15位受访人指出,在一些法律不甚明了的地方,有了国内指南的支持他们就觉得有了底气。例如,在英国政府商务办公室/财政部的2008年指南中,举例说明了确定优先竞标人之后在多大空间里可以发生变更,因而人们在这一方面也就有了依据。

决策者除了发布不具法律约束力的指南,还可以通过其他方式在其势力范围内对竞争性对话的应用起到规范作用。例如,采购当局在各采购阶段必须得到各级政府的批准,而为了得到批准,采购当局的采购过程必须与批准机构对于相关法律的理解相一致(如与指南相一致)。在克莱文采访的人员中,有10

---

(55) 见学校伙伴关系,《欧盟采购规则下的为未来建校计划合同分类与采购程序选择指导说明》(*Guidance Note on Classification of the Contract and Choice of Procedure under the EU Procurement Rules for the Building Schools for the Future Programme*)(2006年2月),以及学校伙伴关系,《为未来建校指导说明:怎样进行竞争性对话》(*BSF Guidance Note on How to Conduct a Competitive Dialogue Procedure*)(2006年1月),两者均见于 www. partnershipsforschools. org. uk/library/library. html。

(56) 另参见3.1.2节。

(57) 财政部,《财政部竞争性对话评论》(*HM Treasury Review of Competitive Dialogue*,2010年11月,2010年英国财政部评论,见于 www. hm – treasury. gov. uk/d/ppp_competitive_dialogue. pdf;内阁办公室,《促进政府采购——调查政府采购过程中浪费与低效的"精益"式调查结果管理摘要》(*Accelerating Government Procurement – Management Summary of the Findings of a 'Lean' Study to Investigate Waste and Inefficiencies in Government's Procurement Process*),2011年2月,见于 www. cabinetoffice. gov. uk/sites/default/files/resources/lean – study – accelerating – government – procurement. pdf。

(58) 政府商务办公室2006年指南,前注㊱,第2节。

(59) 政府商务办公室/财政部2008年指南,前注㊻,第3节。

(60) 详见3.3.3节。

人指出,在某些领域尤其是学校和医院采购过程得到了批准,就意味着会有更高级别的管理机构来监管竞争性对话。例如,在"为未来建校"项目中,在与优先竞标人签订合同之前,采购当局必须先得到"学校伙伴关系"的"最终商业企划"(Final Business Case)的批准,而得到了这个批准就意味着采购当局遵守了相关采购规则。[61]

3.3.3 竞争性对话的应用程度

如3.2节所述,PFI合同是目前通过竞争性对话完成合同授予的最大一组合同。在2006年以前主要通过一种结构化的方式,即发布公告的谈判完成。发布公告的谈判与新式的竞争性对话在结构上非常相似,对于竞争性对话的设计产生了非常大的影响。长期以来,英国人认为应当有一种适合私人主动融资合同的授予方式,这种方式应当比公开招标和限制招标都灵活;如果从法律上来说不适合采用谈判的方式,就需要一种全新的采购方式(欧盟委员会也是这么认为的)。另外,人们普遍认为对于某些复杂合同来说使用限制招标结果不能令人满意,但是采购当局目前都在使用限制招标,因为法律上没有合适的其他方式。由于人们对于新采购方式的需求,加上竞争性对话在很大程度上反映了英国国内授予复杂合同(指受欧盟各指令约束的复杂合同以及不受各指令约束的重大合同)时普遍采用的合同授予方式,使竞争性对话纳入采购法成为一种可能。

不过,这并不是事情的全部。人们从开始就担心竞争性对话的"适用条件"问题,[62]尤其是对买卖双方来说竞争性对话意味着要花费一大笔钱,因为需要提交完整最终投标书的公司不止一家。因此,采购当局必然会放弃先前PFI合同的授予方式,即谈判的方式(虽然谈判是一种非常有条理的方式),进而采用竞争性对话这种新的方式尚为时过早。尽管有这样的担心,政府还是针对PFI合同制定了政府指南,给采购当局做出了强有力的指向,要求使用这种新的采购方式,而在此之前,PFI合同都是通过谈判的方式完成的。[63]

---

[61] 见学校伙伴关系,《最终商业企划指南——如何通过采购地方教育伙伴关系合同在中学房地产投资中获批》(Final Business Case Guidance(For Approval to Procure a LEP to Deliver Investment in the Secondary School Estate)),2007年1月,见于www.partnershipsforschools.org.uk/library/library.html,1.2节。

[62] 可参见Arrowsmith,前注⑮,第10章;公私伙伴关系计划(4ps),《竞争性对话》(Competitive Dialogue),2007年2月,见于http://test.4ps.gov.uk/UserFiles/File/Publications/competitive%20dialogue%204ps%20guidance%20vis10.pdf,第3页。关于此问题参见3.5节。

[63] 见3.4节。

不出预料,英国已经成为竞争性对话的重要使用者。德马尔斯和克莱文在第 2 章指出,英国和法国是竞争性对话的两个"频繁使用者":2006—2009 年英国采购当局发布了 1390 个使用竞争性对话的合同公告(同期法国发布了 1446 个),2007—2009 年使用竞争性对话的合同数量相当稳定(2007 年有 367 个,2008 年有 375 个,2009 年有 368 个)。[64] 最近的数据也呈现出同样的画面:从欧洲法院的数据来看,2011 年 4 月有 15 个、3 月有 29 个、2 月有 44 个(三个月相加共有 88 个)合同采用了竞争性对话,而 2009 年同期数据为 21 个、25 个和 35 个(总数为 81 个)。竞争性对话引入英国的前几年就得到了大量应用,在某些类型的采购上(尤其是 PFI 合同)的确取代了谈判,而竞争性对话的广泛应用,与政府指南是分不开的(将在 3.4 节进行讨论)。但是,也有一些因素可能会在不久的将来引发一些变故(将在 3.4 节进行讨论)。

3.3.4 竞争性对话实证性研究

本章的依据是针对竞争性对话实际应用而进行的数个研究。

第一个是由经济与社会研究委员会(ESRC)和贝文布里坦律师事务所资助的定性研究,[65]由本书作者之一克莱文完成。在 2010 年,也就是英国将竞争性对话正式引入英国之后的第四年,克莱文与英国实际应用竞争性对话的重要人物进行了半结构化的访谈,针对的合同类型是公私伙伴关系(PPP)合同。PPP被定义为"公私双方之间为了达到共同的公共政策结果而形成的一种风险共担关系",[66]因此 PPP 包括 PFI 和其他非 PFI 公私关系,如公共服务外包合同,以及契约式和非契约式合营。在第 2 章指出,按照竞争性对话方式完成的项目大多为某种形式的 PPP 合同,因此这是对英国竞争性对话的一个相当全面的研究。在访谈对象中,有为英国采购当局提供竞争性对话相关法律建议的法律顾问,有通过竞争性对话完成 PPP 项目的内部采购人员或法律顾问,有来自政府各部门或其他组织的高级官员,他们承担着为公共部门制定竞争性对话应用相关政策的责任。本项目的目的是通过英国 PPP 采购项目中对竞争性对话的应用,研究与竞争性对话相关的法律体制,并研究采购从业人员对于竞争性对话相关法律的理解。该项目希望明确以下事项:竞争性对话相关法律对于推动竞争性对话最佳实践起到的积极作用;存在的问题,包括法律方面的不明确性和对最佳

---

[64] 见 3.3.1 节中表格。

[65] 是经济与社会研究委员会下"CASE"(理工科协作奖)文科博士生奖学金计划。

[66] 见 Institute of Public Policy Research, *Building Better Partnerships*, London, 2001:40。

实践的各种限制;如何在该限制内进行竞争性对话;影响人们遵守法律的各个因素以及人们应对风险的方式。该项目研究了整个英国在 PPP 项目中的采购实践;但由于本章目的所限,加上3.1节罗列的原因,在此只展示对英格兰地区访谈对象的访谈结果。通过对英国采购当局的初步范围调查发现,在这些复杂采购项目中竞争性对话的应用方面大多由外来法律顾问起主导作用,因此这些访谈大多是对外来法律顾问的访谈(32 个)。[67] 但是,在所有访谈中有 11 个是与内部采购当局的采购人员/法律顾问进行的访谈,[68]有 3 个访谈对象专门为采购当局制定政策。英国财政部针对以竞争性对话方式完成的复杂采购进行了调查,调查结果于 2010 年 11 月公布(下称 2010 年财政部调查报告)。[69] 此次调查由普华永道会计事务所(pricewaterhouse coopers LLP)完成,其目的是研究竞争性对话在实践中的应用方式,以及这种应用方式对于英国复杂采购的影响。[70]此研究与克莱文的研究不同,没有将研究局限于 PPP 项目。此访谈项目综合了案头研究、调查数据以及与重要的利益相关人进行的数次圆桌讨论结果。虽然对于研究方式没有提供任何细节,但据说此研究涉及两次调查,一次与项目本身相关,另一次是一般性的调查。从访谈来看,与项目本身有关的调查对象是来自公共领域的采购人员,他们均参与了最初案头研究中提到的竞争性对话采购项目。[71] 圆桌讨论内容包括调查过程中提出来的各种问题,各利益相关者,如中央政府商务主管、PPP 项目经理人、学术界人士、基础设施投标人、IT 投标人、法律顾问、金融家以及中央政府/地方当局代表等,可借此分享彼此的观点。[72]

对于竞争性对话的进一步研究成果由英国工业联合会(confederation of british industry,CBI)公布。[73] 英国工业联合会是英国企业的代表组织,该组织 2008 年报告名为《事实胜于雄辩:充分发挥竞争性对话的潜能》[74](下称"2008 年英国工业联合会报告")。这个报告还是没有针对竞争性对话的应用方式进

---

　　[67]　主要进行以下参照选出:www. chambersandpartners. com/UK 以及各律师事务所网站,以便不忽视不同的视角。该研究包括未在议会登记的七个律师事务所,通过 www. lawsociety. org. uk 和各事务所网站查询。

　　[68]　这些访谈对象通过发布在《欧盟官方公报》上的合同公告进行确定。

　　[69]　2010 年英国财政部评论,前注[57]。

　　[70]　同上,1.4 节。

　　[71]　同上,1.7 节。

　　[72]　同上,1.8 节。

　　[73]　见 www. cbi. org. uk。

　　[74]　英国工业联合会,《事实用于雄辩:充分发挥竞争性对话的潜能》(*Actions Speak Louder Than Words:Unlocking the Full Potential of Competitive Dialogue*),英国工业联合会简报,2008 年 5 月。

行详细解释。据说该报告在准备过程中得到了政府部门、采购人员和供货商，如英国财政部、英国政府商务办公室、英国公私伙伴关系委员会、地方政府采购人员协会和英国工业联合会公共服务战略委员会等的各种建议。(75) 不过，这份报告从投标人的角度提出了对竞争性对话的看法，主要是如何降低投标人成本和增加私营企业的信心。

最后一点是，2010 年 11 月/12 月，内阁办公室针对竞争性对话进行了一次调查，调查报告名为《促进政府采购》。(76) 该调查是 2010 年 11 月 1 日开始的“精益调查”的一部分。内阁办公室的这次调查目的是发现并纠正采购过程中的浪费行为。(77) 这项工作与工业界共同进行，包括一些专题讨论会和与供应商的个别访谈。(78) 调查结果进一步证实了早先政府调查中确定的许多关键问题。目前人们正在开展工作以解决这些问题。

3.4 法律与实践中的竞争性对话适用范围

3.4.1 法律条款

受《公共部门指令 2004/18》约束的各种采购在什么情况下可以使用竞争性对话，在 2006 年《公共合同条例》(*Public Contracts Regulations*)第 18 条第(1)款和第(2)款有明确说明。这些条款在很大程度上照搬了《指令 2004/18》第 1 条第(11)款第(c)项和第 29 条第(1)款的措辞(见 1.4 节)。根据 2006 年《公共合同条例》第 18 条第(2)款的规定：“当采购当局认为将要授予的合同特别复杂，而公开招标和限制招标无法完成合同授予时，可使用竞争性对话的方式。”“特别复杂的合同”是指采购当局客观上无法按照公开招标和限制招标的要求制定明确的技术规格(79)，进而无法明确以何种技术方式满足自身需求或目标，或无法明确相关项目的法律或资本构成，或者以上两种情况都有(第 18 条第(1)

(75) 同上，第 1 页。

(76) 见《促进政府采购》，前注(57)，以及相关内阁办公室(Cabinet Office)，《精益采购诊断发现》(*Lean Procurement Diagnostic Findings*)，2010 年 12 月，见于 www. cabinetoffice. gov. uk/resource – library/sme – procurement。

(77) 见于 www. cabinetoffice. gov. uk/news/plans – open – government – small – businesses。

(78) 方式方法参见《促进政府采购》，前注(57)，第 3 节。

(79) 2006 年《公共合同条例》(*Public Contracts Regulations* 2006)第 9 条第(7)款、第(8)款和第(9)款。

款）。目前英国国内还没有关于这些条文的案例法。

3.4.2 政府关于竞争性对话的指导和实践应用

在 1.3.3 节指出，英国在采购实践中大量使用竞争性对话，从 2006 年竞争性对话正式实施到 2009 年 12 月，英国的竞争性对话合同公告有 1390 个，而且 2011 年初的迹象表明，竞争性对话的使用频率仍然居高不下。政府数据表明，2006 年以来在英国所有政府采购中，以竞争性对话方式完成的采购占 2.6%，是所有欧盟成员国中占比最高的国家。[80] 但是在此有必要提醒，在 3.1 节提到英国政府最近宣布将从竞争性对话转向其他采购方式，因此未来竞争性对话的使用可能会有所减少。这将在 3.4.4 节进行单独论述。

从第 1 章可看出，截至 2009 年 12 月，使用竞争性对话的合同大多集中在两大领域中的某一个。[81] 这两大领域：一个是基础设施建设（占竞争性对话合同公告的 27%），涉及住房、教育、非居住区域开发、交通和卫生。其中住房是基础设施建设中占比最大的领域，占 28%，教育占 16%，非居住区域开发占 7%，交通占 6%，卫生占 4%。大多数基础设施项目涉及私人融资（39%），而 4% 的基础设施项目则保留了私人融资的可能性，另有 31% 的项目不清楚是否涉及私人融资，因此，通过竞争性对话方式授予的合同项目显然大多是私人融资基础设施项目。另一个是信息与通信技术（占竞争性对话公告总数的 25%）。[82] 在第 1 章指出，竞争性对话在其他项目上的应用也非常广泛，如公共设施管理与维护，再如幼儿园、游乐场、酒吧和餐饮、印刷和邮寄、双层玻璃窗、英国护照的设计和生产、低碳电动面包车的供应和防弹背心的供应。从《欧盟官方公报》的数据来看，英国竞争性对话的使用总次数与发布公告的谈判的使用次数的减少密切相关（图 3.1）。

从图 3.1 可看出，以前通过谈判完成的许多项目现在可通过竞争性对话的方式完成。如 3.3 节提到的私人主动融资基础设施项目，以前一般是通过发布公告的谈判完成（但欧盟委员会对此举的合法性持保留意见）。

这一点与竞争性对话引入英国国内法之后，政府针对 PFI 项目（和其他复杂项目）制定的强烈的政策导向是一致的，此前人们在这些项目上使用的是发布公告的谈判。总之，竞争性对话引入之后，曾适用发布公告的谈判的许多此

---

[80] 《精益采购诊断结果》，前注[76]，第 12 页。

[81] 本段数据取自当前卷第 2 章。

[82] 见 2.5.4.1 节。

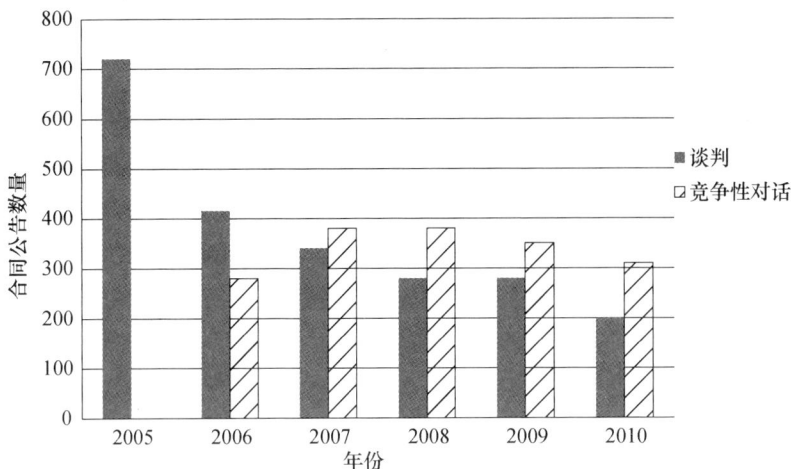

图 3.1　2005—2010 年英国使用谈判和竞争性对话的合同公告数量

类项目,应当使用竞争性对话来完成。2006 年,英国政府商务办公室在其指南中强调指出,引入竞争性对话之后,先前一般通过谈判方式完成的复杂项目不可能再通过谈判的方式完成,[83]谈判只适用于一些非常例外的情况。[84] 该指南举了一个例子,说明什么情况下仍可使用谈判的方式:引入竞争性对话之前,通过私人融资方式完成的伦敦地铁的升级和长期维护项目是可以使用谈判的。伦敦地铁案是英国首个私人融资项目[85],欧盟委员会在一个涉及伦敦地铁项目国家补助的判决中,也允许伦敦地铁的升级和维护使用谈判的方式。[86] 在英国政府商务办公室/财政部 2008 年发布的指南中,进一步明确要鼓励谈判方式的有限使用,同时提出以下警告:

> 任何采购当局在使用谈判时,在《欧盟官方公报》上发布合同公告之前,首先要征求其商业部门、法律团队和律师以及/或者外部专业人员的意见,然后以书面形式说明理由。采购当局应当知道,欧盟委员会可能会针对任何一次谈判的应用进行调查。[87]

---

[83]　政府商务办公室 2006 年指南,前注㊱,第 2 节。

[84]　同上,第 2 节。

[85]　虽然该指南还强调(第 12 段),采购当局本身首次进行复杂采购,不能构成使用该程序的理由。这一点再正确不过了。参见 3.4 节。

[86]　欧盟委员会在案件 N 264/2002(Case N 264/2002)伦敦地铁公私伙伴关系案(London Underground Public Private Partnerships)[2002]OJ 309/15 的判决,2002 年 10 月 2 日判决。

[87]　政府商务办公室/财政部 2008 年指南,前注㊻,图 3.2。

政府没有明确说明为什么谈判不再适用于此类私人融资项目,而政府先前发布的指南却认为私人融资项目应当使用谈判的方式。可能是因为政府觉得引入竞争性对话之后,法庭会对谈判的使用持不同态度,也可能是因为它觉得竞争性对话足够了,没有必要再在欧盟范围内对谈判进行广义解释了。其实这并不奇怪,因为竞争性对话在很大程度上是英国私人融资项目所使用的谈判方式的反照,或者说受到英国私人融资项目中的谈判方式的影响。因为竞争性对话的应用条件很苛刻,而且相关法律在最后投标阶段及之后具有很大的不明确性,所以有人对竞争性对话是否适用表示怀疑,但政府官员认为这种新的采购方式是非常适合的。

可以说,PFI 项目上的初步经验使许多基建类项目在此基础上形成了态度与文件措辞上的统一。而当态度与文件措辞统一之后,如果此类项目中有许多采用了谈判的方式完成,即使在竞争性对话引入之前,人们也对会对谈判是否适用产生怀疑。

克莱文的实证性研究[88]还表明,在 PPP 项目(包括 PFI 项目)中人们从谈判转向了竞争性对话。他的研究还表明,上述政府指南对于这种采购方式的转变起到了很大作用:在受访人中有 15 人表示他们从谈判转向竞争性对话在很大程度上是受到了英国政府商务办公室[89]和欧盟委员会政策的影响;许多人尽管不同意政府指南中的狭义解释,不同意在某些条件下仍可使用谈判的采购方式,但他们从谈判走向竞争性对话无疑是受到了该指南的影响。

在 3.3.2 节指出,克莱文研究中的 10 个受访人举了几个例子,说明当上级监管当局指定某种采购方式的时候,担当采购任务的采购当局便会失去对采购过程的完全控制。其中有一位受访人指出,当只能采用竞争性对话的方式,而不是采用谈判方式完成采购时,采购当局几乎是没有选择余地的:

> 如果这些项目由政府出资,政府机构就会要求你采用竞争性对话的方式,否则你就拿不到资金;因此我们说什么都没有用……采购当局其实对于采购过程没有多少控制,尤其是在"为未来建校"项目上。虽然这是在《欧盟官方公报》上登出的公告,是政府的采购,但你根本不能这么想。如果某个采购当局想自己做点什么……或者说相关项目不是 PFI 项目,那么采用谈判的方式倒还会有一些操作的空间。

---

[88] 见 3.3.4 节。

[89] 见政府商务办公室 2006 年指南,前注㊱,第 2 节;以及英国政府商务办公室,《采购政策说明》(*Procurement Policy Note*),前注㊿,第 3 页。

在受访人当中,只有一位法律顾问提出在某些类型的采购中可强制性采用竞争性对话,此观点是否为大多数的人意见不得而知。

竞争性对话作为一种替代性的采购方式取代了不够灵活的谈判。以上讨论了竞争性对话的政府指南以及竞争性对话的使用情况。不过还有另外一个问题:摒弃不够灵活的公开招标和限制招标的方式,进而采用竞争性对话,是否属于合法行为。

在此应当指出,当竞争性对话首次引入英国法律时,[90]无论是英国政府商务办公室/财政部 2008 年指南[91]还是政府商务办公室 2006 年指南[92]都与爱罗史密斯的法律解释相一致,而爱罗史密斯的法律解释也得到了欧盟委员会的支持。[93]也就是说,在一般情况下,当采购单位无法确定何种技术方案才是满足自身需求的最佳方案时,就可以使用竞争性对话的方式,而不是将竞争性对话的使用条件局限在能否确定技术规格上。克莱文的受访人几乎全部认同此观点。当然,在实践中此标准可能会有多种解释,其应用情况也各不相同,而且从受访人的态度上也可看出这些不同(见第 1 章)。另外,在克莱文的受访人中,多数人认为竞争性对话是一种标准程序,其应用条件应当为广义解释,10 个受访人认为竞争性对话是一种例外,只能对其适用条件进行狭义解释。

在克莱文的受访人中,许多人特别指出,现在通过竞争性对话完成的采购项目以前因为没有其他替代方式都是通过限制招标的方式完成的,但是限制招标的方式使用起来"很别扭",因为限制招标根本不适用于这样的采购项目。这样的态度似乎有助于人们找到一种更好的采购方式。因此,竞争性对话与谈判相比,不仅可以更好地控制整个项目,让项目更加透明,其他项目也可以借此达到物有所值的目标。

关于竞争性对话应用于何种类型的合同,英国政府商务办公室 2006 年指南特别指出,技术上的复杂性会表现在某些 IT 合同中。[94]该指南与欧盟委员会的指南一样,[95]也特别指出,涉及某些服务的 PFI 项目属于特别复杂的项目,具

---

[90] Arrowsmith,前注⑮,第 633~634 页。

[91] 政府商务办公室/财政部 2008 年指南,前注㊼,3.5 节,指出"当采购当局无法……确定哪一个方案能最好地满足其需求时,即可认为存在技术上的复杂性"。

[92] 政府商务办公室 2006 年指南,前注㊱,第 5 节。

[93] 见 1.4.4 节和 1.4.5 节。

[94] 见 1.4.4 节。

[95] 见 1.4.4 节。

有法律或资金上的不明确性。[96] 克莱文的受访人中有 15 人认为 PPP 项目也存在法律或资金上的不明确性,有 13 人指出,既然某些 PPP 项目,如学校、医院和废物处理场的建设有了高度标准化的规范,那么这些项目是否还存在法律或资金上的不明确性值得怀疑。在这 13 人中有 8 人认为复杂性不是来自标准化的规范,而是来自项目本身各个方面,如许多此类项目会出现自身特有的技术复杂性。来自高技术领域的受访人,如 ICT 和废物处理领域的人尤其持此观点。例如,一位来自伦敦的律师认为:"ICT 项目必然会有大量的定制工作,如必须与其他复杂系统进行对接互联。"这些领域的受访人认为升级项目也存在技术上的复杂性,如一位律师指出:

> 对于当局来说,向某个领域进行投资,或者让某个废弃、多余的地块或厂区重新进入经济循环,自然会有多种渠道。可以有各种不同的最终用户、不同的基础设施组合、不同的建筑技术,各有长短。还会有不同的合同模式,不同的资金模式和不同的商业模式。存在着各种各样的可能,人们发明竞争性对话的目的就是应对这些可能。

一些受访人认为,某些标准化 PPP 项目不再存在法律/资金上的复杂性。他们认为,对于基建项目来说,技术上的复杂性可能会存在,如通过各方讨论可能会形成各种设计,或者说必须讨论确定哪一个才是最佳方案,是原址重建、重新装修还是重新选址(如医院或学校项目)。换句话说,欧盟和英国政府的指南认为 PPP 合同的复杂性是指法律或资金上的复杂性,而在这些项目中具体应用竞争性对话的某些人往往更多地将这种复杂性视为技术上的复杂性。在前面指出,实践中应用竞争性对话最多的是 PPP 合同和 IT 合同,而在这些项目中应用竞争性对话也得到了欧盟委员会指南和《指令》解释性条款的支持。[97] 但是,不能因为某些项目属于此类形式便自动适用竞争性对话,必须考虑是否符合竞争性对话的应用条件,[98] 在面对"标准化"项目时尤其如此。

竞争性对话在非 PFI 和 IT 项目上的应用,也就是在第 1 章提到的应用竞争性对话的一部分项目,如英国护照的设计和生产,虽然仅从公告信息上很难判断,但确乎非常复杂。2008 年英国工业联合会报告[99] 和 2010 年财政部调查报告

---

[96] 政府商务办公室 2006 年指南,前注[36],第 6 节。

[97] 见 1.4 节讨论。另参见 2010 年英国财政部评论,前注[57],2.33 节,指出大型 IT 项目、医院和监狱 PFI 项目以及城市重建伙伴关系项目,是"明显复杂"的项目,因此使用了使用竞争对话的方式。

[98] 政府指南中指出必须对应用该程序的理由进行记录,证实了这一观点。详见下文。

[99] 2008 年英国政府商务办公室报告,前注[74],第 3 页。

都表示了这样的担忧:英国采购当局在使用竞争性对话的时候,其相关项目的复杂程度并未达到竞争性对话的应用标准。2010年的调查报告指出:(100)

某些使用竞争性对话的项目显然并没有那么复杂,例如每年保险、职业装及清洗剂的采购、地方政府业务通讯的印刷、某个学校的清洗服务,对此我们表示非常担忧……。我们的检查表明,采购当局越来越将竞争性对话视为所有采购的默认采购方式,只有在进行最为直接的采购时才不会采用竞争性对话。

最近英国内阁办公室发布的研究报告《促进政府采购》指出,在竞争性对话的210个应用研究案例中,近30个项目"没有必要使用竞争性对话,而且使用竞争性对话也没有什么好处"。(101)

除了相关采购项目应当足够复杂,使用竞争性对话的另一个条件是公开招标或限制招标无法完成合同的授予,因此2008年调查报告强调指出,即使是复杂合同也不能将竞争性对话视为一种默认的采购方式。(102)

英国政府商务办公室/财政部2008年指南建议采购当局以书面形式解释竞争性对话的使用理由,一方面说明从法律上符合竞争性对话的使用条件,即相关项目是一个非常复杂的项目,另一方面说明为什么公开招标或限制招标无法使用。(103) 2010年调查报告对此进行了强调,且又进一步指出,采购当局应当将说明竞争性对话使用理由的书面文件纳入公开采购文件的范畴。(104) 2010年调查报告指出,认真调查竞争性对话的使用理由,不仅可以保证只在满足条件时才应用竞争性对话(技术规格切实无法确定,进而无法有效应用限制招标),而且可以保证采购当局的要求得到最大程度的厘清。(105) 实际上,2010年财政部调查报告(106)已经发现,某些采购当局在开始采购之前会进行一些市场意见征询,以明确计划采用的采购方式和即将制定的技术规格是否会为投标人所接受,进而确定是否可以使用限制招标的方式。另外,2008年英国工业联合会报告还强调指出,采购当局在确定某个可执行方案的技术参数之前应当进行充分调查,防止投标人在竞争性对话过程中提交无效方案,进而造成投标人在经济上的损

(100) 2010年英国财政部评论,前注(57),2.34节~2.35节。

(101) 《促进政府采购》,前注(57),4.5节。

(102) 2010年英国财政部评论,前注(57),2.40节。

(103) 政府商务办公室/财政部2008年指南,前注㊻,5.1.5节。

(104) 2010年英国财政部评论,前注(57),2.45节。

(105) 同上,2.43节。

(106) 同上,3.8节。

失;如果采购当局能够确定技术参数,就可以采用其他方式完成采购项目。[107] 该研究指出,人们在废物处理领域过度使用了竞争性对话,投标人提交的方案往往不能为公众所接受,因此在开始使用某个采购程序之前应当进行更多的公众意见调查。[108]

2010 年调查报告指出,不合理使用竞争性对话的原因之一可能是其他采购方式的应用指南与竞争性对话相比少得可怜,[109]因此目前正在制定关于其他采购方式的应用指南。

促使人们采用竞争性对话而不是其他稍嫌死板的采购方式的另一个理由是采用竞争性对话的法律风险相对较低。在克莱文的实证研究中,有 24 个受访人[110]认为竞争性对话的法律风险比较低,因为从发布合同公告到提出诉讼最多只有 3 个月的时间,不可能在开始就对竞争性对话的使用提出诉讼;在他的受访人中有 16 人认为非法使用竞争性对话的法律风险低于限制招标,因为在采购过程中会产生谈判的需求,如果进行了谈判,就违反了在限制招标中禁止谈判的规则。这些数据与之前 Braun 的数据是一致的。Braun 在调查中发现,竞争性对话引入之前,人们在 PFI 项目中不愿意使用限制招标,更愿意使用谈判的方式,就是这个原因。[111]

采购当局使用竞争性对话在多大程度上仅仅是因为对其他采购方式缺乏应用经验,也就是说采购当局使用竞争性对话在多大程度上是由于客观原因而非主观原因,目前尚不得而知。[112] 在克莱文的受访人中,7 人认为某些项目采用的采购方式取决于采购当局对于相关采购方式的经验。

因此,一方面存在过度应用竞争性对话的情况,另一方面在某些情况下采购当局又会积极避免使用这种采购方式。说到后者,在克莱文实证研究的受访人中,有 21 人在回答竞争性对话与其他采购方式的关系时指出,他们或某些客户会因各种原因尽可能地避免使用竞争性对话,而是采用其他方式完成复杂合同的授予。他们都认为竞争性对话成本过高,时间过长且过于复杂。有 18 位受访人指出,他们一般用限制招标取代竞争性对话。在此必须指出,人会对竞

---

[107] 2008 年英国政府商务办公室报告,前注[74],第 3 页和第 4 页。

[108] 同上,第 3 页。

[109] 2010 年英国财政部评论,前注[57],2.38 节~2.40 节。

[110] 其他受访人员未就此问题做出专门评论。

[111] 布劳恩(Braun),前注[32]。

[112] 见 1.4.5 节。

争性对话的负面印象来自竞争性对话的使用经验,如在对话过程中漫无目的,⑬而漫无目的恰恰与人们心中好的采购行为背道而驰。另外,还有很多受访人认为,通过限制招标的方式,人们也可以进行非常深入的对话。

最后需要说明的是,按照采购当局的法律制度,采购当局在应对不受《公共部门指令》约束的合同时,可以使用与竞争性对话相似的采购方式:对于受《公用事业指令》约束的采购实体来说,可以使用竞争性谈判的方式,可将这种采购方式设置得与竞争性对话非常相像。采购单位在处理既不受《公共部门指令》约束也不受《公用事业指令》约束的合同时,可以自由选择采购方式,只要不违背《欧盟运行条约》的义务即可(见3.3.1节)。有证据表明,采购当局在实践中应对不受《公共部门指令》和《公用事业指令》约束的某些合同时,会把指令规定的采购方式作为范例。克莱文的实证研究发现,在《欧盟官方公报》上进行公告的合同中,有5个B类服务合同或特许经营合同将按照竞争性对话的方式完成,或者将使用竞争性对话的方式进行后续的此类采购(有时也会规定必要情况下可偏离竞争性对话的法律规则,或者说明采购当局并非自愿遵守2006年《公共合同条例》,而是必须遵守)。在克莱文的实证研究中,有两个案例的采购是按照竞争性对话的方式完成的,但从其公告来看,这两次采购并不是竞争性对话式的采购。其中一个采购从公告来看属于谈判式的采购,但是这个谈判的结构与竞争性对话一样,使用的术语也一样,因此人们会认为这个谈判式的采购其实就是一个竞争性对话式的采购。

3.4.3 关于门槛价:面向未来的政策转变

至少从构想上是这样。在前面说过,英国似乎要对竞争性对话的使用做一些政策上的变动:在本章引言中指出,英国内阁办公室最近宣布,将来会限制竞争性对话的使用,部分原因是为了减少采购成本和时间上的浪费。⑭ 接下来就是最近人们对政府采购进行了"精益调查"。该"精益调查"指出,为了减少对竞争性对话的依赖,鼓励人们更多地使用公开招标和限制招标,将进行一系列改革,遏制对竞争性对话的过度使用,因为对于竞争性对话的过度使用,让采购过程变得过于漫长,过于复杂。⑮

---

⑬ 详见3.5.6节。

⑭ 内阁大臣 Francis Maude 演说,2011年11月21日,见于 www. cabinetoffice. gov. uk/news/crown - and - suppliers - new - way - working。

⑮ 《促进政府采购》(*Accelerating Government Procurement*),前注(57)。

　　这种变革会带来什么样的影响现在还很难预测,但是从前面介绍的情况和目前对公开招标与限制招标的指导来看,可以明确将来竞争性对话会在某种程度上被这两种采购方式替代。考虑竞争性对话在实践中的过度应用,这种方向上的些许改变将会受到人们的欢迎。

　　不过,最近政策上的一些变更也有可能是受到人们对于竞争性对话的负面看法的影响。这种负面看法的产生,是因为在实际操作竞争性对话的过程中,甚至在适用竞争性对话的采购过程中,许多采购当局对于竞争性对话的使用不当。如果真是这样,就有可能在去除竞争性对话时,把孩子和洗澡水一起泼出去。由于竞争性对话具有很大的灵活性,因此如果运用得当,竞争性对话对于许多类型的项目来说都是大有裨益的:它可以按照最为简单的方式进行组织——竞争性对话在结构上可以与限制招标非常相像,但又允许采购当局与供应商进行讨论,以确保拿出最佳方案;同时竞争性对话又可以组织得非常复杂,以应对最为复杂、最不寻常的采购项目。我们不能忽略这样的事实:竞争性对话本身是一个非常好的采购方式,英国人广泛认为,竞争性对话的引入是对先前各种采购方式的一个极大改善。因此可以这样认为,应当正确对待竞争性对话应用过程中出现的一些问题,不可过分遏制竞争性对话的使用,应当把精力放在如何更好地使用竞争性对话上,达到利益的最大化。将在3.6节进一步讨论如何在实践中正确应用竞争性对话,减少成本和时间上的浪费。

　　在某些应用竞争性对话的项目中,不采用谈判而采用竞争性对话的方式是否恰当,有人持保留意见;另外,政府是否因最近的金融危机导致的资金困难而在其指南中强调采用谈判的采购方式,也有人持保留意见。在克莱文实证研究中,有数人针对 PFI 项目提出了这样的观点,而在克莱文受访对象中,有两位决策者提出,虽然本书写作时正式的政府指南尚未发生变化,但很有可能从竞争性对话返回到谈判的采购方式上。其中一位决策者指出,国内某些采购当局在其他成员国进行某方面的采购,而这些成员国对于谈判的适用条件普遍宽松时,国内采购当局便会处于不利地位。人们正在考虑在这些领域采用谈判的采购方式:

　　我们拒绝在更大范围内使用谈判的方式,可能是过于谨慎;某些国家已经这么做了……爱尔兰已经这么做了。欧盟成员国对于这个问题的态度是不一致的。相对来说英国更加谨慎,而其他国家的态度更大胆一些。与其他国家相比,我们是否稍显不利,运转艰难? ……欧盟正在研究竞争性对话在实践中的应用情况;也许他们能在这些方面做些澄清。

从本书涉及的国家来看,德国在面对复杂合同时大量使用了发布公告的谈判方式,而且会继续这么做,但发布公告的谈判在其他国家的应用次数相当有限。[116]

或许不再依赖竞争性对话,可理解为未来人们会更多地使用发布公告的谈判。如果此事发生,就必须采取措施,在灵活性和报价相对完整之间依然保持平衡——许多从业者认为,与2004年以前的谈判相比,相对完整的报价是竞争性对话的一个重大优越性(该问题的讨论见3.5.7节和3.5.8节)。

3.5 竞争性对话的操作

3.5.1 引言

如3.2节所述,2006年《公共合同条例》制定的与竞争性对话有关的法规,将欧盟指令规定的灵活性全部赋予采购当局,即采购当局可自行决定如何组织、如何实施竞争性对话。但在实践中,竞争性对话在许多方面与英国之前的谈判非常相似,[117]也就是说,会邀请一定数量的投标人与采购当局就相关合同进行对话/谈判,在经过一个到数个投标阶段,参与对话的人数会进一步减少。但竞争性对话在正式结束对话和完成最终投标方面的各种要求,以及在与优先竞标人进行谈判方面设置的各种限制,使过去以谈判方式进行的采购难以通过竞争性对话的方式完成。在英国的采购实践中,人们对这一阶段进行了相应的改变。

竞争性对话在英国最为普遍的结构[118]与《指令2004/18》中关于相关阶段的条款(相关条款见1.2.4节,表1.1)是一致的,具体见表3.1。

表3.1 竞争性对话:英国PFI项目的应用方式

1. 公告发布阶段	在《欧盟官方公报》上发布合同公告
2. 筛选阶段(技术和/或专业能力;经济与资金情况;第45条标准) 第44~52条	是否合适(是否具有资格)
	从合格人选中筛选投标候选人

[116] 见1.4节,以及该处参考。

[117] 关于此种采购实践,参见Braun,前注㉜;Arrowsmith,前注⑮,第8章。

[118] 基于3.2.3节提到的由Craven进行的研究。

（续）

	对话阶段
3. 决标阶段（选择最低价格标或最具经济优势标）第53条	①列出参与人（如3~6人）的方案（常常不提供资金方面的信息或提供很少）（"邀请提交方案大纲"（ISOS））； ②正式选择2个或3个投标人提交详细方案； ③与选出的2个或3人讨论其方案； ④选出的2个或3个投标人提交详细的资金和技术方案（"邀请提交详细方案"（ISDS））； ⑤如有要求进行进一步的讨论； ⑥最终投标阶段的"演练"（只适用于某些情况）
	2个或3个投标人提交最终投标书
	对最终投标书进行解释、补充或者微调
	选出最低价格标或最具经济优势标（并通知所有投标人）
4. 投标后阶段	"优先竞标人"的选择与确认阶段
5. 公示期	√
6. 合同签订	√
7. 合同签订后	合同授予公告

3.5.2 计划阶段与说明文件的起草

3.5.2.1 计划的重要性以及政府在计划方面的指南

　　按照《指令2004/18》的规定，竞争性对话在合同公告发布之前的阶段是没有详细规定的，只要遵守一些一般原则即可，如平等待遇原则。

　　要想让竞争性对话采购取得好的效果，必须要有一个有效的计划和准备阶段，这是竞争性对话在英国实施前几年间采购实体从实践中得到的宝贵经验。2008年英国工业联合会报告指出，计划不足是竞争性对话运行过程中必须面对的一个重要问题，[119]2010年财政部调查报告根据其调查和圆桌讨论，认为该阶段实际上是竞争性对话采购中"影响最大"的一个阶段。[120] 克莱文的研究证实了该阶段的重要性。在他的研究中，几乎所有受访人都明确提到了这一点。克莱文的研究指出，在正式发布合同公告并开始一次采购之前，重要的工作包括（不同项目和领域可能会有不同的重点）：在当局内部进行组织准备（如内部规

---

[119]　2008年英国政府商务办公室报告，前注74，第1页、第3和第4页。
[120]　2010年英国财政部评论，前注57，3.3节。

范和寻求谈判资源）；⑫针对竞争性对话的阶段数量、性质和时间安排做出计划；提出要求；明确需要对话的问题；制定文件和标准（筛选标准和决标标准）。

认真计划原因之一是为了控制成本。当采用竞争性对话的采购方式时，为了让投标书更加完整，投标人付出的成本要高于采用谈判的方式，⑫而且采购当局的采购成本也高于谈判方式，当采用竞争性对话的采购方式时，必须与多个投标人进行详细对话，时间也长得多。⑬ 这一点已成为英国重点关注的问题。⑭ 通过计划控制成本不仅对采购当局有好处，而且可以降低供应方的成本，可以保证有足够的竞争。如果后续阶段成本过高，供应商便会犹豫到底应当参加哪一个合同的投标（这个问题在最近的经济衰退中更加突出），而计划不足可能进一步提高投标人参加投标的成本。国家审计署针对 2004 年 4 月至 2006 年 5 月的研究指出，潜在投标人通过采购文件的质量可以断定采购当局的准备工作是否充分，并因此决定是否参与某个项目的投标。⑮ 在克莱文的研究中，受访人也指出投标人常常在开始就对采购当局是否准备充分、是否组织得力、能否进行高效益采购做出判断。

计划的另一个方面是必须控制法律诉讼和某个阶段重新进行的风险，保证全面符合法律要求。在克莱文的研究中，有数位受访人强调了这一点。在发布合同公告时必须要有足够的知识，对项目的描述一方面要足够明确，另一方面要足够灵活。英国政府商务办公室在其采购政策的一个按语中指出了这一点，政府商务办公室/财政部 2008 年指南中也提到了这一点（将在 3.5.4.2 节对此进行详细讨论）。

2010 年财政部调查报告指出，竞争性对话的计划准备阶段虽然非常重要，但在实践中该阶段"往往是整个采购过程中最受忽视、执行最差的一个阶段"。⑯ 克莱文的研究还指出，过去的采购项目在进行过程中往往缺乏充分的计划和准备：在克莱文的受访人中有 17 人虽然认识到计划和准备的重要性，但出于政治上的压力（要通过合同公告达到某个"里程碑"），以及完成时间和资源

---

⑫　政府商务办公室/财政部 2008 年指南，前注㊻，指出采购实体内部还必须对该程序有一个透彻的了解，尤其是对对话关闭后的有限灵活性有一个透彻了解。同上，5.1.1 节。

⑫　见 3.5.7.3 节。

⑬　再次参见 3.5.7.3 节。

⑭　见 3.6 节。

⑮　国家审计署，《改进 PFI 招标程序》(*Improving the PFI Tendering Process*)，2007 年 3 月 8 日，主计审计长报告，2006—2007 年最高委员会第 149 届会议，见于 www. nao. org. uk/publications/0607/improving_pfi_tendering. aspx，第 13 页。

⑯　2010 年英国财政部评论，前注㊐，3.3 节。

上的压力,在采购实践中往往不会进行充分的计划和准备。2010 年财政部调查报告特别指出,出于压力,决标阶段"往往"开始得过早(可以推测合同公告也开始得过早)。⑫

政府商务办公室 2006 年指南非常简短,主要关注具有明确详细法规的问题,没有提到计划阶段,政府商务办公室/财政部 2008 年指南则对竞争性对话的这一阶段进行了强调。⑬ 另外,内阁效率与改革小组(Efficiency and Reform Group of the Cabinet)目前正在就该问题准备一个指南,从另一个侧面反映出竞争性对话计划阶段的重要性正在得到认可。⑭ 因此,未来在采购实践中,人们在运用竞争性对话时会进行更加仔细的计划和准备,将是一件可以预期的事情。

2010 年财政部调查报告特别关注的一个问题,也是 2008 年英国工业联合会报告特别关注的一个问题,⑮是某些采购实体忽视准备工作,认为竞争性对话的对话阶段是"一个从市场获取'免费意见'信息的机会"。⑯ 为了解决这个问题,2010 年财政部调查报告大力推动它所说的"目标性对话"(Targeted Dialogue)。⑰ 这个"目标性对话"主要是指采购单位只允许投标人就事先确定的有限问题与其进行对话,必须进行先期工作,保证未来不进行谈判的任何问题都能为私营公司所接受(将在 3.5.6.3 节对此进行深入讨论)。

政府商务办公室/财政部 2008 年指南还指出,正式决标程序开始之前,还必须保证其可承受性,必须有一个可靠的商业计划。⑱

3.5.2.2 市场意见征询

前面提到的计划和准备阶段的一个重要工作就是市场意见征询。2010 年财政部调查报告指出,在其召开的圆桌会议中,供需双方一致认为早期进行市场意见征询非常重要,⑲并概括性地指出,早期进行认真的市场工作将"大大"改善决标过程及其结果。⑳ 进行这样的市场工作有以下几个(相关)原因:

第一,在 3.4 节就指出,进行市场意见征询对于决定是否使用竞争性对话的采购方式具有举足轻重的作用。在前面指出,在决定是否使用竞争性对话

---

⑫ 同上,3.2.1 节。
⑬ 政府商务办公室/财政部 2008 年指南,前注㊻,第 5 段。
⑭ 2010 年英国财政部评论,前注㊼,第 39 段。
⑮ 2008 年英国政府商务办公室报告,前注㊽,第 4 页。
⑯ 2010 年英国财政部评论,前注㊼,3.6 节。
⑰ 同上,3.30 节 ~ 3.32 节。
⑱ 同上,5.1.1 节。
⑲ 2010 年英国财政部评论,前注㊼,3.5 节。
⑳ 同上,3.4 节。

时,2010 年财政部调查报告⑱发现某些采购当局会进行市场意见征询,以确定即将使用的采购方式和技术规格能否为投标人所接受,能否使用限制招标。

第二,市场意见征询有利于确定人们对相关项目是否感兴趣,当发现市场可能不足以形成充分竞争时,可采取措施提高人们的兴趣(如消除参与相关项目的障碍)。政府商务办公室/财政部 2008 年指南⑱和 2008 年英国工业联合会报告都建议为此进行市场意见征询,而 2008 年指南则为此提出一些具体措施,如进行市场研究,还可以发布一个预先信息公告(PIN)。⑱ 2010 年财政部调查报告指出,在采购实践中有许多采购当局为了达到这个目的进行了市场意见征询。⑲

进行市场意见征询的另一个原因是为了确定项目范围,制定技术要求。对于采购当局来说,这似乎是最为棘手的问题之一。现实存在的一个两难境地是与笼统调查相比,与一定数量的参与者进行详细对话可以更方便地获得更详细、更有益的信息,但此举可能会有违反平等待遇原则(不是非常确定),相关讨论见第 2 章。政府商务办公室 2006 年指南、政府商务办公室/财政部 2008 年指南和 2010 年调查报告都没有就此法律问题提出相关指南,也没有指出在实践中应当遵守什么样的规范。2010 年的审计文件简要指出,采购单位可能在这一方面"过于谨慎"。⑭ 2010 年调查报告在建议先期进行更详细的市场意见征询时,提到的可能就是这个问题。

2010 年财政部调查报告指出,采购当局在确定预期结果或确定范围时,很少与供应商进行任何形式的接触⑭(进而引发上面提到的采购单位过于谨慎的评论,却没有进一步提出相应的详尽规范)。但是,克莱文的研究发现了采购当局进行市场意见征询的证据。但由于顾及法律风险,采购从业者的态度各有不同。在克莱文的实证研究中,有 21 个受访人详细谈论此类问题,⑭有 7 人表示愿意与筛选出来的一定数量的供应商进行技术性对话,以保证对话的有效性,11 人表示应当非常谨慎,强调与筛选出来的少数几个潜在供应商进行技术性对

---

⑱ 同上,3.8 节。

⑲ 政府商务办公室/财政部 2008 年指南,前注㊼,5.1.8 节和 5.1.9 节。

⑱ 同上,5.1.8 节。2008 年英国政府商务办公室报告,前注㉞,指出:预先信息公告的使用不足;进行预先信息公告可保证充分的准备时间,同时也为市场留出了充分的准备时间。

⑲ 2010 年英国财政部评论,前注㊴,3.7 节。

⑭ 同上,3.5 节。

⑭ 同上,3.7 节。

⑭ 受访的许多法律顾问没有在该阶段提供咨询,因此没有相关评论。

话存在法律上的风险。

愿意与少数人进行技术性对话的受访人表示,要保证这样的对话尽量透明,采购当局要特别注意将对话过程中的所有信息尽量完整地书面记录下来并公布于众,以降低法律上的风险。

2011 年 11 月 21 日,内阁大臣弗朗西斯·莫德在一次发言中宣布,[143]将就即将进行的项目更早地向市场进行公告,[144]并且在采购正式开始之前将以非正式会谈的方式与潜在供应商进行更多的磋商。他在发言中特别提到了坊间"按照欧盟法禁止与供应商进行对话"的流言。[145]此举可能会使人们更大胆地与供应商进行磋商,不再像某些采购当局那样小心翼翼。但是要知道该政策的具体内容如何,将来会产生什么样的影响,尚有待时日。

3.5.3 信息与方案的保密

《指令 2004/18》第 29 条第(3)款是关于竞争性对话性保密事宜的条款,相关讨论见 1.5.3 节。2006 年《公共合同条例》第 18 条第(21)款对应的是《指令 2004/18》第 29 条第(3)款,几乎原文照搬了后者的内容。该条款规定,整个竞争性对话期间,采购当局"未经参与人同意,不得将其提交的方案或机密信息透露给其他参与者"。

首先要指出的是,对于采购当局"摘樱桃"行为的担忧,即将各投标人方案融合后形成一个完整方案的做法是私营公司最大的担忧:2010 年财政部关于竞争性对话的调查报告指出,有 55% 的公有公司认为投标人"很"担心或"非常"担心该问题会变得严重。[146]不过该报告认为这个问题实际上并不严重,采购当局在采购过程中很遵守保密规则。[147]从私营公司的角度出发,英国工业联合会报告强调了投标人信息保密的重要性,[148]并建议在保密问题上做好更加严密的准备工作,指出制定政策以及内部行为规范将会有利于保密工作。该报告还指出,采购当局在每一次对话会议上提请投标人注意保密政策,不失为一种良策。[149]

---

[143] 前注④。

[144] 已经辅助行动的倡议见发言文本,前注④。

[145] 同上。

[146] 2010 年英国财政部评论,前注⑤,4.24 节。

[147] 同上,第 4.25 段和第 4.26 段。

[148] 2008 年英国政府商务办公室报告,前注⑭,第 10 页。

[149] 同上。

　　总体来看,人们在这个问题上已经于采购实践中形成一套共同规范。克莱文实证研究指出,按照这一套规范的要求,⑭说明文件在开始应说明如果投标人不想将机密信息与其他投标人分享,就必须将机密信息标注出来。如果采购当局与投标人持不同意见,认为某个信息不属于机密信息,那么采购当局在将该信息与其他投标人分享之前必须告知该投标人。如果仍然不能达成到一致,那么可以让投标人删除该信息。这种事前协议在英国政府商务办公室/财政部2008 年指南中被称为解决保密问题的"潜在机制",⑮而且几乎得到所有人的支持。克莱文的实证研究表明,通过这种方法在实践中出现的保密方面的异议往往会得到很好解决。在此还要指出,《指令 2004/18》中的法律条款对于某些投标人来说不足以解决所有问题。有 7 位受访人表示,私营公司常常会坚持让采购当局及其工作人员签署一些正式或非正式的保密协议(有时这些保密协议还相当复杂),在保密协议中就某些信息的保密问题所达成的一致记录下来。

　　在第 2 章指出,《指令 2004/18》并没有明确说明是否通过一个超出成员国国内法的"欧盟级别"的保密标准来保护机密信息。当出现保密意见不一致时,由于问题一般都能得到圆满解决,并不需要详细讨论哪一个法律标准适用,因此在克莱文的实证报告中很少有人能够详细说明应当制定什么样的保密标准(而数位法律顾问则认为这是所在公司知识产权专家的事,如果发生了此问题,知识产权专家会提出相关建议,但他们不会定期提出建议)。从受访人的评论来看,人们对于该条款理解各有不同:13 人认为,《指令 2004/18》规定下的机密信息在数量上多于国内法规定下的机密信息,而采购当局也往往会尊重投标人的评估;8 人认为,如果出现争议,将根据国内法标准评估相关信息是否属于机密信息,如保密法和 2000 年《信息自由法》。根据 2000 年《信息自由法》的规定,经申请可以查阅政府信息。⑯

　　2006 年《公共合同条例》第 18 条第(21)款第(c)项是《指令 2004/18》第 29条第(3)款的重复,规定采购当局取得相关投标人同意后,可以分享该投标人的机密信息。但是,在克莱文的受访人中很少有人就某些信息的机密性与采购当局签订一个协议,另有 13 位受访人特别指出,他们没有必要去达成这样的协议,这种事情发生的概率很低。在 1.5.3 节指出,欧盟委员会认为,如果采购当局提出这样的要求并以此作为参加投标的条件,这种"分享协议"就会存在。但

⑭　18 名受访者(只有一名受访者提出不同规程)。
⑮　政府商务办公室/财政部 2008 年指南,前注㊻,第 19 页。
⑯　2000 年《信息自由法》(*Freedom of Information Act* 2000)。

是从克莱文的研究来看,这种情况很少发生,因为投标人不会接受,有两位受访人认为在合同公告中应当声明将"分享协议"作为参加投标的条件,但其他人并没有这样认为。另外从个案来看,也很少有受访人会去申请分享其他投标人的机密信息。4人是通过谈判的方式达成协议的,4人通过达成协议取得了报酬,2人在对话阶段有公共开放日,投标书和方案都展示出来。在上述情况下,投标人在早期就知道了这一要求且没有提出反对意见。

在此必须指出,虽然从法律上看《指令 2004/18》下的其他采购方式没有与保密相关的条款,但是政府指南提出该保密要求适用于所有采购方式。[153]

3.5.4 公告要求(合同公告等)

3.5.4.1 公告的法律规则与实践

根据英国对欧盟法规的一贯实施方式,英国 2006 年《公共合同条例》(第 18 条第(4)款)在公告要求方面照搬了《指令 2004/18》(第 35 条和 36 条)的要求,即必须要在《欧盟官方公报》上发布合同公告,此外再没有增加任何其他法律要求,如没有提出必须在国内发布合同公告的要求。

2011 年以来,中央政府机构,如政府各部门还必须通过一个叫作 contracts-finder(合同搜寻器)的新服务终端发布公告,[154]公告合同价值在 10000 英镑以上的所有合同,以便政府在采购政策上达到更大程度的透明。[155]按照英国的传统,英国一般只在欧盟法规定的范围内进行一般程度的监管,因此这个要求只是一个行政性规定而不是法律。另外,所有政府机构(包括中央政府和地方政府)发布的合同公告,每天会自动公布在 contractsfinder 的数据库中。这意味着,采购实践中在这个国家数据库和《欧盟官方公报》上至少会有以下内容:属于《指令 2004/18》合同公告要求范围,采用竞争性对话的所有采购项目的合同公告;以及不完全属于欧盟各指令约束范围,由中央政府采用类似于竞争性对话方式进行的采购项目,如 B 类服务合同或特许经营合同。

---

⑮ 政府商务办公室/财政部 2008 年指南,前注㊻,5.2.11 节。

⑭ www. contractsfinder. businesslink. gov. uk。此为政府提供的免费服务,包括注册后可在相关机会出现时进行提醒。

⑮ 见内阁办公室,*Transparency – Publication of Tender Documentation*,2010 年 12 月,见于 www. cabinetoffice. gov. uk/resource – library/guidance – transparency,第 3.9 节;另参见英国政府商务办公室,*Procurement Policy Note – Published Guidance on Implementing Requirements for Greater Transparency in Central Government Procurement and Contracting*,见于 http://webarchive. nationalarchives. gov. uk/20110822131357/www. ogc. gov. uk/documents/PPN_2_11_Transparency_PPN_%282%29. pdf。

有时候也会使用其他方式进行合同公告,如某些地方当局在地方进行项目公告,而某些特别行业项目公告偶尔会出现在行业性的媒体上。有事实证明,[⑮]在 contractsfinder 面世和新的透明政策出台之前的几年,人们仅在《欧盟官方公报》上对竞争性对话项目进行公告是相当普遍的。人们普遍认为,当网上不可查时,仅在《欧盟官方公报》上对重要项目进行公告常常不足以引起投标人的注意或吸引足够的竞争。在采购实践中,一部分采购当局的做法是除了在《欧盟官方公报》上发布公告,还在一些国家门户网站上进行公告,如以前的 supply2gov 门户网站,(现被 contractsfinder 替代)。但在此之前,本章提到的实证研究中的许多项目在《欧盟官方公报》上发布公告仍然是向市场通告投标机会的唯一或主要渠道。

3.5.4.2　公告起草过程中的法律问题

在英国,与合同公告有关、具有重大意义的主要法律问题是对公告项目的说明。如果采用竞争性对话的方式,那么要采购什么东西在开始是无法进行准确说明的。因此,起草一个好的公告,既要足够灵活,又要足够准确,使人对其有足够的了解,达到相关项目在法律上的要求[⑮]并吸引最为合适的投标人,是一件非常困难的事情。如果没有充分的计划和准备,则难上加难。在 1.5.2 节和 1.5.4 节指出,欧盟法的要求是:如果某个项目最后与合同公告上的说明有实质性差异,那么这个产生实质性差异的项目视为一个新的项目;[⑱]如果最初的公告不足以说明最终项目,则需要另行发布新的公告。在克莱文的访谈对象中有数人提到了起草合适公告的困难,其中几个人指出采购当局在起草公告时得不到相关法律建议,显得尤其困难,因此认为在起草公告时就如何措辞得到相关法律建议是一件非常重要的事情。这个问题在 2008 年变得更加突出。该年欧盟委员会认为英国违规而提起诉讼。当时,英国的一个采购当局在合同公告中没有把最终达成的 PFI 合同中所有类型的服务都包括进去,而欧盟委员会认为英国采购当局应当做到这一点,因为只有这样才能保证最终授予的合同与合同公

---

⑮　特别感谢贝文·布里坦律师事务所前合伙人、现任顾问 Susie Smith 提供有关广告实践的信息。

⑮　案件 C – 423/07（Case C – 423/07）欧盟委员会诉西班牙（Commission v. Spain）,2010 年 4 月 22 日判决。

⑱　案件 C – 4541/06（Case C – 4541/06）新闻文本通讯社诉奥地利（Pressetext Nachrichtenagentur v. Austria）[2008]ECR 1 – 4401。此规定也适用于非优先服务合同:案件 C – 91108（Case C – 91108）沃尔股份公司诉法兰克福市和法兰克福处理与服务有限公司（Wall AG v. Stadt Frankfurt am Main and Frankfurter Entsorgungs – und Service GmbH）,2010 年 4 月 13 日判决。

告所描述的合同相一致。⑯

欧盟委员会针对英国的一系列诉讼,最终导致英国政府商务办公室于2009年4月颁布了一个政策说明,⑯建议在合同公告中尽量将所有可能出现的要求都表现出来。该政策说明指出:

与其让最终授予的合同包含合同公告中未曾说明的元素,不如一开始在合同公告中将……可能出现的要求,如一些警示等都包括进去。如果在发布合同公告时不知道相关要求的具体细节,那么采购当局应按照本通告II.1.5节进行适当的宽泛性或一般性说明,并应用II.1.6节列出的高级公共采购词汇编码对相关公告进行归类。⑯

2009年8月,鉴于市场动荡,英国财政部说明还提到了PFI合同的合同公告问题。⑯ 随着金融危机的加剧,依赖私人主动融资为相关项目提供资金变得越来越不安全,因此采购当局"在起草《欧盟官方公报》上的公告和其他招标文件时,覆盖面越广越好,让其他融资方案也得以实现"。⑯ 该说明于2010年8月31日废止。英国财政部认为,该说明的部分原则经如下修改后仍然非常重要:"为了降低采购过程中的违法风险,《欧盟官方公报》上的公告和招标文件应当采取宽泛性措辞,让公共部门有更多的渠道(包括资本捐款)的方式进行融资和筹措资金。"⑯

3.5.5 选择阶段:对话候选人的选择

英国《公共合同条例》第18条第(10)~(14)款对应的是《指令2004/18》相关条款,针对的是对话候选人的选择,是对后者的原文照搬。《指令2004/18》中与选择相关的重要要求见1.5.5节。

当存在足够数量的合格公司时,采购当局可以采用客观非歧视性标准选出

---

⑯ 英国政府商务办公室,《采购政策说明——保证合同公告准确包含竞争要求的必要性》(*Procurement Policy Note – The Need to Ensure Published Contract Notices Are Accurate and Cover the Complete Requirement*),诉讼说明03/09,2009年4月8日。

⑯ 同上。

⑯ 同上,第8段。

⑯ 英国财政部,《应用说明——当前市场条件下的PPP项目》(*Application Note – PPP Projects in Current Market Conditions*),2009年8月28日,见于www. hm – treasury. gov. ukld/markecdislocation_280809. pdf。

⑯ 同上,2.3节。

⑯ 见英国财政部,《公私伙伴关系:技术更新2010》(*Public Private Partnerships:Technical Update 2010*),PPP政策更新(2010),见于www. hm – treasury. gov. ukld/ppp_technical_update. pdf. section A6。

一定数量(最低数量或最多数量)的合格公司,并邀请他们参加采购中的对话阶段(第18条第(12)款)。参加对话的合格公司的最低数量为3个,前提是必须能够形成真正的竞争(第18条第(12)款和第(13)款)。

2008年英国政府商务办公室/财政部指南并没有规定受邀参加对话的公司数量是多少,认为这是一个专业性的判断,取决于每次采购的具体情况;但在判断筛选数量是否足以形成真正的竞争时,采购当局应当考虑"投标人的数量、这些投标人的可能实力、投标人对相关项目的兴趣,以及投标人对完成采购过程的愿望"。(165)

2008年的这个一般性指南为采购当局规定了设置投标人数时必须达到的平衡:公司人数太少,就有可能减少创新性方案的数量和竞争程度;邀请的公司数量过多,某些本可以强化竞争的公司,就有可能因为成功概率过低而退出。(166)该指南还提到了邀请过多公司参加对话引发的实际问题,即对采购当局资源的极大压力以及由此带来的时间过长的问题(167)(该指南还指出,筛选本身也是需要资源的)。(168) 由政府发布的名为《学校伙伴关系》(*Partnerships for Schools*)的指南建议选出参加对话的投标人的数量最多为8人。(169) 克莱文研究发现,在采购实践中,PPP项目邀请参加对话的投标人数量一般为3~7人,而《促进政府采购》的研究报告则指出,其研究的采购一般有7人参加对话。(170) 该研究认为,减少参加对话的人数可以节约成本,但是通过向供应商提供更好的反馈,让他们在合适的时间(而不是现在)及时做出退出的决定,也可以达到节约成本的目的。(171)

竞争性对话持续的时间很长,在这个漫长的过程中投标人的情况可能会发生各种变化,在实践和法律两个方面影响采购当局的投标人选择决定。如某个投标人的资金状况恶化,或者财团结构发生了变化(如某个成员破产),都会对企业尤其是资金状况或技术能力造成重大影响。从现实角度出发,此时已无法再与该投标人继续合作,也有可能引发是否应当继续让该投标人参加投标的法律问题。(172) 在克莱文的研究中,有13个受访人强调指出,由于以上原因,应当在

---

(165) 政府商务办公室/财政部2008年指南,前注㊻,5.2.7节。

(166) 同上,5.2.7节。

(167) 同上,5.2.8节。

(168) 同上,5.2.8节。

(169) 《怎样进行竞争性对话》(*How to Conduct a Competitive Dialogue Procedure*),前注(55),第13段。

(170) 《精益采购项目诊断发现》(*Lean Procurement Project Diagnostic Findings*),前注(76),第20页。

(171) 同上。

(172) 例如,如果由于成员发生了变化,财团在筛选过程中得分不够高,无法入选对话,可以说按照平等待遇原则应当重新选择。

整个采购过程中持续审查资格和甄选决定,例如,对话每一个阶段发布的文件,都可以要求投标人在发生任何重大变化时及时通知采购当局。

3.5.6 对话阶段

3.5.6.1 对话阶段的构成

在对话阶段的构成方面,2006 年《公共合同条例》将《指令 2004/18》中的全部自由赋予采购当局。关于采购当局所享有的自由见 1.5.6 节。当市场对相关项目有足够的兴趣时,采购当局应当至少邀请 3 家公司进入对话(《公共合同条例》第 18 条第(12)款),其目的是找出并确定满足采购当局需求的最佳方式(《公共合同条例》第 18 条第(20)款)。《公共合同条例》第 18 条第(21)款规定,在对话阶段,采购当局必须和参与对话者讨论合同的所有方面,而且《公共合同条例》第 18 条第 21 款规定,采购当局可将对话阶段分成数个步骤连续进行,以减少对话阶段的方案讨论数量。

从克莱文 24 个受访人的描述中发现,英国以竞争性对话方式进行的 PPP 项目,其通用决标过程与竞争性对话引入英国之前,以谈判方式进行的 PFI 项目的决标过程大致相同,[173]只不过由于考虑竞争性对话的特殊法律要求而做了一些重大调整(对于 2006 年之前可能以谈判方式完成的采购,该研究没有就此决标过程进行说明)。根据表 3.1,该过程可归纳如下:

(1)以大纲方式列出 3 ~ 7 名对话参与人提出的方案(往往没有资金方面的信息,或者很少)("邀请提交方案大纲"(ISOS))。

(2)以提交的方案大纲为依据,采购当局选择一定数量的参与人(如 2 人或 3 人)提交更详细的方案。

(3)与(2)中选出的参与人讨论其方案。

(4)(2)中选出的参与人提交详细的资金和技术方案("邀请提交详细方案"(ISDS))。

(5)必要时进一步讨论。

(6)最终投标阶段演练(只适用于某些情况)。

因此一般会邀请一定数量的投标人参加对话,如前所述,在 PFI 项目中一般是 3 ~ 7 人。必要时,参加对话的投标人数量经过 1 个或 2 个正式投标阶段会

---

[173] 详见前注②。政府商务办公室/财政部 2008 年指南,前注 46,指出与下文各阶段相类似的各个阶段、提交方案提纲的邀请、参加谈判的邀请,其实是 2006 年以前 PFI 谈判程序的通行做法,见 5.2.22 节和 5.2.23 节。

有所减少,因此常常是只有 2 个或 3 个投标人会参加详细的对话并提交最终投标书。在实践中,减少投标人数量的主要依据是决标标准,而决标标准与各投标人提交方案的技术性质和商业问题有关(见 3.5.6.2 节)。不过有时候在对话阶段也会考虑投标人提交方案的资金问题。

随着对话的深入,人们对于方案中的细节会考虑得越来越多,因此一种常见方法是在对话初期就设立一个提交方案提纲的环节(常称为邀请提交方案大纲(ISOS)),随之而来的是详细方案阶段(常称为邀请提交详细方案(ISDS)阶段)[114]。一般来说,仅通过提交方案就可以将投标人的数量从 5 ~ 7 人减少到 2 人或 3 人(见表 3.1)。但在某些条件下,ISDS 阶段也可以用来减少投标人的数量。

实际做法按照项目性质和市场反应会有所变化,如会设置前面提到的两个投标阶段(ISOS 和 ISDS),但其目的并不是减少对话参与者的数量,而是让参与者能够完善其报价。

2008 年英国政府商务办公室和财政部发布的关于竞争性对话的指南并没有就如何组织对话提出具体建议,因为如何组织对话依项目的不同而不同,该指南提出的上述程序不过是一种可能的操作方式。2010 年财政部调查报告的一个重要指导意见是进入最终投标阶段的投标人应当尽早选出。该调查报告指出:"经验丰富、参加过圆桌讨论的公共部门采购人员一致认为,他们带给下一次竞争性对话的最大教训是早期选择非常重要。"[115]这一点也是克莱文研究的成果,有 20 个受访人提到了早期选择的重要性。

克莱文的研究还发现,PFI 项目的一个共同做法是,正式结束对话之前要求投标人提交"演练"性质的最终投标书,这些投标书应当包括所有相关细节和费用方案,其内容与最终投标书一致,但不视为《指令 2004/18》或《公共合同条例》中的最终投标书(见表 3.1)。这种做法可保证在最终投标阶段不出现任何问题,因为正式的最终投标阶段结束后,对最终投标书进行合法调整的空间相当有限且具有法律上的不明确性(相关讨论见 3.5.7.4 节和 3.5.8 节)。如有必要,可随后对提交上来的投标书的内容进一步讨论,如怎样对采购当局不满意的完整投标书进行修订,或者就一些可能引起误会进而导致不合格标书的某些方面进行讨论。然后采购当局就可以正式结束对话阶段,让投标人提交法律意义上的最终投标书。这些最终投标书具有完整细节和成本预算,具有约束

---

[114] 政府商务办公室/财政部 2008 年指南,前注⑩,5.2.21 节 ~ 5.2.23 节。
[115] 2010 年英国财政部评论,前注㊲,3.18 节。

力。该最终投标阶段的讨论见 3.5.8 节。但是,虽然在克莱文的受访人中有 10 人提出要在正式结束对话之前进行最终投标"演练",且此举已成为一种"广泛存在""普遍接受的惯例",但该研究并没有明确说明这种行为到底有多广泛。一位律师指出,此举在不想冒险的采购当局中非常普遍,因为他们不想在法律上冒险;而其他采购当局则认为此举没有必要,他们对最终投标阶段结束后的标书调整持灵活态度。[176]

按照上述方法,采购当局在对话阶段往往按照投标人提交的方案特点和细节进行投标人的淘汰。在第 1 章指出,有人提出《指令 2004/18》是否允许采购当局在对话过程中通过某种程序淘汰参与对话的人,受邀参加对话的人能否以其他人提交的方案为基础形成自己的方案;也有人提出《指令 2004/18》对此有明确规定,竞争性对话的进行也应当主要照此进行。[177] 显然,上述英国采购实践表明,根据投标人提交的最终投标书的各个方面,技术也好,资金也好,是可以对投标人进行淘汰的,而且这一点在政府商务办公室/财政部 2008 年指南中非常明确,在 2008 年英国工业联合会报告中也提到了这一点。[178]

克莱文的研究只是针对 PFI 项目进行了结构性研究,没有涉及其他复杂合同,如复杂 IT 合同的一般结构。在克莱文受访人中,一部分人在以竞争性对话方式完成非 PFI 项目方面经验最为丰富。他们认为,决标方式的结构在很大程度上取决于采购自身的特点,如市场规模、投标人中途退出的概率、投标成本以及对话的复杂程度。但是从 PFI 采购来看,一般会分阶段进入对话阶段,且在对话结束之前正式提交投标书。

《公共合同条例》为了保持与《指令 2004/18》的一致性,没有规定采购当局必须制定详细的技术规格,再让投标人以此规格为基础提交最终投标书;但如果采购当局愿意这样做也是可以的。政府商务办公室/财政部 2008 年指南只是说最终投标书通常以对话阶段提交的方案为基础。[179] 在英国,投标人最常见的做法是避开其他投标人单独与采购当局对话,在对话过程中形成自己的方案,并根据该方案形成最终投标书。17 个受访人表示,采购当局通常会广泛采纳各投标人方案并在此基础上形成一个共同方案,投标人要以此共同方案为基础进行投标。用 1.5.6.3 节提到的对话模式来表示,此方式称为自有方案模

---

[176] 详见 3.5.7 节。

[177] 见 1.5.6.2.2. 节。

[178] 2008 年英国政府商务办公室报告,前注[74],第 8 页。

[179] 政府商务办公室/财政部指南,前注[46],5.4.3 节。

式;如果在对话过程中对规格进行了调整,如增加或减少了某些要求,则称为混合模式。其他做法比较少见,有 4 个受访人表示曾让投标人以某个单一详细技术规格为基础提交投标书(此方式在第 1 章称为指定方案模式),3 个受访人表示曾让投标人按照不同的详细规格进行投标。

在备用投标书(Variant Bids)(《公共合同条例》第 10 条)方面,政府指南指出,采购当局可自行决定是否采用竞争性对话的方式邀请投标人提交备用投标书。[180] 2009 年财政部应用说明——《当前市场条件下的 PPP 项目》(*PPP Projects in Current Market Conditions*)建议采购当局考虑提交备用投标书的方式筹措资金,鼓励投标人探索资金市场上具有发展前景的出资方式。[181] 克莱文的研究没有对备用投标书进行详细分析,但是数位受访人表示,有时候人们在采购实践中会使用备用投标书的方式,包括技术上的变更。因此有时候采购当局会根据其最初想法制定一个理想方案,再让投标人对此方案进行提高,如果不可能,则尽可能少地对其进行改动。对《指令 2004/18》中与竞争性对话过程中的变更相关的法律问题见 1.5.7.5 节。

在此应当指出,虽然法律明确规定采购当局可以在对话过程中减少方案的数量,但在正常投标过程中是否必须在对话过程中减少方案数量就不那么明确。[182] 英国政府发布的指南对此也保持沉默。克莱文的研究表明,英国国内采购人员对于这个法律问题各有看法,但是在 PPP 项目中对话结束之后会有一个正式的方案淘汰过程。在 22 个受访人中有 14 人指出,人们对相关法律规则的理解是淘汰方案必须有一个正式的程序(英国工业联合会报告建议必须以书面提交的材料为基础完成对方案的淘汰)[183],10 人表示正式的投标过程根本不需要。但是在这 10 人中有 6 人表示在采购实践中均会有一个正式的淘汰程序,以降低法律风险(前面在简要介绍对话阶段时提到了这一点)。

最后强调指出:2008 年英国工业联合会报告建议采购当局针对对话过程中提出的创新性观点制定一个快速评判、快速反馈的方法,如果采购当局对投标人提交的方案不满,相关投标人则不必对其方案进行修改,以免造成成本方面的浪费。参加过竞争性对话的英国工业联合会成员认为这一点非常重要。[184]

⑱ 同上,5.4.1 节。

⑱ 《当前市场条件下的 PPP 项目》(*PPP Projects in Current Market Conditions*),前注⑯,3.7 节。

⑱ 见 3.5.6 节讨论。

⑱ 2008 年英国政府商务办公室报告,前注⑭,第 8 页。

⑱ 同上。

3.5.6.2 为减少投标人/方案而制定的决标标准

在许多项目中,人们为了在对话期间减少对话参与者的数量而采取了正式提交方案的方式。实际上为了尽快减少参与竞争性对话的投标人的数量,采购当局必须承受来自私营公司的巨大商业压力,而减少参与竞争性对话的投标人的数量,也正是 ISOS 阶段的一个主要目标:采购当局可以帮助不可能成功的投标人,使他们不必为制定完整方案而花费高昂成本。但是在对话阶段早期,不可能像最终投标阶段那样对投标人提交的标书进行详细的介绍和讨论,因此可能会发生最终提交最佳投标书的投标人被淘汰,或者投标人没有达到某些最低标准(如提交信息不完整)而被淘汰。

法律上不明确的地方是由投标人提交的用来在 ISOS 阶段淘汰方案的信息,在细节上与最终投标阶段提交的信息可以有多大程度的不同。另一个相关法律问题是在对话阶段和按照最终投标书选出中标人之后(见 1.5.6.5 节),用来淘汰投标人或方案的标准以及该标准的权重可以有多大程度的不同。

英国这个问题在衡量公司的资金信息和确定资金标准时表现得尤为突出。不管面对的项目类型是什么,为了在最终投标阶段选出中标人,这些信息和标准非常重要。在完整的技术方案制定出来之前,仅依靠资金标准而对比各投标书的优劣是非常困难的,因为此时人们不可能完全了解一个公司的资金状况。

在这个问题上,无论是英国政府指南还是采购从业人员都认为在竞争性对话的不同阶段使用不同的标准和/或标准权重,均不失为明智之举。

政府商务办公室/财政部 2008 年指南鼓励采购当局在 ISOS 阶段只专注于技术方案和一些关键性的商业问题,如项目中的风险分配问题。

关于资金标准,根据该指南的建议,只有当采购当局担心投标人无法承担提交方案的费用时,才需要投标人报出参考价(该参考价没有法律约束力)。[188]该指南建议,只有当投标人达不到基本的负担标准时,才可将其淘汰,不得因为某个投标人提交的方案在成本上高于其他人而将其淘汰。因此,与最终投标阶段相比,资金标准在该阶段的用处非常有限。

根据 27 个受访人的回答,克莱文实证研究得出结论:在采购实践中,采购当局最为常见的做法是在对话的后期阶段才会考虑投标人方案中的资金问题。这一点与指南的建议是一致的。至于用什么样的正式标准来衡量投标人的标书,受访人描述的方法各有不同,但总的来说这些方法都是一样的,也就是说,

---

[188] 政府商务办公室/财政部 2008 年指南,前注[46],5.2.22 节。

与对话后期相比,在对话的早期阶段某些决标标准不使用或使用有限。有时候在对话早期,资金标准的权重是 0,有时候会在资金标准方面给所有投标人打满分,有时候在早期没有资金方面的决标标准。10 个受访人是这样解释的:他们规定每一个权重都是一个范围值(0 ~ 70%),在竞争性对话的各个阶段这些权重会在该范围内发生变化,而有些受访人表示,在对话开始时会将各阶段准确的权重值进行说明。

也有 6 个受访人表示,从法律角度来说,如果在提交方案大纲阶段使用的一整套决标标准(包括资金标准)和权重与最终投标阶段的不一样,就会有很大的风险。将所有标准都用上会增加某种法律风险(使用不同标准而导致的风险),如果各阶段的标准都一样,则会产生另一种风险,即依据有限信息制定标准的风险。

还有 6 个受访人指出,在采购实践中,虽然他们会对投标书的各个方面进行认真考量,以保证在对话的所有阶段完全按照主要的决标标准和同一权重来评判投标书,但是该级别之下的决标标准(次要决标标准)将按照各阶段对方案细节的考量程度来确定。

3.5.6.3 会议

在对话期间,如果投标人针对自己的方案进行报价,那么投标人一般会与采购当局单独会面,对其自身方案进行讨论完善。与单个投标人进行的这个对话可以划分为数个对话会议(如技术对话会议、商业对话会议和法律对话会议)。[186] 这种做法可能会导致组织上的复杂性,会导致管理上的困难,需要进行许多成本高昂的会议,尤其是在对平等待遇原则进行严格解释的时候。

《公共合同条例》第 18 条(21)款(b)项主要对应的是《指令 2004/18》第 29 条第(3)款。根据《公共合同条例》第 18 条(21)款(b)项的规定,在对话期间采购当局"应当保证所有参与者之间的平等待遇,尤其不得以歧视性方式向任何参与者提供使其高于其他参与者的信息"。在克莱文的研究中,有许多受访人认为人们对竞争性对话法规中的平等待遇原则的理解是不对的,按照这样的理解会使某些对话阶段的构成过于死板。如不管需要还是不需要,在对话阶段开始就安排了会议,而且会给每一个投标人安排同样数量的会议,会议的时长相等,只讨论事先确定的一些问题。有一部分受访人认为,平等待遇并不一定要采取这种死板的方式。

---

[186] 2008 年英国政府商务办公室报告,前注⑭,第 8 页。克莱文研究中的 24 个受访人也描述了以此方式进行对话的情况。

数量过多的会议和与评估不相干的信息要求往往引发时间长、成本高的对话,而时间长、成本高的对话又成为人们诟病竞争性对话的一个常见理由。[187] 在5.2节指出,英国财政部正大力推进"目标性对话",鼓励人们在对话期间形成标准形式的合同,以提高竞争性对话采购的效率。在克莱文的研究中,有21人表示已经在采购实践中采取这种目标性对话方式。但我们必须指出,其中几个受访人表示在采取这种目标性对话的过程中遇到了一些困难,因为这种目标性对话使人们在某些方面(如某些合同条款)失去了谈判的灵活性,而成功的目标性对话必须要有充分的准备和对市场的充分了解。

3.5.7 最终投标阶段

3.5.7.1 综述

按照《公共合同条例》第18条第(24)款的规定,采购当局在确定一个或多个达到其要求的方案之前,对话阶段可以持续进行。在这一点上,该条款再一次照搬了欧盟指令的相关规定。达到需求的方案一经确定,采购当局必须正式结束对话阶段,告知每一个投标人现在这个阶段结束了,每一个投标人必须提交一份最终投标书(《公共合同条例》第18条(25)款)。

人们常将对话阶段分成几个正式的投标步骤以淘汰某些不合格的投标人,竞争中胜出的投标人在对话正式结束之前需要提交完整详细且带成本预算的投标书。这一步的目的不是进一步淘汰投标人,而是保证进入最终投标阶段之前能够把讨论过程中可能出现的所有问题都考虑进去。这一步意味着最终投标阶段可能只是对已提交文件的正式确认(可能会有程度不大的变更),将该文件作为具有法律意义的最终投标书。在分析最终投标阶段的运行方式时应当考虑到这一点。

3.5.7.2 投标人的数量

对《指令2004/18》中关于投标人数量规则的讨论见1.5.7.2节。

与《指令2004/18》一样,英国的《公共合同条例》虽然规定至少要邀请3个公司进入对话,但并没有明确规定最终投标阶段最少要有几个投标人,只是规定采购当局必须"保证最终投标阶段受邀参加投标的经营者达到一定数量,足以形成真正的竞争"(《公共合同条例》第18条第(23)款)。

克莱文研究中有35个受访人指出,在英国的采购实践中,从2个或3个最

---

[187] 14位受访人也指出了这一点(其他人未加评论)。

终投标人中选出中标人,似乎是 PPP 项目中最常见的做法。当竞争性对话刚刚引入时,关于最终投标阶段邀请两个投标人是否足够在英国存在着争议。[188] 这个问题在英国一直是很重要的问题,因为提交最终标书的费用是很高的。人们普遍认为,如果在最终投标阶段总是要邀请 2 个以上的投标人,而且资源成本又很高,那么在某些采购中很难形成真正的竞争,也很难保证投标人会一直坚持到最终投标阶段。但是以上采购实践说明,人们认为 2 人或 3 人达到了法律要求,而且政府商务办公室/财政部 2008 年指南(规定"必须至少有两份来自可信投标人的投标书")[189]和《学校伙伴关系》也持此观点[190]。当然这并不是说每一次竞争性对话都应当邀请 2 人参加,政府商务办公室/财政部 2008 年指南强制指出,[191]数量达到多少才能形成真正的竞争取决于每次采购的具体情况,如受邀参加对话的人是否有可能坚持到最终投标。该指南举了这样一个例子:比起成熟市场,新兴市场需要更多的投标人。在 1.5.7.2 节,《指令 2004/18》只是规定在一定条件下可以邀请 2 个投标人。

虽然在采购实践中邀请 2 个或 3 个投标人的现象非常普遍,但邀请更多投标人的现象也很常见。2010 年财政部调查报告指出,15% 的受访人表示在最终投标阶段有 6 个投标人,该报告指出这个"比例畸高"[192],因为费用太大,时间过长。

3.5.7.3 最终投标书的补充完善

《公共合同条例》第 18 条第(25)款重复了《指令 2004/18》第 29 条第(6)款的文字,规定最终投标书必须包括"履行合同的所有要件"。另外,《公共合同条例》还照搬了《指令 2004/18》第 29 条第(7)款的规定,规定了最具经济优势标("优先竞标人"[193])选出后还可以进行的工作:

采购当局可以要求提交最具经济优势标的参与者对投标书的细节进行说明,或者确认投标书中的义务,但不得影响竞争或者引发歧视问题(《条例公共合同》第 18 条第(28)款)。

---

[188] 可见 2008 年英国政府商务办公室报告,前注[74],第 1 页和第 11 页;2010 年英国财政部评论,前注[57],3.24 节。在克莱文的研究中,16 名受访人还评论说,他们认为昂贵和耗时的会议是竞争对话的主要问题。

[189] 该法律问题的讨论见 1.5.7.2 节。

[190] 政府商务办公室/财政部 2008 年指南,前注[46],5.4.4 节。

[191] 《怎样进行竞争性对话》,前注[55],第 7 页。

[192] 政府商务办公室/财政部 2008 年指南,前注[46],5.4.5 节。

[193] 2010 年英国财政部评论,前注[57],3.19 节。

上面提到的两个条款显然可能对英国采购实践中的 PFI 项目产生重大影响,当竞争性对话引入英国时,人们显然对此有所担忧。如果采取谈判的方式,PFI 项目则需要早期就确定优先竞标人,然后仅与该优先竞标人进行重要的谈判,谈判内容有可能是完善投标书细节,也可能是修改投标书的条款,而这些条款正是优先竞标人的选择依据。[194] 虽然与优先竞标人的谈判几乎没有竞争,但有些人觉得从商业角度来说这是好事,因为只需要一个投标人花费高昂成本全面完善其方案。欧盟委员会在前面提到的伦敦地铁案中对这种做法予以了肯定。[195]

在竞争性对话的优先竞标人评选阶段到底可以做什么,能否对投标书进行完善和变更,法律上没有明确规定。能否对投标书进行完善和变更是两个非常重要的问题。不过有一件事情永远都很明确:竞争性对话最终投标阶段的相关法规规定,采购当局只能在优先竞标人阶段对相关事项进行最终确定,但是如果采取谈判的方式,则禁止采购当局在此阶段采取该行为。因此,同样项目如果采取谈判的方式,竞标失败者的成本似乎会翻番,而采购当局的成本也会增加,因为会有一个以上的投标人提交最终投标书。

另外,人们普遍认为,严格谈判纪律使谈判过程中的压力增加,有利于在最终投标阶段达到物有所值的目标。也正是由于这个原因,财政部调查报告得出结论:与以前采用的谈判方式相比,竞争性对话可以更好地促进物有所值目标的实现[196](将在 3.6 节对此进行讨论)。在克莱文的研究中,有 26 个受访人认为这个规定具有重大意义。但是竞争性对话在这一方面的效益也受到了置疑,12个受访人表示这一方面的效益实际上非常有限,或者说根本就不存在,因为所有效益都被高成本抵消了。

显然,目前与谈判相比,采取竞争性对话的方式能否达到成本与效益之间的平衡取决于和该阶段有关的法规在实践中能否得到遵守。将来由于法律上更加明确,相关采购实践也可能会发生相应变化。

关于投标书的补充完善,政府商务办公室/财政部 2008 年指南指出,优先竞标人确定之后,仍然可就某些问题做出最后决定,但采购当局必须有"充分理由"[197]解释为什么要将这个问题一直保留到现在。该指南指出,这些充分理由可

---

[194]　见 Braun,前注[32]。

[195]　伦敦地铁案,前注[86].

[196]　2010 年英国财政部评论,前注[57],1. 10 节。

[197]　政府商务办公室/财政部 2008 年指南,前注[46],图 5. 8。

能是之前无法处理这个问题,也可能是成本效益。[198] 该指南虽然强调能否对投标书进行完善取决于各采购项目的具体情况,但是接着又举了一些例子说明当优先竞标人确定后在哪些方面需要对投标书进行完善。[199] 列举如下:分包合同细节;详细的规划申请;金融互换利率;以及设计细节。这些例子都是对《学校伙伴关系》建议的支持。按照《学校伙伴关系》提出的建议,英国皇家建筑师协会 D 阶段设计应足以选出优先竞标人,E 阶段设计在合同签订之前可以与优先竞标人一起进行补充完善。[200] 虽然 2008 年的指南没有说明解释原则,但这些例子表明,与发布公告的谈判相比,这些程序在灵活性上要低得多。

《学校伙伴关系》指南对爱罗史密斯的观点表示支持,[201] 对竞争性对话投标后阶段还可以进行哪些工作也持灵活态度,[202] 建议从法律角度理解在最终投标书中列出所有要素的要求的时候,应当考虑在复杂项目中更需要把某些细节性的东西留待以后处理,再次说明这是出于可行性和成本的考虑。[203] 如果是学校PFI 项目,《学校伙伴关系》指南对英国政府商务办公室和财政部列出的上述清单进行了补充:详细的现场勘察;法定所有权的调查;放款人尽职调查;绩效机制的完善;财务模式的确定。[204]

克莱文在对 PPP 采购项目进行研究时,调查了该重要领域的人们对相关法规的理解和实践中对这些法规的实施情况。

针对补充完善最终投标书的法律条款,大多数受访人(29 人中的 19 人)认为应当严格按照字面意义去理解。这些受访人指出,最终投标书必须非常完善,在选出最具经济优势标之后可以马上签订合同。只有 4 个受访人对该阶段法规持灵活解释态度,认为只需在重要问题上达成一致即可,因为与这些重要问题有关的投标书内容可能会影响投标书的排名。针对法律在这一问题上明显存在的语焉不详,有 6 个受访人拒绝发表意见。

在采购实践中人们对于相关法规的实施存在着更大的分歧。不管如何理解相关法规,大多数受访人(22 人)认为,在进行竞争性对话时,实际上并不会

---

[198] 同前注[197]。

[199] 同上,从图 5.8 上部看出,这些问题的重要性可能在收到最终投标书之后或优先投标人阶段显现出来(该盒图出现在投标书的澄清、说明和微调那一节,出现在优先投标人指南相关的独立章节之前);但实际上除一个例子外,所有例子都与优先投标人阶段有关。

[200] 政府商务办公室/财政部 2008 年指南,前注[46],图 5.8。

[201] Arrowsmith,前注[15],第 650～652 页。

[202] 《怎样进行竞争性对话》(*How to Conduct a Competitive Dialogue Procedure*),前注[55],第 34 段。

[203] 同上,第 34 段。

[204] 同上,第 35 段。

像前面所说的那样按照严格字面意义去行事。在采购实践中采取灵活方式的
受访人列举出来的留到对话阶段结束才进行最后确定的重要问题,一般是《学
校伙伴关系》和政府商务办公室/财政部 2008 年指南中提到的问题。

有 4 个受访人强调指出,什么样的问题会留到最后与优先竞标人进行商定
是不可能一概而论的,取决于采购的性质,如投标成本、实际情况,以及可能影
响价格或风险/收益平衡进而对投标人排名造成实质影响的各种因素。

在实践中对最终投标人的要求持灵活态度的 22 个受访人表示,之所以持
灵活态度,是因为严格按字面要求是不可能的,或者按照字面要求的效果不好。
例如,投标人不愿意承担某些风险成本,投标人不愿意合作,或者因为时间或
(对内)成本压力只能提前结束对话。

在这 22 个受访人中有 10 人表示,在竞争性对话采购实践中,相关事情的
处理结果比采取谈判方式要好得多。同样,2010 年财政部调查报告认为,竞争
性对话完美解决了优先竞标人决出之后的一些问题。[205] 不过也有 4 个受访人表
达了相反观点,认为实践结果可能会不一样。

有 14 个受访人在采购实践中采取了严格按照字面意义行事的态度,另有 8
人虽然在实践中不采取这样的方式,或者不建议采取这样的方式,但知道在采
购实践中确实存在着这样的严格方式。

因此,虽然大多数受访人严格按照字面意义理解相关法规,但他们在采购
实践中并不一定如此行事。克莱文的研究表明,严格按照法规字面意义行事在
实践中是大多数人的做法。严格按照字面意义行事的理由有很多,11 个受访人
表示严格按照字面意义行事是因为法规意义不明确,如果投标书不完整而拖到
投标后进行谈判可能会引发法律诉讼。显然此举的法律风险很高,因为此时胜
出的投标人已为此投入了大量资源,中标之后的收益非常可观(事实也的确如
此)。有 5 个受访人还指出,从采购当局的角度来说,当投标人还在竞争的时
候,向投标人提出提交高度完整的投标书的要求是有好处的。另外还有 9 个受
访人指出,在对话结束之前提交完整投标书常常是出于某些投资模式下的业务
授权要求,如"为未来建校"和国民医疗服务体系中的地方投资融资信托项目。

从 2008 年英国工业联合会报告[206]和 2010 年财政部调查报告可明显看出,
采购当局在实践中如何对待补充完善最终投标书的要求是投标人非常关心的
问题;但从克莱文的研究来看,出于商业原因,即使采购当局自己也认为应当完

---

[205]　2010 年英国财政部评论,前注[57],3.34 节。

[206]　2008 年英国政府商务办公室报告,前注[74],第 11 页。

全按照法规来做,他们也并不总是这么做。2010 年调查报告指出:"如果采取过于谨慎的态度,那么在对话结束之前,投标人就会有过高的投标成本。"[⑳]这说明严格按照字面意义行事会与复杂项目的有效采购格格不入,即使英国人在采购实践中采用了更加务实的做法,也不足以解除投标人的商业担忧。

关于这个问题《指令 2004/18》中会有什么样的相关法规见 1.5.7 节,从 1.5.7 节可看出,当面对复杂采购时,应当采取一种更加灵活的态度。

3.5.7.4 投标书的解释、说明和微调

提交最终投标书之后,确定最具经济优势标之前,按照《公共合同条例》第 18 条(26)款(对应《指令 2004/18》第 29 条第(6)款)的规定,采购当局可以要求参与者对投标书进行解释、说明或微调,但解释、说明、微调或增加的信息不得改变投标书或招标书的性质,不得影响竞争,不得产生歧视性效果。《指令 2004/18》中相关条款的意义以及法律上的不明确性(见 1.5.7.4 节)。

政府商务办公室/财政部 2008 年指南只是说"解释、说明或微调"的法律含义和解释最终由法庭做出,对于"可能引起误解"的词语没有做出任何详细说明。[⑳] 但是,2008 年指南明确将采购当局引向欧盟委员会的观点[⑳],认为应当对该词进行"狭义"解释。[⑳] 该指南似乎是支持这样的观点:该阶段可以做的事情与公开招标和限制招标同阶段可做的事情是一致的。[⑳] 因此该国内指南规定,采购当局没有变更最终投标书的空间,因为此举属被禁之列,也不得批准后期对最终投标书进行变更的请求。在这一阶段,投标人不得与采购当局重新开始讨论,不接受不合格投标书。[⑳] 不过 2008 年指南并没有考虑投标书错误(包括让相关投标人惨遭淘汰的错误)的修改空间到底有多大,这是一个非常困难的问题。投标书中的错误更多地发生在复杂采购中,因此需要采取比标准投标更加灵活的方式进行处理(相关讨论见第 1 章)。[⑳] 另外一点也非常重要:该指南特别禁止采购当局允许投标人在提交最终投标书之后对其进行变更。如果由于外部原因需要变更最终投标书,变更之后的最终投标书在下一次投标中提交

---

⑳ 2010 年英国财政部评论,前注㊼,3.38 节。评论认为,这是因为采用了对投标书进行澄清说明和微调的概念。这个概念决定了优先投标人选择之前的情形,但本节讨论的实际上是优先投标人指定之后的情形。

⑳ 政府商务办公室/财政部 2008 年指南,前注㊻,5.4.7 节。

⑳ 见 1.5.7.4 节。

⑳ 政府商务办公室/财政部 2008 年指南,前注㊻,5.4.8 节。

⑳ 同上,5.4.8 节。

⑳ 同上,5.4.9 节。

⑳ 见 1.5.7.4 节。

上来,且变更最终投标书的结果好于单独与优先竞标人就相关变更进行谈判,那么对最终投标书进行变更就是没有问题的。

就一般原则而言,《学校伙伴关系》更加灵活,比法律规定的正式程序的灵活性更高:

> 这些条件将大多数的价格变更都排除了,当然由外部因素引起价格变更除外。变更空间小于竞争性谈判中的变更空间。如果发生变更,应当是因某些特别复杂的项目而特别采取了某种采购方式,因而需要比其他方式(如公开招标或限制招标)更加灵活。在此强调指出,欧盟委员会反对扩大语义范围,因此应当对"解释、说明和微调"进行狭义解释。[214]

《学校伙伴关系》中又举了一些例子,说明在什么情况下需要对投标书进行解释、说明和微调。[215] 该指南指出,可以对合同事宜进行讨论和解释,只要不影响原则问题或投标书的根本特征即可。该指南还指出,对于投标书中的某些前后不一致或非重要错误,按照"解释"或"微调"的意思可能还有一定的空间进行纠正,即使投标书所要表达的意思并不清晰,也可以通过纠正使投标书达到前后一致,或使其中的非重要错误得到消除。该指南甚至认为,"微调"意味着可以对投标书进行一些小的改进,[216] 而这一点在政府商务办公室/财政部指南中没有提到。该指南指出,按照"说明或微调"的规定,采购当局可以要求投标人提供更多的信息和细节,例如要求他们提供先前没有要求提供的信息,或者说投标人开始提供的信息不够详细。最后一点是,如果由于突发情况采购当局需要变更技术规格或要求,那么按照"微调"之义在一定程度上也是允许的,这一点与政府商务办公室/财政部2008年指南的观点也是不一样的(不过作者认为采取正式的重新投标的方式风险会小很多)。

克莱文研究中有40人就这一问题进行了讨论,其中20人认为对此规定应取狭义解释的态度,其中的灵活性与限制招标同一阶段的灵活性相同,甚至低于后者。他们的看法与欧盟委员会的解释相同,在政府商务办公室/财政部2008年指南中也有所体现。但有12人认为指南第18条第(26)款的规定比公开招标或限制招标更加灵活。不过指南18条(26)款在实践中的具体实施如何克莱文的研究没有进行说明。从15个受访人的经验来看,对投标书进行解释、

---

214 《怎样进行竞争性对话》,前注55,第31页。
215 同上,第32段。
216 同上,第32段。

说明和微调的必要性几乎不存在,因为在提交最终投标书之前就进行了对话,而且对话结束之前可能还有一个"提交最终投标书演练"。但是 13 个受访人表示,在他们的采购实践中,人们有时候会在这个阶段不仅仅对投标书进行说明(例如,如果投标人未列出采购当局在对话阶段提出的相关信息,可以允许投标人对投标书进行修正)。

另外,有 8 人受访人认为相关条款有不明确的地方。这 8 个受访人表示,由于法律上的不明确性,人们采取什么样的行为往往取决于现实原因,如是否有法律诉讼的风险。有 2 个受访人指出,在实践中,采购当局会利用这种法律上的不明确性,按照当时具体情况对相关条款进行狭义或广义解释。

3.5.8 中标人或优先竞标人选出之后的程序

3.5.8.1 引言

《公共合同条例》第 18 条第(28)款几乎照搬了《指令》第 29 条第(7)款的措辞,规定采购当局可以要求提交最具经济优势标的投标人(在英国称为"优先竞标人")[217]就其投标书进行说明,或就投标书中的相关承诺进行确认,前提是不得对投标书或招标书的实质内容造成影响,不得影响竞争,不得引发歧视性结果。该指令相关条款及其法律上的不明确性见 1.5.8 节讨论。

在前面指出,优先竞标人确定后还可以做什么事情在英国是一个非常重要的问题。与这个问题相关的法规,对于英国以前 PFI 合同的采购方式能否在竞争性对话的条件下继续下去具有非常重大的影响,对于投标成本也会产生重大影响,而投标成本对于复杂采购中能否形成竞争关系密切。在 3.5.7.3 节讨论最终投标书的完整标准时指出,最终投标书完成后还能不能对其进行补充,在法律上是不明确的。本节讨论的是优先竞标人投标书的变更问题,或者优先竞标人选出之后对招标书的变更问题。

按照英国以前的采购惯例,重要问题会留到选出优先竞标人之后进行讨论。正因为如此,加上一些外部因素,投标人的报价或者项目条件会产生很大变化,这在法律上是合法的,而且欧盟在伦敦地铁案中也对此表示了肯定[218],至少在特别具有创新性、特别复杂的采购中可以这么做。另外,在第 1 章指出,与竞争性对话过程中的投标书或招标书变更有关的法规具有很大的不明确性,不仅仅存在表述不一的地方,一方面只允许对投标书进行"说明和确认",另一方

---

[217] 政府商务办公室/财政部 2008 年指南,前注[46],5.5 节。
[218] 伦敦地铁案,前注[86]。

面允许在不改变投标书或招标书"实质"内容的前提下进行某些变更。从 PFI 项目来看,其变更空间显然小于原先的谈判方式,但变更的空间到底有多大相关法规并没有明确规定。

克莱文通过研究竞争性对话的实施发现,当人们在进行复杂合同的采购时,尤其采购周期很长时,有几个原因使变更问题成为采购实践中的一个非常现实的问题。这些原因包括:对话阶段中涵盖面不足;投标书中的错误(如成本核算错误);投标人设定错误(如与地面情况相关的错误)。其他原因与采购当局的变动有关,如因为当局内部政治变动而产生不同的要求,或者因为开支削减,如果不缩小规模就无法承担项目开支。

另外还有一些外部因素,如贷方对借方尽职情况的要求。这是克莱文研究总结出来的最为常见的变更原因,有 22 人提到了这些原因。在克莱文的研究中,有 22 人提到私营贷方(如银行)的问题,指出除非客户有成功的保证,否则他们不愿意完全投入到采购过程中,因为这样做会对银行产生成本。这些受访人表示,贷方在对话之后出于尽职需要,一定会引起投标书的变更或提出变更投标书的要求,提高了法律风险。鉴于与贷方之间存在的问题,有 10 个受访人说明了解决这个问题的方法。这些方法包括:让贷方(如果有融资竞争,也可以是影子贷方)参加对话会议;让投标人提交一份由贷方签名的函,表明贷方欲出资的合同款项均在此列出,没有其他;调查贷方采购前的期望值;为竞争提供资金(一位决策者提出该建议)。虽然人们采取了以上措施,但在 30 个受访人中只有 2 个受访人对于贷方参与竞争性对话表示满意。之所以如此,是因为贷方不愿意承担不必要的成本,对采购规则也不感兴趣。另外有 19 个受访人指出,由于最近的金融危机造成了融资市场的动荡,即使银行确实充分参与并向投标人提供了足够的融资条件,银行也不太可能将这些条件一直坚持到融资结束(未来 1 年或更长的时间)。有 2 个受访人(包括 1 位决策者)表示,一个阶段的"良好表现"之后,近年来贷方的情况每况愈下。也有人对此表示了反对意见,但是由于人数有限,很难确切说明他们的意见是否具有代表性。

详细计划往往也被留到了优先竞标人阶段,[219]任何计划条件的变化都会导致优先竞标人方案的变化,而优先竞标人方案的变化,则会导致价格和投标书其他条件的变化(见政府商务办公室/财政部 2008 年指南)。[220]

最近的全球金融危机和英国的经济衰退使投标后相关内容的变更问题变

---

[219]　规划部门通常不会处理同一地点的多个完整申请。

[220]　政府商务办公室/财政部 2008 年指南,前注⑯,5.5.14 节。

得越发突出,特别是在优先竞标人选出之后,财团成员或分包商可能会破产,贷方也有可能撤回融资。如前所述,这一切使银行不愿意将其融资条件一直坚持到合同结束。

上面分析了英国政府就投标书和招标书变更而发布的指南,下面讨论克莱文研究中发现的人们在此条件下对于相关法规的理解和应用。

3.5.8.2 国内指南

关于优先竞标人阶段的变更空间,政府商务办公室/财政部 2008 年指南明确指出:"当采用竞争性对话时,关于最终投标阶段的变更问题,采购当局是没有灵活性可言的,而之前在谈判方式下这种灵活性是存在的。"[21]另外该指南也承认了法律上具有不明确的地方。[22] 关于法律上的不明确性,该指南意欲提供一些实用性建议,切实考虑到复杂采购的需求,并没有强行规定应当如何理解相关法律:

> 采购当局面临的挑战……是在对话阶段结束、合同签订之前,在法律要求和签订合同之间找到平衡。[23]

可以说这个指南因为提到了必须在法律要求和商业关切之间找到"平衡",暗示着有效务实采购的具体情况不可能与严苛的法律要求真正地结合起来。这可能并不是该指南的意图,该指南的意图可能仅仅是在一个法律不明确的领域寻找和促成一个合适的法律解读方式,通过这种解读方式可以在法律的透明性目标和有效采购之间找到平衡,而有效采购的衡量方式就是是否有一个高效的采购方式,是否达到了物有所值。

该指南在开始提出了这样的观点:某些变更是不允许的,这些变更应当早先预料到并在对话阶段得到处理,而变更必须保证在采购当局的直接控制下。[24]有些情况显然属于上述情形,例如,采购当局决定在对话结束时,由于政治环境变化而引发的环境原因将淘汰某个或多个投标人的设计时,显然不可能将必须进行的变更谈判留待提交最终投标书和确定优先竞标人之后再进行。但是,如果在优先竞标人阶段地方当局的政治控制发生了变化,此情形是否仍然属于上述类型,可能会引起一些争论。

该指南指出,如果在对话阶段就认识到未来可能会发生某些变更,为了将

---

[21] 同前注[20],5.5.7 节。

[22] 同上,5.5.11 节。

[23] 政府商务办公室/财政部 2008 年指南,前注[46],5.5.8 节。

[24] 同上,5.5.9 节。

法律诉讼的风险降至最低,采购当局应当制定一个透明机制,以事先商定的方式进行变更。[225] 按照此规定在合同签订之后立即进行的修改或其他变动,只要能够准确按照事先约定进行,或者有客观外部因素(如通过仲裁)认定必须进行此变动,则此变动不构成变更,只是对现有投标书的一个补充,或者说该变动不是实质性的变更。[226] 有了这一规定,采购当局甚至可以在自身控制范围内制定一些与变更有关的条款。

常常会发生某些变更不为采购当局所控的情况,而且这些变更无法事先预料或预测。针对这种情况,该指南认为:可以进行怎样的变更,法律上并不明确;如果发生了变更,就必须重新进行采购,那么商业采购就会有非常严重的后果。这一切都会使人处于一种非常尴尬的境地:"采购当局不想冒法律上的风险,但是如果取消采购程序也会对所有方造成很大的影响。"[227]该指南指出,在这种情况下各方可以"先确定一些可能发生的变更的大类,拟定一个提纲,明确这些变更发生时应当怎么处理"。[228] 该指南举了一个例子:选出优先竞标人之后,在做规划许可决定时设定了规划条件,[229]这种事情可引起某些方面的变更,虽然变更性质不可预测,但变更本身是可以预测的。这种变更可以是要求优先竞标人对基础设施的设计进行改变。如果早先就提出了这样的变更要求,就有可能影响优先竞标人的选定问题。该指南举了另一个例子,说明什么是不受采购当局控制的、不可预测的、可以进行的变更。这个例子在伦敦地铁案中提到过:在优先竞标人阶段发生了 2001 年美国"9·11"恐怖袭击,将会极大增加地铁系统的恐怖主义袭击风险,必须变更合同的风险分配条款(但这些变更不会改变投标结果)。在对应这些不受采购当局控制的偶然变更时,该指南概括性地得出这样的结论:

> 如果采购当局和优先竞标人不能通过更好的管理而避免此类情况的发生,那么因此事而让采购作废对于任何一方来说都没有好处。[230]

因此从实用角度来说,采购当局可以允许事后进行某些变更,前提是这些变更因此事而引发,且变更仅仅是因为必须对此事做出回应。

这种方式似乎是对法规的谨慎解释与法规的实用主义式应用的结合,不期

---

[225]　同前注[220],5.5.12 节。

[226]　可能会对允许更改和不允许变更之间的界限划清有重要影响。相关讨论见下文。

[227]　政府商务办公室/财政部 2008 年指南,前注[46],5.5.13 节。

[228]　同上,5.5.14 节。

[229]　同上,5.5.14 节。

[230]　同上,5.5.15 节。

望对法规的完全遵守,或者说在某些法规不明确的地方不完全地遵守法规,这将会引发比例原则问题。作者认为,比例原则实际上解释了为什么要对法规进行宽松解释,因为对法规的宽松解释可以让采购当局在指南所述情况下,甚至在相关变更会实质性改变竞争的情况下,继续与优先竞标人前行。但在实践中,人们对法规采用一种更加严谨的态度。

《学校伙伴关系》指南一方面接受英国政府商务办公室的观点,认为如果采用竞争性对话的方式,其变更的范围"大大"小于谈判方式同一阶段;另一方面认为《公共合同条例》第 18 条第(28)款与《公共合同条例》第 18 条第(26)款一样,在规定最终投标阶段的解释、说明和微调相关事宜时,"应当考虑到因'特别复杂的项目'所应用的采购方式,因为这种特别复杂的项目需要有比其他采购方式,如公开招标或限制招标更大的灵活性。"[21]爱罗史密斯在《公共与公用事业采购法》(*The Law of Public and Utilities Procurement*)[22]中指出,根据该指南的规定,如因外部客观原因导致变更,则可以将这些因素考虑进去,对优先竞标人的方案进行调整,前提是相关变更不得实质性改变投标书的内容,不得破坏竞争,不得引发歧视性结果。[23] 关于如何应对外部突发事件,这个解释比英国政府商务办公室/财政部 2008 年指南清晰得多,也明确得多。这说明政府商务办公室/财政部 2008 年指南中所应对的问题实际上大多可以在当前法律范围内加以解决。

3.5.8.3 在采购实践中的理解和应用

人们在采购实践中采用竞争性对话的采购方式时,优先竞标人阶段的变更程度与 2006 年以前采用谈判的采购方式相比小得多,这一点与引入竞争性对话时的设想是一致的。2010 年财政部调查报告指出,公共账目委员会发现,有1/3 的项目团队采用竞争性谈判方式进行采购时,在优先竞标人阶段进行了某些方面的变更;但是研究发现,优先竞标人阶段的时间和实际发生的变更"似乎都变少了很多",[24]该报告认为这是一个非常好的结果。这样显然可以缩小无竞争谈判的空间,而无竞争谈判对达到物有所值的目标会产生不良影响,并且在这个阶段进行无竞争谈判还会耽搁时间。财政部在调查报告中对竞争性对话的这个主要优点进行了强调,将在 3.6 节对此进行深入讨论。

在投标书的补充方面,克莱文的研究企图从决策者和普通从业人员两个方

---

[21] 《怎样进行竞争性对话》,前注[55],第 37 页。
[22] 同上。
[23] 同上,第 38 段。
[24] 2010 年英国财政部评论,前注[57],3.34 节。

面探讨他们如何理解法规在变更范围方面的规定,以及他们在实践中如何进行操作。

就法律解释而言,鉴于相关法律具有不明确性,受访者在回答变更范围的问题时往往以变更程度和法律风险程度作答,或者将自己对法律的理解作为答案,以此解释为什么他们认为采购当局进行变更是一种合法行为。回应这一问题的所有17个受访人均表示,这是因为选出优先竞标人之后发生的变更不管多么微不足道,都会有某种程度上的法律风险。因此一部分受访人表示:不影响决标打分的小小变更法律风险很低,而影响决标打分但不影响授标决定的变更(或者变更积累)具有较高的法律风险;如果相关变更没有提高优先竞标人的分数,则法律风险更高;㉓如果在采购早期就知道某些变更会导致不同决定或吸引不同的投标人,相关的法律风险就更高。有18个受访人表示,法律上让他们感到最能接受的是《公共合同条例》第18条第(28)款的解释。该解释提到了影响优先竞标人打分、对采购当局不利但不影响授标决定的变更。这些受访人表示,很有必要明确规定在某些条件下可做出任何类型的变更,如因不受采购当局控制的外部因素而引发的变更。

许多受访人提到了一些案例,如新闻文本案㉔和与国家补助有关的欧盟委员会发起的伦敦地铁案㉕来说明什么情况下的变更为合法变更。

受访者并没有剖析法律规则,他们更加强调将法律上的不明确性与实际需求结合起来。在优先竞标人阶段必须进行变更时,采购当局可采取灵活的解读方式,与优先竞标人签订合同,希望失标人不会发起诉讼;采购当局可重新开始某个程序(如重新开始最终投标阶段);采购当局可将合同授予排名第二的投标人;采购当局可重新开始采购过程;或者采购当局可临时中止采购。每一个选择各有利弊。有22个受访人表示,在采购实践中,采购当局面临的压力有很多,降低法律风险只是其中的一个。因此要考虑多种因素,例如:违法程度有多大(也就是说变更的程度有多大);诉讼可能性有多高;重新开始或者返回某节点的可能性有多大;重新开始某个阶段的法律风险;以及重新开始或返回某节点重新开始的成本有多大,耽搁的时间有多长。另外,还有其他一些因素,如与投标团队的个人关系。

因此,采购当局到底会走什么样的路子在很大程度上取决于当时的具体情

㉓　有四个受访人提出了最后这个观点。

㉔　案件 C - 454/06(Case C - 454/06)新闻文本案,前注㉝。

㉕　伦敦地铁案,前注㊏。

况。但是从方便、其他选择面临的实际困难和法律困难来考虑,在多数情况下
采购当局会进行变更后继续与优先竞标人签订合同。有 15 个受访人明确表示
了这一点,没有人提出相反论调。有 11 个受访人表示,在选出优先竞标人之后
再重新开始竞争性对话的情况很少(而是否有人持其他观点在克莱文的研究中
没有进行调查)。的确,没有任何一个受访人表示在优先竞标人阶段有过这样
的经历。有 14 个受访人表示,有多种实际因素使采购当局无法从头开始。最
为重要的因素是采购当局和投标人在时间和金钱方面的浪费。受访人提到的
其他因素还有必须按照时间表完成,采购当局面临的政治尴尬和个人尴尬,优
先竞标人可能为了补偿损失掉的成本而提出诉讼等。

如果在优先竞标人阶段必须进行变更且采购当局不愿意就此结束采购,那
么通过重新进行最终投标阶段甚至重新开始对话阶段,从成本的角度来说都不
是最佳选择。有 8 个受访人表示曾有这样的实际经历,例如优先竞标人不变更
其投标书就无法提交投标书的情况。不过法律上的困难是重新回到竞争性对
话的某一节点。采购当局如何决定要回到某一节点,要回到哪里? 采购当局如
何保证平等待遇(尤其是在失标人已经得到投标结果之后)? 在法律上是否可
以重新开始对话阶段? 英国的指南中没有涉及这一问题。可能还有一些与重
新开始有关的实际困难(如时间表的后移)。有 7 个受访人表示,因为这些问
题,采购当局只在切实存在法律诉讼风险而不是抽象风险的时候才会考虑重
新回到某一节点。

最后要强调的是,财政部调查报告指出,在接受一般性调查的人中有 86%
的人表示,因为法律上在优先竞标人阶段的回旋余地有限,至少会在项目上引
发一些小的不便(该调查报告针对某个具体项目进行调查时,该比例为 49%),
在接受财政部调查的人中有 15% 表示存在"很大"的困难,[28]但是这些接受调查
的人认为回旋余地应当有多大该报告没有说明。

3.5.8.4 预备投标人

在引入竞争性对话之前,英国采购当局按照谈判方式进行复杂项目的采
购,根据最具经济优势标确定优先竞标人时,为了保持一定的竞争压力一般会
将第二名确定为预备优先竞标人。[29] 如果采购当局无法与优先竞标人签订合

---

[28] 2010 年财政部评论(2010 Treasry review),前注[57],3.37 节。

[29] 财政部工作组,技术说明 4,《如何指定优先投标人并与之合作》(*How to Appoint and Work with a Preferred Bidder*),2007 年,见于 http://webarchive. nationalarchives. gov. ukl + /www. dh. gov. uk/en/Aboutus/Procurementandproposals/PublicprivatepartnershipIPrivatefinanceinitiative/InvestmentGuidanceRouteMap/DH_4132888,第 12 页。

同,就会给预备投标人提供取代优先竞标人的机会。

无论是《公共合同条例》还是《指令2004/18》都没有禁止在谈判时或竞争性对话时设置预备优先竞标人。政府商务办公室2006年指南引用了《指令2004/18》解释性条款第31条的规定,不鼓励设置预备优先竞标人:"不得设置最具经济优势标投标人以外的投标人……破坏或限制竞争。"[240]不过关于这一点人们收到的信息有些混乱:2006年的公私伙伴关系计划指南明确鼓励在"任何可能的时候"设置预备投标人。[241]

只有5个受访人表示曾有设置预备投标人或建议设置预备投标人的经历。如果与优先竞标人的谈判行不通,那么在不重新进行最终投标的情况下与排名第二的投标人进行谈判,在法律上存在不明确性,而且向预备投标人发函也不会让这种法律风险消失。受访人指出,这样做存在着实际困难,例如预备投标人可能并不愿意干等,很有可能转移重心去竞争其他合同。

3.5.9 停顿期

在1.5.9节指出,欧盟采购法要求在将合同授予决定告知失标人之后、合同签订之前必须有一个停顿期。这个停顿期是阿尔卡特尔案的结果,[242]后经《指令2007/66》立法。《指令2007/66》是对《公共部门救济指令89/665/EEC》的修订。英国2006年《公共合同条例》根据阿尔卡特尔案例法的规定引入停顿期的规定,后于2009年经《指令2007/66》进行了修订,于2009年12月20日生效。[243]主要不同是从2009年开始通告上需要提供的信息更多了。

在第1章指出,[244]欧盟在停顿期的时间义务上具有不明确性,这个停顿期是从确定优先竞标人开始还是从签订合同之前开始都不得而知。在这个问题上,英国政府商务办公室2006年指南(2009年修订之前)指出,停顿期应当是优先竞标人选出之后、采购当局进行义务说明和确定义务之前。[245]政府商务办公室/财政部2008年指南的观点发生了变化,指出停顿期应当是所有实质性问题解

---

⑳ 英国政府商务办公室2006年指南,前注㊱,10.1节。

㉑ 公私伙伴关系项目(4ps),《应用竞争性对话的PFI项目流程规划》(*A Map of the PFI Process Using Competitive Dialogue*),2006年6月,见于 http://test.4ps.gov.uklPageContent.aspx? id=2&tp=&s=2&title=&Sector=O&=searchbtn=Go&x=38&y=16,第18页。

㉒ 案件C-81198(Case C-81198)阿尔卡特尔奥地利诉联邦科学与运输部(Alcatel Austria v. Bundesministerium für Wissenschaft und Verkehr)[1999]ECR 1-07671。

㉓ 目前可见于第32A条规定。

㉔ 见1.5.9节。

㉕ 政府商务办公室2006年指南,前注㊱,附录A。

决之后("也就是说,不再会有任何影响合同条款的变更")。㉒

在克莱文的研究中,受访人被问到对相关法律的理解,以及在实践中如何操作停顿期。人们对于这个法律要求的理解五花八门。有 14 个受访人与 2008 年英国政府商务办公室和财政部指南的观点是一致的,他们认为,按照法律的要求,停顿期从做出合同授予决定时开始,不是从确定优先竞标人时开始——停顿期开始于稍后的时间,接近于合同签订,例如在所有重要问题都得到解决,采购当局更有把握与优先竞标人签订合同的时候。另有 10 个受访人持不同观点,认为停顿义务应当在确认优先竞标人之后立即开始。还有一种观点与以上两种观点略有不同,有 5 个受访人表示,按照法律的要求,停顿期并不是从优先竞标人一确定就开始,而是在采购当局完成内部签署之后准备正式宣布优先竞标人人选时开始。另有 5 人表示法律在这一方面具有不明确性。

人们在实践中的做法也是各有不同。有 12 个受访人(占绝大多数)表示,实践中一般是在确定优先竞标人时通知失标人授标结果,而停顿期也只是从这时才开始。之所以从此时开始,一个重要原因是因为法律上的风险(为了避免在确定优先竞标人的时候这个要求"时时造成烦扰")。

6 个受访人表示,在实践中停顿期始于采购当局内部批准流程完成正式宣布优先竞标人的时候。9 个受访人说在采购实践中停顿期的开始时间随采购的不同而不同,有的从确认优先竞标人开始,有的从接近合同签订开始,还有的把两者都设为停顿期的开始时间。虽然大多数受访人(14 人)认为按照法律上的规定停顿期应当在完成重要讨论即将签订合同的时候开始,但他们之中只有 9 人(不包括声明实际做法有所不同的受访人)在即将签订合同的时候开始停顿期,受访人没有说明为什么会有这样的微小差异。

英国受访人均认为没有必要在法律中提出两次正式停顿期的要求,也就是说没有必要在确定优先竞标人的时候设置一个停顿期,再在签订合同的时候设置一个停顿期。有 2 个受访人表示,在实践中虽然人们不一定设置两个停顿期,但会在这两个节点均发出公告,这 2 个受访人认为此举从法律风险上来说是最为保险的做法(是一种"双保险"的做法)。其他人则明确表示不这么做,担心说他们的二次告知行为不符合要求。

3.5.10 参与成本补偿

《公共合同条例》第 18 条第(29)款是对《指令 2004/18》第 29 条第(8)款的

㉒ 政府商务办公室/财政部 2008 年指南,前注㊻,5.5.6 节。

照搬。《公共合同条例》第 18 条第(29)款规定,采购当局可以选择对投标人进行补偿。英国政府的政策体现在商务部/财政部 2008 年指南中,强烈反对进行这种补偿。[247] 不过该指南指出,此举需要视具体情况而定,在某些情况下应当进行补偿,以解除参与投标时的担忧。

在竞争性对话引入英国之前,英国虽然有可能对投标成本进行补偿,但谈判方式下在 PFI 采购项目中几乎未发生过。[248] 虽然人们对参与竞争性对话引发的高成本表示担忧,但在克莱文的研究中,有 38 个受访人表示在实践中从未有此类补偿经验。只有 1 个受访人说在他们参与的竞争性对话过程中曾对投标人进行了补偿,而在这次竞争性对话中补偿数额只是象征性的 1500 英镑。

3.5.11 决标标准

3.5.11.1 引言

在前面讨论了决标阶段的各个步骤,正是通过这些步骤才选出了优先竞标人。在此分别对优先竞标人筛选通用标准的各个方面进行讨论会有所裨益。在第 1 章指出,[249]《指令 2004/18》第 53 条明确规定以最具经济优势标为决标标准,并且规定了主要标准的形成和公布。第 1 章还指出,欧洲法院案例法对于决标标准披露的相关法规进行了补充,使该法规在应用时出现一些不明确之处。另外,与决标标准有关的其他地方也有不明确之处。[250] 克莱文的研究发现,在决标标准方面有什么样的法律要求是人们在竞争性对话过程中的主要关注点。由于相关法律风险很高,因此人们对此尤为关注。人们认为,诉讼是有可能发生的事情,因为投标书非常相近,在对话阶段各投标人比照采购当局的喜好制定了投标书,而且进入对话阶段的投标人尤其是坚持到对话末期的投标人在此投入了大量资源。

在 3.5.6.2 节讨论了与决标标准有关的一个问题,即在对话各个阶段和最终投标阶段使用不同的决标标准和/或权重。其他重要问题将在下面进行讨论。

3.5.11.2 决标标准的形成和公布

2006 年《公共合同条例》第 18 条第(27)款照搬了《指令 2004/18》的要求,

---

[247] 同前注[246],图 5.1。

[248] Arrowsmith,前注[23],第 108 页。

[249] 见 1.5.6.5 节。

[250] 见 1.5.6.5 节。

规定以最具经济优势标为决标标准,而《公共合同条例》第 30 条第(2)款规定,要将筛选最具经济优势标的标准事先制定出来并进行公布。《公共合同条例》第 30 条第(3)款规定要事先制定出权重并公布出去。第 1 章指出,^㉑欧洲法院的案例法还规定要按照透明原则事先公布与决标相关的其他重要事项,如某些情况下使用的次要标准及其权重。这些次要标准和权重可能会对投标书的排名造成影响。在此研究之前和研究期间,欧洲法院与决标标准的公布有关的案例法被应用到国内几个案例上,在这些案例中采购当局被判违犯了信息公布相关法规。^㉒ 克莱文的研究发现,如何在各个采购项目中应用相关法规在法律上存在一些不明确的地方,也是人们在实践中非常关注的一个问题。

克莱文研究开始之后,公布法规曾被法庭应用到某个竞争性对话案例,即米尔斯诉里兹市议会(Mears v. Leeds City Council)一案。^㉓本案与利兹市议会改善翻新社会住房合同的授标程序有关。米尔斯公司受邀参与对话,但里兹市议会根据《公共合同条例》第 30 条的规定,按照事先公布的决标标准对提交上来的投标书大纲进行评估之后,没有邀请米尔斯公司进入对话的第二阶段。米尔斯认为,里兹市议会对决标标准、决标标准的重要性及其应用的公布过晚。

第一次诉讼与一个评估标准的表格有关,这个表格确定了各个质量标准,并在每个标准下列出投标人必须回答的一些"问题"。每个标准的权重以及每个问题的重要性都没有说明。在评估时根据每个问题的回答进行打分,每个问题满分为 10 分。这意味着,每一个标准的总分(权重)取决于该标准下面的问题数量(如果有三个问题,总分就是 30 分)。每个标准的总分从 30~110 分不等(共有 11 个问题)。法庭认为,每一个问题在实践中都代表特定的质量标准或次要标准,这些质量标准或次要标准会对投标书造成影响,因此要求市议会将各权重告知各投标人。

米尔斯公司还认为,市议会没有公布在评估人眼里什么才是对这些问题的"示范性回答"。示范性回答就是要制作一些文件说明投标人在回答中应当提到哪些方面的内容。不过法庭发现,每一个问题都会有各种不同的回答。因此法庭认为,这些示范性回答不需要全部公布,因为它们一般不会引发新的标准

㉑ 见 1.8.6.5 节。

㉒ 例如,在麦克劳克林和哈维诉财务和人事部(McLaughlin and Harvey v. Department of Finance and Personnel)(2 号)[2008]NIQB 91 和[2011]NICA 60;租赁国际诉纽汉姆伦敦市议会(Lettings International v. Newham London Borough Council)[2007]EWCA Civ 1522 和 J. Silber[2008]EWHC 1538(采用了上诉法院的判决)。

㉓ 米尔斯诉利兹市议会(Mears v. Leeds City Council)(第二次判决)[2011]EWHC 103 1。

或次要标准,也不会对权重造成实际影响。这些示范性回答的内容不过是消息灵通、工作勤勉的投标人应当能够预见、在回答中应当包括的内容。

有两个案例说明示范性回答确实会引发新的标准或次要标准,会对权重造成实际影响,而且应当事先进行公布示范性答案。这两个案例是:

(1)询问工作人员、管理人员训练与发展安排的细节问题。示范性回答指出,投标人应当提供一个工作人员清单。法庭认为这并不是对该问题的合理回答,人们不可能预见回答这个问题时应当提供这样一个清单。这就引出一个新的问题,因为法庭认为,工作人员可能会影响服务质量,而服务质量对于投标人会有影响。[54]

(2)有一个问题问对待单独工作的人员有怎样的政策,会采取什么样的措施保证选派合适的工作人员为脆弱客户家庭提供服务。示范性回答提到了工作人员安全(而不是客户安全),而法庭认为这个示范性回答显示出这个问题的重要性,但权重是多少没有表述出来。

关于以上两点的结论中有一点非常重要:示范性回答的目的是为评估投标书提供一个模板,而不是为评估人提供一个非强制性的指导。作者认为,这个判决明确了什么样的信息必须进行公布,这对于许多复杂采购来说都是非常重要的。这个最新的案例法能够在多大程度上说明应当对什么样的信息进行公布尚有待时日。

除了用于评估的相关信息必须进行公布外,在第1章提到,竞争性对话过程中另一个法律问题,也是非常实际的问题,是迭代性程序中对于公布时间的把握。[55] 特别重要的是,在决标程序开始之前,是否就应当把所有标准、权重和其他即将应用到的信息全部起草好并公布出去? 这些信息能否随着进程的开展进行修改,例如能否运用笼统的决标标准评估大纲式投标书,在接下来的对话阶段或最终投标阶段再应用详细的次要标准评估更加详细的投标书? 克莱文的研究发现,在英国的采购实践中这两种方式在 PPP 项目中的分布大致相同,微弱多数(23个受访人中的18人)受访人在采购实践中采取后一种方式,并认为这种方式是法律许可的。

---

[54] 在案件 C–532/06(C–532/06)艾姆·G. 利亚那基斯公司诉亚历山德鲁波利斯市(Emm. G. Lianakis v. Dimos Alexandroupolis)[20081 ECR 1–251 的判决中,在多大程度上禁止通过员工信息判断可能提供的服务质量,欧洲法院没有就此进行讨论(相关讨论见3.5.11.4节),法院仅指出此举为合法行为。

[55] 见1.5.6.5节。

3.5.11.3　竞争性对话过程中决标标准的变更

在第 1 章讨论的另一个不明确的地方[29]是一旦设置并公布后,这些决标标准和其他东西,如次要标准或者决标标准和次要标准的权重可以在多大程度上进行变更。(这个问题,与能否在不改变标准的前提下对其进行扩展使其变得更加详细是不一样的,相关讨论见上文。)有人认为,实际上在一定条件下(如非实质性改变,不影响决标结果)是可以进行变更的,但是准确的法律含义还有待讨论。[57]

克莱文的研究发现,大多数人(30 个受访人中的 22 人)认为可以进行某种程度的变更,前提是此变更不具有"实质性"。在这 22 个受访人中有 14 人没有具体说明在多大程度上可以变更决标标准,他们只是说在某些条件,如非实质性变更的条件下是可以进行的。有 7 个受访人认为仅可以对次要标准进行变更,而有 5 个受访人认为只能对公布后的权重进行变更(有 1 人表示,虽然不可变更决标标准,但是决标标准的权重可以调整)。

3.5.11.4　投标人筛选标准与决标标准

对于复杂采购来说非常重要,因而对竞争性对话也非常重要的另一个问题,是采购当局在决标阶段可以在多大程度上可使用投标人筛选阶段也曾使用过的标准,如投标人的经历或人员情况等。但在欧盟法院就利亚那基斯(Lianakis)案中做出判决后,[58]有一部分人认为此举具有法律上的风险。不过从文献中可以看出,该判决在这一方面其实是很不明确。[59]

相关法律规定,在应用竞争性对话时某些事项(如经验)可酌情考虑,[60]前提是这些事项必须用于对投标人投标书的评估,如这些事项会影响未来提供的服务。克莱文的研究指出,在英国使用竞争性对话的人中绝大多数人(在 26 个受访人中的 22 人)对此规定持灵活态度,另外 4 个受访人则明确表示应当对此进行狭义解释,即投标人筛选阶段和决标阶段考虑的事项,两者之间根本没有相互重叠的地方。

㊳　见 1.5.6.5 节。

㊗　见 1.5.6.5 节。

㊸　*Lianakis*,前注㊴。

㊹　特别参见 S. Arrowsmith,《欧盟公共采购法:简要介绍》(*EU Public Procurement Law:An Introduction*),第 6.7.2.6 节;P. Lee,*Implications of the Lianakis Decision*,*Public Procurement Law Review*,2010,19:47;S. Treumer,*The Distinction between Selection and Award Criteria in EC Public Procurement Law – A Rule without Exception?*,*Public Procurement Law Review*,2009(18):103。

㊿　这一点是仅适用于投标者在决标阶段的经验,还是同时也适用于投标者本身的经验,在作者的访谈中未涉及这个问题。两者之间的区别见 Lee,前注㊹。

另一点也非常重要:许多法律顾问指出,采购当局的许多工作人员不知道投标人筛选标准和决标标准在法律上有什么区别。

3.6 竞争性对话在英国:相关法律

本章最后一个重点是简要论述其他人对英国竞争性对话的研究,对他人的研究进行论述就必须对相关法规进行研究。英国竞争性对话相关法规从2008年英国工业联合会报告、2010年英国财政部和克莱文的研究中可略见一斑。

英国工业联合会报告从投标人的角度提供了一个非常宝贵的视角,最为突出的表现是强调了可能增加参与成本、挫败投标人信心的问题。本研究于2008年公布,因此涵盖了竞争性对话刚开始应用的最初几年。本研究指出,竞争性对话的使用可以提供有效的公共服务,但前提是管理完善,接受调查的人员表示;当时能够有效管理竞争性对话的采购当局几乎不存在,导致竞争性对话的持续时间很长,投标成本很高。[261]

2010年财政部调查报告也指出:"无论是公共部门还是私营部门,都认为竞争性对话是对采购制度的一个有益补充。"[262]与英国工业联合会报告相比,财政部的调查报告在此问题上又进了一步,特别指出这个新的采购方式更好地达到了物有所值的目标。[263]该调查报告指出,在接受此次一般性调查的人中有78%的人认为与谈判相比竞争性对话的采购结果有所改善,或者说有"极大"的改善。该调查报告指出,接受调查的人"公认"的原因,[264]一是"保持了竞争",显然指的是竞争一直持续到投标结束,相关讨论见3.5.7.3和3.5.8节;二是竞争性对话自始至终都有相关法规相引导;三是避免了谈判方式中可能出现的"适用范围和价格"方面的蠕变。之所在会出现这样的效果,在很大程度上是因为优先竞标人确定之后,在完善最终投标书和最终投标书变更方面的法律要求,而谈判就没有这方面的法律要求。在此必须指出,[265]克莱文研究中的受访人没有一致认为竞争性对话总体来说有好处,相当数量的少数派认为,对于公共部门和私营部门来说竞争性对话的成本高于其他采购方式,过高的成本淹没了整个过程可保持竞争的长处。

---

[261] 2008年英国工业联合会研究,前注74,第1页。
[262] 2010年英国财政部评论,前注57,1.10节。
[263] 同上,4.3节。
[264] 同上,1.10节。
[265] 见3.5.7.3节。

　　财政部调查报告与英国工业联合会报告一样都认为竞争性对话总体来说是有益的,但前提是竞争性对话运行"得当"[266],财政部调查报告与英国工业联合会报告都对竞争性对话运行不良时产生的高成本和时间上的浪费表示了担忧。[267]

　　在成本方面,2010 年财政部调查报告指出,在接受调查的人中有 86% 的人认为与竞争性谈判相比竞争性对话的成本有所增加或大幅增加,在接受调查的采购当局中有 55% 也持此观点。[268] 在财政部的调查过程中,曾召集私营领域人员进行了圆桌讨论。私营人员指出:如果采用谈判的方式,失标方的成本占合同总额的 2% ~3% ;如果采用竞争性对话的方式,则失标方的成本为合同总额的 5% ~6%(中标人的成本大致相同)。[269] 克莱文的研究也发现,人们一致认为失标方的成本有显著增加。另外,克莱文的研究还证实公共部门的成本也增加了。2010 年财政部调查报告指出,成本的增加主要表现在行政支持和评标成本的增加上,但这些成本还没有进行一般性量化。调查报告建议对成本的增加进行量化[270]以明确成本增加的确切数额,[271]促进成本的降低并节约时间。最近公布的内阁办公室研究报告(《促进政府采购》)指出,公共部门复杂采购月招标成本几乎是私营部门项目的 2 倍,[272]并指出竞争性对话的供应商每次成本可节约 350 万英镑,[273]而采购当局自身的成本则可能节约 40 万英镑。[274]

　　与成本有关的是时间跨度的问题,因为时间长的项目成本也更高。以上研究都强调了时间跨度问题。如果进行类似的采购项目,使用竞争性对话的时间与旧有的谈判方式相比会有什么结果目前没有明确数据。但是在克莱文的研究中,对此发表评论的人大多认为当进行同类项目的采购时,谈判所用的时间少于竞争性对话(9 人持此观点,另有 1 人认为谈判要快 30% 左右),3 人认为这两种采购方式在时间上相当,认为竞争性对话快于谈判的人数为 0。受访人报告的时间跨度为 9 ~33 个月,1 人认为竞争性对话所用时间一般为 22 ~24 个月

---

　　[266]　2010 年英国财政部评论,前注[57],1. 10 节。

　　[267]　同上,2. 15 节,并见下文特别讨论。

　　[268]　2010 年英国财政部评论,前注[57],4. 7 节。

　　[269]　同上,4. 11 节。

　　[270]　同上,4. 10 节。

　　[271]　同上,4. 8 节。

　　[272]　公共部门项目 30000 欧元,私营部门项目 70000 欧元;《精益采购诊断结果》(*Lean Procurement Diagnostic Findings*),前注[76],第 14 页。

　　[273]　《促进政府采购》(*Accelerating Government Procurement*),前注[57],第 2 节。

　　[274]　同上。

之间。内阁办公室研究报告《促进政府采购》指出,竞争性对话所用时间按其调查样本的平均时间来看为429个工作日,并指出这个时长最多可减少到原来的70%。[275]另外,2010年财政部调查报告指出,对于供应商来说,取消和延迟是引起成本增加的主要原因,[276]参加调查的受访人中有10%的人在采购过程中遭遇到取消和延迟,而取消和延迟的主要原因是政策或要求上的变化。如前所述,内阁办公室目前正致力于寻找大幅降低时间跨度的方法,如实现标准化让竞争性对话更加流畅,消除各种障碍(如拖沓的批准流程),[277]并向中央政府发布了指南,要求将采购时间跨度公布于众,以此作为有效管理时间跨度的一个举措。[278]

参与成本高、过程漫长或延迟引发的问题,是可能会让潜在投标人望而却步。2010年财政部调查报告[279]和克莱文研究均认为这是竞争性对话使用者的共同观点。克莱文研究还指出,在经济衰退期间以及随着人们对相关成本有了更加透彻的了解,因此而却步的潜在投标人越来越多。有19个受访人特别提到在吸引投标人、阻止中途退出方面存在的困难,数人表示低价项目尤其如此。中小型企业与大型企业相比,成本问题愈发成为参与的障碍,前者除了没有参与项目的技能和知识,有时候根本就没有足够的资源。[280]

克莱文的研究指出,人们一致认为公共部门和私营企业成本的增加主要原因是最终投标阶段之前对投标书进行补充完善的要求。此时的失标人要做的工作比以前更多,而公共部门则要与1个以上的投标人进行更加深入的谈判。但是虽然与谈判相比成本的增加在很大程度上是出于竞争性对话法规的要求,但在现有法规范围内通过更加有效的实施方式竞争性对话的成本是可以降低的。关于这一点,财政部调查报告、英国工业联合会报告和克莱文的研究具有很大的一致性。

人们关心的一个主要问题是准备不充分,有时候准备不充分会导致竞争性对话的不当使用以及文件的不当制定,这些问题在3.5.2节进行了讨论。2010年财政部调查报告认为这是一个非常严重的问题,[281]而克莱文研究中的受访人

---

[275]　同前注[273]。

[276]　2010年英国财政部评论,前注[57],4.17节~4.20节。

[277]　《促进政府采购》(Accelerating Government Procurement),前注[57],第6节。

[278]　《透明性——招标文件的公布》(Transparency – Publication of Tender Documentation),前注[155]。

[279]　2010年英国财政部评论,前注[57],2.17节和3.11节。

[280]　同上,2.17节。

[281]　同上,3.9节~3.15节。

也认为在发布合同公告之前应当进行大量的准备工作。英国工业联合会报告特别强调在发布合同公告之前就要建立完整的工作团队,[282]制定信息发送方式的内部策略和程序以及与项目相关的所有背景和政策信息。[283] 该报告特别建议在重要的决策节点要有一个准入审查过程,这个准入审查过程就是一个同行审查过程,以便对重要的政府项目做出评估。[284] 这个门槛审查过程应当以竞争性对话的某个特别阶段为审查对象,检查在发布合同公告之前是否做好了充分的准备。[285] 在采购实践中经常会有这样的审查,但是在相关流程和文件制定方面没有正式的变化。

英国工业联合会报告还强调指出,有一个资源丰厚的采购队伍,相关人员除了具有商业谈判技能,还有足够的法律、金融和技术知识,是非常重要的。[286] 关于资源问题,该报告指出,采购当局必须找到具有竞争性对话经验的公共部门专业人员。[287] 2010 年财政部调查报告也指出,缺乏技能[288],资源不足,是公共部门面临的一个重要问题,并指出在其调查过程中,有 3/4 的受调人认为公共部门没有针对采购过程准备充足的资源(但有 2/3 的公共部门认为使用的资源已经很充足)。[289] 财政部报告还指出,从私营公司引进技术成本很高,是一个很严重的问题,[290]强调应当设立一个机制,保证私人顾问向公共部门的技术转移。竞争性对话采购过程具有资源密集的特性,在受调人中有 59% 的人认为如果采用竞争性对话的方式应当在决标阶段增加内部资源,59% 的人认为应当增加外部资源。[291] 内阁办公室研究报告《促进政府采购》中也提到了公共部门自身缺乏能力、对外来顾问过于依赖的问题。[292]

可以大幅降低成本的另一个方法是更加有效地组织会议,尤其是在对话期间,相关讨论见 3.5.6.3 节。作者在该节指出,对于平等待遇原则的过分谨慎

---

[282] 2008 年英国工业联合会研究,前注[74],第 5 页和第 6 页。

[283] 同上,第 2 页。

[284] 该程序用于中央政府、地方政府和卫生部门的项目,详见 http://webarchive. nationalarchives. gov. ukJ201 10822 13 1357/www. ogc. gov. uk/whatis_ ogc_gateway review. asp。

[285] 2008 年英国政府商务办公室报告,前注[74],第 6 页。

[286] 同上,第 5 页和第 6 页。

[287] 同上,第 6 页。

[288] 2010 年英国财政部评论,前注[57],2.8 节。

[289] 同上,2.22 节 ~ 2.29 节。

[290] 同上,2.20 节 ~ 2.21 节。

[291] 同上,2.24 节。

[292] 《促进政府采购》(*Accelerating Government Procurement*),前注[57],第 4 节。另参见 Francis Maude 演说,前注[4],指出目前在一般采购中使用咨询需要特别说明理由。

的解读方式是引发该问题的原因之一,但是这些问题并不都是由法律引起的。我们已经说过,为了解决会议成本过高问题,财政部鼓励人们以更有针对性的方式进行对话,而财政部的报告也强调了应当有一个明确的会议时间表和会议计划(严格按照会议时间表行事,是受调查人最为普遍的建议)。㉓ 在这三个调查中,最为常见的诟病是采购当局在对话期间过多套取对话人的信息。㉔针对这一问题,财政部提出不应要求提供过细信息,而且每次索要相关信息时应当解释为什么需要这样的信息,这些信息与决标标准有什么关系。㉕

2010 年财政部调查报告指出,人们都知道竞争性对话的成本可能会很高,因此采购当局维持竞争水平的能力越来越多地依赖于如何有效地运用竞争性对话。该调查指出,私营承包商会先审视参与该项目需要进行什么水平的准备,需要什么样的技术和资源,然后决定是否参加投标。㉖而采购当局也应当向市场说明弄清以上这些东西也就足够了。

在此必须强调,英国工业联合会报告认为以上许多问题并不是新问题,不能完全归因于竞争性对话本身。㉗英国工业联合会研究报告关注的是如何完善竞争性对话,而不是将其与以前的采购方式进行对比。实践经验表明,由于竞争性对话自身存在一些内在的不可避免的成本,消除不必要的程序成本对于竞争性对话来说尤其重要。

前面指出,在对政府采购进行"精益调查"之后,在适当时候采用速度更快、成本更低的公开招标或限制招标的采购方式也可以有效解决供应商成本过高的问题;㉘2011 年 11 月,政府宣布未来甚至会停止使用竞争性对话,以降低采购成本,减少时间跨度。虽然某些举措可能会有所裨益,但在许多情况下竞争性对话具有的各种形式的灵活性会证明竞争性对话才是最合适的采购方式。因此,应当花大力气解决本章讨论的现实问题,这样才能保证最大限度地利用竞争性对话灵活性所带来的商机。如果采购当局在应用竞争性对话时没能按照好的规程去做,会更加打击人们适时使用竞争性对话的积极性,这将是一件极为悲哀的事情。

㉓ 2010 年英国财政部评论,前注㊼,3. 26 节。
㉔ 2008 年英国商务部报告,前注㊔,第 8 页;2010 年英国财政部评论,前注㊼,3. 43 节 ~3. 44 节。
㉕ 2010 年英国财政部评论,前注㊼,4. 46 节。
㉖ 同上,3. 14 节。
㉗ 2008 年英国商务部报告,前注㊔,第 2 页。
㉘ 《促进政府采购》,前注㊼。

3.7　结论

如前所述,英国是一个频繁使用竞争性对话的国家,[299]因此竞争性对话常常用于受《指令 2004/18》约束的合同,在许多复杂项目上取代了以往的竞争性谈判的方式,以往通过限制招标方式完成而限制招标又不完全适合的合同现在可以通过竞争性对话的方式完成。[300]另有证据表明,一种以竞争性对话为模版的采购方式被人们用于不受《指令 2004/18》约束或者不完全受《指令 2004/18》约束的合同。[301]竞争性对话的广泛应用并不意外,因为从某种程度上来说竞争性对话是受到英国旧有的复杂合同采购方式的启发才制定出来的,除了最终投标阶段和优先竞标人阶段的规则更加严格,与以前这种旧有的采购方式大致相同;另外,英国也对这种新的采购方式进行了大力推介。[302]

从竞争性对话的应用程度来看,它是对《指令 2004/18》的一个有益补充,而这一点在竞争性对话早期应用研究中也得到了证实。竞争性对话的引入为希望采用灵活采购方式的人们带来更大的法律明确性,因为在此之前人们对于谈判是否适用于许多复杂合同心存疑虑,而限制招标又不完全适用于这些复杂合同。在 3.6 节指出,人们普遍认为竞争性对话如果操作得当,与以前的谈判相比是大有裨益的,因为在程序结束时竞争性对话有更多的竞争和规则。另外,对于公共部门和私营企业来说,竞争性对话无论从绝对数字还是与谈判相比,其程序上的成本很高。[303]曾应用过竞争性对话的人大多认为竞争性对话的好处大于其高成本的坏处,功大于过,但该观点并非普遍观点。[304]

从某种程度上来说,竞争性对话的高成本是由法规以外的因素,如计划不周、准备不充分、[305]资源不足、[306]会议范围扩大、时间过长[307]以及要求提供不必要的信息引起。[308]这一点在众多研究中也得到了证实。在 3.6 节指出,2010 年财

---

[299]　见 3.4.2 节。
[300]　见 3.4.2 节。
[301]　见 3.4.2 节。
[302]　见 1.2.3 节。
[303]　见 3.6 节。
[304]　见 3.5.7.3 节和 3.6 节。
[305]　见 3.5 节和 3.6 节。
[306]　见 3.6 节。
[307]　见 3.5.6 节和 3.6 节。
[308]　见 3.6 节。

政部调查报告和"精益调查"都针对这些问题提出了相关建议,相关工作也正在进行;显然,不能有效使用竞争性对话的采购当局将面临私营企业更加严苛的审视,吸引投标人也更加困难。另外还可看到,竞争性对话的过度使用引发了不必要的成本。⑨ 这最后一个问题在最近的政府采购"精益调查"之后,可能会随采取的改革措施而得到解决。这个"精益调查"导致英国政府于 2011 年 11 月宣布将来要减少竞争性对话的使用。⑩ 希望政府侧重于减少竞争性对话的不当使用,且当竞争性对话适用时,人们将重心放在竞争性对话的有效运作上,而不是将采购当局推向本不适用的采购方式。

另外还可看到,在竞争性对话适用的情况下法规本身存在一些问题,这些问题是目前研究的主要问题。

第一,研究表明,竞争性对话与谈判相比,其程序上的高成本是因为在最终投标阶段一个以上的投标人需要提交完整的投标书,而完成一份完整详细的投标书不仅增加了失标人的成本,而且增加了采购当局的成本(采购当局需要与不止一个投标人进行广泛接触)。⑪ 另外还发现,"完整投标书"的要求在法律上还存在着不明确性,每个采购人员对此要求的解释和在采购实践中的应用也各不相同。⑫ 这些不同会影响竞争性对话成本与其好处之间的平衡。但是,人们似乎有一种共识,即无论怎样应用相关法规,竞争性对话的参与成本还是很高。

虽然一些新增成本不可避免,但由于竞争性更强而被人们所接受。与其限制在投标书方面提出详细要求,不如在成本和好处之间达到更好的平衡。在当前法律范围内,通过对相关法规的合理解读,这个目标是有可能实现的。例如,其中一个方法是要求投标人只补充可能会影响竞争结果的细节,此举不会增加滥用谈判偏向国内供应商的风险,而这种风险正是欧盟规则最为关心的。另外从国家角度来说,此举也不会影响物有所值目标的实现。2010 年的财政部调查报告虽然没有明确解释相关法规的含义,但指出在当前法律制度下可能达到更好的平衡;投标成本之所以过高,是因为对相关法规的应用"过于谨慎"。《指令2004/18》的竞争原则显然支持这种观点,因为高的投标成本限制了竞争性对话的竞争宽度。

与竞争性对话其他方面一样,在这一方面也存在法律上的不明确性。通过

---

⑨　见 3.4.2 节。

⑩　见 3.4.3 节。

⑪　见 3.5.7.3 节。

⑫　见 3.5.7.3 节。

发布适当的指南,可以在短期内解决法律不明确所引发的各种问题,一个更加
灵活的采购规程也可以在短期内形成。从克莱文和布劳恩的研究来看,这种指
南的实际影响会很大。⑬ 如果欧盟委员会能够根据复杂项目有效采购的现实制
定一个指南,国内政府再制定一个相关指南,那么将会很受欢迎。

　　研究中发现的具有法律困境的第二个重要领域是如何应对不受采购当局
控制的项目变更,尤其是在优先竞标人阶段发生的变更。与法律不明确的其他
领域一样,该领域的人在依法行事时,发现法律规定得不清楚,人们对相关法规
持不同的解释。许多采购当局对变更持一种相当谨慎的态度,认为任何影响打
分的变更,即使不影响最后结果,也会有法律上的风险。⑭ 但是从克莱文的研究
来看,现实中人们对于变更的态度具有浓厚的实用主义色彩,⑮这一点与人们对
待投标书补充完善相关法规的谨慎态度完全相反,⑯因为确实需要变更,而且返
回到某节点再开始会引发高成本。在大多数情况下人们的反应是尽管有法律
上的风险,但还是按照需要进行变更。该研究指出,在变更这一问题上有效进
行商业采购的现实和对法规的严格解释之间存在一种严重的不匹配现象,因此
需要对法规进行灵活解释。这一点与提交完整投标书的要求一样,法律上的不
明确性以及对法规进行灵活解释的需求,只需在国内和欧盟颁布一个指南就可
以得到很大程度的解决。作者认为,只要相关变更不影响结果,⑰或者说虽然相
关变更对结果产生了影响但符合比例原则,就起码允许外部因素引发的变更。

　　至少一部分参与者认为,法律上的不明确性,加上人们不愿意冒法律上的
风险,使竞争性对话的应用在其他方面也不那么如意。其中一个问题是在会议
期间如何应用平等待遇原则,法律上过分谨慎的态度导致了对话期间会议过多
的严重问题。⑱ 对这一原则的理解也以某种方式对实践产生了影响,不利于正
式对话阶段之前就技术问题进行对话,进而影响整个采购的有效性,这种过分
谨慎的态度使一部分采购人员尽量避免与少数供应商进行深入协商,哪怕别人
认为此举意义重大。⑲ 另一个困难是能否在竞争性对话的各个阶段对用于评估
投标书或方案的各个标准及其权重进行补充完善或者任何形式的变更。这一

---

⑬　见 3.2 节和 3.4.2 节。
⑭　见 3.5.8 节。
⑮　见 3.5.8 节。
⑯　见 3.5.8 节。
⑰　见 1.5.8 节。
⑱　见 3.5.6.3 节。
⑲　见 3.5.6.3 节。

方面存在的法律风险使一部分采购人员不敢采取变通方式,而这种变通方式被许多人认为是一种非常好的商业行为,也就是说允许某些细微的变更。[520] 在这些问题上,由政府或欧盟发布的解释性指南会再次发挥良好作用,会引导采购实体在需要的时候采取灵活方式以进行有效采购。

在其他地方也存在法律上的不明确性,如保密法规的含义,[521]以及在提交最终投标书和决标之间能否对最终投标书进行调整或补充完善。[522] 在这两个方面采购从业人员已形成一套非常实用的策略以应对法律上的不明确性。在保密规则方面,采购当局就什么是机密信息与供应商达成明确一致;[523]在后一问题上,通过在最终投标阶段举行的一个"演练",在某种程度上消除了最终投标书的调整需求。[524] 但无论是在这些方面还是其他方面都需要发布一些指南,这样才能消除法律上的不明确性,帮助人们解决一些实际困难,前提是指南所提出的方式必须与复杂采购的现实相匹配。

总之,英国应用竞争性对话的经验表明,竞争性对话是对《指令 2004/18》合同授予方式的一个有益补充。但是,可以采取一些措施提高实际效果。其中一些措施(如更好的计划和资源准备)虽然与法规没有直接关系,但其他措施与法规是有关系的。研究表明,决策者制定一个指南可以有效引导采购当局的采购行为,对于完善采购规程具有很大的作用。从目前证据来看,内阁办公室不会接手前英国政府商务办公室的工作,针对欧盟规则制定一个详细的法规解释指南。如果真是这样,就太遗憾了。不过从长远来看,考虑复杂采购的现实并在此基础上做出司法解释,可能是对竞争性对话的健康发展做出的最大贡献。本研究有助于从法律角度找出人们最为关注的问题,希望本研究提供的信息可供以后制定软法律和判例法之用。

---

[520] 见 3.5.11 节。
[521] 见 3.5.3 节。
[522] 见 3.5.7.4 节。
[523] 见 3.5.3 节。
[524] 见 3.5.7.4 节。

第4章 竞争性对话在法国

西尔维娅·德马尔斯 弗雷德里克·奥利维耶

4.1 引言：公共采购在法国的规范

从 1833 年起,法国就通过严格的法律对公共采购进行了约束。当时的法国颁布了全球第一套国家采购法规。从 19 世纪初开始,法国通过正式的法规规范公共采购,但是这些法规适用于中央政府,而非中央政府于 1964 年第一部《公共采购合同法》(*Code des Marches Publics*,*CMP*)生效后才正式纳入法律约束范畴。

1964 年的《公共采购合同法》适用于中央政府采购(第 1 册和第 2 册)和非中央政府采购(第 3 册和第 4 册),有数百个条款,这些条款通过修订法令常常发生变化。法国作为欧盟创始国,从 1971 年开始考虑怎样才能让欧盟各个采购指令与本国详尽复杂的国内法相一致。

法国政府曾尝试将欧盟法律要求整合到现有法国国内法中,在合适的地方、合适的时间通过增补和重新措辞的方式对本国法律进行补充。但随着欧盟法律日臻完善,这种方法实施越来越困难。1971 年的《工程指令》①和 1977 年的《供应指令》②只对法国的《公共采购合同法》补充了少数几个条款。③ 1988 年修订版的《工程指令》④和《供应指令》⑤使《公共采购合同法》新增了一个完

---

① 1997 年 7 月 21 日欧洲理事会关于协调公共工程合同授予程序的《指令 71/305》(*Directive 71/305*)[1971]OJ L185。

② 1976 年 12 月 21 日欧洲理事会关于协调公共供应合同程序的《指令 77/62》(*Directive 77/62*)[1977]OJ L13/1。

③ L. 利歇尔(L. Richer),《行政合同法》(*Droit des Contrats Administratifs*)(第 7 版,Paris:LGJD,2010),第 357 页。另见 1979 年 1 月 12 日关于欧共体某些公共工程和供货项目公开竞争程序的《第 79 - 98 号法令》(*Decret No. 79 - 98*)。

④ 《指令 89/440》(*Directive 89/440*)(修订了《指令 71/305》(*Directive 71/305*))[1989]OJ L210/1。

⑤ 《指令 88/295》(*Directive 88/295*)(修订了《指令 77/62》(*Directive 77/62*))[1988]OJ L127/1。

整的第五章,专门对应"欧洲采购"问题。⑥

法国的《公共采购合同法》即使增加了这一章,也无法完全与欧盟要求相一致。欧盟法规下的"公共机构"按照《公共合同采购法》的规定并不都是公共机构,例如,法国的《公共采购合同法》没有将一些法国特有的机构如混合经济公司(按照法国法律属于"私营法人")列为公共机构,法国国家银行(Banque de France)也不属于公共机构。⑦ 为了完全与欧盟法一致,法国于 1991 年制定了新的法律,让欧盟法规也适用于这些公共机构。⑧ 迄今为止,这些"公共机构"仍然受制于单独的法规(2005 年 6 月 6 日生效的《第 2005 – 649 号条例》),没有纳入《公共采购合同法》的范畴。

1993 年补充修订之后的欧盟法使 1964 年的《公共采购合同法》显得愈发复杂,用起来愈发不便,因此需要进行更多的变动。法国政府于 1996 年开始一个新项目,制定一个简化版的《公共采购合同法》。经过 5 年的漫长等待,新的《公共采购合同法》终于在 2001 年制定完成(2001 年 3 月 7 日生效的《第 2001 – 210 号法令》)。⑨ 这个新的《公共采购合同法》更加紧凑,并对多个条款进行了说明。它通过提高正式应用采购程序的门槛价,简化了采购程序,侧重于为中小企业提供更多的参与机遇。《公共采购合同法》针对采购程序做了不少改动,最为突出的表现是将招标(以"最具经济优势标"为基础的公开招标或限制招标)设为默认的采购方式。⑩

但是,欧盟委员会发现这个新的《公共采购合同法》在多个地方违背了欧盟指令,突出表现在:某些类型的合同不受正式招标程序的限制,而指令禁止这种行为;另外,欧盟各个指令、门槛价和公告要求的实施也不符合要求。⑪

由于欧盟委员会的不满,法国于 2004 年制定了新的《公共采购合同法》。这个新的《公共采购合同法》与 2001 年的版本相比显得更加野心勃勃。它的行

---

⑥ 1989 年 4 月 17 日关于修订《公共市场法》的《第 89 – 236 号法令》(*Décret No. 89 – 236*);以及 1990 年 9 月 18 日关于修订《公共市场法》的《第 90 – 824 号法令》(*Decret No. 90 – 824*)。

⑦ P. Valadou,*Contracts of 'Mixed Economy' Companies and Competitive Procedures in France*,*Public Procurement Law Review*,1992,1:376。

⑧ 关于市场程序的透明度和规律性,以及某些合同授予须遵守广告和竞争规则的 1991 年 1 月 3 日《第 91 – 3 号法律》(*Loi No. 91 – 3*)。

⑨ 详情见《专号:公共采购法改革》(*Numéro special:Réforme du code des marchés publics*),2001 年 4 月第 4 期,出自《合同与公共采购评论》(*Revue Contrats et Marchés Publics*)特别版(特为 2001 年《公共采购合同法》改革而设立)。

⑩ F. Olivier,*L'appel d'offres rénové*,*Revue Contrats et Marchés Publics*,2001(4):24。

⑪ 详情见 2002 年 10 月 17 日欧盟委员会第 IP/02/1507 号新闻稿。

文与欧盟各指令很相像,赋予采购当局更大的自由,大大放宽了公共采购
法规。[12]

在法国人起草 2004 年《公共采购合同法》的同时,欧盟正在就《指令
2004/18》进行辩论。《指令 2004/18》的一个重要提议是制定一个新的采购
程序,即竞争性对话。根据这些提议,2004 年的《公共采购合同法》将竞争性
对话引入法国采购法[13],而此时《指令 2004/18》尚未生效,也没有转化为法国的
法律。

很不幸,2004 年的《公共采购合同法》不仅受到了欧盟委员会的起诉,[14]而
且没有将《指令 2004/18》完全转化为国内法。鉴于此种情况,法国最后于 2006
颁布了修订之后的《公共采购合同法》。该法法规不仅涉及欧盟指令约束范围
内的合同授予和合同执行,还涉及各指令门槛价以下但受指令约束的采购。
2006 年的《公共采购合同法》的一个重要特点是它在很大程度上是对欧盟指令
的照搬,并在某些方面(如框架协议)用欧盟规则取代了原有的国内法规。[15]此
举与法国先前将欧盟法律要求转化为国内法律时的做法大不相同,以前只有需
要与欧盟法一致的时候,才会修改国内法。

目前,法国公共采购受到表 4.1 列出的各个法的约束。有一点值得一提,
2006 年的《公共采购合同法》提出了平等待遇、非歧视性和透明义务,还规定为
了实现公共采购向市场开放,不论合同价值是多少,人们均有按照国家规定的
所有采购方式签订合同的自由。

在法国,人们将采购合同视为行政合同,受行政法的约束;处理采购纠纷
的相关法院是行政法院和法庭,最高行政法院为最高上诉法院。法国每年都
有数百起采购纠纷提交法院审理。另一个有趣的事实是最高行政法院经常
处理《公共采购合同法》条款与欧盟法不相符的纠纷,而且偶尔还会推翻法国
的立法。

---

[12] 详见《公共采购法改革》(*Reforme du code des marchés publics*),2001 年 2 月第 2 期,出自《合同与
公共采购改革》(*Revue Contrats et Marchés Publics*),合同审查与公共采购专刊,特为 2004 年《公共采购合
同法》改革而设立。

[13] P. Delelis,*Le dialogue competitive*,*Revue Contrats et Marchés Publics*,2004,2:46。

[14] 见 2004 年 2 月 4 日欧盟委员会第 IP 04/162 号新闻稿;人们的主要不满是《公共采购合同法》未
能坚持"将限制招标程序中邀请人数降至最少"的要求,且未能遵守在泰洛茨蒂亚(Telaustria)判例法中
规定的第 II 部分 B 类服务合同的广告要求,允许在不公开的情况下授予这些服务合同。

[15] 见 L. Folliot-Lalliot,*The French Approach to Regulating Frameworks under the New EC Directives*,in
S. Arrowsmith(ed.),*Reform of the UNCITRAL Model Law on Procurement:Procurement Regulation for the 21st
Century*,Eagan,MN:West,2010。

表 4.1　适用于中央政府采购的公共采购法

现有（重要）可用立法	对应目标
2006 年的《公共采购合同法》（于 2009 年 9 月进行了修订）	所有"具有特权专营权以外的公共部门、公共机构"的工程、供应和服务和采购（不论合同价值是多少）
1991 年 1 月 3 日通过的《第 91-3 号法律》（于 2005 年 1 月 6 日被《第 2005-649 号条例》取代）①	受欧盟各指令约束但不受《公共采购合同法》约束的公共机构；特许经营工程。 受以上立法约束的程序规则通过《第 2005-1742 号法令》②和《第 2005-1308 号法令》③进行了细化
2004 年 6 月 17 日通过的关于伙伴关系合同的《第 2004-559 号条例》（通过《第 2008-735 号法律》④和《第 2009-179 号法律》⑤对其进行了修订，前者对 PPP 规则进行了大幅调整和完善，后者使伙伴关系合同更具吸引力，更适应用户需要，目的是促进全球经济危机期间此类合同的授予）	受欧盟各指令约束的公私伙伴关系（PPP）合同（取决于合同价值）；这些合同在法国称为"伙伴关系合同"（contrats de partenariat）。 受以上立法约束的程序规则通过《第 2005-953 号法令》⑥、《第 2005-1740 号法令》⑦和《第 2009-243 号法令》⑧进行了细化。 为了更好地运用伙伴关系合同相关法律制度，还发布了一些通知，其中特别重要的是 2005 年 11 月 29 日的通知，其中记载了如何利用竞争性对话授予这些合同的解释

①2005 年 6 月 6 日通过了关于某些不受公共采购法约束的由公共机构或私人签订合同的《第 2005-649 号条例》；

②2005 年 12 月 30 日通过了关于制定《第 2005-649 号条例》第 3 条提及的由采购当局签订合同必须遵守的相关规则的《第 2005-1742 号法令》；

③2005 年 10 月 20 日通过了关于《第 2005-649 号条例》第 4 条提及的采购当局所签订合同的《第 2005-1308 号法令》；

④2008 年 7 月 28 日通过了关于伙伴关系合同的《第 2008-735 号法律》；

⑤2009 年 2 月 17 日通过了关于促进公共和私营建筑与投资方案的《第 2009-179 号法律》；

⑥2005 年 8 月 9 日通过了《第 2005-953 号法令》；

⑦2005 年 12 月 30 通过了《第 2005-1740 号法令》；

⑧2009 年 3 月 2 日通过了关于某些采购程序、国家及其公共机构间某些伙伴关系合同实施程序，以及《第 2004-559 号条例》第 19 和 25 条所述相关人员的《第 2009-243 号法令》

4.2　竞争性对话引入之前的复杂采购

在 1.3 节指出，竞争性对话的引入，是因为全欧范围内的采购当局都希望有更多的机会就复杂合同与投标人进行对话。

考虑到这种需求,法国在 2004 年之前的立法中曾有一个与竞争性对话非常相似的采购方式,因为无论是法国立法中普遍采用的公开招标/限制招标还是谈判都不适合某些类型的复杂采购项目。因此,法国立法者引入了一种新的国家采购方式,这种新的采购方式是欧盟限制招标的一种变体,与法国立法中通过的一般限制招标相比,该采购方式具有更大的灵活性。法国就复杂采购在法律中单独制定一个采购方式,与英国应对众多复杂合同的态度形成鲜明对比(见 3.2 节)。在英国,人们在应用谈判的采购实践中形成一种类似于竞争性对话的规程,并受到政府指南的引导。

法国在复杂程序立法中采用单独程序的做法可与联合王国许多复杂合同采取的做法形成对照(见 3.2 节),后者通过在政府指导下操作谈判程序的实践形成了一种类似竞争性对话的做法。

法国的这个"复杂采购"的采购方式称为 l'appel d'offres sur performances(基于业绩的招标),于 1993 年 3 月 27 日通过《第 93 - 733 号法令》[16]首次引入,并收入 2001 年《公共采购合同法》第 36 条。[17] 该采购方式由反腐委员会在其报告中首次提出。[18] 2001 年《公共采购合同法》第 36 条对该采购方式的描述如下:

"基于业绩的招标"是一种采购方式,按照这种采购方式,采购当局制定一个说明性文件,说明想要取得的可验证结果或者需要达到的要求。每个投标人在其投标书中说明采取什么样的方式取得这些结果或者达到这些要求。[19] 通过这种方式,采购当局可以得到解决其问题的详细方案,也可以得到执行该方案的细节,以满足其全部或部分需求。

2001 年,新的《公共采购法》限制此方式的使用和应用范围。它首先对这种采购方式进行了重新定义,指出该采购方式的目的是防止采购当局在未经投标人同意的情况下将其提交的方案整成一个"更合其意"的方案。在 2004 年的《指令 2004/18》中也有这样的禁令;法国在"基于业绩的招标"这一方面的立法,可能对指令的措辞有所影响。

其次按照 2001 年《公共采购合同法》的规定,采购当局只能在两种情况下

---

[16] 1993 年 3 月 27 日《第 93 - 733 号法令》(*Déecret No. 93 - 733*)。

[17] Richer,《行政合同法》(*Droit des Contrats Administratifs*),前注③,第 462 页及各处。

[18] 预防腐败委员会,《预防腐败委员会报告》(*Rapport de la commission de prevention de la corruption*),法国文件,1993 年,该报告被称为"布切里报告"(Rapport Bouchery)。

[19] La procédure d'appel d'offres 是市场负责人按照可核实的结果确定详细功能方案的程序。每个候选人在提议中都提出取得这些成果或满足这些需要的方法。

应用该采购方式:采购当局无法确定以何种方式满足自身需求,或者采购当局无法确定现有技术或资金方案。⑳

由于"基于业绩的招标"是限制招标的一个变种,因此它和限制招标之间的相似之处多于和竞争性对话的相似之处,也多于更加灵活的谈判(见表4.2)。竞争性对话不是限制招标的一个变种,因为按照竞争性对话的方式,采购当局有机会组织与候选投标人的自由讨论,而候选投标人在提交"最终投标书"之前提交建议和方案。

在4.1节提到,2004年《公共采购合同法》进行修订时,以前的"基于业绩的招标"直接被竞争性对话所取代。此后,竞争性对话在法国的使用越来越多(见第2章),而人们对谈判的使用则越来越少(见4.4.5节)。这说明欧盟的竞争性对话已经全部或部分地取代了"基于业绩的招标"和谈判。

表4.2列出了"基于业绩的招标"的特点,并将其与竞争性对话进行了对比。从表中可看出,法国这种采购方式从某种程度上来说,在"特别复杂的合同"这个概念以及提交最终投标书之后还可有何种作为方面(解释、说明和微调),似乎是欧盟《指令》中竞争性对话相关条款措辞的滥觞。

一般来说,竞争性对话比法国版的限制招标有更大的灵活性:首先是因为竞争性对话是一个独立的采购方式(而不是限制招标方式的一个变种);其次是如果采用了竞争性对话的采购方式,人们有更大的讨论空间,涉及的投标人数更少,各阶段还可以对投标人进行淘汰。

表4.2 法国"基于业绩的招标"和竞争性对话之间的对比

采购方式	受邀参与的候选投标人最少人数	能否与候选人讨论大纲性的报价	整个过程中能否减少投标人数	适用条件
法国:"基于业绩的招标"	5(同限制招标)	不可以:初次提交投标书及接下来的"解释、说明和微调"	不可以	当采购当局无法确定以何种方式满足自身需求;无法对现有技术或资金方案进行评估
欧盟/法国:竞争性对话	3	可以:对话期间提交的方案(最终投标书之前)可以讨论	可以:通过淘汰"方案"	"特别复杂的合同"(采购当局无法确定以何种方式满足自身需求;无法对现在技术或资金方案进行评估)。如果是PPP项目,技术/法律/资金/方面的复杂性使采购当局无法确定以何种方式满足自身需求

⑳ 以此两个原因为由使用该程序的评论,见2001年8月28日《〈公共采购法〉实施指导》,此为伴随2001年《公共采购合同法》的一个解释备忘录。

4.3 竞争性对话简介

竞争性对话在 2004 年即将出台的时候被引入法国(2004 年通过的《公共采购合同法》于 2004 年 1 月 10 日生效),而《指令 2004/18》于 2004 年 3 月 31 日才正式生效。后来在将《指令 2004/18》转化为国内法的时候,竞争性对话相关规定被收入 2006 年的《公共采购合同法》。

在 4.2 节指出,竞争性对话和法国以前的"基于业绩的招标"之间存在一些相似性,两者的目的都是帮助采购当局应对复杂合同的采购,而在这些复杂合同中采购当局不知道怎样才能满足自身需求。如前所述,后者在 2004 年引入竞争性对话之后就废止了。

当前法规与 2004 年《公共采购合同法》条款之间的差别是《指令 2004/18》门槛价格以下(指服务和供应合同)、处于 23 万 ~ 590 万欧元(指工程合同)之间的采购,法国人可自由选择竞争性对话的采购方式。如果采购合同总价高于《指令 2004/18》门槛价,那么只有当其复杂程度符合《公共采购合同法》和《指令 2004/18》的要求时,才能采用竞争性对话的方式。此时"自由选择竞争性对话"的可能性就不复存在了(见 4.4.1.1 节)。

竞争性对话首先出现在《公共采购合同法》中,适用于中央政府和非中央政府的采购机构。根据《公共采购合同法》的规定,无论合同总价是多少,都可以使用竞争性对话,因此竞争性对话可用于受《指令 2004/18》约束的采购,也可用于《指令 2004/18》门槛价以下的合同。

其次在《公共采购合同法》以外的领域也有相关规定,也将竞争性对话规定为一种采购方式。在 4.1 节指出,《公共采购合同法》并没有覆盖所有受欧盟法规约束的采购实体。因此,竞争性对话在《第 2005 - 649 号条例》和《第 2005 - 1742 号法令》中也有收入,其中包括不受《公共采购合同法》约束但受欧盟采购法约束的"私法和公法"机构相关法规。

另外,原则上受制于《指令 2004/18》(取决于合同价值)的公共合同的采购也可以使用竞争性对话,这些合同包括:

(1)伙伴关系合同(Contrats de Partenariat),这些合同是公私伙伴关系(工程和/或服务)合同,其构成模式是设计—建设—融资—运营(DBFO)。有一个条例与我们的讨论有很大关系,内含伙伴关系合同相关规则,名为《第 2004 - 559 号条例》。该《条例》内含对于地方公共采购当局非常重要的条款,已经被整合到《地方当局法》(*Code Général des Collectivites Territoriales*，第 L. 1414 – 4 ~ L. 1414 – 7 条)，这个《地方当局法》中关于伙伴关系合同采购的相关条款与前者中的条款几乎完全一致(见第 IV 卷，第一部，第 4 章)。

（2）长期医院租赁合同(*Baux Emphytéotiques Hospitallers*，BEH)，提供医院基础设施的长期租赁合同。公共"土地"以象征性租金出租给私营方，条件是私营方建造(有可能还要维护)公用设施。运用竞争性对话授予此类合同的条件见《公共卫生法》(*Code de la Santé Publique*，第 L. 6148 – 5 条)。

（3）长期行政租赁合同(*Baux Emphytéotiques Administratifs*，BEA)，中央政府批准的长期租赁合同，授予公共土地许可证，同时有义务建造设施，后由国家租赁并享有优先购买的权利。此类采购称为授权临时占用/可选择性购买的租赁 AOT/LOA，目的是建造和管理监狱和其他设施供司法、警察和宪兵使用。运用竞争性对话授予此类合同的相关规则见《一般公共财产法》(*Code Général de la Propriété des Personnes Publiques*，第 L. 21222 – 15 条)和《第 2004 – 18 号法令》。㉑

所有这些立法几乎都原文照搬了《指令》法规的措辞，因此受这些立法约束的所有采购当局在处理受这些立法约束的合同时，可以享受《指令》赋予的所有灵活性。不过在此应当强调，公用事业部门的采购当局是不能使用竞争性对话的。㉒

法国人在将欧盟法转化为法国国内法时，所采取的态度与 2004 年之前对待法国采购法的态度是大不相同的。2004 年之前，法国会制定一些复杂的新法规，对大多数欧盟法进行补充，且国内存在一些完全独立的"国家"采购方式，如"基于业绩的招标"。《指令 2004/18》条款取代了这种旧有的采购方式，法国人在将这种采购方式转化到国内采购法时几乎没有进行任何变更或增补；虽然《公共采购合同法》相关条款的措辞和次级立法相关条款之间在措辞上有细微的差别，但并没有从根本上改变这些规则的实质。

到现在为止，法国行政法院审理了数个竞争性对话相关案例，但是数量不很多。大多数纠纷与授标决定有关(如是否将合同授予最佳投标人)，不过法国最高行政法院至少在两个案例中专门就《公共采购合同法》中的竞争性对话条款做出了裁决(见 4.5 节)。

㉑　2004 年 1 月 6 日关于应用国家领土法第 L. 34 – 3 – 1 条的《第 2004 – 18 号法令》(*Décret No. 2004 – 18*)。

㉒　这些规定在《公共采购合同法》和《第 2005 – 649 号条例》(*Ordonnance No. 2005 – 649*)中都有，但各自处于完全独立的"章"——而竞争性对话则没有转化为这些"章"的内容。

　　法国政府就竞争性对话发布了一些指南,一般是对《公共采购合同法》中的
条款进行总结说明。这样的指南有 2009 年发布的《政府采购最佳实践指南》,㉓
它对《公共采购合法法》条款进行说明。更为重要的是 2007 年由法国商业企业
联合会(MEDEF)发布的指南。该指南指出什么样的态度才是对待竞争性对话
的实用态度,因此它超越了欧盟或法国法律条款的范围。㉔

　　法国发布的其他指南:

　　(1)《竞争性对话宪章》,㉕该文件对应的是复杂项目公共采购中对竞争性
对话的应用问题。该文件的起草单位包括法国省议会、法国市长协会(AMF)、
法国地区协会、法国 PPP 项目研究所(l'Institut de la gestion déléguée,IGD),以及
伙伴关系合同实施保障办公室(la Mission d'appui à la réalisation des contrats de
partenariat,MAPPP)。

　　(2)MAPPP 本身也发布了指南文件,重要的有《伙伴关系合同与候选集团
的不确定性》㉖(对应的是竞争性对话期间财团成员情况发生变化时会发生什
么样的问题)和《竞争性对话结束阶段的管理》(对应的是对话接近尾声时如何
管理对话的结束)㉗。

　　(3)法国政府发布的《地方当局伙伴关系合同通知(2005 年 9 月 29 日)》,㉘
该通知讨论的是使用竞争性对话授予 PPP 合同相关事宜。

　　从竞争性对话的使用来看,在第 2 章指出,法国到 2010 年为止一直是一个
频繁使用竞争性对话的国家。2006—2009 年,法国使用竞争性对话的次数是
1446 次。从绝对数量来看,竞争性对话的使用次数每年都略有增加。关于法国
对竞争性对话的使用详见 4.4 节。

　　㉓　2009 年 12 月 29 日《政府采购最佳实践指南》(*Guide de bonnes pratiques en matière de marchés publics*)(JO No. 0303,31 décembre 2009)。

　　㉔　法国商业企业联合会(MEDEF),《竞争性对话指南》(*Guide du dialogue compétitif*),2007 年 3 月,
见于 http://archive. medef. com/medias/files/114468_FICHIER_0. pdf。

　　㉕　法国 PPP 项目研究所(IGD),《竞争性对话宪章》(*Charte du dialogue competitive*),2007 年 1 月
18 日。

　　㉖　PPP 项目实施保障办公室(MAPPP),《伙伴关系合同与候选集团的不确定性》(*Les contrats de partenariat et l'intangibilité des groupements candidats*),2009 年 2 月。

　　㉗　PPP 项目实施保障办公室(MAPPP),《竞争性对话结束阶段的管理》(*Gestion de la fin du dialogue compétitif*),2006 年 10 月。

　　㉘　《地方当局伙伴关系合同通知(2005 年 11 月 29 日)》(*Circulaire du 29 novembre 2005 relative aux contrats de partenariat à l'attention des collectivités territoriales*),2005 年 12 月 15 日 JORF 第 291 号,第
19271 页。

4.4 法律和实践中竞争性对话的适用范围

4.4.1 竞争性对话适用范围相关法规

4.4.1.1 《公共采购合同法》

《公共采购合同法》中与竞争性对话相关的条款见第 36 条和第 67 条(由 2008 年 12 月 29 日通过的《第 2008 - 1355 号法令》第 4 条进行了修订),除了文字表述上的细微差异,与《指令 2004/18》基本相同。

第 36 条规定,通过竞争性对话,采购当局与筛选出来的候选人进行对话,以研究或制定一个或数个满足自身需求的方案,再在这些方案的基础上参与者将受邀提交一份投标书;只有当合同"非常复杂"的时候才可以使用竞争性对话。[29]《公共采购合同法》第 36 条就"特别复杂"这个词进行了定义,规定当采购当局客观上无法独自或事先确定以何种技术方式满足自身需求的时候,[30]方可使用竞争性对话。与《指令 2004/18》措辞相比,这个规定实际上扩大了竞争性对话的适用范畴,没有用"独自或事先"来限制"客观上无法";但是措辞上的这个变化会引发什么样的效果,目前在法国法院或欧洲法院都没有相关案例。

值得一提的是,2008 年 12 月 19 日以前,按照《公共采购合同法》的规定,《指令 2004/18》门槛价以下的合同是可以自由使用竞争性对话的(也就是说,没有特别复杂性的要求)。但是现在不行了,现在的《公共采购合同法》在条款上与《指令 2004/18》更加接近。

《指令 2004/18》规定的竞争性对话适用范围见 1.4 节讨论。虽然法国国内法的条款一般只是照搬《指令》的措辞,但《公共采购合同法》对《指令 2004/18》进行了两个规则的补充:

一是《指令 2004/18》摘要中提到,在复杂采购中可以进行投标补偿,而法国《公共采购合同法》第 67 条进一步规定了怎样进行投标补偿,将在 4.5.9 节对该条款进一步讨论。

二是竞争性对话的适用范围。《公共采购合同法》有一些条款适用于某些特定类型的合同,如《设计实现采购》(*Marchés de Conception - Realisation*)合同,

---

[29] S. Lagumina, L. Deruy, *L'ordonnance relative au contrat de partenariat: Dépasser la polémique*, *BJCP* 348, 2004, 36(9)。

[30] 第 36 条,第 1 段:"采购当局客观上无法自行界定能够满足其需要的技术手段。"

指既包含设计又包含建设元素的公共工程合同。这些合同在授予时一般会采用一种改良版的限制招标的方式(见《公共采购合同法》第 69 条相关讨论),第 69 条第(Ⅱ)款还规定,当此类"设计与建设"合同涉及建筑物装修并满足竞争性对话使用条件时,应当使用竞争性对话。在此必须强调,法国没有必要再为《设计实现采购》规定一个竞争性对话的采购方式,因为如果没有现在这个竞争性对话的规定,原本是按照限制招标的方式进行的,而这一点与《指令 2004/18》的规定也是一致的。

在此必须强调,《公共采购合同法》中的竞争性对话相关条款适用于《指令 2004/18》门槛价以上和以下的合同。从 2008 年 12 月 9 日开始,门槛价以下合同在应用竞争性对话时,受制条款与门槛价以上合同相同(见 4.1 节)。

不过《公共采购合同法》也为门槛价以下合同规定了不同于且远大于《指令 2004/18》的灵活性。《公共采购合同法》规定的这个方法叫作适应性程序(procédure adaptée)。通过这种方式,非限制性谈判可成为决标过程的一部分(前提是必须遵守平等待遇原和透明原则,要求事先通知候选人将通过什么样的方式进行谈判)。可以看出,适应性程序与竞争性对话相比可以为采购当局带来更大的灵活性(关于使用竞争性对话时采购当局享有的灵活性,见《公共采购合同法》第 67 条)。

适应性程序可自由运用于《指令 2004/18》门槛价以下的合同,这说明虽然竞争性对话可用于门槛价以下合同,但其应用频率不会太高(由于采购的复杂性,采购当局无法起草满足自制需求的技术规格时除外);但是这并不意味着适应性程序不能以一种更加灵活的方式按照竞争性对话的方式进行组织。

在此需要重复谈判(通过 2006 年《公共采购合同法》进入法国国内法)和竞争性对话之间的区别。不可否认,这两种采购方式在某些方面很相似,如采购当局和候选人之间都可以进行讨论,但是它们之间也有着很大的差异。按照《公共采购合同法》的规定,如果采用谈判的方式,那么首先必须进行正式的投标,然后在合同授予之前可就这些投标书进行谈判。如果采用竞争性对话的方式,在提交正式的"最终投标书"之前可进行讨论,然后对提交最终投标书之后可以采取的行为进行严格限制(见《指令 2004/18》要求,相关讨论见 1.5.7 节和 1.5.8 节)。

最后一点是:一部分既受制于 2006 年《公共采购合同法》,又受制于 1985 年《第 85 -704 号法律》的公共合同㉛,是不能通过《公共采购合同法》中的竞争

㉛ 1985 年 7 月 12 日关于公共承包商和私人承包商之间关系的《第 85 -70 号法律》(Loi No. 85 -704)。

性对话完成授标的。㉜（《第85 - 704 号法律》《公共工程控制法》（LOI MOP），对应的是私营方任公共建筑项目管理方的情形。）

4.4.1.2　AOT/LOA 和 BEH

《第2004 - 18 号法令》第12 条规定，AOT/LOA 类型的租借合同如果足够复杂，则应当按照竞争性对话的方式完成。该法令中关于复杂性的定义与《公共采购合同法》中的定义完全一致（见4.4.1.1 节）。《第2004 - 18 号法令》在概述竞争性对话的过程时，原文照搬了2006 年《公共采购合同法》竞争性对话相关条款的措辞。

另外，BEH 合同可以按照《第2004 - 559 号条例》关于伙伴关系合同的规定，按照竞争性对话的方式进行；《公共卫生法》第L.6148 - 5 条规定，如果相关项目达到《第2004 - 559 号条例》规定的"复杂性"的条件，则参照该条例第7 条的规定。伙伴关系合同的适用规则见4.4.1.4 节讨论。

4.4.1.3　《第2005 - 649 号条例》

如4.3 节所述，受制于欧盟各指令但不受制于《公共采购合同法》的机构（如行使公共职能的"私法"机构），也可以使用竞争性对话。同样，当涉及这些合同的适用条件时，该指令在措辞上几乎原文照搬了《公共采购合同法》和《指令2004/18》。

同样，按照《2005 年条例》的规定，竞争性对话原则上适用于《指令2004/18》门槛价以上和以下的合同。不过《指令2004/18》门槛价以下的合同在应用竞争性对话时，适用条件相关的条款在措辞上与《公共采购合同法》的措辞有很大不同。

受该条例约束但不受《公共采购合同法》约束的采购当局，在进行《指令2004/18》门槛价以下的采购时，没有必要使用任何"正式"的采购方式（也就是说没有必要使用欧盟规定的采购方式）。㉝ 该条例指出，除非门槛价以下的合同

㉜　按照《公共工程控制法》的规定，某些类型的项目（例如"建筑物"项目）在签订合同之前需要非常精确的项目规格；而这一点恰恰与"特别复杂的合同"的理念背道而驰，因为"特别复杂的合同"（详见讨论）是一种无法确定规格的合同。在其他情况下，如复杂的建筑/基础设施项目（如潜水处理厂的建造），《公共工程控制法》（第10 条）允许就技术设计的各种要素进行协商，可以使用竞争性对话的。

㉝　受《第2005 - 649 号条例》（Ordonnance No. 2005 - 649）约束的采购当局的采购程序规则，见《关于为〈关于某些不受公共采购规则限制的公私人员所签订合同的第2005 - 649 号条例（2005 年6 月6 日）〉第3 条所述裁决机构所设相关步骤制定规则的第2005 - 1742 号法令（2005 年12 月30 日）》（Décret No. 2005 - 1742 du 30 décembre 2005 fixant les règles applicables aux marchés passés par les pouvoirs adjudicateurs mentionnés à l'article 3 de l'ordonnance No. 2005 - 649 du 6 juin 2005 relative aux marchés passés par certaines personnes publiques ou privées non soumises au code des marchés publics）。

采用正式决标程序,合同方面的规范是很少的。㉞ 由于按照该条例的规定,门槛价以下的合同可以采用"非正式"的采购方式,因此采购当局可以采用"改良"版的竞争性对话,不一定非要达到复杂性的要求,某些方面,如提交投标书之后的谈判方面的要求,也可以更加宽松。

4.4.1.4 伙伴关系合同(《第 2004 – 559 号条例》)

在 4.3 节指出,法国的伙伴关系合同单独有一套法规。《第 2004 – 559 号条例》规定了授予此类公私伙伴关系(PPP)合同时必须遵守的规则。㉟ 这些 PPP 合同用欧盟术语表述,就是工程和服务合同,其合同价值决定了是否受制于《指令 2004/18》。但是"PPP"这个概念不包括特许经营协议中的工程或服务合同。后者有其自己的立法,其采购方式比竞争性对话还要灵活。㊱

按照该条例的规定,PPP 合同的标准采购方式是"对话"。这个对话过程与《公共采购合同法》和《指令 2004/18》中的竞争性对话几乎完全相同。对话同样也适用于伙伴关系合同,与其合同价值没有关系。但是也存在一些不同之处。其中一个是使用条件的不同。要判断相关合同是否伙伴关系合同,必须事先进行数个条件的评估。在将合同按照伙伴关系合同的合同类型发布公告之前,必须评估相关项目的复杂性和紧急性,并评估使用伙伴关系合同形式的合同会有什么样的潜在利益。

如果按照法律的要求和相关项目复杂性的要求,某个合同属于伙伴关系合同,那么采购当局必须按照该条例(第 7 条)的规定使用竞争性对话。

由于大多数伙伴关系合同在法律上和资金上都非常复杂,因此竞争性对话几乎天生就适用于这些合同。如果伙伴关系合同在法律上或资金上不复杂,那么只能在紧急情况下(通过限制招标的方式)才能授予此类合同。

另一个需要指出的是《2004 年条例》通过《2008 年法案》的修正,规定发布

㉞ 《第 2005 – 1742 号法令》(*Décret No. 2005 – 1742*)第 10 条。

㉟ 截至 2009 年,地方政府相关条款(与此相同)见《地方当局法》(*Local Authorities Code*)。见《关于加速公共和私营建筑和投资方案的第 2009 – 179 号法律(1)(2009 年 2 月 17 日)》(*Loi No. 2009 – 179 du 17 février 2009 pour l'accélération des programmes de construction et d'investissement publics et privés (1)*)该法将《条例》中的条款移至地方当局法。

㊱ 见《第 93 – 122 号法律》(*Loi No. 93 – 122*)(第 575 条)和《第 2009 – 864 号条例》(*Ordonnance No. 2009 – 864*)(第 598 条)。

公告的谈判也可用于某个门槛价以下的 PPP 项目的采购(门槛价由法令设定)。[37] 谈判的采购方式与竞争性对话相比更加灵活,意味着竞争性对话在实践中可能不会用于门槛价以下的合同。

什么情况下伙伴关系合同才足够复杂进而能够使用竞争性对话,MAPPP 列出了一些适用情形:[38] 如不明确项目最终融资结构,不知道应当如何在公私方之间分配风险(MAPPP 指出,经验不丰富又要进行复杂采购的地方当局经常会遇到这样的困难),或者为了将公共开支降到最低,强制私营方开发某块土地用于公共设施。

4.4.2 采购方式应用指南

MinEFE[39] 和 Bercy Colloc[40](用于非中央政府)这两个网站上有针对竞争性对话的各种指导性文件,对《公共采购合同法》和《指令 2004/18》上的相关规则进行重申,同时没有超越这些规则的范围。2009 年与《公共采购合同法》一同发布的《政府采购最佳实践指南》也是如此,它对第 67 条的内容进行了讨论,但是并没有就此展开详细论述。更加有用的是由 MAPPP 发布的指南(见 4.3 节),对于竞争性对话的使用提供了更有侧重性、更加详细的信息。

另外,由法国商业企业联合会(MEDEF)发布的指南也非常重要(见 4.3 节),该指南明确说明了在什么情况下公共合同应当使用竞争性对话,在什么情况下应当使用伙伴关系合同相关程序。它还就这两种类型合同应用竞争性对话提出了重要建议。这些指南文件将在 4.5 节进行讨论。

---

[37]　相关规则见《关于国家及其公共机构签订的某些伙伴关系合同履行方式,以及〈第 2004 – 559 号条例(2004 年 6 月 17 日)〉第 19 条和第 25 条所述人员的第 2009 – 243 号法令(2009 年 3 月 2 日)》(*Decret No. 2009 – 243 of 2 March 2009 relating to the procedure of transfer and certain modalities of execution of partnership contracts passed by the State and its public institutions as well as the persons mentioned in Articles 19 and 25 of Ordinance No. 2004 – 559 of June 17,2004. Art. 5 of Decret No. 2009 – 243 du 2 mars 2009 relatif a la procedure de passation et a certaines modalites d'execution des contrats de partenariat passes par l'Etat et ses etablissements publics ainsi que les personnes mentionnees aux articles 19 et 25 de l'ordonnance No. 2004 – 559 du 17 juin 2004*)第 5 条。该法令规定,只要合同的主要标的物是构思和/或构建满足公共当局需要的公共工程,欧盟门槛价以下的合同就可以使用谈判的方式;如果合同标的物不是上述公共工程,那么低于 133000 欧元的合同可以使用谈判的方式。

[38]　PPP 项目实施保障办公室(MAPPP),《紧急性、复杂性和经济效率》(*Urgence,complexité et efficience economique*),2010 年 9 月 28 日。

[39]　www. minefe. gouv. fr/directions _ services/daj/marches _ publics/presentation – mp/marches _ publics. htm。

[40]　www. colloc. bercy. gouv. fr/colo_struct_marc_publ/index. html。

4.4.3 实践中对竞争性对话的使用

第 1 章指出,2006—2009 年法国共进行了 1430 次竞争性对话;这个数字不包括按照 2004 年《公共采购合同法》的规定发布的合同公告。2004 年的《公共采购合同法》也做出了可使用竞争性对话的规定。

第 2 章指出,大多数合同公告由地方政府当局和卫生部门发布。竞争性对话主要用于授予与医疗成像和病人档案有关的信通技术合同,竞争性对话还常用于购买当地社区的公共照明设施和城市家具,由此可看出这两种机构是该程序最为频繁的使用者。有趣的是,法国在基础设施方面对竞争性对话的使用没有像英国那样频繁(见第 2 章),也没有为此类基础设施项目发布公告。虽然医院建设相当普遍,但这些公告中没有发现住房和学校项目。

第 2 章指出,在公告中说将采用竞争性对话的所有合同中有 9% 为伙伴关系合同,这说明该合同是通过竞争性对话方式授予的最为常见的 PPP 合同。

4.4.4 不受《指令 2004/18》约束的合同能否使用竞争性对话

在 4.4.1 节指出,本章提到的主要立法条款规定,《指令 2004/18》门槛价以下的合同可以使用竞争性对话。这三个立法都规定只有"特别复杂"的合同才能使用竞争性对话;但是受制于《第 2005 - 649 号条例》的公共机构也可以使用非正式的采购方式,也就是说可以按照竞争性对话的模式组织决标过程,而不是正式使用竞争性对话。同样,伙伴关系合同可按照《指令 2004/18》门槛价以下合同所使用的方式,即谈判方式,不过采购当局在应用谈判方式进行这些合同的采购时,可以使用竞争性对话的某些结构。

一般来说,竞争性对话在法律上不可用于特许经营协议(见 4.4.1.3 节),也不可用于公用事业合同,不管这些合同是否受《公共采购合同法》或《第 2005 - 649 号条例》的约束。特许经营协议可通过比竞争性对话更加灵活的方式完成授予,这可能意味着没有必要再将竞争性对话规定为这些合同的采购方式。同样,公用事业合同可以自行采用谈判的方式完成授予,这个方式也比竞争性对话要灵活。

4.4.5 谈判是否衰落

法国引入竞争性对话的目的是取代"基于业绩的招标",而不是为了取代谈判。竞争性对话的引入可能会对谈判的使用产生影响。

通过对《每日电子标讯》(TED)网站上发布的合同公告进行搜索,就会发现2006—2009 年由公共事业领域以外的采购当局授予、通过发布公告的谈判而完成的公共合同在数量上有所减少(表4.3)。

表4.3　法国公共合同对谈判方式的使用

年份	谈判公告的数量
2006	2878
2007	2604
2008	2271
2009	1746

我们在审视这些数据的时候必须知道,这些数据是否可靠取决于采购当局制作采购公告时是否准确,如果某公用事业单位没有说明它是一个公用事业单位,就会被列入"其他"类并计入以上数据。但即使考虑到可能有这样的小误差(将公用事业单位也计算进去),这些数据还是可以说明一个问题:从 2006 年起,谈判的使用次数下降明显。谈判次数的下降可能与竞争性对话的引入有关,也可能没有关系。在第 2 章指出,竞争性对话的应用每年增加约 100 个公告,而这个数据与2006—2009 年每年近 1000 个谈判公告的减少是不相匹配的。

这些数据或许可以这样解释:

第一,从谈判的适用性来说,每一次《公共采购合同法》都把谈判的使用空间加以缩小,到 2006 年,谈判的使用条件已经变得相当苛刻(无论是从立法上看,还是从案例法上看)。另一个因素是最近各《公共采购合同法》制定的门槛价大幅提高,使人们有更多的机会应用灵活性更高的采购方式(如适应性程序)。这些因素加起来降低了人们对谈判的使用兴趣。

第二,竞争性对话本身常用于周期漫长或者必须定期续签的合同,这也可能是引发竞争性对话增加缓慢(而不是快速增加)的原因。

4.5　竞争性对话的操作

4.5.1 引言

在 4.4 节指出,《公共采购合同法》和条例中的与竞争性对话相关的条款与《指令 2004/18》中的对应条款没有大的区别。从适用范围和灵活性来说,《公共采购合同法》和条例中的所有相关条款都保留了《指令 2004/18》中的灵活性;同样,《指令 2004/18》中的各种限制,如竞争性对话只能用于"特别复杂的合同",在《指令 2004/18》门槛价以下的采购中也得以保留。

《指令 2004/18》规定的竞争性对话实施过程见 1.5 节讨论。法国竞争性对话的主要步骤与《指令》的规定是一样的,法国立法照搬了《指令 2004/18》原文:

(1)该程序从广告开始,并选出参加竞争性对话的候选人。

(2)组织对话。从作者使用竞争性对话的经验来看,人们在采购实践中往往将对话分为数个阶段,且有可能会随着对话的进行淘汰一部分方案和候选人(在法律许可的情况下,非强制性要求)。

(3)宣布对话结束并邀请提交最终报价。

(4)将合同授予中标人并与中标人确定合同条款。

本章两位作者均不清楚在上述简要过程以外人们在实践中是否还有竞争性对话的其他"标准"方式。

4.5.2 计划阶段与说明文件的起草

法国的立法与欧盟指令一样(见 1.5.2 节),对于竞争性对话的计划或准备都没有说明。法律把竞争性对话的准备交由采购当局,由采购当局自行决定。作者不清楚在计划阶段是否存在标准的操作规程,因此不能对此进行一般性的评论。法国商业企业联合会指南也没有就竞争性对话的计划和准备做出相关规定,也没说因为竞争性对话将持续数月,采购当局最好任命一个项目经理负责整个对话过程。[41]

4.5.3 信息和方案的保密

1.5.3 节在进行深入讨论时指出,《指令 2004/18》第 29 条第(3)款禁止采购当局在未经候选人许可的情况下分享候选人的方案或其他机密信息。所有三个重要立法都引用了《指令》第 29 条第(3)款关于信息和方案保密的相关规定,且没有增加任何新的内容。保密问题在竞争性对话案例法中还没有相关判决。

法国商业企业联合会指南引用了《指令 2004/18》第 29 条和国家立法中的

---

[41] 法国商业企业联合会(MEDEF),前注㉜,第 9 页。

相关条款,而这些法国相关立法又原文照搬了《指令 2004/18》原则。该指南强调,采购当局应当保证不惜一切代价保护知识产权,因为如果知识产权得不到保护,投标人就不会参与这个采购过程。法国商业企业联合会评论指出,采购当局采用了竞争性对话,也就意味着要保证所有方案的机密性,将对话各部分(无论是书面提交还是口头提交的东西)进行独立的书面式记录。[42]

在实践中,要保持相关信息的机密性必须遵守两个主要原则:

(1)适用于整个对话阶段的一般保密原则。一般来说,采购当局会让参加竞争性对话的所有人签署一个保密协议。

(2)采购当局不能在未征得候选人同意的情况下,把候选人的方案加以整合成为一个方案(也就是说禁止"摘樱桃"的行为)。法国公司通过法国商业企业联合会和其他专业联合会正在极力游说立法者在法国法规中明确禁止"摘樱桃"的行为。如果采购当局想以各提交方案为基础起草一个"通用方案"并让投标人以此方案为基础进行投标,必须得到候选人的许可(见 4.5.5 节)。

采购当局一般认为,采取相关保密措施的义务由采购当局承担,如果不遵守保密规定,就会发生非法合同授予。到目前为止,还没有关于采购当局违反"摘樱桃"禁令的报告。

4.5.4 公告要求(合同公告等)

欧盟指令中就竞争性对话进行公告的要求,在 1.5.4 节进行了讨论。《公共采购合同法》的公告规则[43](所有合同的公告规则,包括通过竞争性对话方式授予的合同公告)比 2004 年《指令 2004/18》中的相关规则要繁琐得多,价值4000 欧元以上的合同,按照价值的不同有不同的强制性要求。4000 欧元以上的合同必须进行某种形式的公告,但是在什么地方发布公告可由采购当局自行选择。在 90000 欧元和欧盟门槛价之间的所有合同,必须在法国公共合同官方公告栏(Bulletin Officiel)上进行公告,或者在通常刊登"法律公告"的其他刊物上进行公告。从 2010 年 1 月开始,还必须在采购当局的采购人(互联网)简介上发布合同公告。

门槛价以上的所有合同,必须在官方公告栏、《欧盟官方公报》和采购人简介上发布公告。在此必须强调,上述规则适用于《公共采购合同法》约束范围内的所有合同,因此没有专门针对竞争性对话合同的特别规则。

㊵ 同前注㉜,第 10 段。
㊶ 2006 年《公共采购合同法》第 39 条。

受《第 2005 - 649 号条例》制约的合同有一套不同的规则,如果采用了"正式的采购方式",就必须进行公告,而公告只能在《欧盟官方公报》上发布。[44] 这种要求与决标方式无关,但是适用于竞争性对话。必须指出,这些合同还可以(同时)在《欧盟官方公报》以外的刊物上发布,但《公共采购合同法》没有将这个要求定为强制性要求。

伙伴关系合同的发布一般要吸引真正(和足够)的竞争才行,而门槛价以下的合同由采购当局根据合同价值和合同性质做出决定。所有高出欧盟门槛价的服务和供应伙伴关系合同必须在《欧盟官方公报》和官方公告栏上发布公告,此外还可以在其他刊物上也发布公告。[45]

法国的公告对于竞争性对话来说注定是一件非常重要的事情,因为目前没有关于如何组织对话的相关规则。发布一个合同公告就相当于为整个过程提供一个必须遵守的规矩。

对于伙伴关系合同和医院租赁长期合同来说,在合同公告中设定一个合适的决标标准是非常重要的。一些强制性标准包括投标方案的总体成本、方案执行要求,以及该合同会给中小企业留出多少份额。此时采购当局也可以说明他们在追求某种特别元素,如具有创新性的投标书。

最后一点是,以前在法国,合同公告是为了公告竞争性对话合同,这些合同公告一般既要符合国家标准(《公共采购合同法》),又要符合欧盟标准(《指令2004/18》),不管合同价值如何。

4.5.5 选择阶段:选出参加对话的候选人

1.5.5 节讨论了《指令 2004/18》中关于如何选出参加对话的候选人的规则。在法国,不管是公共合同还是伙伴关系合同,关于对话候选人的最低人数,法国立法中的规定与《指令 2004/18》在条款上是一致的,在法国所有三个法源中都规定最低人数为 3 人。[46] 如前所述,关于如何操作竞争性对话,无论是《指令2004/18》制约范围内的合同还是制约范围外的合同,相关规则在上述法规中没有什么不同,因此不可能在低价值采购中邀请更少的人数参加对话。

《公共采购合同法》还指出,可以在合同公告中设定参加对话的候选人的最

---

[44] 《第 2005 - 1742 号法令》(*Décret No. 2005 - 1742*)第 16 条第(Ⅱ)款。

[45] 《第 2009 - 243 号法令》(*Décret No. 2009 - 243*)第 Ⅰ 条。

[46] 2006 年《公共采购合同法》第 67 条第(1)款、《第 2005 - 1742 号法令》(*Décret No. 2005 - 1742*)第 23 条第(Ⅲ)款、《第 2004 - 559 号条例》(*Ordonnance No. 2004 - 559*)第 6 条。

大人数,但是《第 2004 - 559 号条例》对于这个"最大"人数的设定保持沉默。

法国的立法一般会坚持说至少要 3 个候选人,但法庭承认有时候这个数字不切实际。直升机联合公司一案很能说明问题:[47]在该案中有 9 人对公告感兴趣,其中 7 人被邀请参与对话,但是有 5 人没有对此邀请做出回应,因此采购当局只与 2 人进行了对话并结束。有 1 个未被选中参加对话的公司指出此举违反了《第 2004 - 559 号条例》,因为有其他合适的投标人可以参加对话。法庭驳回了这个观点,因为采购当局本身遵守了《第 2004 - 559 号条例》的规定,邀请了 3 名以上的投标人,投标人没有对邀请函做出回应,不能说是采购当局的错。

法国这三个立法中的对话候选人筛选标准规则与《指令 2004/18》中的完全一样,[48]不管相关合同在该指令门槛价以下还是以上。有趣的是,2006 年《公共采购合同法》第 67 条规定,允许在竞争性对话过程中为达到对话候选人筛选标准的中小企业保留一定的数量空间,但这个规定后来在 2007 年《公共采购合同法》中被剔除。法国最高行政法院认为此举违背了平等待遇原则,因为对话候选人是不是中小企业与《指令 2004/18》要求的合同主体没有很大关联。[49] 最高行政法院似乎含蓄地认为,此举似乎与《指令 2004/18》提出的以技术或资金能力为基础的候选人筛选标准不符。

在采购实践中,采购当局一般会把最大候选人人数定为 5 人,以保证形成真正的竞争,同时又可以保证对话效率和自身的战略地位,直到对话结束。对话候选人筛选标准一般首先与专业和技术能力有关,然后是实现项目的经济和资金能力。法国竞争性对话的另一个重要特点是法国立法为竞争性对话期间财团组织的变化留出了充分的空间。

受制于《公共采购合同法》的非中央政府采购,对候选人和投标书的评估通过一个常设的地方招标委员会进行。该委员会成员从公共部门官员中选出(《公共采购合同法》第 22 条)。使用常设招标委员会的要求,在 2004—2008 年的《公共采购合同法》范围内的中央政府采购中也有,但通过《第 2008 - 1355 号法令》宣布废止,目的是鼓励人们使用更加快捷、更加灵活的采购方式帮助法国走出经济危机。

---

[47] 凡尔赛特别行政法庭(TA Versailles),2008 年 1 月 22 日,直升机联合公司(Société Heli Union),req. No. 0800043。

[48] 见 2006 年《公共采购合同法》第 67 条第(Ⅳ)款和《第 2005 - 1742 号法令》(Décret No. 2005 - 1742)第 23 条第(Ⅱ)款。针对伙伴关系合同,《第 2009 - 243 号法令》(Décret No. 2009 - 243)实际上列出了采购当局可以要求审查候选人的证据,但是所要求的条件与《指令 2004/18》(Directive 2004/18)是一致的。

[49] 欧共体,2007 年 7 月 9 日,EGF - BTP 财团(Syndicat EGF - BTP)及其他,第 297711 号。

具有历史性意义的是,2004 年《公共采购合同法》第 24 条规定,如果采购竞争性对话的方式,招标委员会中 1/3 的成员由采购当局根据其是否具有竞争性对话相关专业知识指定。这些"竞争性对话专家"对非中央政府采购具有建议权,对于中央政府采购具有投票权。这个规定在 2006 年《公共采购合同法》中被去除,原因不明。

4.5.6 对话阶段

竞争性对话阶段相关规则的讨论见 1.6 节。法国三个立法完全保留了《指令 2004/18》赋予采购当局的自由,规定采购当局可按自己的方式组织对话。法国立法与《指令 2004/18》唯一的不同是关于投标补偿的问题,相关讨论见 4.5.10 节。

在法国,人们会在发出说明文件的同时(也就是邀请候选人参加对话的同时)向对话候选人发出一个对话组织方式的文件,这个文件被称为《意见征询规则》(*Règlement de Consultation*),既可以向候选人告知对话过程,又可以让对话过程变得透明。

说明文件一般要包含《指令 2004/18》规定的项目相关信息(也就是根据功能性能和要求提出的"技术规格")。需要注意的是,根据《公共采购合同法》的规定,采购当局还可以通过划定说明文件的界限,将对话内容限制在项目的某一部分上。

由医院投资保障办公室(Mission dappui à l'investissement hospitalier, MAINH)[50]制定的关于医院租赁的指南规定说明文件中应当包括以下内容:

(1)相关项目的目标与面临问题的说明;

(2)采购当局需求的功能性定义,经营者必须完成的任务以及项目限制;

(3)应当达到的结果和要求;

(4)候选人将提交的方案。

最高行政法院曾指出,对话期间禁止对说明文件的内容进行实质性的改变,因此也不能对采购当局的基本需求进行实质性改变(源自"基于业绩的招标")。[51]

关于对话的延续时间,法国没有相关的限制。但是人们在采购实践中认为

---

[50] 医院投资保障办公室(MAINH),《BEH 指南》(*Le Guide BEH*),2005 年 2 月,第 65 页和第 66 页。

[51] 欧共体,2005 年 4 月 4 日,《卡斯特拉通讯》(*Commune Castellar*)第 265784 号,注释来自于 A. Ménéménis,《行政法》(*Droit Administratifs*),comm. 102,2005;Olivier,前注⑩。

最有效的方法是让对话持续足够长的时间(12～24个月)。曾有人说某些伙伴关系合同采购在对话9个月之后就签订了合同,但一般认为这个时间很短,不符合相关项目的最佳利益。

由于没有对《指令2004/18》的规定做任何修改,因此法国的公共合同和伙伴关系合同仍然可以像《指令2004/18》规定的那样减少方案数量(在法国任何立法中都没有将方案改为"参与者")。⑤ 法国立法没有讨论是否可将"方案"或候选人的数量减少到只有两个,因此没有澄清《指令2004/18》在这方面的措辞;不过在实践中,竞争性对话结束时,有时候只有两个参与者。

关于此阶段的方案评估,法国立法保留了《指令2004/18》的措辞:只是规定可以参照合同公告或说明文件中列出的决标标准减少方案数量。⑤

在竞争性对话过程中应当如何应用决标标准,法国法庭仅在一个案例中就对话阶段结束后可否就决标标准进行说明时(不是变更),对此进行了最为含糊的解释。

在该案中,⑤有人质疑《地方当局法》是否违反了《指令2004/18》的规定,因为该法明确允许采购当局说明在对话阶段结束后将如何应用其决标标准。最高行政法院认为《地方当局法》没有违背《指令2004/18》的规定,因为决标标准及其权重与合同公告相比并没有发生变化,而且任何详细说明都按照欧洲法院判例法的规定,以一种透明、非歧视性的方式与参与对话的投标人进行了沟通。⑤ 法国最高行政法院提到了《指令2004/18》第29条的措辞,指出《指令2004/18》中任何一个条款都没有规定在提交最终投标书之前不能对决标标准及其权重进行说明,只要不改变决标标准及其权重即可。⑤

虽然这个判决没有直接回答这个问题,但是已表明法国法庭不允许对相关标准进行实质性的变更,不过在一定空间内可随着对话过程的进行对这些标准

---

⑤ 2006年《公共采购合同法》第67条第(Ⅵ)款;《第2005-1742号法令》(Decret No. 2005-1742)第40条第(Ⅱ)款;《第2004-559号条例》(Ordonnance No. 2004-559)第7条第(Ⅰ)款。

⑤ 同上。

⑤ 欧共体,2004年10月29日,M. Sueur等,第269814-271119-271357-271362号。

⑤ 见案件C-331/04(Case C-331/04)ATI、EAC和Viaggi di Maio Snc等诉ACTV Venezia SpA等(ATI EAC Srl e Viaggi di Maio Snc and others v. ATCV Venezia SpA and others)[2005]ECRI-10109,案件C-532/06(Case C-532/06)艾姆·G. 利亚那基斯公司诉亚历山德鲁波利斯市及其他(Emm. G. Lianakis AE and others v. Dimos Alexandroupolis and others)[2008]ECR I-251。

⑤ 另见欧盟委员会观点,欧盟委员会,《解释说明——竞争性对话——传统〈指令〉》(Explanatory Note - Competitive Dialogue - Classic Directive),见于http://ec. europa. eu/internal_market/publicprocurement/docs/explan - notes/classic - dir - dialogue_en. pdf。

进一步的说明。另外,法国法庭尚未提及可否在各个淘汰阶段运用这些标准及其权重的问题。因此,应是在开始就确定相关标准及其权重,并在整个过程中保持不变。

采购当局一般会组织两个阶段的对话,第一阶段称为临时简要建议(Proposition Prévisionnelle Sommaire,PPS),在完成对话后提高最终投标书之前的第二阶段会有一个或数个中间建议,常称为临时详细建议(Proposition Prévisionnelle Détaillées,PPD),因此每一个候选人一般会有一个或数个最初建议。

从实践中可发现有两种不同类型的对话。在法国,一种类型的竞争性对话是在最终投标阶段之前围绕一个综合性方案进行对话,这样所有候选人都会围绕同一方案提交最终投标书,采购当局可以更加方便地对这些投标书进行对比。但是这种类型的对话的使用频率并不高,因为另一类型的对话是让每一个投标人提出并不断完善自己的方案。在这种情况下虽然更难把投标书列出高低,但与竞争性对话的"精神"更加一致(承认方案虽然有所不同,但均可满足采购当局的需求)。

4.5.7 最终投标阶段

《指令 2004/18》中关于竞争性对话最终投标阶段的规则见 1.5.7 节讨论。4.5.5 节和 4.5.6 节指出,在对话期间需要的候选人数量以及对话期间如何减少方案数量方面,法国法规都照搬了《指令 2004/18》的措辞,因此在最终投标阶段可否只保留 2 个投标人以及怎样选择投标人都没有进行说明。但从法国行政法庭的判例法可看出,如果在这个阶段没有"合适"的候选人(可能是因为他们的方案明显不符合采购当局要求),那么可以只邀请 2 个候选人提交最终投标书。

在这一点非常重要的还有法国商业企业联合会指南,该指南指出,"外国应用竞争性对话的经验"表明是可以保留 2 个候选人的。该指南没有真正建议使用 3 个以下的候选人,但指出在最终投标阶段最多 3 人比较合适。

在选择中标标书时,法国立法规定,中标人是根据合同公告或说明文件中列出的决标标准选出的提交最具经济优势标的投标人。法国在这一问题上的所有规定大致与《指令 2004/18》的规定相同,[57]但在此需要指出的是伙伴关系

㊼ 2006 年《公共采购合同法》第 67 条第(Ⅷ)款和第 53 条、《第 2005 - 1742 号法令》(*Décret No. 2005 - 1742*)第 24 条。

合同具有三个强制性决标标准，[58]分别为投标总价、合同条款中列出的绩效目标以及中小企业在此合同中的分包比例。《指令2004/18》允许采用的其他决标标准也可以使用，但不作为强制性标准。

4.5.4节指出，受制于《公共采购合同法》的所有非中央政府采购公共招标，包括通过竞争性对话方式进行的招标都由"招标委员会"进行授标，但是2006年的《公共采购合同法》不再要求其成员具有竞争性对话方面的专业知识。

按照《公共采购合同法》第50条和《第2005－649号条例》第21条的规定，只要采购当局在公告中进行说明是可以提交备用投标书的；关于备用投标书的规定与《指令2004/18》相同。在采购实践中，备用投标书不常用。另外，针对伙伴关系合同的《第2004－559号条例》在备用投标书方面则保持沉默。由于没有相关规则，因此人们不清楚通过竞争性对话方式授予伙伴关系合同时是否可以提交备用投标书。

关于最终投标书的补偿问题法国立法再一次照搬了《指令2004/18》中的措辞，没有进行具体的说明，只是规定投标书应当包含履行合同需要的所有元素。[59]与竞争性对话和先前的"基于业绩的招标"有关的案例法在这一问题上也是毫无建树。法国商业企业联合会指南指出，对话的目的是确定中标人的"履约能力、补偿、罚款和利益"，但又似乎建议这些东西应当定在某个合理水平。[60]它指出，要求在建造工程最终投标书中列出特别详细的设计细节是一件不可能的事。

另外，法国这三个重要立法还都保留了对最终投标书进行"解释、说明和微调"的权利，但如果是伙伴关系合同，则相关表述为可以对最终投标书进行"解释、说明、补充或完善"。[61]关于可以干什么，法律措辞上的这些变化不可能引发实质性的变化。不过可以看出，这样的变化并没有对《指令2004/18》原来的观点进行说明，也没有说明在这个阶段可以干什么。法国商业企业联合会对此也没有进行说明，它只是像法国的立法一样重复了《指令2004/18》的措辞，指出该阶段任何变更不得引发相关项目的实质性改变。

---

[58] 《第2004－559号条例》(Ordonnance No. 2004－559)第8条第(I)款。

[59] 2006年《公共采购合同法》第67条第(Ⅶ)款、《第2005－1742号法令》(Décret No. 2005－1742)第40条第(Ⅲ)款、《第2004－559号条例》(Ordonnance No. 2004－559)第7条第(I)款(措辞稍有不同，但是对于澄清"完整"的意义没有多大帮助)。

[60] 法国商业企业联盟(MEDEF)，前注㉜，第23页。

[61] 同上。

按照《公共采购合同法》的规定,如果最终投标阶段没有人提交合格或可接受的投标书,就可宣布此次竞争性对话"中断",不再继续进行。这个要求与《指令 2004/18》第 30 条第(1)款第(a)项的要求是一致的。采购当局可以重新发布合同公告,可以使用竞争性对话的方式,也可以使用公开招标/限制招标的方式,或者是发布公告的谈判(前提是合同条件没有发生实质性变化)。

4.5.8 中标人或优先竞标人选出之后的程序

如上所述,法国立法对于对话的延续时间没有做出限制,因此采购当局可在自己认为合适的时候结束对话,邀请竞标人进行最终投标。

《公共采购合同法》第 67 条、《第 2004 - 559 号条例》第 8 条第(Ⅱ)款和《第 2005 - 1742 号法令》第 40 条第(Ⅳ)款都允许中标人对其义务进行说明或确定(《第 2005 - 1742 号法令》包括《第 2005 - 649 号条例》的合同规则),使用的措辞与《指令 2004/18》也完全一致。《指令 2004/18》对此方面的相关法规见 1.5.8 节。

有趣的是,2009 年 2 月 17 日关于在全球经济危机背景下加快公共建设和投资的《第 2009 - 179 号法律》第 13 条,允许采购当局在处理伙伴关系合同时就最终投标书的财务问题进行调整(如资金安排,不是价格)。想依此做出相关调整的采购当局必须在其合同公告中进行公告。调整的时间段(有一个最后期限)由采购当局和预定中标人共同设定。法国立法没有规定时间限制是什么,也没有规定可以进行多少调整,可以进行什么样的调整,只是在《第 2004 - 559 号条例》第 3 条规定在进行任何变动时必须遵守透明原则和平等待遇原则。到 2011 年 1 月 1 日,允许进行"投标书的财务问题进行调整"的时代一去不复返,因为法国在 2009 年的经济衰退期间为了刺激法国经济才临时做出了这样的规定。不过这些规定在任何时候可通过新的立法重新生效。

可以对最终投标书的财务问题进行调整,与《指令 2004/18》第 29 条规定的可以对最终投标书或中标人进行调整,两者之间有多大程度的一致性不得而知。到现在为止,欧盟委员会还没有就这些临时制定的规则提出诉讼。

4.5.9 停顿期

法国立法在竞争性对话的停顿期方面没有特别规定,对于停顿期的一般规则见《公共采购合同法》第 80 条和《第 2005 - 1742 号法令》第 46 条和《第 2004 - 559 号条例》第 9 条。《第 2005 - 1742 号法令》包含《第 2005 - 649 号条例》中的规则,而《第 2004 – 559 号条例》是专为伙伴关系合同制定的。这些立法只是规定,如果采取邮政通信的方式,在通知失标人和签订合同之间至少有 16 天的间隔;[62]如果采取电子方式发出通知,则至少要有 11 天的间隔。不管是哪种情况,停顿期都始于失标人实际收到投标失败的书面通知。

4.5.10 对参与成本进行补偿

《公共采购合同法》和条例都提到可以对参与对话进行补偿,但是在这一点上的措辞与《指令 2004/18》有很大的不同。《指令 2004/18》指出,采购当局可以在对话期间说明对参与者进行补偿(见 1.5.10 节),而《公共采购合同法》第 67 条第(X)款和《第 2005 – 1742 号法令》第 40 条第(V)款则指出,合同通知或者说明文件就可以说明将"针对所有对话参与者或方案被选中成为讨论对象的人,或者投标书打分最高的人支付一笔补偿费用"。这个规定很能说明问题,指出了在什么时候可以进行补偿,但同时也有局限性,因为它明确指出只有在这三种情况下可以进行补偿。

《第 2005 – 449 号条例》第 7 条第(I)款指出,采购当局可以决定(并在合同公告/说明文件中进行说明)向方案被定为讨论对象的人或投标书打分最高的人进行补偿,但又指出如果针对公共当局提出的要求制定方案,参与对话的候选人需要投入一大笔资金,采购当局就必须进行补偿。因此在伙伴关系合同和通过竞争性对话授予的一般合同之间存在着差异。

法国商业企业联合会指南[63]指出,随 2006 年《公共采购合同法》出台的应用手册(*Manual of Application*)认为,向参与竞争性对话的参与者提供补偿可能最符合投标人的利益,因为在这个过程中投标人的成本会很高,投入会很大。该应用手册指出,如果知道参与对话的成本会给予补偿,竞争就会达到最大化,因为投标人更有可能参与到竞争性对话中。这些规定被收入 2009 年的《政府采购最佳实践指南》第 13 节。

该指南进一步提出了投标补偿数额建议,举了一个例子,指出如果一直坚持到对话结束,大型基础设施投标的研究成本可占整个工程总成本的 3%。但是在支付补偿金的时候,应当考虑到参与者在对话中坚持的时间越长,他们的

㊢ 2009 年 11 月 27 日关于适用于公共秩序合同上诉程序的《第 2009 – 1456 号法令》(*Décret No. 2009 – 1456*)。

㊣ 法国商业企事业联合会(MEDEF),前注㉜,第 25 页。

参与成本就越高,因此投标补偿金的价值应当进行相应的调整。[64]

法国的政策一般是大力提倡进行投标补偿,以便得到对话过程的最佳效果,无论是在对话的参与方面还是在方案的质量方面,在实践中一般都会进行投标补偿且数额不低。

4.6 结论

法国立法在实施竞争性对话方面采取了非常积极主动的态度。早在 2004 年,法国立法就允许使用这一采购方式,2006 年在将《指令 2004/18》转化为法国内法的时候,竞争性对话既可以用来授予公共合同,也可以用来授予 PPP 合同。

法国政府就竞争性对话的使用发布了大量的指南,某些关于如何管理财团,如何管理竞争性对话收尾工作的指南特别有用。

《指令 2004/18》赋予采购当局的自由一般都体现在法国立法中;条款中新增的内容,如新增的如何支付竞争性对话投标补偿的规则具有解释性,对人很有帮助。对待竞争性对话的一般态度是给予采购当局按照最大经济利益行事的自由,只要在对话过程中不违反非歧视性、透明性和平等待遇的一般原则即可。

实践表明,法国人对于竞争性对话的使用相当频繁,关于什么才是"标准化"的操作方式,人们可得到的暗示少得可怜。法国立法和指南强调了竞争性对话的基本性质,采购当局可按照自己认为合适的方式对竞争性对话的过程进行调节。虽然法国规定,如果采购当局允许,投标人可以就某个最终方案进行投标,但大多数竞争性对话的重点是从各候选人提交的方案中找出最佳方案。

最后一个要点是法国以伙伴关系合同为入口制定的"经济危机"政策,允许投标人对其最终投标书的财务问题进行实质性调整(不过这个规定已经废止)。这个政策按照《指令 2004/18》第 29 条的规定是违法的,但它反映了法国在将竞争性对话相关规则转移到国内法过程中的一贯态度,制定的这些政策最有可能带来好的采购效益,给采购当局带来很大的灵活性,有利于得到最佳采购结果。

---

[64] 同前注[63]。

第5章　竞争性对话在德国

马丁·布吉

5.1　引言①

在报告德国关于竞争性对话方面的经验时,本引言部分的目的是概述德国在公共采购管理方面的一般做法。本部分将论述德国的公共采购史,欧盟法向德国国内法的转化,以及德国国内法与欧盟法的一致性问题。5.2 节讨论竞争性对话引入德国之前,德国应对复杂采购项目时的采购组织方式。5.3 节主要论述竞争性对话,分析其在采购实践中的应用,以及德国法庭处理相关问题的态度。5.4 节解释的是德国的采购规则,主要研究《指令 2004/18》提出的关于竞争性对话应用范围的要求是否圆满体现在德国的国内法中。5.4 节还讨论了不受《指令 2004/18》约束的公共合同应用竞争性对话的情况。5.5 节对竞争性对话应用相关重要问题进行了综述,主要讨论人们在采购实践、法律和判例中如何应对这些问题。5.6 节是结论。

首先要介绍的是德国公共采购法的大背景,这一点非常重要。目前德国的采购制度是长期争议性立法过程的结果。多年来,德国在立法过程中进行了多次修订和改革。也能正是由于这个原因,德国的采购法往往比欧盟其他国家的采购法更加复杂。另外,德国采购制度不仅为外国学者和外国投标人设立了难

---

① 关于德国的竞争性对话,一般见 M. Burgi, *Die Vergabe von Dienstle – istungskonzessionen in Deutschland*; *Verfahren*, *Vergabekriterien*, *Rechtsschutz*, *Neue Zeitschrift für Baurecht und Vergaberecht*, 2005: 610; F. L. Hausmann, in H. H. – P. Kulartz, F. Marx, N. Portz, H. – J. Prieß(eds.), *Kommentar zur VOB/A*, Cologne: Bundesanzei – ger Verlag, 2010; H. Kaelble, in Muller – Wrede, S. Amelung(eds.), *Vergabe und Vertragsordnung für Leistungen VOL/A Kommentar*, 2nd Ed. , Cologne: Bundesanzeiger Verlag, 2010; J. Kramer, *Gleichbehandlung im Verhandlungsverfahren nach der VOL/A*, *Neue Zeitschrift für Baurecht und Vergaberecht*, 2005: 138; M. Muller – Wrede, *Sektorenverordnung – SektVO*, *Kommentar*, Cologne: Bundesanzeiger Verlag, 2010; M. Opitz, *Wie funktioniert der wettbewerbliche Dialog? – Rechtliche und praktische Probleme*, *VergabeR*, 2006: 451; H. Punder, M. Schellenberg, *Vergaberecht Handkommentar*, Baden – Baden: Nomos Verlag, 2011。

题,也为国内采购人员和采购专家设置了障碍。德国采购制度之所以复杂,主
要是因为德国合同授予相关法律是以三个法为基础的,即《反竞争限制法》
(GWB)、②《公共合同授予条例》(VgV)③和三个采购条例《供应与服务采购条
例》(VOL/A)、《公共工程采购条例》(VOB/A)和《独立专业服务合同授予条
例》(VOF)。④ 这三个不同级别的法律形成"级联变量"。虽然其中的条款一部
分具有公法性质,一部分具有民(私)法性质,但德国的公共采购法一般属于民
法,合同履行规范则完全受民法制约,即《德国民法》(BGB)、《公共工程和公共
服务合同采购条例》(VOB/B 和 VOL/B)的制约。⑤ 德国采购法错综复杂,其另
一个基本特征表现在它的二分法上,即适用于门槛价以上公共合同的公共采购
法和适用于门槛价以下公共合同的公共采购法。德国法律上的复杂性还表现
在其救济制度的复杂性上。

德国是欧盟的创始国之一,德国的采购法受欧盟法的影响一直非常明显,
尤其是欧盟开始实施各采购指令以后(见第 1 章)。由于欧盟这一级别的法律
进展,德国为了将欧盟法转化成本国采购法,再次将欧盟法纳入本国早先存在
的三个采购法体系。

1998 年以前,德国公共采购法及其审查制度完全是预算法的一部分。由于
采购条例只具行政性质,既不表现主观权利,也不表现可执行的权利,因此德国
转化欧盟采购指令的方式受到了欧盟委员会的严厉批评。欧盟委员会发现德
国不遵守欧盟次级立法的行为之后,便以《欧共体条约》第 234 条为依据(现《欧
盟运行条约》第 267 条)发起了一系列诉讼。最后,德国《公共采购法第二修正
案》(Vergaberechtsänderungsgesetz)于 1998 年生效,废止了德国的所谓预算式方
案,并制定了《反竞争限制法》的第 97 ~ 129 条。此后,《反竞争限制法》第四部
分便将主观权利和可执行权利授予投标人。第四部分包括欧盟门槛价以上公

---

② 1998 年 8 月 26 日《反竞争限制法》(Act against the Restraints on Competition(GWB)),BGBl. I,
2546。2005 年 7 月 15 日修订和颁布 BGBl. I,214),上次修订于 2010 年 12 月 22 日(BGBl. I,2262)。

③ 2001 年 1 月 9 日《公共采购条例》(Public Procurement Regulation(VgV)),于 2003 年 2 月 11 日修
订并颁布 BGBl. I,169,最近一次修订为 2011 年 5 月 9 日通过条例进行的修订 BGBl. I,800。

④ 《公共服务合同、公共工程合同和专业服务合同签订规则》(VOL/A,VOB/A,VOF)。2009 年 7 月
31 日《公共服务合同授予条例》(Regulation for the award of public service contracts(VOL/A)),2009 年 11 月
15 日,BAnz. 第 155a 号;2009 年 9 月 20 日《公共工程合同授予条例》(Regulation for the award of public
work contracts(VOB/A)),BAnz. 2010 年 2 月 26 日第 32 号;2009 年 11 月 18 日《专业服务合同授予条例》
(Regulation for the award of contracts for professional services),BAnz. 2009 年 12 月 8 日第 185a 号。

⑤ 《公共工程和公共服务合同采购实施条例》(Procurement Regulation for the execution of public works
and public service contracts(VOB/B,VOL/B))。

共合同的所有相关规定。门槛价以上公共合同授予程序的规定还体现在德国的三个采购条例中,这三个采购条例由于"规范参照法"而享有等同于法律的地位:通过《公共采购条例》,这三个采购条例被视为"法"。

采取以上措施的结果,就是没有达到欧盟门槛价的所有公共合同仍然受制于德国的预算法,而这些采购是否必须遵守新条例中的采购条款则不具强制性。

1998 年的彻底改革之后,随着欧盟《指令 2004/18》和《指令 2004/17》的实施,欧盟规则又引发了德国新一轮的采购制度重组(见 1.2.1 节)。德国及时地将欧盟要求转化为国内法,并于 2005 年 9 月制定了《加快实现公私伙伴关系法》。[6] 从某种程度上来说,德国制度是对指令的原文照搬,[7]这样可以避免在将相关欧盟法规转化为国内法时出现的解释性错误。另外,为了建立一个更加透明、更具竞争性、更能促进创新的采购制度,德国的三个采购条例也再次进行了修订,同时增加了现有复议制度的有效性。不过德国制度的一个基本特征仍然被保留下来:尽管《指令 2004/18》明确要求制定适用于所有公共合同的规则,但德国独立的专业性服务合同以及公共工程和供应合同有其独立的约束机制。除了修订采购条例,德国规则根据新设置的欧盟门槛价也进行了修订。[8]

尽管这些措施在很大程度上确保了德国相关法规符合欧盟法律的规定,但德国的采购法仍受到批评,称其作了太多的官样文章,过于复杂,且对用户不够友好。这一切导致了 2009 年德国的改革,这次改革仍然受到了欧盟改革的很大影响。这一次改革的压力来自《指令 2007/66》的《救济指令》。欧盟救济规则明确规定,成员国应当保证有一套快速有效的复议制度。成员国必须保证有多种足够的方式对非法授予决定进行预防、纠正和废止。1.2.1 节指出,欧盟的这些规定通过《指令 2007/66》进行了强化,因此德国也对其《反竞争限制法》进行了重要修订。

首先,除了将《指令 2004/18》第 26 条转化为国内法,让采购当局在授予公共合同时可以制定次要标准(如环境和社会相关标准),德国还考虑了《救济指令》的一些重要修订。[9] 2009 年 9 月 4 日关于德国公共采购法现代化的法律生

---

⑥ 见 2005 年 9 月 1 日《加快实现公私伙伴关系法》(*ÖPP – Beschleunigungsgesetz*),BGBl. I,2676。

⑦ A. Klimisch,C. Ebrecht,*Stellung und Rechte der Dialogteilnehmer im wettbewer – blichen Dialog*,Neue *Zeitschrift fur Baurecht und Vergaberecht*,2011;203。

⑧ 《2006 年 10 月 23 日条例》(*Regulation of 23 October 2006*),BGBl. I,2334。

⑨ 包括停顿期和无效合同规则的实施,并为已经授予的合同制定了有效的审查制度。

效,将指令的要求转化为国内法,就此产生了德国非常现代化、几乎具有示范性的救济制度。

此外,主管立法机构致力于更新、简化和修订三项采购条例,这三项条例于 2010 年 6 月在颁布《公共合同授予条例》最新版本的同时生效。过去,关于公用事业采购的《指令 2004/17》相关内容一直是各采购条例的第 3 节和第 4 节。但作为全面改革的一部分,水、能源和运输部门的公共实体相关规则已成为独立的监管体系,即部门条例(Sektorenverordnung),并于 2009 年秋季生效。在此必须指出,现行公用事业条例不包括邮政服务相关规则。

在欧盟规则的解释方面,主要依靠各案例法(国内级和欧盟级),负责德国采购法实施、审查和设计的机构编制的各种材料[10],以及法律专家提供的有益指导(这些材料主要与一般性问题有关,并不是为竞争性对话提供专门指导)。

德国的采购制度常因过于复杂、过于死板而饱受诟病。即使在改革之后,德国采购制度仍然有一些大的地方需要改进,尤其是复议制度方面。因为德国有效的救济措施只适用于欧盟门槛价以上的合同。[11]那些门槛价以下的合同仍然受制于预算法,因此投标人在这些合同上的权利具有不可执行性(但德国目前正在讨论这个问题,有人认为可执行性或许存在)。

尽管与欧盟法之间存在着有限差距,且有人认为德国采购制度不符合欧盟法,在灵活性上又存在着令人遗憾的僵化,但德国立法者制定的这一套采购制度还是相当详细的。由于德国采购制度一般来说相当复杂,且具有一个非常高质量的复议制度,德国案例法与其他欧盟成员国(如英国)相比非常详细。从现有数据来看,每年通过复议制度处理约 1200 个授标程序。[12] 考虑到采购法的复杂性,德国采购当局的违法之举显然并不像人们想象的那样频繁:在德国,大约 2/3 的案子被判对采购当局有利。

---

⑩　如果是公共工程作合同,由授予公共工程合同的德国委员会(DVA)完成;如果是服务合同,由授予公共服务合同的委员会完成(DVAL);而独立专业服务合同(VOF)则在联邦经济和技术部,交通、建筑和城市事务部以及德国独立专业服务合同条例起草委员会完成。相关机构的工作人员大多由大采购当局、市级领导机构和经济技术主管组织代表组成。

⑪　M. Burgi, *Streitbeilegung unterhalb der Schwellenwerte durch " Vergabeschlichtungs – stellen" : Ein Vorschlag zu aktuellen Reformdiskussion*, VergabeR, 2010：403。

⑫　联邦经济部(BMWi)公布的初级法律审查程序的频率和成功率的最新数据见 http://forum – vergabe. de。

5.2　竞争性对话引入之前的复杂采购

竞争性对话作为一种创新型采购方式于 2005 年 9 月引入德国采购法,目的是带来更多的灵活性,丰富德国货物和服务采购的方式,使特别复杂的项目,如涉及公私伙伴关系的项目可以处理得更好,更成功。在引入竞争性对话之前,德国复杂项目的采购大多以谈判的方式完成,其应用条件是无法进行总体定价(工程和服务合同),以及无法设置技术规格(服务合同)。这两个条件在《指令 2004/18》及其前身中都有规定⑬(见 5.4 节)。将在下面指出,虽然目前一部分复杂合同使用了竞争性对话的方式,但通过发布公告的谈判来授予复杂合同的方式目前仍在使用。

5.3　竞争性对话简介

竞争性对话于 2005 年 9 月作为《加快实现公私伙伴关系法》(*Act to Accelerate the Realisation of Public Private Partnerships*)的一部分正式进入德国法律。竞争性对话被认为是"一揽子立法"中最为重要的创新之一。这种新的采购方式是德国在《指令 2004/18》转化为国内法的最后期限前成功转化为国内法的唯一内容。⑭ 在德国最近一次采购法改革之前,竞争性对话在《反竞争限制法》(GWB)第 101 条第 V 款和《公共合同授予条例》(VgV)第 6a 条中有具体的规定。经过最近一次公共采购法规的全面重组,关于竞争性对话的规定出现在《反竞争限制法》(GWB)第 101 条第 IV 款;竞争性对话相关条款从《公共合同授予条例》(VgV)中删除之后,与竞争性对话相关的规定又成为采购条例的一部分(《供应与服务采购条例》(VOL/A - EC)第 3 条第 VII 款和《公共工程采购条例》((VOB/A)第 3a 条第 IV 款)。由于德国决定照搬《指令》措辞以减少欧盟法向国内法转化过程中的风险,因此相关法规的内容大多是对《指令 2004/18》

---

⑬　依据见《理事会指令 93/37/EEC》(*Council Directive 93/37/EEC*)[1993] OJ L199/547(2)(c)(《工程指令》)、《理事会指令 92/50/EEC》(*Council Directive 92/50/EEC*)[1992] OJ L209/1(《服务指令》)第 11 条第(2)款第(b)项,以及《指令 92/50》(*Directive 92/50*)第 11 条第(2)款第(c)项。见前文第 1 章讨论。

⑭　M. Burgi,B. Ruhland,*Das Grünbuch der EG - Kommission zu öaffentlich - rechtlichen Partnerschaften (ÖPP)und die Vergaberechtsreform*,VergabeR,2005:1。

第 29 条的重复。[15] 于是德国法规出现了与欧盟指令同样的问题,也包含一些灰色地带。

目前竞争性对话只适用于《指令 2004/18》规定范围内的特别复杂的合同,无法确定满足自身需求的方式,或无法判断市场上什么样的方案才能解决问题,主要表现在公私伙伴关系(PPP)项目上。由于缺乏法律上的明确规定,德国大多数 PPP 项目采用竞争性对话的方式,而其他项目则主要采用谈判的方式。

由于《指令 2004/18》缺乏法律上的明确性,采购当局竭力寻求与竞争性对话相关规则的解读有关的信息和帮助。关于如何使用竞争性对话,只能通过判例法来得到有限指导:与竞争性对话有关的判例法并不是很详细,因为实践中人们对竞争性对话的应用也只是初步应用。[16]但是竞争性对话存在的时间越长,判例法就越多,因此将来对竞争性对话的解释也就越多。由于竞争性对话所特有的创新性,因此与竞争性对话有关的案例大多是最近才有的案例(2008 年和 2009 年)。德国国内的判例法非常有限,而欧洲法院的判例法也相当有限。

欧盟委员会发布了关于竞争性对话的《解释说明》(见第 1 章),是目前竞争性对话重要战略性指南的主要发布者。[17]当然,由于案例法的缺乏,相关规定又缺乏明确性,法律学者们一直在研究如何操作对话阶段,如何组织竞争性对话,如何理解竞争性对话的应用条件和要求。除了欧盟委员会的指南、判例法和法律专家的研究,北莱茵-威斯特法利亚(NRW)一个与公私伙伴关系倡议有关,并涉及 PPP 项目监管的工作组,[18]于 2007 年发布了一个工程合同最佳实践方案。这个文件涉及采购过程中出现的重要问题,如与竞争性对话应用有关的各种问题。

---

[15] 克利米施(Klimisch)和艾伯莱希特(Ebrecht),前注⑦,第 203 页。

[16] 见 2009 年 7 月 21 日莱茵兰-普法尔兹授标法庭判决(VK Rheinland – Pfalz),VK 1 – 41/09 (2009)ZfBR 720 L,突出竞争对话程序的新特性,表明尚未提供比较规范的判例法。

[17] 欧盟委员会,《解释说明——竞争性对话——传统〈指令〉》(*Explanatory Note – Competitive Dialogue – Classic Directive*),见于 http://ec. europa. eu/internal_market/publicprocurement/docs/explan – notes/ classic – dir – dialogue_en. pdf。

[18] 联邦经济和技术部,《交通、建筑和城市事务部 PPP 工作组》(*PPP im Hochbau Vergabeleitfaden*), 2007 年 10 月 18 日,见于 https://broschueren. nordrheinwestfalendirekt. de/? s = Public%20Private%20Partnership。

5.4 法律和实践中竞争性对话的适用范围

5.4.1 引言

如前所述,德国与竞争性对话相关法规和《指令 2004/18》第 29 条没有很大差别,因此竞争性对话适用于《指令 2004/18》规定范围内的所有合同。如果政府合同超出了欧盟门槛价,采购当局就可以通过竞争性对话的方式授予合同。

根据《反竞争限制法》(GWB)第 101 条第 IV 款的规定,按照最具经济优势标授予的合同如果属于"特别复杂的合同",则可通过竞争性对话的方式完成合同的授予。具体做出相关规定的条款规定,如果采购机构客观上无法确定满足自身需求和目标的技术方式,或者无法确定项目中的资金情况,则属于特别复杂的合同。[19] 这个规定在明确性上甚至还不如欧盟的相关条款,[20]因为德国法律与《指令 2004/18》解释性条款第 31 条不一样,没有进一步说明、解释,也没有举例。[21] 人们很难完全理解这些定义的真实内容,德国的采购人员只能从欧盟规则中寻找对相关条款的解释,相关讨论见 1.4 节。

5.4.2 技术上的复杂性

《公共工程采购条例》第 3a 条第 IV 款第 1 项,以及《供应与服务采购条例》(VOL/A – EC)第 3 条第 VII 款第 S.1 项规定的第一个条件,是采购当局无法确定采取什么样的"技术方式"满足其自身需求。这个词语焉不详,但通过参考《指令 2004/18》第 1 条第(9)款可以得到解释,通过对 23 条第(3)款的交叉引用可以找到"技术方式"的说明。[22] 从这个引用来看,德国法规规定采购当局必须是从技术上来说无法确定功能性规格,因而不可能按照《指令 2004/18》解释

---

[19] 见《公共工程采购条例》(VOB/A)第 3a 条第 IV 款第 1 a 项和第 b 项、VA – EG/A – EC 第 3 条第 VII 款第 S.1 项。

[20] 欧盟对"特别复杂的合同"的定义,见 S. Treume,Competitive Dialogue, *Public Procurement Law Review*,2004,13:178。

[21] 法律立法史中(见 BT – Drs.15/5668,第 11 页)相似观点见传统指令解释性条款第 31 条。

[22] 这种交叉引用是可能引起误解:"技术手段"不是《指令 2004/18》第 23 条第(3)款第(a)项所说的"技术规格"的同义词。后者显然没有提及。因此,"技术手段"具有独立意义,属于"定义借用":见 C. Schwabe, *Wettbewer – blicher Dialog*, *Verhandlungsverfahren*, *Interessenbekundungsverfahren*, Baden – Baden：Nomos Verlag,2009:111。

性条款第 8 条规定的那样,在采购过程实际开始之前,通过制定技术规格或技术对话来解决技术问题。㉓

5.4.3 法律或资金上的复杂性

《公共工程采购条例》第 3a 条第 IV 款第 1 项,以及《供应与服务采购条例》(VOL/A－EC)第 3 条第 VII 款第 S.1 项在对复杂合同进行定义的时候,也没有进行过多的说明。其中的措辞非常含糊,并引发了新的问题。为了理解其中的含义,德国采购人员只能再次从《公共部门指令》解释性条款第 31 条寻找答案。这个解释性条款至少举了一些例子能够说明一些问题,㉔举的例子往往与公私伙伴关系合同有关。欧盟委员会认为,竞争性对话适用于公私伙伴关系项目,㉕不过《指令 2004/18》没有就此进行明确说明。㉖ 研究欧盟竞争性对话相关法规向德国国内法的转化过程也可以得出这样的结论。根据对相关法律的解释性说明,这个新的灵活性很大的采购方式“是特别为公私伙伴关系合同设定的”。㉗ 当然“资金或法律上的复杂性”并不能将竞争性对话限制在公私伙伴关系项目上。在此应当强调指出,并不是每一个公私伙伴关系项目都可自动归属于特别复杂的项目。德国已有数个 PPP 任务工作组做出了巨大努力㉘,企图实现公私伙伴关系项目合同的标准化并制定相关适用条件;为了完成公私伙伴关系项目,他们还起草了一些示范性合同。如果某个“典型”的公私伙伴关系项目(如学校的建设与维护)可以实现某种程度的标准化,那么该项目可能仍然是一

㉓ 见 C. Schwabe,前注㉒,第 111 页;H. Pünder, I. Franzius, *Die Auftragsvergabe im wettbewerblichen Dialog*, *Zeitschrift fur deutsches und internationales Bau－und Vergaberecht*,2006(20):21。

㉔ “实施重要的综合运输基础设施项目、大型计算机网络或涉及复杂和结构化融资的项目,其资金和法律构成无法预先确定”(《指令 2004/18》解释性条款第 31 条)。

㉕ 关于竞争性对话是否适用公私伙伴合同的评论,见 M. Burnett, *Conducting Competitive Dialogue for PPP Projects－Towards an Optimal Approach*, *European Public Private Partnership Law Review*,2009(4):190; R. Burbulla, *Die Ausschreibung von ÖPP－Projekten*, *Neue Juristiche Online－Zeitschrift*,2008:211;M. Muller, G. Brauser－Jung, *Öffentlich－Private－Partnerschaften und Vergaberecht－Ein Beitrag zu den vergaberechtlichen Rahmenbe－dingungen*, *Neue Zeitschrift fur Verwaltungsrecht*,2007: 884; A. Kus, *Die richtige Verfahrensart bei PPP－Modellen, insbesondere Verhandlungsverfahren und wettbewer－blicher Dialog*, *Vergaberecht*, 2006:851; M. Knauff, *Im wettbewerblichen Dialog zu Public Private Partnership?*, *Neue Zeitschrift für Baurecht und Vergaber－echt*,2005:249。

㉖ 见 C. Schwabe,前注㉒,第 114 页。

㉗ 见 BT－Drs. 15/5668,第 2 页。

㉘ 可见北莱茵—威斯特法利亚(North Rhine－Westphalia)PPP 特别工作组网站 www.ppp.nrw.de; 以及 M. Burgi, R. Unbehauen, R. Cablitz, *Rechtliche und praktische Hinweise fur die Vergabe von ÖPP－Beratungsleistungen*, *ÖPP－Initiative NRW*,2009 年 4 月。

个复杂项目,但绝对不是采购规则中所说的"特别复杂"的项目。㉙ 因此,要判断某个公私伙伴关系项目是否在法律上或资金上特别复杂,必须进行逐案分析,不可一概而论。如果相关项目不属于特别复杂的项目,则可以通过公开招标或限制招标的方式进行。

5.4.4 对门槛价以下合同的适用性

低于《指令 2004/18》门槛价以下的合同,德国法律没有规定必须使用竞争性对话的方式或其他方式。虽然门槛价以下的公共合同可以不使用竞争性对话的方式,但采购当局可以使用一种类似于竞争性对话的谈判方式。该谈判方式的相关规定见《指令 2004/18》第 30 条和第 31 条。我们再次指出,谈判及类似的采购方式与这种新式的竞争性对话相比,灵活性更强,法律上的明确性更加突出,因此门槛价以下的合同更多的是采用谈判及类似的采购方式,而不是竞争性对话。

5.4.5 竞争性对话对特许经营合同和《公用事业指令 2004/17》约束范围内合同的适用性

与门槛价以下的合同一样,也要考虑特许经营合同,并考虑可否通过竞争性对话的方式授予特许经营合同。另一个与竞争性对话适用范围有关的问题是《公用事业指令 2004/17》制约范围内的合同是否应当使用竞争性对话。

关于第一个话题,公共工程和公共服务特许经营合同有其自己的适用规则。公共工程特许经营合同等同于传统的公共工程合同,因此适用同样的采购规则,㉚而公共服务特许经营合同就不是这样了,因为它们不是典型的公共合同。㉛ 但是,在 1.2.1 节指出,采购当局必须注意《欧盟运行条约》中规定的基本自由。㉜

㉙　见 D. Drömann, *Wettbewerblicher Dialog und ÖPP – Beschaffungen – Zur "besonderen Komplexitat" soge-nannter Betreibermodelle, Neue Zeitschrift für Baurecht und Vergaberecht,*2007(751):753。

㉚　C. Schwabe,前注㉒,第 94 页;K. Gnittke, S. Rude, in O. Hattig, T. Maibaum(eds.), *Praxiskommentar Kartellvergaberecht,*Cologne:Bundesanzeiger Verlag,2010,出自《反竞争限制法》(*GWB*)第 99 节,第 127 条。

㉛　Gnittke, Rude,前注㉚,《反竞争限制法》(*GWB*)第 77 节;2007 年 5 月 23 日 OLG Düsseldorf, VII - Verg 50/06;2009 年 7 月 2 日 OLG Munchen, Verg 5/09(见《指令 2004/18》第 17 条)。

㉜　案件 C - 324/98(Case C - 324/98)奥信出版公司诉奥地利电信(Telaustria Verlags v. Telekom Austria)[2000]ECR I - 10745,第 60 段及以下各处;案件 C - 231/03(Case C - 231/03)甲烷公司联合会(科纳姆)诉辛加德博蒂市(Consorzio Aziende Metano(Coname)v. Comune di Cingia de' Botti)[2005]ECR I - 7287,第 28 段。

对于《公共事业指令 2004/17》约束范围内的合同来说,并没有正式规定可采用竞争性对话的方式。[33]这主要是因为《公用事业指令 2004/17》本身并没有明确将竞争性对话列为可采用的合同授予方式。与此相关的德国法律,即《部门条例》(SektVO),只是照搬了《指令 2004/18》的措辞。不过德国法律对《指令 2004/18》的照搬并不妨碍其采购实体使用谈判程序并修改其规则,使之与竞争性对话的结构和模式相类似。[34] 实践中是否有此操作,尚没有相关信息。

5.4.6 实践中的应用

虽然竞争性对话这种新的采购方式在欧盟得到了广泛应用,且被称赞为一种创新,但德国人与其他国家的人相比似乎特别不愿意使用竞争性对话。[35] 与其欧洲邻国的采购当局相比,德国的采购当局对竞争性对话的使用似乎表现出一种不情愿。引用第 2 章的数据,2006—2009 年,德国发布了 129 个使用竞争性对话的合同公告,使德国成为经常使用竞争性对话的国家。2009 年 6 月到 2011 年 6 月《每日电子标讯》(TED)上的数据显示,《欧盟官方公报》上共发布了 3687 个与竞争性对话有关的合同公告。虽然德国是欧盟最大的经济体,德国使用竞争性对话的次数只有 109 次。与此形成鲜明对比的是,德国采购当局发布在《欧盟官方公报》上的谈判公告大约有 11440 个(欧盟整体数量为 47657个),公开招标公告有 59396 个(欧盟整体数量为 509644 个),限制招标有 2227个(欧盟整体数量为 53618 个)。[36] 德国人不愿意使用竞争性对话的原因之一,似乎是竞争性对话不像谈判那么灵活,而且在其实用性和适用范围上还引发了几个问题。德国采购当局很少使用竞争性对话的另一个原因,可能是新设立的采购方式一般会有一些官样文章和法律上不明确的地方,而且人们对于谈判已经有了长期的成功经验。

与德国实践中的做法相似的是,德国研究领域对竞争性对话也有很大的争议。一些研究者认为竞争性对话的应用相当不成熟,[37]其他人则认为竞争性对

---

[33]　见 O. Hattig, T. Maibaum, *Praxiskommentar Kartellvergaberecht*, Cologne:Bundesanzeiger Verlag,2010,出自《反竞争限制法》(*GWB*)第 101 节,第 38 段。

[34]　BR – Drs. 16/10117,第 20 页;Maibaum,前注[33],出自《反竞争限制法》(*GWB*),第 101 节,第 38 段。

[35]　见前文第 2 章。

[36]　《每日标讯》(*Tenders Electronic Daily*),《欧盟官方公报》增刊,2009 年 6 月 1 日至 2011 年 6 月 22日,见于 http://ted. europa. eu。

[37]　J. Ruthig, *Vergaberechtsnovelle ohne Gesetzgeber – Zum deutschen Vergaberecht nach Ablauf der Umsetzungsfrist – Teil I*, *Neue Zeitschrift fur Baurecht und Vergaberecht*,2006(137):141。

话是对应复杂采购项目的极好手段。[38] 数量众多的法律界人士在观点上摇摆不定,五花八门。[39]

以上数据表明,谈判仍然是频繁使用的采购方式。实际上专为复杂采购合同设计的两种采购方式在适用范围上可能会有相互重叠的地方。在前言说过,如果采购当局客观上无法确定满足自身需求的技术方案,或者无法确定项目的法律或资金情况,就可以使用竞争性对话。在这种情况下也可以使用谈判的方式,因为相关工程、供应或者服务合同的复杂性,使采购当局无法确定技术规格,或不能准确进行总体定价(见《指令2004/18》第30条第(1)款第(b)项和第(c)项)。[40]在《指令2004/18》生效之前和之后,德国人如果采用发布公告的谈判的方式授予复杂合同,依据的就是这两个条件。

长期以来,人们在谈到竞争性谈判时,竞争性谈判与谈判采购之间的关系是大家最为关心的话题。有些论文认为竞争性对话高于其他采购方式,因为如果采购当局可以在谈判和竞争性对话之间自由选择,"复杂的公共合同"这个字眼也就失去了意义。[41]另外,竞争性对话的优越性也体现在它具有更大的竞争性。[42]但是在2009年采购法改革期间,德国法律依据《指令2004/18》第29条的明确措辞,对法律文献中的流行观点进行了肯定,认为采购当局具有自行选择这两种采购方式的自由,只要符合相关条款规定的要求即可,也就是说通过竞争性对话进行采购的项目必须是特别复杂的项目。在2009年的司法改革中,德国法律改变了《反竞争限制法》中这两种方式的排列顺序,让人们明确这两种采购方式相互之间是平等的,没有高低之分。[43]

在这个背景之下,德国实施竞争性对话之后,并没有导致对应复杂采购项

[38] W. Heiermann, *Der wettbewerbliche Dialog*, *Zeitschrift fur deutsches und internationales Bau – und Vergaberecht*, 2005:766。

[39] Punder, Franzius, 前注[23], 第20页; A. Fritz, *Erfahrungen mit dem Wettbewerblichen Dialog in Deutschland*, *VergabeR*, 2008(379):382。

[40] H. Kaelble, M. Müller – Wrede, C. Benz, *ÖPP – Beschleunigungsgesetz*, Cologne: Bundesanzeiger Verlag, 2006:49。

[41] E. Reimnitz, *Der neue Wettbewerbliche Dialog*, *Eine Alternative zum Verhandlungsverfah – ren unter Berücksichtigung von Public Private Partnership – Modellen*, Frankfurt am Main: Peter Lang Verlag, 2009:232; Klimisch, Ebrecht, 前注[7], 第203页。

[42] Kaelble, 前注[40], 第49页, 第42段。

[43] 竞争性对话从《反竞争限制法》(*GWB*)第101节第5段移至《反竞争限制法》第101节第4段,取代了谈判程序,而谈判程序则移至《反竞争限制法》)第101节第5段(见BMWi, I B 3 – 2605 13/I 2008年3月3日,第19页)。

目的其他方式被竞争性对话所取代。

虽然在实践中德国人不愿意使用竞争性对话,但是最近有几个成功使用竞争性谈判的案例可能为将来这种新采购方式的广泛采用铺平了道路,尽管这些项目都是复杂的城市开发合同。

通过竞争性谈判完成的几个最为杰出的的项目,包括在美因兹新建一个35000 个座位的橄榄球运动场,[44]在哈瑙(法兰克福附近)的一个重大的城市开发项目,[45]布兰登堡市政大楼的重建,[46]以及为奥斯纳布吕克市开发的一个文件管理系统。

5.5 竞争性对话的操作

5.5.1 引言

德国立法在 2005 年将竞争性对话相关法规纳入国家采购法时,主要照搬了《指令 2004/18》的措辞,因此德国采购当局开展竞争性对话的方式与《指令 2004/18》规定的规则和条件非常一致。在前面指出,竞争性对话程序的适用范围见《反竞争限制法》第 101 条第 IV 款,而实际的程序规则完全由各采购条例规定(《供应与服务采购条例》(VOL/A－EC)第 37 条第Ⅶ款,《公共工程采购条例》(VOB/A)第 3a 条第 IV 款。

德国研究人员在研究德国法律下的竞争性对话流程时,认为这个新的采购方式主要分为四个主要阶段:公告阶段,筛选阶段,对话阶段,决标阶段。[47] 由于法律上没有就竞争性对话如何在结构上进一步划分做出规定,因此在欧盟不甚明了的问题(见第 1 章)在国内法律上仍然不甚明了。

下面论述的是竞争性对话的各相关阶段,指出了其中的法律问题和不明确之处,并对采购人员、判例法和立法提出的解决方案进行了简要分析。

---

[44] 科布伦茨高等地区法院(OLG Koblenz)2009 年 4 月 29 日,1 Verg 2/09。

[45] 见项目网站,www. wettbewerblicher－dialog. de。

[46] 布兰登堡高等地区法院(OLG Brandenburg)2009 年 4 月 7 日,Verg 14/08(2010)《建筑法和公共采购法新刊》(Neue Zeitschrift fur Baurecht und Vergaberecht)第 71 页及以下各处。

[47] H. Schroder, Voraussetzungen, Strukturen und Verfahrensablaufe des Wettbewerblichen Dialogs in der Ver-gabepraxi, Neue Zeitschrift fur Baurecht und Vergaberecht, 2007, 216:220; Punder, Franzius, 前注[22], 第 20 页; Fritz, 前注[39], 第 20 页。另一种观点认为竞争性对话应当分为三个阶段:见 Kus, 前注[25], 第 857 页。

5.5.2 竞争性对话的计划和起草阶段

竞争性对话首先要在《欧盟官方公报》上发布一个合同公告[48]（与合同公告有关的论述见5.5.4节）。有时候，尤其是在特殊项目（如PPP项目或私有化项目）的计划准备阶段，采购当局可以提前发布一个公告进行市场意见征询。不过在此必须指出，市场意见征询并不具强制性。

5.5.3 信息和方案的保密

《指令2004/18》第29条第（3）款规定，采购当局必须保证所有投标人的平等，必须保证投标人提交的方案和其他机密信息不泄露给其他参与者，或在没有征得同意的条件下将相关方案和信息告知他人。[49] 德国并没有制定通用的保密原则，只是根据竞争性对话做出了相关规定。德国在将欧盟法规转化为国内法时，比欧盟规定得更加严格，主要体现在德国规定投标人方案不得告知其他参与者，也不得交给第三方。不得将方案或其他机密信息告知第三方的禁令，体现在采购当局只能在实际采购程序中使用投标人提交的机密信息。[50] 因此，德国立法规定不得为了他人利益而非法将投标人提交的方案和其他机密信息用于其他项目，有效保证了投标人的利益。

采购当局能否按照上述规定行事是经营者非常关心的话题，因此采购当局应当以一种值得信赖的方式处理相关方案和信息。也正是由于这个原因，竞争性对话一般应当"关起门来"进行，与其他候选人分开。竞争性对话在保密状态下进行，一方面引发了对采购当局罔顾规则任意妄为的怀疑，另一方面这种操作方式违背了采购当局的正常利益，采购当局希望实现物有所值的目标，采购到质量最好、最具创新性的产品和服务。在对话阶段将相关信息和方案传递给提交最低价格标的投标人，可以保证提出最低价格的候选人也能得到技术最佳、最具创新性的方案。[51]

德国法律规定，机密信息不得以任何形式有意、无意、出于疏忽或通过暗示行为（以口头或书面形式）传递给参与对话的人或第三方。尽管这个禁令非常严格，但到底什么信息才是"机密"信息人们并不完全清楚。公布的信息显然没

---

[48] 关于在《欧盟官方公报》上发布公告的相关规则，《欧盟条例第1564/2005号》（*European Regulation No.1564/2005*）规定了标准形式。

[49] 2008年8月22日布兰登堡授标法庭判决（VK Brandenburg），VK 19/08，VERIS，第7页和第8页。

[50] 见《公共工程采购条例》（VOB/A）第3a节第IV条第3 S.4款。

[51] 2008年8月22日布兰登堡授标法庭判决，VK 19/08，VERIS，第7页和第8页。

有必要通过竞争性对话规则进行保护。而受版权法或专利法保护的信息与商业机密或商业关系一样,都应当得到保护。[52] 有人根据文件查阅相关规则(《反竞争限制法》第 11 条),提出受文件查阅规则保护的所有信息都应当受到保护。这个比照没有说服力,因为保密规则保护的只是投标人,而文件查阅程序规则保护的不仅是投标人,还有采购当局。[53] 有的法律学者认为,为了减少这样的不明确性,投标人必须对其提交信息的机密性进行申报。[54]

当然,就像《指令 2004/18》第 29 条第(8)规定的那样,如果投标人分享其创意或专业知识,采购当局可以予以补偿。实际上补偿条款对于分享其创新性方案和机密信息的实体来说是一个很大的鼓励,因为它们对实现竞争性对话的最佳操作起到了很大的促进作用。

如前所述,保密规则规定相关信息未经投标人许可的情况下不得分享给他人,相关规定见《德国民法》第 182 条及以下各条。本章及德国某些研究者认为,公共当局不得以同意保密信息的透露为唯一前提进行投标候选人的筛选;[55] 虽然欧盟委员会和某些法律专家认为为了解决利益冲突问题可以这么做,[56]但把同意分享保密信息作为进入对话的“门票”,显然违背了机密规则的设立目的,而机密规则设立的目的就是保护投标人的方案不被泄露。如果机密信息的分享真成了进入对话的门票,那么只有投标候选人同意分享其机密信息时,才能参加竞争性对话。

本节的最后,是德国某些法律界人士认为通过设置一个类似于“调停人”,能够协调主持对话的中立机构解决某些机密相关问题。[57] 采购当局、投标人和一般公众都会从这个创意中受益,因为此举会增加人们对这个采购程序公正性的信心,缩短复议时间和成本,保证采购项目及时完成,采购到最佳方案。

5.5.4 广告要求

在前面指出,《公共工程采购条例》第 11a 条第 Ⅱ 款第 1 项和第 12a 条第 Ⅲ

---

[52] C. Schwabe,前注㉒,第 220 页(有详细参考)。

[53] 同上。

[54] Heiermann,前注㊳,第 774 页;C. Schwabe,前注㉒,第 220 页。

[55] Opitz,前注①,第 451 页;C. Schwabe,前注㉒,第 223 页。

[56] 见 1.5.3 节;T. H. Schneider, *Der Wettbewerbliche Dialog im Spannungs – verhaltnis der Grundsatze des Vergaberechts*,Berlin:Duncker & Humblot,2009:178;S. Rechten, *Die Novelle des EU – Vergaberechts*, *Neue Zeitschrift fur Baurecht und Vergaberecht*,2004(366):368;Pünder,Franzius,前注㉒,第 20 页;欧盟委员会,前注⑰,第 7 页。

[57] Schneider,前注㊱,第 208 页及以下各处;C. Schwabe,前注㉒,第 225 页及以下各处。

款第 1 项规定,竞争性对话必须通过一个《欧盟官方公报》上的合同公告进行公告。德国法律这一方面没有在欧盟法的基础上增加任何新的内容。欧盟法允许且在欧盟法中规定(见 1.5.4 节),[58]采购当局也可以在其他媒体上,如日报、其他官方出版物或网站上进行公告,[59]告知人们将通过竞争性对话的方式授予某个合同。

根据《供应与服务采购条例》第 3 条第Ⅶ款第 a 项和《公共工程采购条例》第 3a 条第Ⅳ款第 2 项的规定,采购当局应当在其合同公告和/或说明文件中设置其需要和要求。在德国,人们就如何理解相关用词的意义进行了讨论。更具体地说,是"需要"和"要求"之间的差异不明确。某些人认为,"需要"与合同履行有关,而"要求"与企业是否合适有关。[60]其他人则认为,"需要"涵盖了在对话过程中进行明确的所有方面。[61]

除了要说明合同中的需要和要求,采购当局在合同公告中必须说明决标标准,[62]简要说明企业必须提交什么样的文件和证明以证明其适合参加此次投标,同时采购当局还要公布对话参与人筛选标准。[63]另外,采购当局还必须草拟(简要说明)对话阶段的结构和过程(计划进行多少轮对话,如何连续减少参与者人数),公告所有时间限制(如申请参加对话或提交最终报价的时间限制),最后还要告知邀请参加对话的最多人数。[64]

关于合同公告和说明文件的最佳格式,可在 PPP 工作组制定的标准化合同及适用条件的最佳实践方案中查询。[65]此类材料大多针对某类项目,为专业领域的采购项目提供了具体的示范模板。通用建议和指南可从竞争性对话或公私伙伴关系相关的学术性文本中查询。[66]

---

[58] 见《公共工程采购条例》(*VOB/A*)第 12a 条第Ⅱ款第 5 项。

[59] 见同上。

[60] 见 Schröder,前注[47],第 220 页。

[61] C. Schwabe,前注[22],第 171 页,详尽参考。

[62] Kaelble,前注[40],第 53 页,第 54 段。

[63] Klimisch,Ebrecht,前注[7],第 203 页。

[64] 见《供应与服务采购条例》(*VOL/A – EC*)第 3 条第Ⅶ款第 a 项。

[65] 可见北莱茵—威斯特法利亚(North Rhine – Westphalia)PPP 特别工作组网站 www. ppp. nrw. de(2010 年 2 月 28 日)。见《咨询服务部门公私伙伴关系示范法》(*Model Law on Public Private Partnerships in the consultancy service sector*)。

[66] 见 C. Schwabe,前注[22];M. Muller – Wrede,*ÖPP – Beschleunigungsgeset*,Cologne:Bundesanzeiger Verlag,2006。

5.5.5 对话参与人筛选阶段

筛选阶段相关规则涉及对话参与候选人的筛选,相关讨论见 1.5.6 节。《指令 2004/18》第 29 条第(3)款规定,采购当局应当根据第 44~52 条的规定,与筛选出来的候选人进行对话。第 44 条规定,虽然公共机构一般可以自行限制候选人的数量,但参与对话的最少人数不得少于 3 人,且足以形成真正的竞争。

有意思的是,德国相关条款(《公共工程采购条例》第 3a 条第Ⅳ款第 3 项,《供应与服务采购条例》第 3 条第Ⅶ款第 a 项)在将欧盟《指令 2004/18》相关条款转化为国内法时,并没有规定候选人的筛选必须与《指令 2004/18》一般筛选规则相一致,但是竞争性对话过程中使用的标准与其他授标程序的标准是一样的。[67] 德国的筛选制度间接参考了《指令 2004/18》第 44 条的规定,因此《供应与服务采购条例》第 3 条第Ⅶ款第 a 项、b 项允许采购当局自行设定受邀参加对话的最多人数,并将最少人数定于不少于 3 人。这样就可以像第 44 条第(2)款那样保持有效竞争。

在德国的采购实践中,大多数采购当局为了提高效率,会对参与对话的人数进行限制并在谈判过程中减少经营者数量。[68] 实际上,从 2009 年 1 月 1 日到 2011 年 7 月 1 日的统计数据来看,[69] 在 64 个竞争性对话程序中,只有 3 个公共机构没有连续减少参与者人数。在这些竞争性对话中,25 个采购者邀请了 3~5 个投标人参加对话。数据还表明,有些实体(7 个实体)最多邀请了 6 个投标人,还有几个邀请了 3~8 个投标人(4 个实体),而大多数实体邀请的人数最多不超过 7 人或 8 人。在 64 个竞争性对话项目中,有 1 个实体将最大人数设为 5~50 人,另有 3 个实体将最大人数设为 10 人。

因为候选人人数相关标准的特点和性质而引发了一些问题,这些问题目前尚未得到完全解决。一部分德国学者认为,候选人筛选标准与评估相关实体是否合适的标准是一样的。这些学者认为,可以邀请比其他实体"更适合"的投标人参加对话。[70] 其他人则认为筛选标准具有自主性。[71] 按照《指令 2004/18》的规定,筛选标准不管怎么设定,都不得具有歧视性,都必须具有客观性。

---

[67]　Klimisch,Ebrecht,前注⑦,第 203 页。

[68]　Pünder,前注①,出自《反竞争限制法》(*GWB*),第 101 节,第 56 段。

[69]　见《每日电子标讯》(*Tenders Electronic Daily*),前注㊱。

[70]　Schneider,前注㊺,第 140 页;Ruthig,前注㊲,第 141 页。

[71]　C. Schwabe,前注㉒,第 188 页;Kaelble,前注㊵,第 58 页,第 69 段。

5.5.6 对话阶段

选出参加竞争性对话的人以后,采购当局就进入实际的对话阶段。在对话阶段,可讨论与合同有关的所有问题,以确定以何种方式满足采购者在合同公告和/或说明文件中设置的需求。根据《指令2004/18》第29条的规定,对话期间必须保证投标人的平等待遇,不得偏向于任何投标人。

德国在将《指令2004/18》规则转化为国内法的时候,在对话阶段并没有增加额外的规定,因此从对话的内容来看,国内法与欧洲法的规定没有区别,相关讨论见1.5.6节。对话的内容仍然处于公共当局的裁量范围内,由公共当局自行决定如何进行对话,讨论哪些方面,讨论到什么程度,前提是要保证遵守公共采购的基本原则。[72]

无论是《指令2004/18》第29条还是德国的采购法都没有要求在对话之前提交方案,因此采购当局可以首先开一个预备会,然后讨论口头提交的方案。投标人也可以先提交书面核心内容,并以此为基础进一步的讨论。[73]

在1.5.6节指出,欧盟采购法的一个问题是能否连续减少投标人(而不是方案)的数量,现在这个问题在德国法律中也出现了。最近德国的一个法庭针对这个问题终于有了判决的机会。科布伦茨高等地区法院认为,法律上并不禁止在后续的对话阶段连续减少候选人的数量,且对此并没有做出进一步的解释。同时该法院认为,无论是透明原则还是采购法的其他基本原则,都未规定采购当局必须告知候选人为何按照某个决标标准认定该候选人表现欠佳,并因此会影响其进入下一阶段的对话。这个判决很值得赞同,因为欧盟(《指令2004/18》第29条第4款、第49条第4款)和德国(《公共工程采购条例》第3a条第4款第4、5项和《供应与服务采购条例》第3条第Ⅶ款第c项)的采购法都明确规定可以这么做,前提是必须事先进行充分公示。此问题在第1章也有相关讨论。

另一个常常引起争论的问题是在德国现有法律下具体应当以什么样的方式组织对话阶段。一部分竞争法律专家认为,对话应当以一种线性方式进行,也就是说采购当局可以只与最佳投标人进行对话,[74]即只与在指示性报价过程

---

[72] C. Schwabe,前注㉒,第236页;Knauff,前注㉕,第292页;布兰登堡授标法庭(VK Brandenburg)2008年8月22日判决,VK 19/08。

[73] C. Schwabe,前注㉒,第257页。

[74] Kramer,前注①,第138页;K. Willenbruch,*Die Praxis des Verhandlungsverfahrens nach § VOBA § 3a Nr. 1 VOB/A und VOL/A*,Neue Zeitschrift fur Baurecht und Vergaberecht,2003(424):422。

中提交最佳报价的参与者进行对话(这样可以产生非常详细的报价)。该观点的主要依据是《公共工程采购条例》第 3a 条第 4 款第 4 项规定,当没有找到"相关方案"或合适方案时,对话应当结束。另外,该观点在欧盟委员会的《解释说明》中也得到了支持。其中指出,对话只需进行并行讨论,"只要有足够的方案或合适的候选人即可。"[75]但是更合理的观点是主张对话阶段并行进行。[76]《公共部门指令》第 44 条第(2)款规定必须要保证真正的竞争,这意味着参与对话的人不应当少于 3 个。另外,采购当局还应当与筛选出来的候选人进行对话(《指令 2004/18》第 29 条第(3)款)。《指令 2004/18》第 29 条第(5)款规定,对话应当继续进行直至确定方案或数个方案,因此采购当局无权只与一个人进行对话,也就是说不能只与最佳出价人进行对话。

应当指出,一些德国专业人员一直认为,减少方案本身与在此过程中淘汰候选人并不一样,换言之,参加竞争性对话程序的候选人一般可以根据合同公告和说明文件中列出的信息,自行提交一个以上的方案,如其中一个方案在决标过程中被淘汰,那么同一候选人提交的其他方案仍可以继续参加竞争。[77]当然,没有提交方案的人是不可能参与对话的。

由于保密规则规定采购当局只有在投标人同意的情况下才能使用投标人提交的信息(《供应与服务采购条例》第 3 条第Ⅶ款,相关讨论见 5.5.3 节),因此德国通行做法是采购当局一般不会去征得投标人的同意,因为大多数参与方不愿意在未得到充分补偿的情况下透露其专业知识,因为担心他们的直接对手可能会赢得合同,或者他们的技术和想法可能被用于其他项目。此外,一些法律专家强调指出,复杂项目的处理绝对不需要将不同的方案整合起来。[78]解决方案越多样化,涉及的专业知识就越多,与"摘樱桃"的方式相比,也就是说与摘取其他方案的精华再整合成一个方案的做法相比,最终采购当局能够决出一个更加经济的投标书。[79]

5.5.7 最终投标阶段

最终投标阶段在《指令 2004/18》中的意义见 1.5.7 节讨论。采购当局正式

---

[75]　欧盟委员会,前注[17]。

[76]　Klimisch,Ebrecht,前注[7],第 207 页。另见布兰登堡高等地区法院(OLG Brandenburg)2009 年 5 月 7 日判决,Verg W 6/09(2009),《建筑法和公共采购法新刊》(*Neue Zeitschrift fur Baurecht und Vergaberecht*),第 734 页。

[77]　进一步参阅 C. Schwabe,前注[22],第 260 页。

[78]　Schneider,前注[56],第 198 页和第 199 页。更多评论见 Kaelble,前注[1],第 3 EG 节,第 289 f 段。

[79]　C. Schwabe,前注[22],第 219 页。

宣布对话阶段结束时,最终投标阶段就开始了,此时已经确定一个或数个合适的方案,或者说显然没有找到满足采购者需求的方案,因此采购当局正式宣布对话结束。在宣布对话阶段结束的同时,也可以让投标人提交最终报价。《指令 2004/18》第 29 条第(6)款规定,最终投标书必须包含履行合同所需和必要的所有要素。

在德国法律体系内,对于如何理解对话阶段结束时的相关规定存在混乱。《公共工程采购条例》第 3a 条第 4 款第 a 项规定,当采购当局确定某个方案时,对话就结束了。根据这一规定,一部分人认为只要一个方案满足采购者的需求,对话阶段就必须结束,不管讨论中的其他方案是否也合适,[80]相关讨论见5.5.6 节。《指令 2004/18》和《供应与服务采购条例》第 3 条第Ⅶ款第 d 项关于公共服务合同的条款都规定,在找到满足其自身需求的方案或数个方案之前,采购当局都要继续进行对话,因此作者认为上述观点是站不住脚的。

大多数采购专家认为,如果采购当局要让投标人用调整过的技术规格为基础进行最终投标,那么采购当局没有义务公布该调整过的技术规格。虽然公布调整过的技术规格可能会有助于对提交的最终投标书进行比较,但此举也会有违反保密原则的风险,因为技术规格很可能含有对话参与者机密方案相关内容。[81]

另一个经常讨论的问题是最终投标书应当有多大的完整性和最终性。《指令 2004/18》中相关条款的讨论见 1.5.7 节和 1.5.8 节。竞争性对话与其他采购方式不同的是人们可以就方案各方面进行深入讨论,因为如果采用竞争性对话的方式,可以对最佳方案进行迭代式完善。[82]一旦对话阶段结束,投标书的内容就必须是完整的,具有最终性,因为最终投标书应当包含履行合同所需和必要的所有要素。另外,从《指令 2004/18》第 29 条、《公共工程采购条例》第 3a条和《供应与服务采购条例》的规定来看,投标书在提交之后不得进行实质性变更。根据规定,只可以对最终投标书进行解释、说明和补充。在此应当指出,德国在将《指令 2004/18》第 29 条第(6)款转化为国内法时,甚至不允许对最终投标书进行微调。大多数德国法庭和采购法专家认为应当对最终投标书的解释、

⑧⑩　Opitz,前注①,第 451 页;Heiermann,前注㊳,第 766 页。其他观点参见 Hausmann,前注①,《公共工程采购条例》(*VOB/A*)第 3a 节,第 72 段;T. Stickler, A. Kallmayer,出自 K. D. Kapellmann, B. Messerschmidt 主编的 *VOB Teile A und B*,VgV(3rd,Munich:C. H. Beck Verlag,2010),《公共工程采购条例》(VOB/A)第 3a 节,第 40 段。

⑧①　C. Schwabe,前注㉒,第 287 页和第 289 页。

⑧②　2008 年 8 月 22 日布兰登堡授标法庭判决(VK Brandenburg)VK 19/08,VERIS,第 7 页和第 8 页。

说明和补充进行狭义解释,因为《指令 2004/18》明确规定,任何会影响竞争或
具有歧视性效果的变更都应当严格禁止。[83] 即使变更的影响只是潜在的,也必
须禁止。德国另有一部分人认为,既然竞争性对话具有灵活性,就应当对相关
规定进行广义解释。他们认为,如果采用竞争性对话的方式,在提交最终投标
书之后是可以进行再协商的。[84] 作者认为,从《指令 2004/18》的措辞来看,第一
种观点更有说服力。法院的观点在实践中体现得很充分:在提交最终投标书
之后,大多数采购当局都会避免与投标人进一步接触。只有当投标书内容显
然不同,对其补充不会影响竞争结果时,采购当局才会冒险与投标人进一步
接触。但是,如果提交的各投标书比较相近,大多数采购当局就认为冒险与投
标人谈判是一种不明智的行为,因为审议机构在进行审议的过程中显然会非常
严格。

竞争性对话的最终投标书提交之后,与之相关的最后一个问题是能否提交
备用投标书。这些备用投标书必须与最终投标书一样,用同样的决标标准进行
评估。无论是欧盟指令还是德国的法规都没有直接回答这一问题。不过有理
由认为,竞争性对话过程与其他采购方式一样是可以提交备用投标书的。第
一,《指令 2004/18》第 24 条的设置并不仅是对某些采购方式的备用投标书进行
约束,同时又把备用投标书的好处关到竞争性对话的门外。第二,竞争性对话
这种新采购方式的基本特征之一是可以制定一个以上的方案并在对话阶段进
行讨论。如果投标人可以提交数个方案,但不允许在提交最终投标书之外再提
交一个(或多个)备用投标书,那么此举显然与竞争性对话的灵活性、创新友好
性和开放性背道而驰。[85] 第三,从《指令 2004/18》第 29 条和德国对应法规的措
辞可看出,某个候选人的所有投标书都属于"最终投标书",因此投标书和备用
投标书可以同时提交。[86] 有一些德国专家认为,备用投标书在竞争性对话过程
中的重要性有限。[87] 他们之所以这样认为,是因为对话阶段本身已经允许人们

---

　　[83] Heiermann,前注[38],第 775 页;S. Verschuur,*Competitive Dialogue and the Scope for Discussion after Tenders and Before Selecting the Preferred Bidder – What Is Fine – tuning,Etc.*,*Public Procurement Law Review*,2006,15(327):336;C. Schwabe,前注[22],第 311 页。

　　[84] A. Kullack,R. Terner,*EU – Legislativpaket:Die neue"klassische"Vergabekoordinier – ungsrichtlinie – 2. Teil*,*Zeitschrift fur deutsches und internationales Bauund Vergaberecht*,2004:348。

　　[85] 另见《欧盟委员会解释说明》(*Commission Explanatory Note*)中的观点,前注[17],第 6 页和第 14 页。

　　[86] 另一方面,"其最终投标书"一语也可能意味着所有候选人提交的所有投标书。如果持这种解
释那么备用方案将不得提交,因为没有明确规定允许提交备用方案。

　　[87] C. Schwabe,前注[22],第 198 页和第 199 页。

进行充分的讨论,允许人们提交数个不同的具有创新性的投标书,[88]因此至少在对话阶段很难分清哪个是主要投标书,哪个是备用投标书。不过数据表明,大约有50%[89]的采购当局会允许投标人提交备用投标书,这样当投标人需要时就可以提交对话时没有想到或没有讨论到的最佳方案。

打开最终投标书之后,采购当局按照合同公告和/或说明文件中设置的决标标准对提交的投标书进行评估。德国研究人员认为,决标标准及其权重(重要性依次降低)在此过程中不可变更,由于此举有为偏向某一个或某些投标人而操纵决标的嫌疑,[90]因此采购当局常常将决标标准设置得很粗略。通过这种方式,采购当局不必调整或修订决标标准就可以对相差很大的各个方案进行对比,评出哪个投标书才是最具经济优势标。但有时候采购当局往往会将决标标准更加细化,增加一些(不那么重要的)标准。另外,采购当局有时候会将不同的重要性赋予不同的决标标准,这一切取决于竞争性对话正处于哪个阶段。为了在此过程中不违反透明原则和非歧视性原则,采购当局一般会听从律师事务所相关领域专家的意见,事先对决标标准进行充分说明(最晚在邀请参与对话时进行说明),并在每个对话轮次结束时,或者在整个对话阶段结束时,说明应用这些标准的意图。

如1.5.6.5节所述,最终投标阶段结束时,最具经济优势标赢得合同。

5.5.8 选出中标人或优先竞标人之后的程序

在将欧盟法转化为德国国内法时,《供应与服务采购条例》第3条第Ⅶ款第eS.2条与《公共工程采购条例》第3条第Ⅳ款第5(1)项的规定一样,都允许采购当局就最具经济优势标进行商讨,以便对其进一步说明,或就某些义务进行确认。《指令2004/18》第29条第(8)款的意义以及其他成员国在此问题的态度见1.5.8节讨论。

除了在最后投标阶段之后能否进行投标后讨论,在与最佳投标人进行沟通的相关标准上,德国法院和法律专家也是持非常狭义的解释态度。[91] 在第1章指出,按照相关法律规定,只有当各方之间的沟通不会导致投标书或招标书

---

⑧ C. Schwabe,前注㉒,第199页。

⑨ 在64个对话程序中(2009年1月1日至2011年7月1日),33个采购当局允许提交备用方案:见《每日电子标讯》(*Tenders Electronic Daily*),前注㊱。

⑩ C. Schwabe,前注㉒,第200页和第201页;杜塞尔多夫高等地区法院(VK Düsseldorf)2006年8月11日判决,VK-30/2006-L;杰那授标法庭(OLG Jena)2007年3月26日判决,9 Verg 2/07。

⑪ Ruthing,前注㊲,第214页;Kaelble,前注㊵,第165段。

的根本变化,不影响竞争,也不会引发歧视性效果时,才可以就相关信息进行
说明和补充。由于这些规定的目的是防止采购项目因银行发出的融资承诺
未得到履行而崩溃,并不是为了普遍改进投标书的内容,因此根据目前作者
的经验来看,限制招标是德国采购实践中普遍接受的采购方式。现在,项目
的第三方融资确认、由官方机构出示的保证函、其他重要文件或授权书,可根
据《供应与服务采购条例》第 3 条第Ⅶ款第 eS. 2 项与《公共工程采购条例》第
3 条第 Ⅳ 款第 5(1)项进行。另外,还可以进行一些不会影响授标决定的小的
变更和修订,因为这些小的变更和修订不会影响竞争,也不会引发歧视性
效果。[92]

不过有些人认为应当对德国的规定持广义解释。[93] 这主要是因为从德国规
定的措辞来看,只有会对竞争造成实际影响,会引发歧视性效果时,才禁止就最
具经济优势标进行讨论。这些人认为,仅有潜在危险不足以证明要对相关条款
进行狭义解释。

但是由于欧盟法高于国内法,对德国条款的解释必须与《指令 2004/18》相
符,以第 29 条第(8)款为准。任何讨论,只要具有影响竞争、引发歧视性效果的
"风险",就必须禁止。从这一角度来说,目前的指令并未允许与最佳投标人进
一步交流。

根据目前作者与该领域从业人员交谈的经验,采购当局一般会避免与提交
最具经济优势标的投标人进一步讨论,除非讨论内容与最具经济优势标的选择
无关。人们就所有相关问题进行讨论的时间主要在对话阶段,偶尔也会在可对
投标书进行说明的阶段。

5.5.9 停顿期

由于德国采购制度中合同授予决定和合同订立之间没有做出区分,合同授
予决定等同于合同的签订,因此,在德国采购法中,合同签订之前进行的任何审
查都非常重要。修订版的《指令 2007/66》生效后最为重要的审查制度就是停
顿期。从定义来看,停顿期意味着为了保证审查的有效进行,采购当局要推迟

---

[92] 下列注解中提到的作者也承认此为合法。

[93] Stickler, Kallmayer, 前注[80],《公共工程采购条例》(*VOB/A*) 第 3a 条第 52 f 款;库斯(Kus),前
注[25],第 862 页;Schneider, 前注[56],第 178 页。此外,《供应与服务采购条例》(*VOL/A – EC*) 第 3 节第
Ⅶ条和第 3 节第 Ⅳ 条第 5 款的措词指出,"具有扭曲竞争效果"的讨论是非法的,这一点与提交投标书
之后,"可能"破坏竞争的讨论的说法是不一样的。被引用的作者主要根据德国条款的措辞做了更广泛
的解释。

授标和签订合同。[94]

停顿期在《指令2007/66》中有明确规定,因为在此之前,没有停顿期正是《救济指令》饱受诟病的地方。需要指出的是,在做出授标决定和签订合同之间应当有足够的时间间隔。签订合同之前应当有时间间隔,主要原因:第一,合同授予或至少是合同的签订是一个不可逆的过程(约定必须遵守原则),因此必须尽早采取措施防止合同的非法签订,[95]在这个时间结束之前不得签订合同;第二,申请投标人或候选投标人有足够的时间仔细考虑其发起审查程序的机会、目的和风险,因为审查程序非常费时,成本很高。

德国的《反竞争限制法》(GWB)第101a条第3~5款大多照搬了《指令2007/66》的相关规定,是对停顿期的一般规定,与采用什么样的授标方式无关。因此,在德国采购法中不存在专门针对竞争性对话停顿期的详细规定。

由于停顿期时长由成员国自行决定,因此德国规定可以超出或保持《指令2007/66》规定的最短停顿期时长。德国在将《救济指令》第2条的停顿期规定和解释性条款第5条的精神转化为国内法时,规定停顿期时长取决于用何种方式告知合同被授予哪一家公司。在相关决定的通知和信息向投标人或候选投标人发出15个公历日之前,不得签订任何合同。如果采取传真或电子方式,则为10日,仍然是从合同授予决定的通知和信息向投标人或候选投标人发出开始计算。《反竞争限制法》第101a条第4款规定,实际收到信息的日期并不重要,重要的是实际发出信息的日期。[96]因此,从采购当局告知所有对话候选人谁被邀请提交最终投标书,谁的最终投标书没有选中,以及为什么做出这样的决定时,就开始了竞争性对话的停顿期。

根据《反竞争限制法》第107条第Ⅱ款的规定,在竞争性对话不同阶段尚未合法淘汰的投标人,以及主观权利受到侵害但仍想参与决标的候选人(《反竞争限制法》第97条第Ⅶ款),只能依法发起审查程序。

如果采购当局没有根据停顿期的规定授予合同,投标人有权发起复议程序申请授予无效(《反竞争限制法》第101b条第Ⅰ款第1项)。停顿期过后,合同

---

[94]　案件C-81/98(Case C-81/98)阿尔卡特尔奥地利股份公司、西门子股份公司奥斯特赖希和萨格-施拉克安拉根特尼克股份公司等诉联邦科学和运输部(Alcatel Austria AG and others,Siemens AG Österreich and Sag-Schrack Anlagentechnik AG v. Bundesministerium fur Wissenschaft und Verkehr)[2009]ECR I-07671。

[95]　S. Hertwig,*Praxis der offentlichen Auftragsvergabe*,4th,Munich:C. H. Beck,2010:151;E. Brauer,*Das Verfahren vor der Vergabekammer*,*Neue Zeitschrift fur Baurecht und Vergaberecht*,2009:297。

[96]　M. Dreher,J. Hoffmann,*Die Informations-und Wartepflicht sowie die Unwirk-samkeitsfolge nach den neuen § § 101 a und 101 b' GWB*,*Neue Zeitschrift für Baurecht und Vergaberecht*,2009:218。

可以正式授予,以保证法律的明晰度和法律的确定性。[97]

5.5.10 对参与成本的进行补偿

《公共部门指令》第 29 条第(8)款规定,成员国可以围绕竞争性对话参与成本补偿制定相关条款。德国决定在《供应与服务采购条例》和《公共工程采购条例》中做出相关规定。根据《供应与服务采购条例》第 3a 条第 IV 款第 5(2)项和《供应与服务采购条例》第 3 条第 VII 款第 f 项的规定,采购当局必须对受邀提交提纲、草案、绘图、计算、图表或建造计划的所有参与者进行合理补偿。只需对及时按照要求提交相关文件的参与者进行额外工作的补偿,目前仍不清楚需要支付多少款项才能"合理"补偿投标人,因为《指令 2004/18》对此问题没有发表评论,而是提供了广泛的自由裁量权。在德国,一些人认为可以支付固定金额的补偿金,或者根据德国的《建筑与工程服务官方收费表》(HOAI)[98]进行支付。《建筑与工程服务官方收费表》是德国支付建筑师和工程师费用的法律制度。由于竞争性对话过程中讨论的投标书和方案范围广泛,其内容和所涉工作量千差万别,固定数额肯定不适合每个候选人。然而,投标人显然既没有因其想法或方案的价值而得到补偿,也没有仅因其处理编制投标书而得到补偿。[99]

由于这些方面的不明确性,也由于德国法律规定采购当局有义务对相关参与者进行补偿,因此无论是德国立法机构还是德国法院都最好就此问题做出一些说明。

5.5.11 时间限制

布兰登堡高等地区法院[100]曾不得不面对一个非常重大的问题,而这个问题无论是在文献中还是在案例法中都从未出现过:在重建布兰登堡议会大厦项目中,从对话阶段开始人们就对大厦正面的重建提交了几个方案。其中一个方案

---

[97] M. Dreher, J. Hoffmann, 前注[96]。《指令 2007/66》第 2 条第(b)款允许针对一般性的停顿期规则有所克减。德国对此没有明确规定。尽管如此,通过对《反竞争限制法》(GWB)第 101a 节的分析可发现宝贵线索,说明在特殊情况下可以不遵守停顿期的相关规定。由于在无事先协商的情况下(极端紧急情况下)谈判程序不需要提供信息,因此初步信息的义务不适用。此外,如果信息根本不发送,则静止期无法开始运行。因此,停顿期规则不适用于极端紧急情况。总之,德国在将欧盟法转化为国内法时,国内法的规定与欧盟法是完全一致的。

[98] H. Ollmann, *Wettbewerblichen Dialog eingeführt*, *VergabeR*, 2005, 685:689。

[99] C. Schwabe, 前注[22], 第 266 页。

[100] 布兰登堡高等地区法院(OLG Brandenburg)2009 年 5 月 7 日判决, Verg W 6/09, NZBau 2009, 第 734 页及以下各处。

提出要对其古迹部分进行重建,另一个方案是一个现代建筑的方案。公共机构在对话阶段将自己的最终决定告知投标人,说它倾向于重建古迹的方案,要求投标人在 1 个月之内以此(保护古迹)为基础提交投标书。而只提出现代建筑方案的原告则认为,1 个月的时间对于它来说根本就不够用,因为它需要更多的时间,至少需要几个月来对自己的方案进行调整以适应新的要求。该公共当局拒绝了原告的要求,但是针对所有投标人将时间期限延长到近 3 个月。

原告认为新的时间期限仍然不够,便就此事提出再审,认为新时间期限违反了平等待遇原则,要求将时间期限再延长 3 个月。法庭对此予以驳回,明确指出采购当局的程序并没有违反平等待遇原则。法庭指出,采购当局没有义务在对话的每一个次级阶段都照顾到各投标人之间的差别。相反,如果采购当局要等待那些动作缓慢的投标人,这对已经提交优先方案的投标人来说是一种不公平[101]。法庭还指出,采购当局设立的期限必须合理,但是该期限不必照顾到动作最为缓慢的投标人的利益。

采购当局对于该判决应当感到很欣慰,因为它肯定了采购当局对于竞争性对话的自主设计权力。虽然也有人对该判决提出异议,认为采购当局必须为动作慢的投标人提供赶上其他投标人的机会,好让他们真正有中标的可能,但该判决还是很值得人们称道的[102]。因为这种观点没能正确认识这种新采购方式的关键特性,人们必须通过竞争找到具有独创性的方案。

5.6 结论

至少从德国的现有数据来看,这种新式的竞争性对话的采购方式并没有达到全面成功。一部分原因是德国法规对于这种新的采购方式提出的指南非常有限,另一部分原因是相关的判例法也有限。因此,德国的公共机构对于司法审查产生了些许畏惧情绪,在采购过程中仍然喜欢采用大家所熟知且比较灵活的谈判方式。虽然国家法律限制了谈判的使用,谈判的使用与竞争性对话的使用在风险上差不多,但是采购当局还是更愿意采用谈判的方式。这并不意味着采购当局为了降低审查风险就可以不经竞争直接授予合同,这样并不能降低成为被告的风险。德国的采购当局仍然要遵守采购规则,但他们更愿意使用更加

---

[101] 同前注[100],第 736 页。

[102] T. Mösinger, *Gleichbehandlung der Teilnehmer im Wettbewerblichen Dialog*, *Neue Zeitschrift für Baurecht und Vergaberecht*,2009;695。

灵活的谈判的方式。这主要是因为在什么情况下应用谈判,应当怎样组织谈判,无论从文献还是从案例上来说都更加清晰,指南也更多,毕竟谈判已经存在很长时间了。另外,在研究中也出现了批评的声音,指出了竞争性对话存在的问题并对竞争性对话提出了质疑。这一切对许多采购当局采取什么样的采购方式产生了很大影响。最后一点是,竞争性对话只适用于特别复杂的合同,而德国授予的大多数合同达不到这个要求,因此采用谈判的理由更加充分。

竞争性对话方面的早期判决似乎采取一种非常灵活的态度,强调采购当局的裁量权和创造力。这个裁量空间加上相关有限的指南虽然会引发一些风险,但无论是对公共部门来说还是对私营企业来说都有好处。因此,勇气十足的研究人员和采购从业人员可能会因为英美两国在对话这种采购方式上的成功而大受鼓舞,希望研究怎样才能通过竞争性对话的方式更好地达到物有所值的目标(如对竞争性对话的一些常规做法进行选择和分析)。

第6章 竞争性对话在丹麦

斯蒂恩·特莱默

6.1 引言：丹麦公共采购的管理

丹麦是一个君主立宪制国家，实行的是议会政府制度。它在98个市设有州一级政府①和地方政府。丹麦于1973年成为欧洲联盟成员国。竞争性公共采购至少从1850年左右开始就很普遍，②尽管在1966年关于私人和公共工程招标的法律生效之前，公共采购领域还没有专门针对公共采购的法律。③然而，根据丹麦行政法原则，投标人应当得到平等待遇，而采购当局则应当按照对经济负责的方式行事。

欧盟公共采购指令最初是通过丹麦通告的方式纳入国家法律的。④不过这种转化欧盟指令的方式在1990年发生了变化。当时丹麦制定了一个转化欧盟采购指令的法案。⑤当前的欧盟各指令通过丹麦的各个法令转化为丹麦国内法。⑥ 1.2节指出，指令为成员国留下了相当大的裁量权，从而为国家监管公共采购也留出了空间。一部分欧盟成员国的立法者充分利用了这一裁量权，而其

---

① 这包括五个独立的地区州行政部门，负责在该地区处理地区事务。处理好这些地区当局和公民之间的行政和相关事务具有很大的利益。就预算和组织而言，这些机构属于内政和社会事务部。

② 见 R. Nielsen, *Udbud af Offentlige Kontrakter*, 4th edn, Copenhagen, 2010:55。丹麦第一批竞争性公共采购大约发生在1750年。采购程序在大约1850年之前都是口头和公开的，涉及教会和军队的采购。早期丹麦采购制度的发展似乎受到法国的启发。参考：A. H. Pedersen, *Licitation*, Copenhagen, 1955: 22 – 24。

③ 参见1966年6月8日《投标法第216号》(*Licitationsloven. Act No. 216*)。

④ 1974年10月4日关于公共工程的《第214号通知》(*Circular No. 214*)，和1978年6月19日关于供应的《第101号通知》(*Circular No. 101*)。

⑤ 1990年6月8日《第366号法案》(*Act No. 366*)。

⑥ 2004年9月16日《第936号法令》(*Decree No. 936*)，后进行修订实施《公共事业指令2004/17》；以及9月16日第937号法令，后进行修订实施《指令2004/18》。这些法令的法律依据是1992年《第600号法令》，该法授权有关部门实施《公共采购指令》。

他成员国则一直持谨慎态度,国家一级的补充条例非常有限。丹麦的公共采购
监管制度显然属于后一类。丹麦在将各指令转化为国内法时照搬了各个公共
采购指令的措辞,立法者对其所有要点都没有做出任何改变。一号法令在将
《指令 2004/18》转化为国内法时,只是说采购当局应当遵守《指令 2004/18》的
规定,而该法令的附录 1 则一字不差地照搬了《指令 2004/18》。

　　这种转化欧盟法的方式可确保丹麦的解释尽可能接近竞争性对话的法源。
此举的缺点是指令措辞中的不明确又以同样的方式存在于丹麦相关法律中。
丹麦没有利用这些机会对这些指令中的相关规定进行适当补充。上述法令有
可能被《公共采购法》取代,上述方式也将改变,丹麦这样做的目的是想填补空
白,再跟以前一样对各指令规范下的公共采购进行更加广泛的管理。⑦ 在这一
过程中,丹麦立法者很可能会考虑竞争性对话这个采购程序。

　　不受公共采购指令约束的公共工程采购是通过丹麦一个法案⑧进行管理
的。该法的措辞与这些指令的措辞非常相像。《指令 2004/18》门槛价以下的
服务和货物采购也在一定程度上受到该法的约束,也就是说其价值超过 50 万
丹麦克朗(约 75000 欧元)时,也要受该法的约束。

　　公共机构签订的合同虽然由公共机构签订,但也受私法约束。丹麦的法律
制度不承认"行政合同",也没有将合同归类为行政合同的标准。丹麦也没有公
共合同法,而是有一个通用的合同法。合同的签订和履行均与该法有关。

　　应当强调的是,丹麦社会高度重视公共采购法,⑨与英国等成员国相比,丹
麦对相关法律的解释相当有限,具有形式化的特点。换言之,丹麦的公共采购
实践非常强调平等待遇和透明性,在实践和判例法中通常会遵循欧盟委员会的
指导。

　　丹麦市场也非常透明。竞争者反应迅速,从欧盟这个极为高效的执行制度
中得到了好处。丹麦的执法制度在许多方面超出了《救济指令》和欧盟法的
要求。⑩

---

　　⑦　见 2011 年 1 月 11 日公布的 Brian Mikkelsen 部长关于公私合作的战略,见于 awww. oem. dk/pub-
likationer/2011/strategi – til – fremme – af – offentligprivat – samarbejde。

　　⑧　2007 年 12 月 7 日《第 1410 号法令》(Decree No. 1410)。

　　⑨　自从里程碑式的案件 C – 243/89(Case C – 243/89)欧盟委员会诉丹麦(Commission v. Denmark)
[1993]ECR I – 3353。

　　⑩　见 S. Treumer, Enforcement of the EU Public Procurement Rules: Danish Regulation and Practice, in
S. Treumer, F. Lichère(eds.), Enforcement of the EU Public Procurement Rules, Copenhagen: DJØF Publishing,
2011。

2010 年新的《公共采购规则执行法》(*Act on Enforcement of the Public Procurement Rules*)⑪从根本上改变了参与执行公共采购规则的各机构之间的分工。在上述法律生效之前,国家采购委员会和其他实体在寻求正式解决争端时,可在公共采购委员会和普通法院之间自由选择。《公共采购规则执行法》规定,在停顿期间不能向普通法院提出投诉。在多数情况下,公共采购投诉诉委员会已成为采购纠纷中的强制性一审机构。⑫

投诉委员会有权准予采取临时措施,有权确认违反了规则,并有权向采购当局发出撤销令。它还可以宣布合同无效并宣判进行损害赔偿。这后一种能力在丹麦和欧洲背景下都显得鹤立鸡群。损害赔偿的裁定通常完全是丹麦普通法院的事情,而投诉委员会是一个行政机构。投诉委员会在 20 世纪 90 年代初成立时无权裁定损害赔偿,但 2000 年立法进行了修改,委员会有权裁定因违反欧盟公共采购规则而引发的损害赔偿。⑬

如前所述,公共采购投诉委员会是一个行政机构,不是司法机构的一部分。但是投诉委员会由法官担任主席,可在初步裁决中向欧洲法院提供决策依据。委员会其他成员是与委员会职能相关领域的专家,即《公共采购规则执行法》第 9 条所设想的公共采购、法律和公用事业领域的专家。

只有在特殊情况下投诉委员会的判决才会上诉到普通法院。大约 10% 的采购案件发生在普通法院。自普通法院成立以来,只有两起案件直接提交普通法院审理。近年来投诉数量增加了很多。投诉委员会在 2000 年前后只收到了大约 15 起投诉,但在 2008 年收到了 84 起投诉,⑭2009 年收到 115 起投诉,2010 年收到 182 起投诉。投诉委员会在制定公共采购法方面发挥了重要作用,并经常以平等待遇原则和透明度原则为基础做出判决。

丹麦竞争和消费者管理局(danish competition and consumer authority,下称监督局)也可以处理与违法有关的投诉,但不能在公共采购领域发布具有约束力的命令。如果采购当局不遵守监督局的规定,则可将案件提交投诉委员会进行处理。因此,监督局可以一种方便而非正式的方式代替公共采购投诉委员会发挥作用。此外,监督局还可以在许多情况下争端初起时便将其消灭。监督局向投诉委员会提出投诉的可能,在现实中有助于"说服"许多采购当局,没有必

---

⑪ 2010 年 5 月 12 日关于执行采购规则的《第 492 号法案》(*Act No. 492*),以及后续进行的修订。

⑫ 《第 492 号法案》第 5 条第(2)款和第 5 条第(3)款提到的例外。

⑬ 见 S. Treumer, *Increased Effectiveness of Public Procurement Remedies in Denmark*, *Public Procurement Law Review*, 2000(9):NA 120,立法变化与背景分析。

⑭ 参见《公共采购规则执行法》的前期文献。

要在公共采购投诉委员会或普通法院那里进入更为正式、昂贵和耗时的纠纷处理程序。然而,监督局的资源现在主要用于其他任务。采购当局最近也更不愿意暂停招标程序,不愿等监督局来调查投诉的实质内容。是否采取这种备份方式解决纠纷,在很大程度上取决于采购当局是否愿意暂停采购程序,如果采购当局不存在这种意愿,投诉人又希望投诉委员会来处理,在一般情况下就只能将案件提交公共采购投诉委员会。另外,只有在极少数情况下,监督局才会利用其地位将投诉人转介至投诉委员会,且成功率极低。

6.2　竞争性对话引入之前的复杂采购

与法国等其他一些成员国不同,[15]丹麦没有为了更好地处理复杂合同而为某个具体招标程序立法。在引入竞争性对话之前,复杂采购通常遵循标准程序,最为常见的是限制招标。

丹麦不曾有,而且现在也没有大量使用发布公告的谈判完成的采购。[16]采用发布公告的谈判完成的采购大多是《公用事业指令》约束范围内的合同。不过有传闻表明,至少有一部分采购当局说明了为什么会以一种非常灵活的方式应用不发布公告的谈判。根据现有证据无法评估此举是否违反了公共采购规则,如果出现了什么问题,也无法对其严重性进行评估。后来证实相关合同为非法直接授予的只有少数几个投诉,说明违规行为并不普遍。不过这只是一个表象:非法直接授予合同的行为很难抓到,先前欧盟公共采购法的执行制度也让竞争者没有就此提出诉讼的动力。[17]

设计竞赛在某种程度上也用于采购复杂合同。在丹麦,设计竞赛的数量无论在过去还是现在都相对较低。[18]目前设计竞赛通常用于公共工程合同,但在某种程度上也用于信息技术合同。设计竞赛用于信息技术合同主要是 10 年前的事情。

---

⑮　法国是一个非常重要的例子。它在竞争性对话进入欧盟制度之前,在其国家制度中引入了针对复杂合同的特别程序。见 4.4 节。

⑯　若干年来的竞争性对话程序数量约为 200 个。目前该数字似乎在增加。

⑰　竞争者通常无法获得损害赔偿,而且在许多成员国,非法直接授予一般也不会导致合同终止:请参阅 S. Treumer, *Towards an Obligation to Terminate Contracts Concluded in Breach of the EC Public Procurement Rules:The End of the Status of Concluded Public Contracts as Sacred Cows*, *Public Procurement Law Review*, 2007 (16):371。

⑱　在过去五年中,平均每年约 30 次。目前该数字似乎在增加。

6.3　竞争性对话简介

丹麦是完全实施《公共部门指令》的第一个欧盟国家:丹麦的相关法律于2005年1月1日正式生效,为同时在丹麦实施竞争性对话奠定了法律基础。6.1节指出,丹麦立法者在将《公共部门指令》转化为国内法时几乎原文照搬了《公共部门指令》的措辞。与竞争性对话相关的丹麦法规与欧盟规则相比,没有变化,也没有增加新的规定。

另外,丹麦实施欧盟《公共部门指令》的方式保证了丹麦在竞争性对话方面的法律解读与欧盟原来的法律规定有着最大的近似性。欧盟的公共采购指令为欧盟成员国留下了很大的自由空间,也为公共采购的国家立法留出了很大的发挥空间。在某些成员国,国家立法者们将这种发挥空间利用到最大程度,而另一些成员国则非常谨慎,国家法律对于欧盟采购指令的补充很有限。丹麦的公共采购立法显然属于这后一类,在实施欧盟指令时丹麦的立法者采用了一种非典型的立法方式。丹麦在制定实施欧盟指令的法律时保留了指令的原文,避免了对指令造成的任何实质性的改变。在实施欧盟《公共部门指令》中的竞争性对话时,丹麦如法炮制,在丹麦关于竞争性对话的立法中没有对指令进行任何形式的改变,也没有添加任何内容。

丹麦没有就是否应开展竞争性对话进行辩论,因为竞争性对话显然能够提高丹麦公共采购的灵活性。竞争性对话与以前在国内法中使用的采购方式不一样,《公共部门指令》约束范围内的采购当局不习惯通过大范围谈判的方式进行招标。在6.2节指出,在丹麦采购实践中受《公共部门指令》约束的合同很少使用谈判的方式。

竞争性对话的使用和操作在丹麦遭到了数个案件的挑战,因此丹麦才有了判例法,这一点与其他成员国有很大的不同。由于该判例法事关如何理解法律条款的重大问题,包括如何理解竞争性对话适用范围问题,因此这些判例法引起了人们的广泛关注(将在6.4节和6.5节讨论这些案例法)。

丹麦竞争和消费者管理局发布了关于公共采购规则的指南,与欧盟公共采购规则相关的指南涉及招标程序,其中就包括竞争性对话。[19]

丹麦在欧盟成员国中是一个较小的国家,人口大约为550万。国家虽小,

---

[19]　见 www.kfst.dk。

但竞争性对话这种新采购方式的应用次数达到 50 次左右。[20] 考虑到丹麦市场的规模以及有限的居民人数,这个次数显然是相对较多的。这些竞争性对话采购中有一部分是公私伙伴关系项目。

本章除研究传统的法律研究方式,还对丹麦发布在《欧盟官方公报》("每日电子标讯")上的竞争性对话公告进行了深入研究。同时,还对参加竞争性对话的从业者进行了访谈,这些从业者包括采购当局中的公务人员、投标人的雇员以及双方的顾问人员。[21]另外,还研究了采购当局的一些报告和发言,并对具有竞争性对话经验的投标人进行了访谈。[22]

6.4　法律与实践中竞争性对话的适用范围

丹麦法律中使用竞争性对话的条件与《公共部门指令》中列出的条件相同(见 1.4 节)。

应当指出,在丹麦法理中竞争性对话的适用范围是有限的。人们似乎普遍认为,对《公共部门指令》中规定的竞争性对话适用条件必须进行严格解释。[23]

---

[20]　2005 年 1 月 1 日至 2011 年 6 月 15 日期间。统计这些数据时,考虑到一些公告涉及已投标两次的同一合同;同一合同的通知已算作一次应用。

[21]　作者感谢以下人士的合作:Soren Staugaard Nielsen,兰布尔管理咨询事务公司律师与业务经理;Casper Schmidt,兰布尔管理咨询公司律师与业务经理;Tina Braad,霍斯特律师事务所合伙人;Kurt Bardeleben,莱特律师事务所合伙人;Jens Bodtcher - Hansen,波尔·施密斯律师事务所合伙人;Tom Holsoe,普尔·施密斯律师事务所合伙人;Simon Evers Kalsmose - Hjelmborg,贝赫布鲁恩律师事务所合伙人;Jesper Fabricius,阿库拉律师事务所合伙人;Annemette Thorgaard,阿库拉律师事务所高级经理;Rene Offersen,莱特律师事务所合伙人;Claus Berg,维尔托夫特律师事务所合伙人;Bo Tarp,公路部行政主管;Lotte Hummelshoj,尼尔森·诺拉格律师事务所合伙人;Henrik Ryberg,考伊咨询事务所项目主任;Frans Dupont,考伊咨询事务所;Sameer Kohli,丹麦药品局;Peter Dann Jørgensen,本德·冯·哈勒·德拉格斯特德律师事务所;Poul Thorup,霍夫莫勒和索卢普律师事务所;Mads Steffensen,欧登塞市政府。

[22]　包括关于竞争对话经验的文章,A. - M. Falch, F. Pedersen, *Erfaringer med udbudsformen 'konkurrencepræget dialog' - set fra en udbyders perspektiv*,Nordjyllands Amt,2005,见于 www. udbudsportalen. dk;和一篇关于财政部宫殿和地产局(Slots - og Ejen - domsstyrelsen)经验的深度文章,*Erfaringsnotat om udbud i konkurrencepræget dialog*,见于 www. ses. dk。

[23]　见 S. Troels Poulsen, P. Stig Jakobsen, S. Evers Kalsmose - Hjelmborg, *EU Udbuds - retten*,2nd Ed. ,Copenhagen,2011:360;Nielsen,前注②,第 145 页;J. Fabricius, *Offentlige indkob i praksis*,Copenhagen,2010:181;R. Offersen, *Udbudsprocessen*,Copenhagen,2010:27;M. Steinicke, L. Groesmeyer, *EU's udbudsdirektiver med kommentarer*,2nd Ed. , Copenhagen:Jurist - og Okonomforbundets Forlag, 2008:329;J. Fabricius, R. Offersen, *EU's udbudsregler ipraksis*,Copenhagen, 2006:146。另参见 S. Treumer, *Competitive Dialogue*, *Public Procurement Law Review*,2004(13):178;S. Treumer, *The Field of Application of Competitive Dialogue*, *Public Procurement Law Review*,2006(15):307。

由于该程序在丹麦采购实践中的使用频率较高,在丹麦判例法中有几个与竞争性对话应用有关的诉讼也就不足为奇了。

引起大家广泛关注的一个案例是 2008 年 1 月 8 日丹麦公共采购投诉委员会对于沃普沃尔自动停车系统有限公司和 KG 公司诉欧瑞斯塔德停车系统股份公司(WAP Wöhr Automatikparksystem Gmbh & Co KG v. Ørestadsparkering A/S)一案的判决。[24] 在这个案件中,作为采购当局的欧瑞斯塔德停车系统股份公司应用竞争性对话的方式对自动停车设施进行设计和建设。有 5 个公司合格,但是只有两个投标人(均为德国公司)参加了竞争性对话最后阶段的活动。该采购当局允许提交备用方案,[25]且其中一个备用方案被选定为最具经济优势标。失标人在合同授予之后不久进行了投诉,认为采购当局违背了《公共部门指令》第 29 条的规定,因为采用竞争性对话的基础条件并不满足。

投诉委员会在其判决的开始部分强调,这一方面的问题在欧洲法院尚无判决可依,然后又对《公共部门指令》序言中的解释性条款第 31 条进行了评论。第 31 条规定:"执行特别复杂项目的采购当局在无过错情况下,可能客观上无法明确满足自身需求的方式,无法评判市场会提交给他们什么样的技术方案和/或资金/法律方案。"投诉委员会认为,即使从该解释性条款的措辞来看,[26]竞争性对话的使用并不像投诉人所认为的那样只能在传统投标方式完全无法使用的情况下使用[27]。投诉委员会还指出,序言中的某条可能对解读某个法律条文有所帮助,但是它本身并不能构成一个法律条文(参见 Case C-215/88,肉类贸易有限公司(Case Fleischhandels-Gmbh)案)。[28] 判决书的这一部分相当重要,因为对于这一点的解释似乎与投诉委员会下一个判决(即 2008 年 4 月 14 日关于达姆蜂窝系统股份公司诉丹麦经济与金融局(Damm Celluar Systems A/S mod Økonomistyrelsen)一案的判决)背道而驰,在下面就此进行论述。

投诉委员会接着说道,欧盟《公共部门指令》第 29 条第(1)款规定,采购当局享有一定程度的裁量权,即"成员国可以规定,采购当局认为通过公开招标或

㉔ 作者在诉讼案件中协助了采购当局的律师。

㉕ 这是原告的另一不满。见 6.5.7 节。

㉖ 详见 1.4 节,竞争性对话使用依据,包括对解释性条款第 31 条的评论。

㉗ 公开招标和限制招标。

㉘ 案件 C-215/88(Case C-215/88)弗莱施汉德尔斯有限公司诉联邦农业市场法规研究所(Fleischhandels GmbH v. Bundesanstalt für landwirtschaftliche Mark-tordnung)[1989]ECR-I-2789。参见 S. Treumer, *Technical Dialogue and the Principle of Equal Treatment : Dealing with Conflicts of Interests after Fabricom*, *Public Procurement Law Review*, 2007, 99(16):103, 关于本案和《公共采购指令》中技术对话的解释性条款,其措辞具有误导性。

者限制招标方式无法完成合同授予的,可采用竞争性对话方式完成"。投诉委员会强调,虽然投诉人与中标人有数年的海外经历,但在丹麦的自动停车设施方面都没有相关经验。[29] 投诉委员会最后指出,该项目设计和功能上的要求增加了项目的复杂性,[30]虽然进行了两轮技术对话并提交了许多方案,都不能明确指定中标人。如前所述,一份备用方案被认为是最具经济优势标,从投标过程中的对话程度来看这个结果相当令人惊讶。因此,投诉委员会认为该合同为"特别复杂的合同",满足了使用竞争性对话的前提条件。

值得一提的是,采购当局利用文献资料证明英国和法国也频繁使用了竞争性对话的方式,以此说明在此案例中可以灵活选择采购方式。投诉委员会没有就此发表评论。但不能否认该观点在一定程度上也是正确的,因为其他成员国对欧盟指令的解读方式可能会对国内具体案件的利益权衡造成影响。

数月之后,丹麦的公共采购投诉委员会对另一个竞争性对话案例进行了判决,形成了 2008 年 4 月 14 日达姆蜂窝系统股份公司诉丹麦经济与金融局一案的宣判。但是上诉法庭认为因为程序上的错误,投诉委员会对于竞争性对话的判决无效,[31]发回投诉委员会重审,于是投诉委员会又生成了新的判决。结果并不出乎意料,投诉委员会在其 2010 年 4 月 27 日达姆蜂窝系统股份公司诉丹麦经济与金融局的判决中做出了同样判决。相关方面又针对该判决提出上诉。目前该案在普通法院处于休庭状态。下面论述的是 2008 年 4 月 14 日的首次判决,将该判决与 2008 年 1 月 8 日公共采购委员会对沃普沃尔自动停车系统有限公司和 KG 公司诉欧瑞斯塔德停车系统股份公司一案的判决做对比显得非常有意义。

这个合同是建设和运行一个国家无线电电信网络,为期 10 年。有 3 个投标人合格。在竞争性对话期间,投标人可以提交 7 个临时投标书。案件中的原告提出了几个问题,其中一个是采购当局对于竞争性对话的使用不公,它认为该合同并不是特别复杂。投诉委员会中的委员不能达成一致,其中的两个外行委员在该案中否决了投诉委员会主任的观点。投诉委员会主任认为,该案中竞争性对话的使用其实符合其使用的特殊条件,[32]但是委员会的大多数人认为该案中竞争性对话的使用不符合条件,因为采购当局对于相关技术需求很清

---

[29] 原告认为,应当考虑与自动停车设施有关的一般经验,而不仅仅是丹麦在这类设施方面的经验。

[30] 自动停车设施要求在交通拥挤地区运作,而这又增加了对设施运行速度的要求。通常情况下自动停车设施设置在交通不拥挤的地方。

[31] 上诉法庭 2009 年 6 月 29 日判决(Østre Landsret 15. afd. No. B – 2542 – 08)。

[32] 其中一名投标人在决标之前获得了某些无线电频率的权利,有了这些权利,就很难创造公平的竞争环境。投诉委员会主认为,竞争性招标是确保投标人取得平等待遇机会的最佳程序。

楚。这些成员还认为,采购当局并不认为该项目的法律和/或资金结构引发了什么问题。[33] 最后这两位委员指出,在不可能使用其他授标方式的条件下,只能根据前言中解释性条款第31条的规定,使用竞争性对话。这两个外行委员所做的解释显然是拘泥于文字,与投诉委员会2008年1月8日所做的第一次判决显然相悖。的确,之所以有2008年4月14日对达姆蜂窝系统股份公司诉丹麦经济与金融局一案的判决,是因为在判决中误将序言中的解释条款当成了法源。在前面指出,欧洲法院认为,解释性条款对于解读法律条文有一定的帮助,但其本身并不形成一个正式的法规,不能单从字面上理解。该案中的解读方式过于死板,与2008年1月8日在沃普沃尔自动停车系统有限公司和KG公司诉欧瑞斯塔德停车系统股份公司一案的判决背道而驰。

同年晚些时候,丹麦竞争与消费者管理局[34](下称监督局)于2008年9月12日审了一个IT系统的招标案,并于2008年12月9日做出了陈述,即科尔丁市的科尔丁就业中心IT系统(Kolding Kommunes udbud af it – system til Jobcenter Kolding)一案。原告认为竞争性对话的使用不符合条件,因为合同并不是"特别复杂"的合同。采购当局即市政当局对于IT系统的采购没有多少经验,曾经承认在某种程度上可以客观描述该系统的技术手段;而监督局也没有发现该市政当局"无法客观"描述其技术手段的证据。另外,监督局还考虑了当无法确定哪一个方案才能最好地满足自身需求时,采购当局能否使用竞争性对话的问题。监督局认为,在这种情况下是不能使用竞争性对话的,因为监督局没有发现采购当局为了满足自身需求而确定技术方法,进而确定技术方案的证据。但采购当局认为,竞争性对话可用于确定最佳方案,并认为这是一个法律原则问题。采购当局的依据是欧盟委员会就此问题做出的《解释说明》。

监督局最后指出,采购当局没有就IT服务合同向本案中的公司进行招标,并不影响对本合同复杂程度的评估。单单把缺乏经验作为不能使用竞争性对话的理由还是值得商榷的,因为必须考虑采购当局的经验水平和专业知识水平。[35] 欧盟委员会的《解释说明》也支持这个观点,并且强调指出,客观上的不

---

[33] 但这是不对的:参见前注[31]提到的上诉法院的裁决。采购当局认为,项目的法律和/资金构成妨碍人们把竞争对话作为招标程序。

[34] 2008年被称为竞争局,但现在称为竞争与消费者管理局。

[35] 见1.4节;A. Brown, *The Impact of the New Procurement Directive on Large Public Infrastructure Projects: Competitive Dialogue or Better the Devil you Know?*, Public Procurement Law Review, 2004 (13): 160; S. Arrowsmith, *The Law of Public and Utilities Procurement*, 2nd Ed., London: Sweet & Maxwell, 2005: 634; Treumer, 前注[23], 第314页。

可能不是一个抽象的概念,需要将采购当局的实际能力考虑进去。㊱

公共采购投诉委员会后来又接手了另一起质疑竞争性对话的案子,并生成了在 2009 年 9 月 14 日的判决,即视野公司诉哥本哈根城市博物馆(Vision Area v. Københavns Bymuseum)一案的判决。这个判决认为,本案中竞争性对话的使用并不违反欧盟公共采购的规定。虽然曾有服务公司对新西兰提供了类似的项目,但该项目显然是一个非常特殊的项目。向新西兰提供服务的这家公司也参加了丹麦的竞争性对话,并在原告向丹麦投诉委员会提出诉讼后不久竞标成功。

2010 年 11 月 1 日北欧停车系统公司诉奥尔堡市(P－Nordic v. Aalborg kommune)一案的裁决也与竞争性对话适用范围问题有关。该合同价值相对较低,㊲是一个更换停车费计价器的合同。投诉委员会认为,该案对竞争性对话的使用是不对的,并强调对复杂性的要求是很严格的。投诉委员会还强调,采购当局在竞争性对话适用条件方面享有的裁量权非常有限,采购当局具有举证责任。投诉委员会显然知道另一城市与此同时通过公开招标的方式完成了类似合同的招标。

在丹麦使用竞争性对话的法律风险似乎很高,仅以当前有限的判例法为依据很难预测某个具体案子的结果,因此有数个律师警告其用户不要使用竞争性对话。从现有判例法来看,对于竞争性对话的使用应当是非常严格还是非常灵活似乎还没有形成共识。丹麦判例法给人留下的印象是对于竞争性对话的适用范围应进行严格解释还是灵活解释似乎还存在着分歧,不过限制招标似乎占主导地位。

6.3 节提到的丹麦竞争和消费者管理局关于欧盟公共采购规则的指南也有竞争性对话适用条件的内容,但关于这一点的指导意见不多,只给了几个假想的例子,并概述了基本条件。文本直截了当,本质上与《公共部门指令》的文本一样。不过指南中关于"不可能"的说法非常重要。该指南指出,"不可能"这个概念具有绝对性,相关合同的类型"一般来说应当难以确定"。另外该指南还指出,必须考虑采购当局能否很容易地通过购买外部援助来拟订技术规格。㊳

㊱　见欧盟委员会,*Explanatory Note － Competitive Dialogue － Classic Directive*,见于 http://ec. europa. eu/internal_market/publicprocurement/docs/explan － notes/classic － dir － dialogue_en. pdf,2.1 节。

㊲　根据裁决,最高出价约为 100 万欧元。

㊳　这种特别复杂的合同的招标方式,显然是比法国的要求更为严格,因为该方式强调采购当局可否"单独和事先"拟订规格:见 4.4 节。

关于竞争性对话的实际应用情况,在 6.3 节指出,竞争性对话从 2005 年 1 月 1 日至 2011 年 6 月 15 日期间应用了约 50 次。其中一些竞争性对话采购是公私伙伴关系(PPP)项目的采购。这一点显得非常突出,因为在丹麦公共采购实践中公私伙伴关系项目很少。另一个重要事实是,10 个采购当局组织了丹麦 50% 以上的竞争性对话程序。在这 10 个采购当局中,多数是国家机构,也有少数地区/地方机构。

使用竞争性对话的复杂合同通常是大型公共工程或通信技术合同。[39] 丹麦约 50% 的竞争性对话与通信技术合同有关,近 40% 与公共工程有关。在使用竞争性对话的复杂服务合同中,只有少数与通信技术无关。通过竞争性对话授予的合同价值通常很大,但偶尔一些 100 万欧元甚至 100 万欧元以下的合同也使用竞争性对话完成合同的授予。

尽管丹麦使用竞争性对话的项目大多不是 PPP 项目,但仍然有几个竞争性对话程序与 PPP 项目有关。这一点很值得注意,因为欧盟委员会在其《竞争性对话解释说明》中间接要求在 PPP 领域使用竞争性对话的方式:欧盟委员会在本说明中指出,由于"公私伙伴关系项目中特别常见的"法律或资金方面的复杂性,竞争性对话可能会产生非常重大的影响。[40] 此话表明,竞争性对话的实际适用范围与《公共部门指令》措辞直接表达出来的适用范围相比要大得多。另外,前面提到的由丹麦监督局制定的指南仅指出在 PPP 相关项目中可能会有法律或资金上的复杂性。

不受《公共部门指令》约束的合同似乎不使用竞争性对话,因为这些合同或低于《公用事业指令》的门槛价,或是特许经营合同或受《公用事业指令》约束的合同。[41] 将竞争性对话正式用于受《公用事业指令》约束的合同是没有道理的,因为欧洲立法者没有为该领域合同应用竞争性对话提供法律依据。不过可以构建一个与竞争性对话非常相似的程序,并将其贴上谈判的标签(相关讨论见 1.4 节)。欧盟公共采购规则也不排除将竞争性对话应用到《公共部门指令》约束范围以外的合同,尤其是特许服务合同和《公共部门指令》门槛价以下的合同。因此,从理论上来说使用一种类似于竞争性对话的方式似乎是一种选择。但是丹麦采购当局不可能认为将成本高、耗时长、拖沓繁琐的竞争性对话用于

---

[39] 这一点与成员国的总体趋势是一致的,见 1.4.6.2 节。

[40] 见欧盟委员会解释说明,前注[36],2.3 节。

[41] 但是丹麦的实践似乎有一个例外。有关欧洲实践的一般趋势,见 1.4.6.2 节。

低于门槛价的合同是一种明智之举。[42] 将竞争性对话用于附录 II 中的 B 类服务合同或特许服务合同有可能是明智之举。

以前用于复杂合同的其他采购方式似乎并没有因竞争性对话的使用而受到影响。在此必须指出,从 2011 年 6 月 15 日竞争性对话引入丹麦以来,丹麦竞争性对话的使用总数只有 50 次左右。

6.5　竞争性对话的操作

6.5.1　引言

丹麦立法者为从业人员在竞争性对话的组织上保留了相当大的裁量权,这个裁量权与《公共部门指令》中的规定相当。丹麦立法对竞争性对话的规定没有任何修改或补充,这样采购当局在解释相关规则时,就不会因将竞争性对话引入国内法律体系而造成混乱。

在此提醒读者,有些说法是以科学的实证研究为基础的,这些研究清楚地表明采购从业者以某种特定的方式处理竞争性对话这个问题,如备用方案问题(相关讨论见 6.5.7 节),以及在《欧盟官方公报》("每日电子标讯")发布公告时是否可同时公布对话候选人筛选标准问题。其他问题则比较复杂,难以分析,如 6.5.10 节讨论的参与费用补偿问题,6.5.6 节讨论的对话阶段的结构问题。对这些问题的分析依靠若干渠道,如可能载有重要信息的招标公告、访谈、竞争性对话应用经验的报告和发言,以及传闻。因此,关于这些问题的实证性研究的结果和观点具有更大的不确定性,与依据的原始数据是否可靠有很大关系。另外一部分访谈对象无法或不愿意披露使用的是什么采购方式,也无法或不愿意披露相关采购当局的名称。

6.5.2　计划阶段和说明文件的起草

《公共部门指令》没有规定计划阶段和起草说明文件的要求,只是规定采购当局可以在说明文件中列出其需要和要求,而不是在合同公告中列出。

丹麦的公共采购在很大程度上实现了专业化,因为负责某一招标程序的管理人往往在该领域有过经验并有过负责经历。如果采用更加复杂的招标方式,

---

[42]　有数位受访人指出这一点应当非常重要。

如竞争性对话,往往会有一个管理人员小组,辅以外聘顾问。这些外聘顾问有可能是律师也有可能是管理顾问。此时这种专业化的趋势就更加明显了。因此,丹麦采购当局往往在竞争性对话的计划阶段投入大量时间和金钱。正因为如此,说明文件的质量很高,其中的信息非常详细。

6.5.3 信息与方案的保密

丹麦关于竞争性对话过程中相关信息和方案保密的规定与《公共部门指令》的规定相同。在1.5.3节指出,《公共部门指令》第29条第(3)款规定,采购当局在未征得对话候选人同意的情况下,不得将其提交的方案或其他机密信息透露给其他参与者。此外,根据《公共部门指令》第29条第(6)款的规定,采购当局应要求参与方根据对话期间提交说明的方案或数个方案提交最终投标书。由此可看出,"摘樱桃"行为是不允许的,也就是说不允许采购当局从各方案中摘取自身需要的内容形成一个方案。每个参与者必须根据自己的方案建议提出报价。采购当局可按照《公共部门指令》第29条第(8)款的规定,在对话阶段向参与者说明具体的价格和补偿数额。这样更容易取得相关公司的同意,采购当局才有可能行摘樱桃之事。

丹麦公共采购实践的主要模式是与所有合格投标人进行对话,并让所有参与者在修订招标规格后进行投标(见6.5.6节讨论)。参与丹麦采购程序的投标人中至少有一部分会在开始时犹豫不决,因为他们担心采购当局会不尊重相关信息和方案的机密性。不过相关采购程序的进行并没有导致此方面的判例法,接受访谈的投标人一般认为他们所参与的程序并未违反规则。

采购当局能否在合同公告或说明文件中插入投标条件,也就是说能否规定"参与人必须接受采购当局在竞争性对话中与其他参与者分享其方案,否则不能参加投标",这是欧盟公共采购法中悬而未决的问题。[43] 这种投标条件在丹麦公共采购实践中并不常见。另外,根据《公共部门指令》第29条第(8)款的规定,对竞争性对话参与者进行补偿以便摘取其中重要内容的行为,也就是行"摘樱桃"之事,在丹麦也很少见。[44]

6.5.4 广告要求(合同公告等)

丹麦的广告要求与《公共部门指令》(见1.5.4节讨论)相对应,不要求在

---

[43] 另见关于这个问题的1.5.3节。其中也提到其他成员国的立场。

[44] 请参阅6.5.10节。这在欧洲的做法中也并不常见(见1.5.10节)。

《欧盟官方公报》以外的地方做广告。然而,从丹麦实践可看出,采购当局在其网站上也会发布合同公告。合同公告的内容通常很丰富,常常会对合同及其背景进行相当详细的说明。此外,许多招标公告中的信息超出了法律的最低要求。

6.5.5 筛选阶段:选出参加对话的候选人

在 1.5.5 节指出,《公共部门指令》第 44 条第(3)款规定采购当局必须选择至少 3 个以个的企业进行对话。关于筛选阶段的一些通用规则,如 1.5.5 节列出的规则见《公共部门指令》第 44 ~ 52 条的规定,这些规则通过欧盟采购制度中的其他招标方式广为人知。

丹麦的普遍做法是在竞争性对话过程中将参与对话的人数限制在 3 人、4 人或 5 人。这就需要减少潜在竞争者的人数,这个工作通常在对话阶段开始之前的某个早期阶段进行。按照丹麦的普遍做法,对话申请人人数相对有限,参加竞争性对话的申请人通常有 5 ~ 10 人。[45]

合格申请人的筛选标准通常与筛选标准挂钩,后者的目的是确定合格申请人。在应用普通筛选标准或其中一些标准时,一般会进行综合评估,这样采购当局可根据其经验、财务状况等筛选最佳人选。然而,在其中一些竞争性对话中采购当局采用了另一种办法,目的是保持潜在投标人之间的竞争,达到竞争的最佳效果。为了达到最佳竞争者构成,采购当局往往会参照各种标准,如相关经验或者公司规模等。例如,某些公司因其经验入选,其他公司因是市场新人而入选。

另外,由于缺乏竞争,丹麦的一些竞争性对话失败,或至少已经终止。[46] 如果市场缺乏反应或者没有合格公司提出申请,一般会就相关合同进行重新招标。[47] 从目前研究来看,其他成员国尚未出现此类问题。[48] 其中一个原因是各国之间市场结构不同或者合同的广告方式不同,另一个原因是这种现象根本就不视为一个问题。因此,在其他成员国,采购当局会继续进行竞争性对话,而不是就合同进行重新招标。[49]

---

[45] 一般来说申请者人数接近于 5。

[46] 至少有 5 个竞争性对话失败,只启动了程序的 10% 左右。如上所述,申请人人数普遍偏低。

[47] 这并不是所有成员国的反应,见 1.5.5 节。

[48] 该问题在第 1 章没有进行深入讨论。

[49] 从《公共部门指令》第 44 条第(3)款看出,如果合格人数低于最低人数,采购当局可以邀请具备所需能力的候选人,继续进行该程序。

6.5.6 对话阶段

丹麦竞争性对话的对话阶段完整保留了《公共部门指令》赋予采购当局的自由,这是因为丹麦立法者在做出竞争性对话相关规则时照搬了欧盟指令中的措辞。

在此必须指出,丹麦采购当局似乎并未出现征得投标人完全同意后进行"摘樱桃"的情况,也没有出现采购当局违反保密规则,公开摘取各方案的精华内容并在此基础上大幅调整招标规格的现象,即没有出现1.5.6.2节所讲的应用指定方案的现象。

丹麦占主导地位的模式是以保密方式与所有合格投标人进行对话,随后修改招标规格,接下来让所有投标者根据修订后的招标规格进行投标。这个模式就是1.5.6.2节所讲的混合模式。采购当局喜欢以一种宽泛的措辞起草方案,把重点放在功能上,对规格草案的修改也往往是次要的,不具实质性。在某些情况下,甚至没有必要对最初的规格草案进行任何修改。采取这种做法是为了让投标人相信采购当局没有违反"摘樱桃"的禁令,并为对话过程中各方案的微调留出了空间。不过一部分接受访谈的采购当局顾问认为,当采取上述模式时"摘樱桃"行为或多或少是存在的。

在此必须指出,丹麦竞争性对话的组织并未引起相关诉讼,且接受访谈的投标人一般认为在其参与的竞争性对话中也没有出现违反"摘樱桃"禁令的现象。这在某种程度上是因为采购当局的法律顾问对潜在的法律风险了解得很透彻,尽最大努力使人们保持对"摘樱桃"禁令的敬意。

不过在参加竞争性对话的投标人中至少有一部分人在开始时有所踌躇,担心采购当局会不遵守信息与方案的保密规则。还有一个投标人指出,竞争对手签订的合同中某些内容显然是受到其提交方案的启发。这似乎是一个例外,不过丹麦采购当局采取平衡手段对应利益冲突问题,并得到了投标人的认可。

另外,采购当局在对话阶段采取什么样的方案模式,可能会对投标人的利益产生非常重大的影响。[50] 如果采取上述混合模式,那么投标人在开始就有以自身方案影响共同方案的强烈愿望,因为这样会为投标人带来明显的竞争优势。在这种情况下,投标人一般愿意就其首选方案提交非常详细的信息。这种情景就与1.5.6.2节中的"自有方案"模式有很大的不同。在"自有方案"模式

---

[50] 见1.5.6.2节关于欧洲实践和文献中描述的各种式。

下,被讨论的各方案之间有着不可逾越的鸿沟,投标人的最终投标书严格以与采购当局讨论过的自身方案为基础。在后一种情况下,投标人会担心采购当局是否遵守保密原则。之所以会出现这种情况,是因为投标人担心采购当局会将他们的创新点透露给其竞争对手,使他们失去竞争优势。

采购当局可以规定竞争性对话以连续阶段的方式进行,减少对话阶段需要讨论的方案数量。此举按照《公共部门指令》第 29 条第(3)款的规定是合法的。丹麦法理界对此规定的主流观点是否决一个方案可以/必须同时否决一个参与者。[51] 第 1 章指出,这也是《公共部门指令》的原意所在。[52]

在我们的研究中,接受访谈的丹麦采购当局对淘汰方案相关规定的理解与此一致。值得注意的是,丹麦 50% 以上的采购当局规定竞争性对话应分阶段连续进行,并在这一过程中淘汰提交上来的方案。不过,只有在特殊情况下才会在决标过程中使用这一方式。由于各种原因,采购当局不会正式淘汰参与者。这样的淘汰一般会非常困难,而且如果贸然进行方案的淘汰,采购当局往往面临法律诉讼的风险。[53] 此外,没有特别需要,丹麦采购当局一般不会对竞争进行限制,而且由于合格申请人的人数往往很少,采购当局不会淘汰某些参与者。一些受访者指出,如果淘汰参与者,很有可能会发生轻易淘汰潜在最佳投标人的事情。其中一位受访者还指出,相关采购当局认为这个标准是一个内部连续标准,他们没有必要淘汰参与者,因为这些人都是非常守约的。出于同样原因,许多采购当局故意不做出可以淘汰参与者的规定。

另外,一部分采购当局会间接将参与者挤出竞争,而不是正式淘汰他们。其中,一个方法是告诉想要淘汰的参与者,他们提交的方案与采购当局的要求相去甚远;另一个方法是设立或提出一些让参与者很难达到的要求。[54]

在对话期间,决标标准和次要标准可进行多大程度的变更或调整,不同的标准能否用于各个不同的阶段,关于该问题的讨论见 1.5.6.5 节。

---

[51]　见 Troels Poulsen,Stig Jakobsen,Kalsmose–Hjelmborg,前注㉓,第 363 页;Offersen,前注㉓,第 28 页;Steinicke,Groesmeyer,前注㉓,第 329 页;S. Troels Poulsen,S. E. Kalsmose–Hjelmborg,*Hvor meget konkurrence skal der vsre i konkurrence–prsget dialog?　– om fejningen af markedsabning om offentlige ordregiveres behov inden for rammerne af EU's udbudsdirektiv*,*Ugeskrift for Retsvæsen*,2007,B:34;S. Treumer,*Competitive Dialogue*,前注㉓,第 180 页。J. Fabricius,前注㉓,第 184 页,基本上只是说这个问题尚未解决,人们有所争议。相反观点参见 J. Fe,S. Treumer,*EU's Udbudsregler – implementering og handhævehe i Norden*,2006:25。

[52]　见 1.5.6.3.2 节,以及其中的参考文献。

[53]　采购当局担心,进行具体评估后再进行淘汰会成为被告。但受访者并不认为以这种方式淘汰参与者为非法行为。

[54]　西班牙也出现同样的现象,见 8.5.6.2 节。

　　一般来说,丹麦采购当局在决标过程中不会对最具经济优势标的决标标准进行任何变更或调整。举一个对决标标准进行调整的例子:采购当局先前使用的是宽泛的决标标准,如质量和美学标准,但接下来又对这些概念的意义进行了详细解释,因此在对话期间又增加了次要标准。有数位受访人表示,虽然有时候在对话过程中发现应当变更决标标准,但他们一般不会进行变更,因为此举的法律风险很高。但是,至少在几个案件中发生了决标标准或次要标准的变更和调整。

　　关于决标标准的调整问题,2008 年 1 月 8 日丹麦投诉委员会在沃普沃尔自动停车系统有限公司和 KG 公司诉欧瑞斯塔德停车系统股份公司一案的判决中有相关规定。从该案的招标公告来看,决标是为了决出最具经济优势标;从公告公示的决标标准来看,决标标准是一个"技术问题",也是一个"经济问题"。招标公告还公示了决标标准的权重,技术方面占 60%,经济方面占 40%。决标标准没有发生变更,但在对话过程中和对话结束后,采购当局制定了次要标准的最终版。[55] 采购当局对投标书的评估均以这些标准为依据,对此人们没有异议。

　　原告对投标期间次要标准的调整提出了质疑,其明确依据是欧盟委员会发布的《竞争性对话解释说明》。欧盟委员会的《解释说明》指出:"决标标准(及其重要性)在招标过程中(也就是说最迟在发出参与对话的邀请书之后)不可变更,这样做的目的显然是保证平等待遇。"[56]

　　投诉委员会驳回了原告的申诉。投诉委员会指出,只有在对话阶段之后才能确定次要标准的最终版本。投诉委员会又说,采购当局在这一过程中并没有通过制定"完全不同"的次要标准[57]误导投标人,评标严格遵循了既定标准。这种做法是否符合欧盟法尚存争议,在 1.5.6.5 节进行了深入讨论。该节指出,有人认为在竞争性对话程序中制定这样的决标标准实际上与欧盟法律是相符的。

6.5.7 最终投标阶段

　　《公共部门指令》中最终投标相关规则的讨论见 1.5.7 节。

---

　　[55] 在筛选阶段制定的招标文件也考虑了决标标准,并为"技术问题"的决标标准制定了一系列不同的次级标准。关于评估对话会议成果的技术问题。同样,采购当局为了评估对话会议的结果,也针对技术问题制定了一系列标准。

　　[56] 见欧盟委员会解释性说明,前注[36],3.1 节,第 6 页。

　　[57] 在丹麦语里是"Ganske andre"。

　　尽管在我们的研究中有几个竞争性对话项目邀请了 4 名或 5 名参与者提交最后投标书,但丹麦的通常做法是邀请 3 名参与者提交投标书。6.5.6 节指出,采购当局通常会宣布在对话阶段将淘汰某些方案,但其实在采购实践中,在该阶段正式淘汰某些方案的事情很少发生。潜在投标人的数量通常在对话阶段开始之前的筛选阶段就已经减少了,相关讨论见 6.5.5 节。有几个竞争性对话项目的采购当局只收到两份最后投标书。但这是因为申请人数有限,或者一些投标人选择退出投标程序。决标标准一般不会出现在招标公告中。采购当局一般会制定 3 ~ 5 个标准。价格一般具有 25% ~ 50% 的权重。

　　在一个案例中,采购当局宣布将采用"最低报价"为决标标准,而此举却没有受到质疑。这种做法违反了《公共部门指令》第 29 条第(1)款的规定,因为"最具经济优势标"是一个强制性的决标标准。

　　关于竞争性对话过程中能否提交备用方案存在着一些争论,该问题在第 1 章进行了详细讨论。[58] 但是通过对丹麦竞争性对话招标公告的认真研究,我们发现采购当局经常允许投标人提交备用方案。丹麦的采购当局在竞争性对话项目中允许提交备用方案实在是令人惊讶,因为按照《公共部门指令》第 29 条第(3)款的规定,招标人"在对话过程中可以与选中的候选人就合同的所有方面进行讨论",因此人们会觉得没有必要再在对话过程中提交备用方案。

　　关于竞争性对话过程中能否提交备用方案,在 2008 年 1 月 8 日丹麦公共采购投诉委员会在沃普沃尔自动停车系统有限公司和 KG 公司诉欧瑞斯塔德停车系统股份公司一案的判决中有相关规定。6.2.1 节也提到了这个案例。案中的采购当局按照《公共采购指令》第 24 条的标准要求,在招标过程中允许提交备用方案,且其中一个投标人的备用方案被认为是最具经济优势标。对于备用方案的认可和接受受到了原告的质疑,认为这种做法不符合竞争性对话的招标程序要求。奇怪的是,原告在投标的最后阶段也提交了一份备用方案。

　　投诉委员会对于这个问题的判决相当简洁,显得非同寻常。委员会只是表示,在竞争性对话过程中禁止使用备用方案是没有法律依据的,因此原告在这一方面被驳回。这个重要问题在 1.5.7.5 节进行了深入讨论,并指出即使使用备用方案的机会微乎其微,在竞争性对话过程中是可以提交备用方案的。[59]

---

　　[58]　见 1.5.7.5 节。

　　[59]　还有人指出,在采购当局分阶段进行竞争性对话并淘汰一部分参与人的情况下,允许在竞争性对话过程中提交备用投标书,可能不符合对投标者一视同仁给予平等待遇的原则。如前所述,那些被淘汰的参与者跟那些被邀请提交最终投标书的人是不一样的,他们没有机会通过提交备用投标书而获得合同的机会了,见第 29 条第(6)款。

在丹麦,人们可以根据《公共部门指令》第 29 条第(6)款的规定对提交的投标书进行解释、说明和微调。丹麦人在将这一条转化为丹麦法时,采取了原文照搬的策略。关于该条款的含义在 1.5.7.4 节进行了讨论。到现在为止,关于如何理解"解释、说明和微调"的意义丹麦尚未产生相关判例法。接受我们访谈的采购当局代表反复表示,[60]投标书只进行了非常有限的解释、说明和微调,他们对待投标书的态度与其他标准招标程序(公开招标和限制招标)是一样的。另外,投标人代表也表示没有发现采购当局有违反《公共部门指令》第 29 条第(6)款的行为。

不过必须指出,采购当局之所以会采取这样的态度,并不是因为采购当局觉得法律上不允许进行更大范围的对话,而是因为他们觉得如果处理得太灵活,法律风险会很高,也没有必要。有些受访人指出,没有必要将对话的范围扩大,因为这些内容在对话阶段都已经进行了充分讨论。

6.5.8 中标人或优先投标人选择之后的程序

1.5.8 节指出,《公共部门指令》第 29 条第(7)款简要说明了在选出中标投标书之后、签订合同之前可以进行的工作。相关措辞被原封不动地照搬到丹麦的立法中。从丹麦公共采购实践可看出,在处理复杂合同时,在决标之后、签订合同之前会有一个延续数月的时间段。某些竞争性对话项目也有这样一个时间段。

在不完全了解具体程序的情况下,不可能确定发生了什么变更和微调,也不可能确定变更和微调的程度如何。而这期间的具体程序作者并不清楚。不过可以这样认为,在代表采购当局的受访人中,虽然有几个人说曾对合同实质性内容进行修改,但绝大多数人[61]认为这种事情从未发生过。另外,投标人代表一般也认为采购当局并未将对话内容扩大到《公共部门指令》第 29 条第(7)款以外的范围。不过至少在信息与通信技术合同上,会故意将一些技术问题保留到决标和签订合同之间的最后阶段,以免造成所有投标人在时间上的浪费。

有意思的是,人们普遍认为采购当局在与中标人进行对话时遵守了相关法律规定。然而,在授予合同之后、签订合同之前有时会有一个相当长的时间段。

---

⑩　但一些被访者表示在他们曾经进行的对话中,有一部分在对话程度上超过了公开招标和限制招标的通常标准。

⑪　但是也有例外。某个采购当局的一位顾问认为,某个案件中的灵活做法已经超出了竞争对话的限制,其合法性很值得怀疑。还有一位投标者指出,其方案的一部分已纳入合同,而合同却与另一投标者签订。

这意味着,在某些情况下人们对投标书进行了大幅度的说明和谈判。不过合同的签订也有可能由于其他原因而推迟,如与公共工程融资有关的手续。⑫ 这样看来,丹麦采购当局一般没有对合同的实质性内容进行修改,遵守了《公共部门指示》第 29 条第(7)款与对话相关的规定。但必须指出,我们这一假设并非基于对丹麦竞争性对话相关合同文件的分析,其主要依据是对采购从业人员的访谈。

6.5.9 停顿期

关于停顿期的标准条款也适用于竞争性对话。停顿期相关规定见丹麦新的《公共采购规则执行法》。该法执行的是《救济指令 2007/66》。关于应当在什么时候必须按照欧盟法关于停顿期的要求发出停顿公告,见 1.5.9 节的讨论。

从欧盟公共采购法来看,不受指令约束的合同在使用竞争性对话时是否也必须有一个停顿期并不是很清楚。从《丹麦公共采购规则执行法》的筹备文件看,如果相关合同根据丹麦立法不受《公共部门指令》(或《公用事业指令》)的约束,则没有义务遵守这些规则。⑬ 但我们认为,不受各公共采购指令约束的合同也必须有一个停顿期,这是一个强制性的要求。⑭

6.5.10 对参与成本的补偿

《公共部门指令》第 29 条第(8)款规定,且丹麦立法也规定,采购当局可具体规定参与对话的价格或对参与者进行补偿。丹麦采购当局在招标过程中,一般不会向参与者标明价格或进行补偿,但有时会在做公共工程合同时对参与者设定价格或进行补偿。⑮ 欧盟和丹麦的上述规定与丹麦的传统做法相悖。丹麦采购当局似乎不愿意为投标人参与竞争性对话提供补偿。之所以会出现这样的情况,是因为缺乏政治意愿,或觉得这件事并不重要,因为参与此次竞争性对

---

⑫ 在上述案例中,至少有一例属于后一种情况,也就是说在决标之后、签订合同之前,有一段相当长的间隔时间。

⑬ 关于 2010 年 1 月 27 日《制定采购规则执行法提案》的意见的第 2.2 节,以及 2010 年 1 月 6 日经济和商业部向丹麦议会提交的关于该法的说明的第 2 节和 3.5 节。该说明第 2 节指出,这个新的法案总体来说是按照《救济指令 2007/66》的最低要求制定的。

⑭ 见 C. Risvig Hansen, *Pligt til annoncering af offentlige kontrakter – uden effektiv håndhævelse af reglerne?, Ugeskrift for Retsvæsen*,2011;B101。另参见 Treumer,前注⑩;以及 1.5.9 节。

⑮ 关于其成员国,参见 1.5.10 节。

话本身对于企业来说已经很重要。数位受访人还表示,通信技术项目显然没有向投标人支付补偿的传统,该领域的投标人也从未期望得到补偿。

不过在丹麦采购实践中,有几个公共工程项目对参与竞争性对话进行了补偿。虽然准备信通技术合同投标书的费用很高,但未发现对参与竞争性对话而进行补偿的现象。不过信通技术领域的供应商实际上很赞成对参加对话进行补偿。[66] 在某些竞争性对话项目中,参与对话有一个补偿,根据投标条件提交合格投标书又会有一个补偿。不管是什么样的补偿费用,都只具有象征性,因为它只补偿了实际参与费用的很小一部分。在其中一个采购项目中,补偿金额最多达到 250 万丹麦克朗(约合 337000 欧元),另有几个项目的补偿最高约为 13.5 万欧元。虽然这个补偿数额本身较高,[67]但必须指出,参与竞争性对话的真实费用约为补偿费用的 8～10 倍。曾支付竞争性对话费用的采购当局代表则在受访过程中表示,支付补偿很值得,很重要,而且受到相关投标人的高度赞赏。

另外,在本研究范围内的丹麦采购项目中,采购当局支付的补偿从来就不是,也从未被认为是接受"摘樱桃"行为的补偿。这一点非常重要,因为丹麦竞争性对话的主要组织方式很容易导致"摘樱桃"行为。不过由于 6.5.6 节所列原因,这一点无论对采购当局还是投标人来说都不是问题。

6.5.11 竞争性对话应用体验评价

具有竞争性对话经验的丹麦采购当局总体来说对竞争性对话的应用结果非常认可。他们经常建议其他人使用竞争性对话,有数人不止一次地应用了竞争性对话。6.4 节指出,10 个采购当局组织了丹麦 50% 以上的竞争性对话。

丹麦采购当局认为,竞争性对话会更好地促进物有所值目标的实现。竞争性对话促进了竞争,最终签订的合同比以往更符合采购当局的需求。但是也有人提到,竞争性对话显然比其他传统招标方式需要更多的资源,而且竞争性对话持续的时间更长。

投标人强调指出,通过竞争性对话的方式,他们可以比以往更好地了解采

---

⑥ 见《IT 行业》(*IT – Branchen*)杂志关于 ICT 合同发展的报告"国家 IT 新开发项目"(Statslige IT – nyudviklingsprojekter),其副标题是"IT 行业数字管理委员会工作小组报告"(Rapport udarbejdet af en arbejdsgruppe under IT – Branchens Digital Forvaltning Udvalg),第 7 页。该报告完成于 2009 年,可在 www. itb. dk 找到。

⑦ 例如与英国报告的唯一一次支付相比。英国的这次支付只象征性地支付了 1500 英镑。见 3.5.11 节。

购当局的要求,但也强调竞争性对话的所有阶段都需要大量资源。有些投标人认为参加竞争性对话的成本太高,采购当局应当进一步限制参与对话的公司数量。允许 5 名参与者提交最终投标书的其他采购程序也是如此。其他投标人则强调,与没有对话阶段的情况相比,对话使项目时间得到了更加有效的利用。

6.6　结束语

在欧洲环境内,丹麦实施竞争性对话的经验非常重要,原因如下:

第一,丹麦是实施欧盟《公共部门指令》的第一个欧盟国家,丹麦的相关法律于 2005 年 1 月 1 日正式生效,为同时在丹麦实施竞争性对话奠定了法律基础。另外,丹麦实施欧盟《公共部门指令》的方式保证了丹麦在竞争性对话方面对欧盟法的理解与欧盟原来的法律规定有着最大的近似性。将欧盟法转化为国内法的丹麦《法令》第 1 条只是说采购当局应当遵守《公共部门指令》的规定,而该法令的附录 1 则一字不差地照搬了《公共部门指令》的措辞。

第二,竞争性对话的使用在丹麦遭到了数个案件的挑战,因此丹麦在竞争性对话方面有大量的判例法,这一点与大多数成员国有很大的不同。[68] 由于这些判例法与竞争性对话的主要方面即竞争性对话的适用范围有着很大关系,[69] 因此引起了广泛关注。

第三,丹麦在欧盟成员国中是一个较小的国家,人口大约为 550 万,但是竞争性对话这种新方式的应用次数高达 50 次左右。考虑到丹麦经济的规模以及其他欧盟成员国在采用竞争性对话时明显的谨慎态度,这是一个相对较多的次数。[70]

第四,丹麦市场非常透明。竞争者反应迅速,从欧盟这个极为高效的执行制度中得到了好处。丹麦的执法制度在许多方面超出了《救济指令》和欧盟法的要求。因此,丹麦经验也很好地说明当法律在一些重大方面存在不明确性、法律诉讼风险很高时会发生什么情况:采购当局不愿使用立法规定的备选方案。因此,许多采购当局即使认为竞争性对话是一种非常重要的采购方式,仍然会避免在丹麦境内使用竞争性对话。采购当局也没有按照欧洲法的设想在

---

[68]　见第 1 章。

[69]　见 6.4 节。

[70]　主要见第 2 章。

操作竞争性对话时最大限度地利用其灵活性,从投标书的解释、说明和微调,⑦以及根据提交方案淘汰参与者这两个方面可略见一斑。⑫ 但是一些丹麦采购当局接受了使用竞争性对话面临的风险,甚至一直以一种颇具争议的方式使用竞争性对话,如允许提交备用方案,⑬允许对决标标准进行微调。⑭

具有竞争性对话经验的丹麦采购人员,无论是采购当局的代表还是投标人都对竞争性对话高度评价,而且他们普遍赞成扩大竞争性对话的适用范围。然而,并非所有人都赞成更加频繁地使用竞争性对话。例如,丹麦信通技术供应商行业协会指出,竞争性对话应当仅用于真正有益的情况,即合同的金融价值证明值得在竞争性对话上耗费那么多的时间。⑮ 不妨看看目前对《公共部门指令》的修订是否会扩大竞争性对话的适用范围。

---

⑦ 见 6.5.7 节。

⑫ 见 6.5.6 节。

⑬ 见 6.5.7 节。

⑭ 见 6.5.6 节。

⑮ 《IT 行业》(*IT - Branchen*),前注⑥,第 7 页。

第7章　竞争性对话在葡萄牙

佩德罗·特列斯

7.1　引言：葡萄牙公共采购的规范

葡萄牙不是一个联邦国家,但有一个国家政府(对国家议会负责)和两个地区政府(对相关地区议会负责)。地区政府也拥有立法权。[①] 与竞争性对话有关的公共采购法均由国家议会颁布。本章将侧重于这一级别的立法。

葡萄牙是一个民法国家,在规范公共采购方面有着悠久的传统。自19世纪以来,合同授予程序、合同履行和审查制度一直存在,推动着国家公共采购制度向前发前。葡萄牙的公共采购制度是国家行政法的一部分,有自己的规则和原则。

葡萄牙于1986年加入欧盟,并根据每一轮采购指令对现有采购制度进行了改进和更新。国家法律也根据每一轮指令进行了调整、重新措辞和调整。目前大部分公共采购规则是2008年《公共合同法》的一部分。[②] 该法转化的是《指令2004/17》《指令2004/18》和《指令2005/51》。在将欧盟指令转化为国内法时,葡萄牙并没有仅仅"复制和粘贴"其内容,而是对文本进行了许多修改。葡萄牙法律没有把指令的灵活性完全赋予采购当局。在将欧盟法转化为国内法的过程中,竞争性对话是变化很大的领域之一。

2008年《公共合同法》是规范合同授予和合同履行程序的主要法律制度。[③]

---

① 《葡萄牙宪法》第228条第2款授权地方议会在公共采购领域立法。亚速尔群岛区域议会批准了两项区域法令(34/2008/A和15/2009/A),对该区域适用的采购制度进行了修改,这两项法令均与竞争对话无关。

② 这是第一次根据单一法律编纂采购法律制度,只不过有些领域没有包括在内,例如公私伙伴关系。

③ 虽然就后者而言,它只涵盖具有行政性质的合同。公共工程是行政合同的典型例子,因为它们确立了国家和私营部门之间的关系,传统上称为"行政关系":前者有权享有额外的权力,如单方面变更合同的权力。根据2008年《公共合同法》的,私人合同是未建立这种行政关系的合同,这些合同的履行仍然受《民法典》等私法的制约。

虽然该法是一个新法,但《公共合同法》已经通过《第34/2009 号法令》《第223/2009 号法令》和《第278/2009 号法令》进行了修订。

司法行政法院拥有处理公共采购授予或履行相关问题的专属权力。公共采购诉讼在葡萄牙相当普遍,在载有上诉法院案件信息的数据库④搜索"公共采购诉讼",就会发现自2005 年以来有270 个条目。⑤

葡萄牙法院在制定公共采购法方面没有正式的法律权力,其效力只对当事人有约束,对第三方没有约束。然而在一系列引人注目的案件中,财务审计法院⑥拒绝批准某些公私伙伴关系合同,提高了该领域司法裁决的知名度,采购当局在采购时可能就会考虑这些因素。

7.2 竞争性对话引入之前的复杂采购

在《公共合同法》生效之前,采购当局通过各种手段进行复杂采购,如公开招标、限制招标、设计竞赛或当地政府制定的带有谈判阶段的公开招标。

考虑葡萄牙对竞争性对话的使用次数很少,因此采购实践并没有因竞争性对话的引入而发生很大变化。具有谈判阶段的公开招标是葡萄牙特有的采购方式,⑦需要对其主要特点进行解释。

20 世纪90 年代为了授予特许经营合同和公私伙伴关系合同(主要是运输领域),葡萄牙设立了具有谈判阶段的公开招标。当时它没有法律依据,每次需要通过新的法律临时设立。这种采购方式产生于实践需求,适用于特别复杂的合同。此外,在2003 年《第86/2003 号法令》⑧第3 条规定,地区政府可以批准关于公私伙伴关系授予程序的条例,允许政府为某些合同,如医院合同的授予规定专门的程序。

具有谈判阶段的公开招标从设立到2008 年,专门用于不受《指令93/36》和《指令93/37》约束的特别复杂的合同,特别是运输领域的合同(这两个指令是

---

④ 见于www. dgsi. pt,仅在葡萄牙。

⑤ 该数据库只涵盖上诉法院(中央法院和最高法院),而不是首次处理公共采购诉讼的初审法院,这意味着这个总数还要高。此外,只有在法官授权的情况下,才会将案件添加到数据库中。

⑥ *Portugal:Recent Decisions from the Portuguese Audit Court,European Public Private Partnership Law Review*,2010(1):69。

⑦ 其他采购方式见 P. Telles, *Competitive Dialogue in Portugal,Public Procurement Law Review*,2010(19):32。

⑧ 2006 年该法经修订后,仍然保留了这种可能并依然有效。

《指令 2004/18》的前身,分别适用于供应和工程合同)。在《公共合同法》中,这一程序已制定相关法规并与其他程序一起列入,仍可用于授予公共工程合同和特许经营服务合同,包括公私伙伴关系合同。⑨《公共合同法》第 149 条第(1)款没有将这一新的采购方式局限于公用事业部门;但为了让它与《指令 2004/18》相一致,该采购程序只适用于不受《指令 2004/18》约束的合同。

该程序是一个两阶段程序,开始公司提交一份非常详细的投标书,根据决标标准对这些投标书进行评估,然后招标委员会按照招标文件中设定的投标人数(一般设为 2 人)就合同条款与之谈判。通过这种方式,采购当局可以根据需求让投标人调整投标书内容,这一点与竞争性对话过程中提交的方案是一样的。接下来,采购当局邀请投标人提交最佳也是最终报价,并在此基础上选出中标人。

作者在 7.3 节描述的研究过程中发现,这种具有谈判阶段的公开招标在某些领域与竞争性对话共存,并且该程序已有了 15 年左右的应用经验。因此当这两种方式均适用时,它的存在是葡萄牙人不愿意使用竞争性对话的主要原因。与之前的法规一样,具有谈判阶段的公开招标仍然只适用于不受《指令 2004/18》约束的合同,以免发生与该指令相悖的情况。该程序频繁用于《指令 2004/17》范围内的运输领域合同。《公共合同法》生效后,该程序曾用于连接里斯本和西班牙边界的新高速列车线路的六个合同。

7.3 竞争性对话简介

2008 年,竞争性对话通过 2008 年《公共合同法》转化为葡萄牙国内法。当时该程序已列入 2006 年的一份公开草案初稿。当时,它在形式和结构上与《指令 2004/18》本身非常接近,在最终版本中没有出现任何修改和补充。2006 年 5 月首次公开讨论之后,竞争性对话发生了重大变化,并最终从非公开工作草案中删除。但葡萄牙人做出了一个政治决定,将其保留为《公共合同法》的一部分,然后立法者决定进行一些修改,使其适应国家制度和文化。⑩ 最终结果是一个规则非常详细、超出欧盟要求的采购程序。尽管这一做法符合葡萄牙事无巨细、面面俱到的立法传统,但在竞争性对话方面,葡萄牙比其之前的行为又进了一步,在其国内法中制定了许多在《指令 2004/18》中根本没有的规定。

---

⑨ 《公共合同法》(*Public Contracts Code*)第 149 条。
⑩ 据参与立法过程以及作者研究期间接受采访的受访者。

　　关于竞争性对话的规则分布在《公共合同法》的三个章节中。关于竞争性对话适用范围的规定,见《公共合同法》第二部分第一编第三章第 30 条和第 33 条第 1 款。此处还规定了在什么样的特殊情况下除了竞争性对话,还可以使用其他采购方式。

　　关于竞争性对话如何操作的规定见《公共合同法》第二部分第一编第三章第 214 ~ 218 条。《公共合同法》第 204 条规定了在什么样的条件下可应用限制招标规则,也就是说在应用限制招标时,必须考虑到《公共合同法》关于限制性招标的第三章第 162 ~ 192 条。该条最后规定,也可以应用一些公开招标的规则,例如《公共合同法》关于投标阶段后谈判和确认承诺的第 92、93 和 99 条。

　　竞争性对话已被纳入国家法律,其细节远远超出欧盟法律,因为葡萄牙立法者决定为各个采购方式建立一个共同的法律框架,因此他们在制定竞争性对话相关规定时,使之尽可能接近该国采用的更为传统的采购方式。葡萄牙对欧盟法比较明显的修改包括竞争性对话适用范围、候选人和/或方案的淘汰、必须确定单一方案和起草一套共同规格,以及在选出优先竞标人之前或之后,缺乏讨论相关的具体规则。在下面的分析中就这些要点进行讨论。此外还规定,从投标书提交之后,竞争性对话必须按照公开招标或限制招标的规则运行。这些变化太大,因此很可能会有人认为葡萄牙“竞争性对话”与《指令 2004/18》规定的是两个不同的方式。即使这种改变并不代表形成了新的采购方式,但说明葡萄牙只允许采用国内规定的竞争性对话方式,《指令 2004/18》原本的某些特性或重要特征被抹杀。国家一级的法律对欧盟法做出了这么多的修改和限制,作者不禁会怀疑竞争性对话是否得到了正确的实施。作者观点是否站得住脚,取决于成员国可在多大程度上可用比《指令 2004/18》规定还要严格的规定,或者说制定一些《指令 2004/18》原本没有的规定,实现对《指令 2004/18》相关规则的补充,该问题讨论见 1.2.1 节。

　　葡萄牙政府向来不会就国家法律提供任何政府指南。与竞争性对话相关、可归为政府指南的唯一材料,是国家采购门户网站的几个流程图,解释了竞争性对话的流程。没有关于如何理解相关法律、如何应用竞争性对话的政府指南。

　　迄今为止,在葡萄牙没有关于执行和使用竞争性对话的诉讼。

　　这一程序的应用非常有限。截至 2011 年 7 月,竞争性对话的使用次数共有 6 次,[11]第一次使用是 2007 年,最后一次是在 2011 年 7 月。2010 年 3 月至

---

⑪　在该程序转化为国内法之前。

2011 年 6 月无人使用竞争性对话。这表明采购当局显然对竞争性对话缺乏兴趣。

2009 年 3 月至 2010 年 3 月,作者对葡萄牙实施竞争性对话的情况进行了实证研究,以此作为诺丁汉大学博士生研究的一部分。作者对采购当局和律师进行了 27 次半结构化的访谈,目的是分析"实践中的法律",而不仅仅是书本里的"法律"。这些访谈对象都是公共采购领域的专家。其中 3 次的访谈对象是具有竞争性对话应用经验的采购当局;另外,作者还与起草《公共合同法》的 3 名立法者进行了访谈。

7.4　法律和实践中竞争性对话的适用范围

7.4.1　引言

如第 1 章指出,在无法确定合同的技术、法律或资金构成的情况下,可通过竞争性对话授予复杂合同。在此应当指出,欧盟和葡萄牙在竞争性对话适用范围方面存在三个主要差异:一是竞争性对话在葡萄牙的适用范围似乎小于《指令 2004/18》规定的理论上的适用范围,因为《公共合同法》对使用该程序提出了更加严格的要求;二是《公共合同法》禁止公用事业部门授予某些合同时使用竞争性对话;三是在葡萄牙,只要符合竞争性对话的实质性应用条件,就可通过竞争性对话的方式授予《指令 2004/18》门槛价以下的合同。

7.4.2　适用范围一般规则

关于竞争性对话适用范围的一般规则见《公共合同法》第 30 条各款。从第 30 条第(1)款可看出,竞争性对话可用于授予任何类型的合同,[12]前提是该合同特别复杂,而且由于相关合同的复杂性,通过公开招标或限制招标的方式不可能(不仅是不足以)完成合同的授予。这似乎将葡萄牙竞争性对话的适用范围限制在无法确定技术规格的条件下。但葡萄牙的立法者对竞争性对话的适用范围做出了更加严格的规定。

《公共合同法》第 30 条第(2)款相当于《指令 2004/18》第 1 条第(11)款第(c)项,但没有照搬其文字。《公共合同法》第 30 条第(2)款解释了什么才是特

---

[12]　包括公共工程合同、货物和服务合同、工程和服务特许经营合同、社会和公私伙伴关系合同。

别复杂的合同。第1章指出,《指令2004/18》规定当采购当局"客观上无法"确定合同的技术手段、法律或资金构成时,相关合同就是一个特别复杂的合同,这就意味着当采购当局无法确定满足其要求的最佳方式时(即使能说明部分技术规格),就可使用竞争性对话。[13] 然而,就葡萄牙法律而言,只有当采购当局客观上无法确定技术解决方案、[14]技术手段[15]或合同的资金或法律构成时,相关合同才是复杂合同。[16] 因此,如果葡萄牙采购当局能够确定技术方案,即使不是最佳方案,也不能通过竞争性对话的方式来授予合同,[17]因为此时"不可能确定方案"的情况不存在。采购当局只能使用其他方式,而这些方式可能根本无法提供满足采购当局自身需求的最佳方案。作者从立法者处得知,措辞上的微妙变化是有意的,目的是向采购当局传递一个信息,即不要过度使用竞争性对话。

如果采购当局无法确定履行合同所需的技术手段,也可以使用竞争性对话。[18] 但是,如果采购当局能够说明其他需要的性能或功能需求,[19]就说明它能够制定详细的技术规格,能够使用公开招标或限制招标,于是竞争性对话的适用范围进一步缩小。

《公共合同法》第30条第(3)款规定,竞争性对话的使用仅限于在采购当局无过错的前提下,客观上不可能确定技术方案、技术手段、资金或法律构成。这一点与《指令2004/18》解释性条款第31条相符。《指令2004/18》解释性条款第31条规定(见第1章):"采购当局在进行一个特别复杂的项目时,可能在无自身过错的情况下,客观上无法确定满足其需求的手段。"《指令2004/18》的解释性条款有助于理解条款内容,而葡萄牙法律制定者则将其提升到等同于该指令第29条的水平。

从访谈可看出,葡萄牙著名律师和采购当局在实践中对竞争性对话的适用范围作了非常狭义的解释。大家之所以普遍持此观点,可能是因为相关法律从

---

⑬ 见1.4.5节讨论。

⑭ 《公共合同法》第30条第(2)款第(a)项。

⑮ 《公共合同法》第30条第(2)款第(b)项。

⑯ 《公共合同法》第30条第(2)款第(c)项。

⑰ M. Kirkby, *O diálogo concorrencial*, *Estudos da Contratação Publica – I*, Coimbra Editora, 2008;303。有人指出,对葡萄牙文本的正确解释是,根据《指令2004/18》和欧盟委员会的《竞争对话解释说明》来考虑这一限制,进而考虑在采购当局能够提前确定方案的情况下,应当如何合法应用竞争性对话程序。柯克比接受的是一种比法律条文更宽松的解释。

⑱ 《公共合同法》第30条第(2)款第(b)项。

⑲ 在《公共合同法》第49条第(2)款第(c)项有规定。与《指令2004/18》第23条第(2)款第(b)项和第(c)项中规定的履行和运行规则相似。

文字上来说就具有限制性,也可能是因为大多数人觉得第 30 条很难读懂,因此人们对竞争性对话的适用范围采取了保守态度。然而,实际使用竞争性对话的采购当局告诉作者,他们坚信对竞争性对话的使用符合第 30 条的规定。

对作者来说,竞争性对话适用范围的相关规则(加上 2010 年实证研究中受访人员对竞争性对话适用范围的总体限制性解读),是人们不爱使用竞争性对话的主要原因。竞争性对话的使用次数有限还有其他原因,如竞争性对话与公私伙伴关系规则的并存,具有对话阶段的公开招标的存在,缺乏豁免规定,必须制定一套共同规格的要求,以及提交投标书以后,竞争性对话只能按照公开招标的规则进行。下面章节将就以上问题进行讨论。

7.4.3 公用事业部门相关规则

第 1 章指出,《指令 2004/17》没有提到公用事业部门可以使用竞争性对话。《公共合同法》第 33 条第(1)款和第(2)款规定,如果合同与公用事业部门(水、能源、运输和邮政服务)的任何活动有直接和根本的联系,且采购当局是《公共合同法》第 7 条第(1)款提到的采购当局之一,则根本不能使用竞争性对话。本条没有提及国家、地区或地方当局、公共机构、公共基金会、⑳公共协会,以及由其中一个或多个机构组成的协会。因此,这些部门授予的合同从实质内容来说属于《指令 2004/17》的约束范围,也必须始终遵守公共部门相关规则。

只有一部分采购当局(如公营企业)实际受公用事业部门相关规则的约束,它们在签订《指令 2004/17》约束范围内的合同时,不得使用竞争性对话。

7.4.4 《指令 2004/18》门槛价以下的合同

《公共合同法》并未提到《指令 2004/18》门槛价以下的合同可使用竞争性对话。一般来说,葡萄牙采购当局采用什么样的合同授予方式由相关合同的价值决定,㉑但是竞争性对话的使用不能以合同价值为依据。如果合同被认为是特别复杂的合同,并且所有法律条件都得到了满足,则无论其价值如何,都可使用竞争性对话。因此,欧洲门槛价以下的合同是可以通过竞争性对话的方式进行招标的。

---

⑳ 例外在《第 62/2007 号法律》(*Law 62/2007*)中提到。

㉑ 这些程序包括公开招标(国家指定门槛价以上所有合同的默认程序)到直接授标(适用于国家指定门槛价以下的所有合同)。

7.4.5 公私伙伴关系

欧盟委员会指出,公私伙伴关系合同[22]是竞争性对话适用对象的一个主要例子。在 7.4.3 节指出,葡萄牙某些采购当局不能通过竞争性对话的方式授予公用事业合同。

在本章其他地方指出,[23]葡萄牙的采购当局习惯于通过具有谈判阶段的公开招标授予《指令 2004/18》约束范围以外的合同,包括公私伙伴关系合同。

葡萄牙的公私伙伴关系合同的相关规则见《法令 86/2003》。《法令 86/2003》尚未被《公共合同法》废止。《法令 86/2003》与竞争性对话的并存受到了质疑,特别是它要求在正式启动招标之前就要求对项目的技术和资金可行性进行彻底评估,然后才能授予公私伙伴关系合同。[24] 这说明如果事先进行了彻底评估,在采购阶段就不需要竞争性对话。

此外,《法令 86/2003》预先假设招标书包括详细的技术规格,因此竞争性对话的使用变得更加困难。[25] 可以说在《法令 86/2003》更新之前,在葡萄牙是不可能通过竞争性对话的方式授予公私伙伴关系合同的。不过也有人认为,该法令只有采购准备阶段的规则,并不是整个采购过程的规则。[26] 因此采用什么样的采购方式仍然受《公共合同法》相关规则的约束,通过竞争性对话的方式授予此类合同也仍然是可能的。

竞争性对话相关规则是否与《法令 86/2003》相容还存在着不明确性,而且作者通过研究发现,具有谈判阶段的公开招标在葡萄牙广泛盛行,这是葡萄牙很少有人通过竞争性对话方式授予公私伙伴关系合同的主要原因。

7.4.6 在实践中的应用

如上所述,竞争性对话在葡萄牙的应用次数只有 6 次,[27]采购当局在就复杂

㉒ 关于这些合同,见 A. Andrade, A. S. Raquel, *Public – Private Partnership in Portugal – The Legal Structure of the Public – Private Partnership Contract and the Peripheral Contracts*, European Public Private Partnership Law Review, 2010(5):46;J. V. Branco, *Portugal:A Closer Look at Public – Private Partnerships*, European Public Private Partnership Law Review, 2000,4(25):26。

㉓ 见前注㉒和 Telles,前注⑦。

㉔ 科克比(Kirkby),前注⑰,第 307 页。

㉕ 同上,第 307 页。

㉖ 同上,第 310 页。

㉗ 数据来自《每日电子标讯》(*Tenders Electronic Daily*)网站和葡萄牙官方刊物,《共和国杂志》(*Diário da República*)。

合同进行招标时,显然不愿意用竞争性对话取代其他采购方式。另外,在连接里斯本和与西班牙交界的高铁项目招标中,人们并未使用竞争性对话,而是使用具有谈判阶段的公开招标。

在葡萄牙使用的竞争性对话项目中,有 4 个是由地方议会进行的招标,1 个是由医院进行的招标,还有 1 个是由公营企业进行的招标。任何一个采购当局使用竞争性对话的次数不超过 1 次。

其中有 2 个合同是自行车租借管理合同,1 个 IT 服务(工作流程管理及内部网络开发)合同,1 个顾问服务合同,还有 1 个医院清洁合同。这些合同的价值相对较低。虽然 2 个自行车租借管理合同没有进行估价,但其他合同的公开价格最高为 20 万 ~25 万欧元。最近签订的合同是开发一个地下停车场项目,并为该地区所有停车场建立一个综合支付系统。

虽然竞争性对话的使用次数过低,难以进行详细分析,但应注意在葡萄牙通过竞争性对话招标的基础设施项目或重大 IT 项目是不存在的。

7.5　竞争性对话的操作

7.5.1 引言

葡萄牙关于如何开展竞争性对话的规则中,有许多是《指令 2004/18》中根本没有的,葡萄牙之所以增加这些规定,是为了适应葡萄牙的采购传统和文化。因此,可以根据两种不同的选择模式来选择候选人。他们只能提交一个方案,并在对话开始之前对方案进行评估。此外,采购当局不得在对话阶段淘汰候选人和方案。采购当局必须在对话阶段确定胜出方案,然后为所有候选投标人起草共同的技术规格。最后,从投标书提交之时起,竞争性对话必须按照公开招标或限制招标的规则进行。

葡萄牙应用竞争性对话的方式在这一方面与在其他成员国有很大不同,其他成员国与葡萄牙的做法正相反,它们一般会将《指令 2004/18》规定的一些关键问题上的灵活性全部或几乎全部地给予本国采购当局。

7.5.2 计划阶段和说明文件的起草

《公共合同法》没有就采购当局在计划阶段的义务进行说明,显然,当局必须提供合理的解释,说明为什么它使用的是竞争性对话而不是其他采购方式。

这一点比早些时候提出的不可能起草技术规格的要求又进了一步。

在与使用过竞争性对话的 3 个采购当局代表进行谈话时,作者发现,在准备竞争性对话时,这些采购当局都没有进行正式的市场意见征询。

7.5.3 信息与方案的保密

1.5.3 节指出,《指令 2004/18》第 29 条第(3)款规定:"采购当局在未征得对话候选人同意的情况下,不得将其提交的方案或其他机密信息透露给其他参与者。"在葡萄牙,关于信息保密方面的规定不如竞争性对话其他方面全面。《公共合同法》第 214 条第(3)款规定,如果候选人在交流期间将某信息归为机密信息,则采购当局应将其视为机密信息。由此看出,候选人提交的所有机密信息,采购当局都必须立即按照机密信息进行处理。

关于对话候选人将其机密信息通过公共渠道进行传输会有什么样的后果葡萄牙没有相关规定。可以举一些此类信息的例子:某方案的相关信息泄露给了媒体,进而公布于众;或者说在竞争性对话开始之前某相关信息就已经是公开信息。

葡萄牙法律没有列出什么样的信息才属于机密信息(如规定受知识产权法保护的信息为机密信息)。另外,如果某信息被认为是机密信息,那么只有当候选人以书面方式解除其机密性时方可公开。[28]

《公共合同法》第 214 条第(3)款是以强制令的方式起草的,采购当局不得通过说明文件规定只有公开相关信息才能参加竞争性对话。葡萄牙法律对保密义务做出了强制性规定。此外,这种保护只能在信息提交采购当局之后,通过书面和公开明示的方式予以解除,在提交采购当局之前无相关保密规定。[29]

作为现行保密法律制度的替代方案,葡萄牙立法者可能会把招标保密规则延伸到对话阶段。[30]《公共合同法》第 66 条第(1)款规定,投标者一般会因为涉及商业、工业、军事机密或"法律规定"的其他机密,要求将投标书或投标书的一部分设为机密信息。这就要求投标人非常明确地说明他需要保护的是什么信息。他的要求必须建立在实际保密法(如商业保密法)的基础上。此外,对于是否准予将相关信息设为机密信息采购当局享有最终裁量权。

保密引发了另一个重大问题,这个问题因葡萄牙国内法对竞争性对话的理解与其他国家不同而成为葡萄牙特有的问题。按照葡萄牙法律的规定,对话阶

㉘ 《公共合同法》第 214 条第(3)款。

㉙ 但其中一位受访者认为,说明文件中可能存在"全面授权"条件的可能性没有问题。

㉚ 这些规则首先通过一个受访人引起了作者注意。

段的目标是在结束时起草一套通用技术规格。采购当局可能会面临这样的困难:如果某个候选人将其方案中的重要内容列为机密信息,而采购当局又想把这些信息纳入这个通用技术规格,就会出现进退两难的局面。[31]

然而,尽管《公共合同法》明确规定禁止共享机密资料,但是因为葡萄牙的采购当局必须设计一套通用的技术规格,作者不禁会问:如果候选人按照自己的方案提交投标书,这个通用技术规格是否还具有那么重要的地位。如果候选人根据自己的方案进行投标,那么在对话期间与另一候选人分享的任何机密信息都将对其投标竞争力产生直接不利影响。在葡萄牙,如果采购当局通过摘取各方案相关内容的方式起草一套通用技术规格,[32]那么候选投标人方案被选取的内容越多,其竞争力就越强。不过在此必须指出,葡萄牙采购当局是否有权通过摘取各方案相关内容的方式起草一个共同技术规格在法律上还没有明确规定。如果采购当局的技术规格以某个方案为基础,那么保密问题就跟候选人按照自身方案提交投标书一样具有非常重要的地位。

保密也是葡萄牙司法审查的关键。在葡萄牙,如果有人对相关决策提出质疑,采购当局可以很方便地从公共机构获得文件,证明其决策的合理性。面临司法审查时,公共机构必须按法律要求交出与案件有关的所有文件,由原告和法院进行审查。此时的问题是面对机密材料,采购当局应当怎么办? 是应当提供与辩诉有关的所有文件(包括保密的文件),[33]还是像欧洲法院在瓦雷克(Varec)案中的判决一样不提供这些文件?[34]从本人在该领域任律师的经验和采访律师的答复来看,对于采购合同的机构来说,最明智的做法是向法院提供文件,并明确告知哪些信息被公司认为是机密信息,然后由法官决定对其保密还是将其提供给其他当事方。

7.5.4 广告要求

根据《公共合同法》第 208 条第(1)款的规定,竞争性对话公告将在国家官

---

[31] 相关深入讨论见 7.5.7.2 节。

[32] 深入讨论仍然见 7.5.7.2 节。

[33] 第 66 条第(1)款的投标书保密规则也可以做出同样评论。但是这些规则的局限性更强,且相关要求必须在法律中有规定,而第 214 条第(3)款中的保密要求则是自动的,不必进行理由的说明。

[34] 案件 C‑450/06(Case C‑450/06)瓦雷克公司诉比利时(Varec v. Belgium)[2008]ECRI‑00581,虽然并不完全清楚,但似乎是认为机密性高于透明性,并指出审查机构必须对转交它的信息保密。关于此案见 A. 布朗(A. Brown),"在国家审查机构面前保护采购案件中的机密信息:瓦雷克诉比利时(C‑450/06)"(Protection of Confidential Information in Procurement Cases before National Review Bodies:Varec vs. Belgian State (C‑450/06)),《公共采购法评论》(Public Procurement Law Review),2008(17):NA119。

方刊物《共和日报》(*Diario da Republica*)上发布。如果通过竞争性对话授予的合同为公共工程合同、公共工程特许经营合同、货物或服务合同,则无论技术规格中设定的基本价格如何,在《共和日报》上发布公告的同时也必须在《欧盟官方公报》上公布。[35]

在迄今发起的六个竞争性对话程序中,有五个发布在"每日电子标讯"招标网站上。[36] 尽管《公共合同法》第 208 条第(2)款要求所有公共工程合同、公共工程特许经营合同、货物或服务合同的授予必须在《欧盟官方公报》上发布公告,但其中一个自行车计划没有在该网站上登广告。可能是因为采购当局不确定最终是否会签订一项服务合同还是公私伙伴关系合同,并认为不必在《欧盟官方公报》上进行公布。

7.5.5 筛选阶段

7.5.5.1 引言

在葡萄牙,候选人的选择是通过下面两个方式进行的,一个是"复杂"方式,另一个是"简单"方式。采购当局可自行选择其中的一个,两者用于竞争性对话时各有长短。

7.5.5.2 复杂方式

复杂方式以最佳技术和资金能力为标准的选择模式(《公共合同法》第 181 条第(1)款和第(2)款)。采购当局能够限制参加对话的候选人人数,但必须在合同公告中规定最多人数。挑选候选人的标准也必须在这一阶段确定。然后,根据确定的标准对候选人进行排名,类似于按照决标标准对投标人进行排序。

根据《公共合同法》第 181 条第(3)款规定,采购当局必须选择排名较高的候选人,直至达到技术规格(公开招标和限制招标)或说明文件(竞争性对话)中预先确定的数目为止。采购当局在候选人资格方面有两项义务:一是按照预先设定的人数选出候选人;二是对选出的候选人进行排序。此时采购当局不能调整候选人的人数,也不能将排名靠后的候选人设为合适的候选人。

另外,虽然《公共合同法》规定候选人人数不得少于 3 人,但如果只有 2 个甚至只有 1 个候选人符合资格要求,也可以只与这 2 个或 1 个候选人进行对话。

这两种模式都有缺点,就复杂模式而言,突出表现为三个问题。一是对采购当局的要求很高,因为它必须制定标准,并以此标准评估某个合同候选人的

---

[35] 《公共合同法》第 208 条第(2)款。

[36] http://ted. europa. eu/TED/browse/browseByBO. do。

素质,而合同的内容到目前为止尚未明确。《公共合同法》第 164 条第(m)款第(i)项明确规定,必须公布一个极其详细的候选人筛选模式,包括标准、次要标准、权重、比例和数学公式。此时的问题是,当采购当局不知道合同内容时,它可能无法达到这一详细程度。此外,这样的要求增加了政府的官样文章和耗费的时间。二是候选人被淘汰,增加了采购当局的风险,因为采购当局可能面临来自受害候选人的诉讼,程序因此而延误。三是最适合按照对话结束时拟定的技术规格履行合同的候选人可能中间会被淘汰,因为采购当局只能在技术规格拟订之前过早做出决定,因此最佳候选人可能会在此时被淘汰。

在葡萄牙的竞争性项目中没有一个采购当局使用这种复杂模式选择候选人,其趋势如何在此已经相当明显。

7.5.5.3 简单模式

按照《公共合同法》第 179 条规定的简单模式,所有具备必要技术和资金能力的候选人都有权参加竞争性对话。只要按照《公共合同法》"附录六"规定模式提供银行对账单,候选人即可视为具有经济能力。关于如何评估应聘者的技术能力目前尚无规定。

该模式的特点是凡达到采购当局事先规定的最低要求的所有候选人,均可以参加竞争性对话,且不能事先限制其人数。如果采购当局能在对话期间淘汰候选人或方案,这一规定是不成问题的。但情况并非如此,相关讨论见 7.5.6.6 节。如果有 10 个候选人合格,那么必须邀请所有候选人参加对话阶段。因此采购当局在起草相关标准,并以此评估候选人技术能力的时候,只能进行综合考虑。如果设定的门槛太低,那么采购当局会因候选人过多而手忙脚乱。如果设定的门槛太高,又可能会没有足够的投标人形成竞争。

可以说,简单模式适合简单合同招标,可以简化程序,加速招标。由于竞争性对话只能用于复杂合同,候选人的素质或特点可能会影响对话阶段的讨论质量,因此可能会有人认为简单模式不适合用于选择对话参与人。

到目前为止,使用竞争性对话的所有采购当局都倾向于采用这种简单模式。作者从受访人处得知,他们宁愿与更多的候选人进行对话也不愿在此时淘汰他们,因为这样做可能会面临诉讼。

7.5.6 对话阶段

7.5.6.1 引言

在前面指出,葡萄牙竞争性对话的对话阶段与《指令 2004/18》相比表现出多处差异。候选人提交的方案在竞争性对话开始之前就要进行评估,对话结束时采购当局必须确定最佳方案。

7.5.6.2 方案的介绍

所有被选中的候选人同时受邀为对话提交方案。㊲ 邀请必须符合某些正式要求,如对竞争性对话项目进行确认(包括国家和欧洲官方期刊提供的编码),并说明提交截止日期,如果对话期间可以使用外语,还要说明使用什么外语。㊳

7.5.6.3 单一方案限制

每个被选中的候选人只能提交一个方案,㊴这是葡萄牙立法者强加的主观限制。此举可能会降低对话期间可处理方案的选择余地,但也可以使候选人将精力放在最佳方案上,放在如何提高方案的质量上,还可以降低成本,因为每个候选人只能将其资源投入到一个方案中。如果某一领域只有少数几个公司拥有专门知识,那么让它们制定并提交多个方案可能会更有成效。例如,在信息技术项目中公司可能有两种不同的产品适合采购当局,但公司从开始就只能选择一种产品参加竞争性对话。

7.5.6.4 初步方案的淘汰

根据《公共合同法》第212条第(2)款规定,提交上来的初步方案由评估委员会进行评估,且必须按照一定条件提出淘汰建议。这些条件中有三个仅仅是形式的上要求,㊵只有第四个才是实质性的条件。第四个条件规定,"显然不足以满足采购当局需要"的方案将被淘汰。在整个竞争性对话过程中,采购当局可以淘汰的只能是这种存在明显不足的方案。因此,初步方案的淘汰对于程序的合理应用具有至关重要的意义,特别是在使用简单选择模式的情况下。采购当局在此过程中没有任何相关规则可以参考,因此采购当局对于什么是"明显不足"有着很大的裁量权。

7.5.6.5 对话

候选人提交的方案做出评估并将评估结果通知候选人后,就开始了对话。㊶

㊲ 《公共合同法》第209条第(1)款。方案必须按照《公共合同法》第62条关于一般投标书的规定,以葡萄牙语书写。

㊳ 《公共合同法》第209条第(2)款。一位受访人说,该规则的目的是要做出一个类似于《公共合同法》第58条第1款的规定。值得注意的是,该受访人接着说,如果是今天起草,他/她会更加开放,可能会接受以其他语言起草的方案。

㊴ 《公共合同法》第210条第(2)款。

㊵ 例如在截止日期后提出方案,不遵循某些正式规则,或以未明确接受的外语起草。

㊶ 《公共合同法》第212条第(6)款。

根据《公共采购法》的规定,对话的目的是讨论中选方案中存在的问题或不存在的问题,这些问题对于起草详细的技术规格具有非常重要的意义。㊷

对话要遵守一系列的程序要求,例如最短通知期,㊸会议记录应当包括哪些内容,㊹谁可以出席会议并有权代表候选人,㊺预先告知候选人之间的平等待遇,㊻以及禁止泄露机密信息,㊼在葡萄牙法律中都有相关规定。

增加并明确规定一些相关程序要求是葡萄牙立法的一贯传统。葡萄牙法律对于程序往往规定得非常详细。㊽ 在将竞争性对话转化为国内法的过程中,葡萄牙并不是简单地将竞争性对话相关法规加入本国法律体系,而是根据国内惯例进行了调整。

在确定最能满足采购当局需求的单一方案之前,㊾或者确定所有方案都无法满足采购当局需求之前,对话会一直进行。评估委员会结束对话,完成报告,说明决策理由,并提交给采购当局。㊿ 由采购当局决定是否听从评估委员会的建议。(51)

7.5.6.6 对话期间不可淘汰候选人

1.5.6.3 节指出,根据《指令 2004/18》第 29 条第(4)款的规定,采购当局可以就竞争性对话的连续阶段做出相关说明,以淘汰相关方案或候选人。(52) 葡萄牙的《公共合同法》没有为竞争性对话的连续阶段提供相关法律依据。作者从受访的立法者处得知,虽然在起草法律时曾考虑过在对话期间淘汰候选人的可能性,但最终还是放弃了,因为立法者认为《指令 2004/18》第 29 条第(4)款在这一问题上的规定并不十分明确。

㊷ 《公共合同法》第 213 条。

㊸ 《公共合同法》第 214 条第(1)款的规定是三天。

㊹ 《公共合同法》第 1 条第(3)款和第 120 条第(3)款、第(5)款。

㊺ 《公共合同法》第 214 条第(6)款。

㊻ 《公共合同法》第 214 条第(2)款。

㊼ 《公共合同法》第 214 条第(3)款。

㊽ 规定会议记录中应包含哪些信息似乎有些过分,但可以通过葡萄牙对投标书的司法审查方式来解释。根据《行政法院程序法》(*Administrative Courts Process Law*)的规定,采购当局(如行政机构)在被受害方起诉时,必须出示行政文件,其中必须载有与投标有关的所有信息,包括所有支持此类决定的会议和会议记录。

㊾ 《公共合同法》第 214 条第(5)款第(b)项中只有单数,没有复数,与《指令 2004/18》第 29 条第(5)款的规定不一样。

㊿ 《公共合同法》第 215 条第(1)款。

(51) 《公共合同法》第 215 条第(2)款和第(3)款。

(52) 见 1.5.6.3 节。

在对话过程中不能淘汰候选人或方案,结果就是采购当局在对话期间自始至终都要面对大量的候选人,因此费用很高,耗时很长。如果采取简单模式对候选人的经济、技术或专业能力进行评估,将是一个非常棘手的问题。

有人指出,要解决这个问题,可让采购当局和候选人达成一致,不再制定方案。这听起来比较可行,因为在对话结束之后,会制定一套新的通用技术规格。但是,根据《公共合同法》第215条的规定,候选人应当保留到投标阶段,因为他们的方案在对话开始时是中选方案。

作者的研究表明,无论是律师还是采购当局都反对在对话阶段淘汰候选人或方案的禁令,因为律师和采购当局认为对话期间淘汰方案和候选人正是竞争性对话的一个重要特征。在此应当指出,如果采用复杂模式,采购当局可以在选择阶段和对话开始时淘汰候选人,但没有人这么做。另外要注意的是,在西班牙是可以在对话阶段淘汰候选人的,但是也没有人这么做,与其他成员国的做法很不一样。[53]

7.5.7　最终投标阶段

7.5.7.1　引言

对话阶段的结束和向最终投标阶段的过渡在《公共合同法》中有详细的规定。这些详细规定使葡萄牙相关法律有了自己的明显特征,其中最明显的特征是采购当局必须起草一套通用技术规格。候选人根据这些技术规格提交投标书,而不是根据自己在对话阶段制定的方案提交投标书。

7.5.7.2　通用技术规格

按照《公共合同法》的规定,对话阶段结束时采购当局必须起草一套通用技术规格。候选人将根据这些通用技术规格提交投标书,而不是根据自己在对话期间制定的方案提交投标书。关于采购当局应当如何起草技术规格在《公共合同法》中没有明确规定。

一种解释是,既然采购当局必须确定胜出方案,那么通用技术规格必须按照该胜出方案制定,不增加其他方案中的其他内容,采购当局也不对其进一步修改。

另一种解释是,通用技术方案的内容既可以来自胜出方案,也可以来自其他候选人提交的或由采购当局修改过的其他方案。这种技术规格应当最能满

---

[53] 见1.5.6.3节。

足采购当局的需求。另外,确定胜出方案的要求见《公共合同法》第215条(第Ⅲ节,“竞争性对话相关规则”),起草通用技术规格的要求见《公共合同法》第217条(属于第Ⅳ节,“方案的介绍相关规则”),但此条没有提到胜出方案。

无论以上解释是否正确,葡萄牙立法者关于确定胜出方案和对话阶段结束时起草通用技术规格的好处一目了然。采购当局的工作因此而更加容易,因为候选人制定的所有其他方案都作废了。此举使投标书之间的比较变得更加容易、更加透明,便于进行外部控制,因为投标书的制定与公开招标和限制招标一样,依据的是同一套技术规格。更重要的是有了这个规定,《公共合同法》为公开招标规定的决标标准和评估模式,便可应用于竞争性对话。因为如果使用这种评估模式,投标书就必须具有可比性;如果允许每个候选人根据其自身方案提交投标书,各投标书之间的可比性在采购实践中就很难实现。

不过从另一角度来看,确定胜出方案、制定通用技术规格也会引发其他问题:一是它使所有(或几乎所有)候选人都按照非自身方案提交投标书,因此竞争环境失衡,当技术规格基于某个单一方案时尤其如此;(54)二是对话期间所做的许多开发工作沦为无用功;三是此举可能导致竞争性对话后期阶段的竞争领域缩小,因为没有提交胜出方案(或没有为胜出方案做出重大贡献)的候选人,需要从零开始准备投标书,费用会非常高昂,因此他们干脆不再准备投标书了;四是参加对话的候选人可能根本没有能力根据通用技术规格进行投标(例如不属于同一业务领域),于是竞争也就削弱了;五是这种制定通用技术规格的方式很难保证不违反机密信息保护规则(见前面机密信息的讨论)。

如果第二种解释是正确的,那么一系列问题会凸显出来,也就是说,根据《公共采购法》的规定,采购当局是可以从各方案中选取有用部分,再形成一个自己的方案,即行“摘樱桃”之事了。另外,采购当局在对话期间可能会想引导候选人形成一个趋同方案,这个趋同方案将最终成为通用技术规格的基础,因为在对话结束后,对于讨论内容是有限制的。

不管应当如何理解,葡萄牙立法者的决定还引发了另外两个问题。候选人之所以能够进入到对话阶段,是因为他们的初步方案写得好,而不是因为他们完成某些技术规格的能力好。于是可能会出现这样的情况:有能力且有兴趣按照对话结束时起草的技术规格提交投标书的候选人,因为初步方案的某些不足而没能进入对话,因而无法进入到最终投标阶段。《公共合同法》明确指出:只

---

(54) 然而可以认为,这些规则从程序开始就是明确的,对于制定方案的人来说,这是一个公平的商业优势,可以从自己的工作出发在准备投标书的过程中受益。

有方案入围，候选人才会被邀请参加投标阶段。必然会有人提出问题：如果投标不是以该方案为基础，那么该方案在对话开始时被淘汰，与对话结束时被淘汰相比，又有什么区别呢？从竞争的角度来看，这也是没有意义的，因为《公共合同法》正在降低投标阶段的竞争水平。另外，人们又可以将法律理解为允许因各种原因退出对话阶段的候选人重新进入竞争性对话。(55) 这样会促进竞争，但也有可能会有1个或多个候选人为了节约成本对入围方案不进行修改，进而将修改方案的成本转嫁到其他候选人身上。

最后一点是，如果对话的目的是制定一套像公开招标或限制招标那样的通用技术规格，那么为什么不让所有具有潜能的公司根据这些技术规格进行投标，而只让那些参与对话的投标人进行投标？

7.5.7.3　受邀候选人

《公共合同法》第217条规定，如果找到了满足采购当局需求的方案，那么在经济、技术或专业能力上达到候选人评估标准，且提交入围方案的候选人，将被邀请提交投标书，该投标书当以采购当局当时制定的技术规格为基础。(56) 在前面指出，所有方案入围进入对话阶段的候选人，即使其自身方案能够达到采购当局的需求，也都要以采购当局制定的通用技术规格为基础进行投标。

7.5.7.4　备用方案

《公共合同法》对所有投标程序中的备用方案一视同仁。按照《指令2004/18》的要求，只有采购当局在技术规格中授权使用备用方案时，才可以提交备用方案。(57) 因此，在竞争性对话过程中，采购当局可在通用技术规格中向候选人授权，准许他们提交备用方案。

7.5.7.5　决标标准

虽然《公共合同法》与此明显相关的一节名为"投标书说明与决标"，但其中根本没有决标相关的规则。决标相关规则可在附则，即限制招标规则中找到。这些规则也适用于竞争性对话。由于限制招标中也没有决标阶段的规则，因此决标阶段相关规则采用公开招标中的决标阶段相关规则。(58) 这样一来，决标相关规则见《公共合同法》第139～154条，(59)而提交投标书之后，竞争性对话的相关规则就与公开招标和限制招标一样了。

---

(55) 一位受访人指出这一点。

(56) 《公共合同法》第217条第(3)款。

(57) 《公共合同法》第59条第(1)款。

(58) 《公共合同法》第162条第(1)款规定，公开招标规则从属于限制招标。

(59) 不包括关于电子拍卖的《公共合同法》第140～145条；以及关于谈判阶段的第149～154条。

竞争性对话结束时,采购当局必须对投标书进行评估并完成合同授予。《公共合同法》第 139 条针对投标书的评估做出了相关规定,也就是说,该条规定了评标模型的内容,特别是提出必须制定一个模型并通过此模型确定最具经济优势标的要求。[60]

7.5.7.6 确定中标人之前对最终投标书进行微调等处理的阶段

第 1 章指出,《指令 2004/18》第 29 条第(6)款允许在确定优先竞标人之前有一个微调阶段。在这个微调阶段可对候选人提交的投标书进行一定限度的调整。[61]

按照《公共合同法》竞争性对话相关规则,甚至不允许对最终投标书进行任何小的调整。但是葡萄牙的法律规定,在所有采购程序中允许采购当局要求投标人进一步提供信息。《公共合同法》第 72 条规定,采购当局为了对投标书进行评估,可要求投标人进一步提供任何相关的信息。这种信息不得改变投标书的性质,也不得让不合规标书成为合规标书。[62] 此外,投标人提供的所有新信息都必须提供给竞争对手。[63]

人们有理由认为,这种限制可能会导致竞争性对话的效用降低,而且可以说比《指令 2004/18》的规定更加严格、灵活性降低(见第 1 章)。不过人们也有理由认为这种限制可能是有益的,因为它迫使各方在对话阶段讨论所有问题而不是拖延,指望着以后处理会更容易。没有对话后的讨论,候选人只能提交非常详细和完整的投标书。这一禁令将在项目管理方面产生有益影响,可以避免在提交投标书后允许进行讨论时产生"投标蠕变"(Bid Creep)。[64] 然而,让 1 个以上的候选人提交详细的投标书,会增加对话阶段的交易成本并最终妨碍候选人提交投标书,对竞争反而有不利影响。

虽然《指令 2004/18》第 29 条第(6)款允许对投标书进行微调,但葡萄牙的《公共合同法》禁止对其进行任何修改。不仅如此,投标书提交之后,葡萄牙还禁止对技术规格进行任何大的改动。例如,在最后招标阶段之后,采购当局可能希望对技术规格进行一些调整,如风险分配或信息技术合同的目的和目标,

---

[60] 在可能的情况下应使用数学公式,任何数据不得依赖于其他投标人提交的投标书,以排除相对资格方案。

[61] 见 1.5.7.4 节。

[62] 《公共合同法》第 72 条第(2)款。

[63] 《公共合同法》第 72 条第(3)款。

[64] R. Auton, *It's Good to Talk*, *Public Finance*, 2009, 26:26。

以达到采购利益的最大化。但《公共合同法》对此修改三缄其口。[65] 由于它还不允许做出较小的修改,因此如果不重新启动程序,要进行这些或大或小的修改是不可能的事情。

作者研究表明,无论是律师还是采购当局都认这是葡萄牙立法者的拙劣之举。他们认为,在该阶段进行微调等处理可以增加竞争性对话的效用。

7.5.8 确定中标人或优先竞标人之后的程序

《指令2004/18》第29条第(7)款规定,在确定优先竞标人之后,[66]采购当局与优先竞标人还可以有一个最后阶段,双方可利用该阶段补充细节并进行法律义务的澄清,具有一定的灵活性。不过正如第1章所述,该条款措辞含糊不清,所允许的确切范围也不清楚。[67] 下面举例说明在此期间能做什么:由于外部环境的变化,如在申请计划批准的过程中计划部门提出要对计划进行调整,[68]此时就必须对最终投标书进行修改。《公共合同法》没有特别针对竞争性对话设定对投标书进行修改并进行讨论的阶段。采购当局在此时与中标人就相关问题进行讨论,其规则与其他采购程序的规则相同。《公共合同法》与此相关的第99条在起草的时候,规定得比《指令2004/18》还要苛刻,但最终还是为必要的修改留出了一定空间。

既然竞争性对话是为了授予特别复杂的合同而设计,就应当有最大程度的灵活性。另外,禁止进行任何大幅修改也有好的一面。到这一阶段,投标人不再有竞争压力,讨价还价的条件更好,有可能从采购当局那里得到让步。将这一切都列入禁令之列,可以再次迫使采购当局和候选人在对话阶段解决尽可能多的问题,相关讨论见1.5.8节。

7.5.9 停顿期

葡萄牙普通公法规定,采购当局做出最终决定之前必须向私营方通报对其有影响的所有决定。这样采购当局向私营方通报初步决定,并请他们在一定时

---

65 在采访结束时,一位受访人再次提到这个国家缺乏谈判文化。他说,葡萄牙公共行政机构习惯于独裁,而不是谈判。其中一位受访人还提到了英国不同的文化传统和以拿破仑公共行政制度建立起来的制度,如葡萄牙制度。

66 见1.5.8节。

67 S. Arrowsmith, *The Law of Public and Utilities Procurement*, 2nd Ed., London: Sweet & Maxwell, 2005:660 – 663。

68 同上,第662页。

限内对初步决定做出回应。如果在此期间没有发生任何变更,或者采购当局没有改变主意重新做出决定,那么接下来就是最终决定。

对于竞争性对话来说,这就意味着候选人的选择、[69]初步方案的评估、中标方案的规定以及授标决定,都要遵守这个程序。[70]

7.5.10　参与费用的补偿

根据《公共合同法》第 206 条第(1)款和《指令第 2004/18》第 29 条第(8)款规定,采购当局可向候选人支付参与对话的赏金或补偿。如果订约当局决定对候选人支付对话参与补偿,在合同公告或说明文件中必须有明确说明。

作者研究表明,在采购实践中没有任何一个采购当局为参与竞争性对话的人进行参与补偿。一位参与竞争性对话的受访人表示,在目前金融环境下,对候选人支付补偿是一种不明智的行为。未参与竞争性对话的律师和采购当局大多认为,从理论上来说向参与对话者支付补偿是有好处的,可以促进企业参与,并向市场昭示采购当局对待合同的严肃态度,而不是仅仅是进行免费的市场意见征询。

7.5.11　司法审查

迄今为止,没有观察到关于竞争性对话的司法审查情况。然而作者在研究过程中发现,无论是采购当局还是律师都担心可能会在竞争性对话的应用范围和具体操作上发生司法审查诉讼。

7.6　结论

葡萄牙立法者认为有必要对竞争性对话程序进行调整,以便在将这一采购方式引入葡萄牙的过程中,竞争性对话相关规则与葡萄牙相关制度和一贯做法相一致。于是竞争性对话在葡萄牙引发了大量潜在问题,有法律方面的问题,也有非法律方面的问题。竞争性对话之所以在葡萄牙的应用次数有限,主要原因是其适用范围的限制,以及作者在实证研究中发现的葡萄牙对竞争性对话的总体性限制解释。作者研究中进行的目的性抽样,可保证该研究结果推广到这些类别的一般人群(公共采购律师、采购当局)。这并不是说适用范围的限定是

---

[69]　《公共合同法》第 184 条和第 185 条。
[70]　《公共合同法》第 146 条和第 147 条。

竞争性对话应用次数少的唯一原因。其他因素也对竞争性对话在葡萄牙的有限应用起到了促进作用,如竞争性对话相关规则与公私伙伴关系规则缺乏兼容,人们可以使用具有谈判阶段的公开招标,不能淘汰方案和候选人,必须起草一个通用技术规格,以及提交投标书后必须按照公开招标的规则进行竞争性对话。如前所述,由于葡萄牙法律对《指令 2004/18》做出了大量修改,人们不禁要问:葡萄牙的竞争性对话还是《指令 2004/18》中的那个竞争性对话吗?如果不看实践,只看法律文本,也能看出欧盟的那个竞争性对话不过是葡萄牙竞争性对话的一个滥觞。

由于以上原因,竞争性对话在葡萄牙的应用次数只有 6 次,而 2010 年 3 月至今只有 1 次,也就不足为奇了。竞争性对话使用次数寥寥可数,说明竞争性对话引入葡萄牙国内法以后,人们对它显然不感兴趣。

第8章　竞争性对话在西班牙

佩德罗·特列斯

8.1　引言：西班牙公共采购的规范

自 1978 年西班牙现行《宪法》生效以来,西班牙分为 17 个自治区和 2 个自治城市,每个自治区都拥有下放权力。国家议会可以颁布适用于全国的法律,而地区议会可以批准只在各地区内执行的法律。国家法律既可以包括直接适用于全国的规则,也可以包括"基本立法",即为地区机构留下一些微调空间的立法。因此,各个地区当局在执行"基本立法"框架下的具体规则时有一定的裁量权,前提是不违反国家一级提出的要求。"基本立法"的概念及其边界过去是,现在也仍然是西班牙学者讨论的问题。①

西班牙在规范公共采购方面有着悠久的传统,早在 1986 年加入欧盟之前就有详细的公共采购制度。加入欧盟后,西班牙定期更新其法律制度,随着欧盟相关规则的生效,不断将欧盟规则纳入本国的采购法。按照西班牙的传统,其采购制度非常详细,包罗万象,新加入到欧盟各采购指令中的各种采购方式在西班牙法律中都有相关规定,规范人们的应用。目前公共采购方面的立法大部分载于《公共部门合同法》(2007 年 10 月 30 日《第 30/2007 号法律》),该法将《指令 2004/18》转化为西班牙国内法。② 为了保持与修订后的《指令 2007/66》的一致,2010 年 8 月对该法进行了更新。③《2007 年第 31 号法律》(2007 年

---

① 见 L. C. Montaner, *Manual de Derecho Administrativo*, 19th, Thomson Civitas, 2008:85 – 89。

② 指令本身设定的最后期限一年多之后。《公共部门合同法》(*Law on Public Sector Contracts*) 通过《第 817/2009 号皇家法令》(*Royal Decree 817/2009*)、《经济和财政部第 3497/2009 号令》(*Order of the Ministry of Economics and Finance 3497/2009*)、《第 6/2010 号皇家法令》(*Royal Decree – Law 6/2010*)、《第 8/2010 号皇家法令》(*Royal Decree – Law 8/2010*)、《第 14/2010 号法律》(*Law 14/2010*)、《第 15/2010 号法律》(*Law 15/2010*)和《第 34/2010 号法律》(*Law 34/2010*)进行了修订。

③ 最近的修改通过关于可持续经济的《第 02/2011 号法律》(*Law 02/2011*)完成。

10 月 30 日)将公用事业采购的《指令 2004/17》转化国西班牙的国内法。在编写本书时,关于国防和安全采购的《指令 2009/81》尚未转化为西班牙国内法。

2010 年,《第 34/2010 号法律》生效,该法是对《公共部门合同法》的修订,公共采购救济相关规则也相应发生了变化。对于欧盟门槛价以上的合同(即受统一监管的合同)来说,停顿期义务成为强制性义务。这些合同目前也是特别行政复议上诉制度的核心内容,在提交司法审查之前先要进行行政复议。具体属于哪个部门管取决于合同的性质。与行政合同的采购和履行有关的问题,以及与行政部门私人合同的采购有关的问题都应提交行政法院。与私人行政合同履行相关的诉讼将提交司法法院。

8.2　竞争性对话引入之前的复杂采购

在竞争性对话引入西班牙法律之前,有轶事证据表明(作者没有相关实际数据)西班牙的复杂采购至少在一定程度上是通过公开招标或谈判的方式进行的,尤其是在公共工程和服务性特许经营方面。

在此应当指出,最后两种合同类型在西班牙仍然很常见,远超过新式的公私伙伴关系合同。竞争性对话是西班牙公私伙伴关系合同的默认采购方式。

8.3　竞争性对话简介

竞争性对话于 2007 年通过《公共部门合同法》转化为西班牙国内法。按照该法的规定,西班牙的竞争性对话没有公共意见征询阶段。《公共部门合同法》中关于竞争性对话的相关规定主要见于第 Ⅲ 卷第 Ⅰ 编第一章第 5 节第 163 ～ 169 条。散布于该法他处的一些条款也非常重要,或直接或间接地对竞争性对话做出了相关规定。④　一般来说,西班牙关于竞争性对话的法律规定不过是对欧盟指令的原文照搬,西班牙法律唯一重要的创举是将竞争性对话设为公私合作合同的默认采购方式,相关讨论见 8.4 节。⑤

在编写本章时,尚未出现关于竞争性对话的司法裁决,只不过有人按照

---

④　以下各条款均与竞争性对话有关,将在合适时进行详细解释:第 11 条第(1)款,第 26 条,第 45 条第(1)款,第 64 ～ 68 条,第 73 条,第 75 条第(5)款,第 93 条第(3)款,第 101 条第(3)款第(b)、(c)和(d)项,第 118 ～ 120 条,第 122 条第(2)款,第 129 条第(2)款,第 130 条,第 135 条第(3)款,第 147 ～ 150 条第(2)～(5)款,第 154 条第(a)款和第 296 条。

⑤　《公共部门合同法》(Law on Public Sector Contracts)第 164 条第(3)款。

2010 年 8 月之前生效的法律提出了一次司法审查和至少两次行政申诉。

政府授权公共采购咨询机构发布有关西班牙公共采购的指南,这样的机构共有 16 个(1 个国家机构,15 个地区性机构)。如果采购当局提出要求,这些单位可以提出建议,也可以提出一般性指南。迄今为止只有国家机构制定了关于竞争性对话的指南。该机构认为,西班牙财政部规定的竞争性对话过程中的权限范围是合法的,也是其他采购当局应用竞争性对话的基础(西班牙政府为了翻修一栋大楼而启用了竞争性对话)。⑥ 某地区机构还告诉作者,该机构正在考虑就竞争性对话的各个方面发布一般性指南。

到 2011 年 7 月为止,竞争性对话在西班牙的使用次数为 80 次,其中 22 次为 2010 年 7 月后使用。

2010 年 3 月至 8 月,作者对竞争性对话在西班牙的实施情况进行了实证性研究。该研究是作者为取得诺丁汉大学博士学位所做的研究,其目的是分析西班牙如何应用竞争性对话相关法规,如何理解相关法规。该研究是欧盟竞争性对话研究项目的一部分,而对于欧盟竞争性对话的研究正是本书的基础。作者为此进行了 25 次访谈,涉及采购当局(20 人)、公共采购法律专家(4 人)、公共采购咨询机构(2 个)和 1 名顾问。其中有 23 人有参加竞争性对话的直接经验。

8.4　法律和实践中竞争性对话的适用范围

8.4.1　适用范围一般规定

根据《公共部门合同法》第 164 条的规定,在合同特别复杂,通过公开招标或限制招标无法实现"恰当"⑦的合同授予的情况下,可使用竞争性对话。西班牙法律中的"恰当"一词在欧盟指令的西班牙译文中并不存在。从法律措辞来看,竞争性对话在西班牙的适用范围似乎比邻国葡萄牙更加广泛。

西班牙采购实践证实了竞争性对话在西班牙的适用范围更加灵活。作者通过实证性研究得出结论:西班牙采购当局对竞争性对话适用范围没有疑问。受访者之所以使用竞争性对话,是因为他们觉得竞争性对话最适合当前需要,

---

⑥　www. meh. es/es － ES/Servicios/Contratacion/Junta% 20Consultiva% 20de% 20Contratacion% 20Administrativa/Informes/Archivo% 20historico/Documents/Recomendaci% C3% B3n % 20sobre% 20modelo% 20de% 20CCPP. pdf。

⑦　作者所译。

通过公开招标或限制招标的方式不足以实现他们需要的合同授予。因此,当相关合同可以通过公开招标或限制招标方式完成授予,但其结果不能令人满意时,采购当局就会使用竞争性对话的方式。

8.4.2 公私合作合同

根据《公共部门合同法》第 164 条第(3)款规定,竞争性对话是授予公私合作合同的默认程序。[8] 西班牙法律第 11 条对公私合作合同这个法律概念的定义并不完全明确,[9]但这些合同似乎是私营实体得到授权在一定时间内执行某些任务以满足公众利益需求的合同,并在某些情况下在执行过程中支付款项。合作合同现在是西班牙的一种合同类型,[10]与公共工程合同、[11]公共工程特许经营合同、[12]公共服务特许经营合同、[13]货物合同[14]和服务合同并驾齐驱。[15] 公共工程合同和服务特许经营合同仍然存在于《公共部门合同法》,[16]在西班牙受到严格管制和广泛使用。然而,关于公私合作合同是什么,以及与特许经营合同的差别实际在哪里,还有很大的讨论空间。公共工程和服务特许经营合同仍然属于《公共部门合同法》的约束范围,[17]在西班牙受到严格管制和广泛使用。例如,2009 年期间西班牙启动了 71 个公共工程和 24 个服务特许经营招标(通过竞争性对话以外的方式投标),而公私合作合同只有 11 个。[18] 从上述数据可以得出这样的结论:公私合作合同尚未取代公共工程和服务特许经营合同,并与这些合同共同存在。另外,这也说明虽然引入了竞争性对话,但应对复杂合同的传统采购方式并没有发生大的变化。

---

⑧ 关于合同的一般合作,见 L. M. Macho, *Las formas de colaboración público – privada en el Derecho español*, *Revista de administración pública*, 2008(175):157;N. P. Salom, *El contrato de colaboración entre el sector público y el sector privado*, *Revista General de Derecho Administrativo*, 2008(18);C. C. Marin, *El nuevo contrato de colaboración entre el sector público y el sector privado*, *Revista española de derecho administrativo*, 2006(132):609。

⑨ 该条最近通过《第 02/2011 号法律》进行修订,只澄清了什么样的实体可以采用这种合同形式,并没有提出新的见解。

⑩ 《公共部门合同法》第 11 条。

⑪ 《公共部门合同法》第 6 条。

⑫ 《公共部门合同法》第 7 条。

⑬ 《公共部门合同法》第 8 条。

⑭ 《公共部门合同法》第 9 条。

⑮ 《公共部门合同法》第 10 条。

⑯ 在第 223~250 条和第 251~265 条。

⑰ 在第 223~250 条和第 251~265 条。

⑱ 数据来自作者对《每日电子标讯》(*Tenders Electronic Daily*)网站的研究。

公私伙伴关系合同主要用于卫生（12 个）和能源改造（7 个）。例如，在马略卡（Majorca）的新桑艾斯帕斯（Son Espases）医院的 9 个设备和服务招标合同，以及司法部马德里中央办事处的能源改造合同。最近一次招标还包括合同期间的能源供应（合同内容未具体说明）。另外，大量的基础设施合同仍然通过竞争性对话以外的方式完成，特别是在运输部门。

所有合作合同都必须通过竞争性对话完成授予，这个事情可从两个方面来解释：一方面这可能意味着为了顺应《公共部门合同法》第 164 条第（1）款、第（2）款以及《指令 2004/18》相关规则，所有合作合同都必须是复杂合同；另一方面又意味着不特别复杂的合同可以使用竞争性对话。立法者在《公共部门合同法》第 164 条第（2）款中就什么是"特别复杂的合同"进行了定义。如果立法者当初就在这个定义中将合作合同作为"特别复杂的合同"的一个附加元素，而不是后来又在该条其他地方添加了这些限制，那么第一个解释显然是不说自明。因此从措辞来看，第二种解释更有逻辑性。除了没有提到《公共部门合同法》第 164 条第（2）款，《公共部门合同法》第 164 条第（3）款指出还应当注意第 154 条第（a）款。[19]《公共部门合同法》第 154 条第（a）款规定，当公开招标、限制招标或竞争性对话都经过试验，但无法达成结果，且初始条件在新的采购方式中没有发生本质变化时，就可以使用谈判的方式。因此，可以说立法者其实希望仅通过竞争性对话或谈判的方式来完成合作合同。西班牙立法者既没有完全按照欧盟委员会的立场行事，[20]也没有完全按照《指令 2004/18》第 29 条第（1）款的规定行事，且认为所有公私合作合同都必然是特别复杂的合同。

8.4.3 《指令 2004/18》门槛价以下的合同

关于竞争性对话，《公共部门合同法》没有对《指令 2004/18》门槛价以上和门槛价以下的合同进行区分。因此，只要符合《公共部门合同法》第 164 条规定的条件，从理论上来说就可以采用竞争性对话的方式授予《指令 2004/18》门槛价以下的所有合同。作者在实践中也发现了欧盟门槛以下合同通过竞争性对话进行招标的案例。

---

⑲　根据第 154 条第（a）款的规定，在经过公开招标、限制招标和竞争性对话之后，如果结果不成功，且最终条件也没有发生实质性改变，则可以采取谈判的方式。其中的新奇之处不是竞争性对话失败后对谈判程序的应用，而是失败后面的动机，正是这个动机使人们采用了谈判的程序。举个例子来说，根据该条的规定，如果候选人提交的投标书被判不合适，那么采购当局就可以采购谈判的方式。

⑳　欧盟委员会，*Explanatory Note – Competitive Dialogue – Classic Directive*，见于 http://ec. europa. eu/internal_market/publicprocurement/docs/explan – notes/classic – dir – dialogue_en. pdf，第 3 页。

8.4.4 实践中的应用

8.3 节指出,在编写本书时,竞争性对话实际使用了 73 次,采用竞争性对话的采购当局不到 50 个。[21] 其中 31 个授予程序是为了授予公私合作合同,9 个与马略卡某医院所需的医疗设备有关。

在整个医疗部门,竞争性对话至少被 4 个不同的采购当局使用了 13 次。[22] 这些都是公私合作合同,既用于医院的建设和管理,也用于所需的特定类型的医疗设备。

在建筑和翻新项目中,竞争性对话至少使用了 27 次,其中 15 次是公私合作合同。在这 15 个项目中,有 7 个是 IT 项目,与同内不同地区部署新网络有关。价值最高的合同是一个公私合作 IT 合同,价值 6.62 亿欧元。除 IT 项目外,其他建筑工程项目都不是重大工程合同。事实上最昂贵的建设项目既不是 IT 项目,也不是公私合作合同,而是在加那利群岛建造一个价值 1200 万欧元的海洋研究平台。

2006—2009 年竞争性对话在西班牙的详细应用情况见第 2 章。

综上所述,竞争性对话总的来说尚未在西班牙得到广泛采用,再除掉"公私合作合同效应",应用得就更少了。自引入竞争性对话以来,在西班牙仍然普遍采用发布公告的谈判方式,共启动了 672 次招标。[23] 所有这些合同并不都是特别复杂的合同,但谈判的使用几乎是竞争性对话的 10 倍,这一点显得非常突出。此外,在 672 个谈判项目中,仅在过去 12 个月就启动了 426 项,是竞争性对话数量的 20 倍之多。

从作者分析的数据来看,西班牙的做法非常令人关注。采购当局正在应用竞争性对话,总体上似乎对竞争性对话感到满意,对竞争性对话带来的项目管理方面的困难也能接受。他们对于竞争性对话的使用条件似乎没有任何问题,竞争性对话从未用于运输网络。

8.4.5 诉讼

引言中指出,随着《第 34/2010 号法律》的生效,西班牙于 2010 年 8 月出台

---

[21] 数据来自《每日电子标讯》(*Tenders Electronic Daily*),西班牙语官方刊物《国家官方公报》(*Boletin Oficial del Estado*)以及在采购当局自己网站上登出的公告。

[22] 三位受访人告诉作者,医疗领域的其他采购当局正在考虑今后采用这一程序。

[23] 根据《每日电子标讯》网站提供数据。

了一项关于如何进行救济的新的法律制度。现在判断该新法规对于竞争性对话相关诉讼的影响为时过早。但是从作者进行的实证性研究来看,在之前的法律制度下只有两项行政申诉。一名受害投标人随后提出司法审查。另一个采购当局指出,在对话阶段之前被淘汰的所有候选人,尽管没有一个提出行政或司法审查,但都要求知道被淘汰的原因。

8.5 竞争性对话的操作

8.5.1 引言

如上所述,虽然《公共部门合同法》在许多情况下照搬了《指令 2004/18》的内容,但国内通过对竞争性对话的应用而建立起来的一套实践体系,可使人们深入了解竞争性对话相关规则在西班牙的应用情况。本节的主要依据是作者在其实证研究中收集到的研究结果。不过在此应当指出,作者发现的许多问题更多的是项目管理方面的问题,而不是法律方面的问题,如:如何在对话阶段组织会议、起草会议记录、集中讨论或达到最高性价比。

在此还应提一提评估委员会,它是代表采购当局主持竞争性对话的机构。根据《公共部门合同法》第 296 条和《第 817/2009 号皇家法令》第 23 条的规定,参加竞争性对话的评估委员会成员中至少有 1/3 必须在目前领域具有特别资质。[24] 在竞争性对话期间,评估委员会必须评估候选人的经济、技术或专业能力,确定进入连续阶段(如果有的话)的方案,并确定最能满足解决采购当局需求的方案。此外,它还要评估最终投标书,并酌情要求投标人澄清或确认相关承诺。合同最终授予谁仍由采购当局决定,而不是评估委员会决定。

评估委员会成员必须具有什么样的特别资质目前还不清楚。作者研究表明,在评估委员会的构成方面,采购当局的老传统似乎并没有发生改变。与其他采购方式一样,评估委员会的成员由内部工作人员担任。制定这个规则的目的是保证主持竞争性对话的人做好准备,随时应对竞争性对话期间发生的项目管理方面的问题,因此任何相关规则实际上都被架空。[25] 此外,只有少数采购当局聘请外部专家协助评估委员会发挥作用。费用是人们不雇用外部顾问的一个主要原因。

---

[24] 禁止采购当局在其他程序中指定外部成员参加陪审团。
[25] 该实证性研究开始时一位律师提出了这一点。

8.5.2 计划阶段和说明文件的起草

虽然《公共部门合同法》没有就招标之前的工作做出相关规定,但作者从其研究中发现,在受访的采购当局中约有一半在发布合同通告之前为竞争性对话进行了准备工作,并在说明文件中包含了大量的详细信息。由于缺乏前期准备工作,另一半采购当局的说明文件没有包括太多细节。

前一组受访采购当局使用了竞争性对话,并对其结果表示满意;而另一组采购当局对竞争性对话应用结果的答复则喜忧参半,根据这些采购当局对竞争性对话应用情况的自我评估,成功失败的比例大致相当。

虽然研究所涵盖的采购当局总数有限(20 个),但调查结果表明,为筹备竞争性对话提前开展工作可视为最佳实践。第一组指出,这样做的好处之一是在对话期间更容易控制竞争性对话,由于采购当局对相关问题有了详细了解,更容易与候选人进行深入讨论。此外,一个在多种场合下多次使用竞争性对话的采购当局会提前做更多的工作,并随着经验的增加将这些信息传递给候选人。

8.5.3 信息与方案的保密

《公共部门合同法》第 166 条第(2)款对保密做出了相关规定,其措辞与《指令 2004/18》第 29 条第(3)款相似,相关讨论见 1.5.3 节。采购当局对于这个问题的反应各有不同。许多人认为,即使候选人没有提出保护要求,从参与者那里收到的所有信息都是机密信息。人们担心,如果不对机密信息采取保护性措施,公司就不会参加对话,其中的主要原因就是害怕诉讼。少数受访者甚至极端地让其员工和公司签署保密协议,以此来表明其对竞争性对话的严肃性。

不过,从作者对西班牙竞争性对话不同模式的调查结果来看(见 8.5.7 节),很难说机密信息的保护真的像采购当局声称的那样严苛。在对话期间,各采购当局从候选人那里获得输入信息,进而形成一个主方案或主干方案(master or trunk solution),这个主方案最终成为共用技术规格。在这种情况下,作者认为对于所有保密声明来说保护只是表面文章,因为采购当局在直接或间接地向他人分享信息。采购当局为了形成这个主方案,必须分享信息。

另一组受访者表示,保密在他们的采购程序中不是问题,没有公司提出任何质疑。虽然作者没有研究公司本身的观点,但对参与这些竞争性对话的公司为何没有提出质疑仍有疑问。一方面可能是因为相关公司对于竞争性对话中的这个问题真正满意;另一方面可能说明公司不知道《公共部门合同法》第 166 条第(2)款的全面保护规定,甚至害怕被视为惹是生非的人,害怕上黑名单。㉖

作者知道并在 8.4.5 节中提到的两起诉讼案件都与机密信息有关。在第一个案例中,受害投标人希望获准查阅被中标人视为机密的信息。另外失标人还认为决标标准是非法的。受害投标人提出行政复议但没有成功,因此又决定提出司法审查。

在第二个案例中,中标人选出之后,据说原告公司只是希望从中标人那里获得在程序中被列为机密的信息。采购当局和行政上诉机构驳回了这一要求。该公司随后没有申请进行司法审查,因而这一问题也没有得到最终解决。人们很想知道法院是优先考虑保密还是优先考虑透明度原则。

8.5.4 广告要求

《公共部门合同法》没有明确说明合同公告或说明文件应包括哪些内容。㉗关于合同公告的发布没有专门用于竞争性对话的具体规则,因此只需按照《公共部门合同法》的一般规则进行发布即可。《公共部门合同法》第 126/1 条规定,受统一监管的合同㉘(《指令 2004/18》约束范围内的合同)必须在《欧盟官方公报》上发布公告。另外,还必须在国家官方杂志上进行公告。如果合同不受统一监管,则必须在国家、地区和地方官方期刊上发布公告。㉙

8.5.5 筛选阶段

1.5.5 节论述了《指令 2004/18》中关于竞争性对话选择阶段的规则。在西班牙,根据《公共部门合同法》第 147～149 条的规定,候选人的筛选必须按照客观标准进行。《公共部门合同法》第 64～68 条规定了可以采用什么样的筛选标准。这些标准都与候选人的资金和技术能力有关。虽然资金标准或要求适用

㉖ D. Pachnou, *Factors Influencing Bidders' Recourse to the European Commission to Enforce EC Procurement Law*, Public Procurement Law Review, 2005(14):101。

㉗ 例外是第 165 条第(2)款(关于受邀参加对话的候选人最低人数),第 166 条第(3)款(关于对话期间各阶段连续进行),以及第 167 条第(2)款(关于决标标准)。

㉘ 《公共部门合同法》第 13～17 条。

㉙ 公告首先送交《欧盟官方公报》,然后公布在国家、区域和地方官方刊物上(《公共部门合同法》(*Law on Public Sector Contracts*)第 126 条第(1)和第(3)款)。由于国家行政划分为不同的省份,采购公告发布在什么样的正式刊物上取决于授予合同的采购当局。如果合同由依赖于上述采购当局的自治省、地方当局或公共机构进行招标,则国家官方刊物上的公告可分别由地区官方刊物公告和地方官方刊物公告所取代。

于所有类型的合同(公共工程合同、货物合同和服务合同),但技术标准是按类型划分的,详见《指令 2004/18》第 48 条。㉚因此,如果采取竞争性对话的采购方式,能否采用技术标准来衡量一个候选人是否合适,取决于将要授予的合同类型是什么。《公共部门合同法》第 165 条第(2)款规定,如果采购当局对候选人的最高人数规定了一个限制,则这一限制不得少于 3 人。但是第 149 条第(2)款又规定,如果适合筛选的候选人人数少于规定的最低人数,采购当局可继续进行相关程序。在所有这些事情上,西班牙立法只是重复《指令 2004/18》的措辞而已。

但是作者发现,有一份合同公告明确指出采购当局将在 1~3 名候选人之间进行选择,这一点与明确的法律要求是相悖的。

作者的实证性研究发现,采购当局会避免提前限制候选人人数,这可能是因为人们认为限制人数会对潜在参与者产生负面影响。其结果就是有时会有多达 20 名或 20 名以上的合格候选人并受邀参加对话。对话阶段非常具有挑战性,因为与数量众多的公司进行讨论对于采购当局来说是一种资源消耗,不利于进行良好的对话。

在某些情况下,采购当局只与 1 名候选人进行对话。这是一种次优的解决方案,因为不存在竞争压力,但毕竟好于完全取消这个过程。如果取消这个过程,投标人可能会觉得自己被无端淘汰,可能会导致诉讼,特别是因为法律并不禁止候选人人数少于原来的人数。

8.5.6 对话阶段

8.5.6.1 引言

西班牙的法律与《指令 2004/18》一样,为采购当局按照自己合适的方式组织对话阶段留出了很大的空间。例如,法律没有规定必须以什么样的方式组织会议,也没有规定会议记录上必须记录什么样的信息。这一点与西班牙的采购法传统大相径庭,因为按照西班牙的传统,法规中会事无巨细,规定得非常详细。

8.5.6.2 连续步骤

西班牙《公共部门合同法》第 166 条第(3)款与《指令 2004/18》第 29 条第(4)款一样,都允许将对话阶段分为连续的几个步骤,㉚以方便淘汰方案,将讨论的注意力集中到最具潜力的方案上。

㉚ 《公共部门合同法》第 166 条第(3)款。

在此应当指出,《公共部门合同法》没有明确提到淘汰候选人,而只是提到了淘汰方案,这就引出了在对话阶段可以淘汰什么的问题。作者认为,西班牙法律明确选择"方案"而不是"候选人"一词,明确了什么才可以被淘汰的问题,对我们的分析也可以起到了引导作用。《公共部门合同法》第 166 条第(4)款针对如何结束对话做出了相关规定。该条把确定最佳"方案"和将对话结束的消息通知所有"候选人"进行了区分。这显然说明在法律中这两个概念具有不同的含义。此外,由于《公共部门合同法》第 166 条第(4)款包含了这两个术语,而在第 166 条第(3)款中只提到了"方案",进一步说明了西班牙立法者的意图是只针对方案而不是针对候选人。因此作者认为,首要目标必须是方案而不是候选人。然而,如果对话阶段的组织方式是要求候选人根据他们设计的方案而不是根据共同技术规格提交投标书,[31]这一点就不适用了。在这种情况下,候选人完全依赖其方案才能进入到投标阶段,如果候选人的方案均未被接受,那么方案的淘汰将意味着他将停止参与该程序。1.5.6.3 节指出,指令是允许这种做法的。《公共部门合同法》第 166 条第(3)款还针对确保最后阶段的竞争提出了一些意见,这似乎是指对话阶段的最后一个步骤,如果对话阶段分为连续的几个步骤进行,那么指的就是最后一个步骤。这一点与《指令 2004/18》解释性条款是一致的,也就是说,如果只有一个候选人,不存在竞争的压力,那么采购当局在对话阶段是不可能将其对话分为连续几个步骤的。

作者在实践中没有发现正式淘汰候选人或方案的现象。在实践中,采购当局会在说明文件中说明将会淘汰候选人或方案,但由于普遍担心此举会影响对话阶段的竞争,因此从不正式淘汰任何候选人或方案。另一个原因,虽然受访者没有明确表明,可能是因为人们担心受害候选人会提出诉讼。可以从以下事实中推测出来:采购当局提到,由于担心成为被告,因此在对话开始时不会限制人数;另外,作者从各受访人处得到的印象是候选人自行离开对话程序。在采购实践中可以看到,采购当局不进行正式淘汰的淘汰,而是在对话期间提高了标准,更新了方案要求,或提出要求时要求附有具体的价格。此后候选人会自行离开程序,对采购当局没有任何风险。

8.5.6.3 对话阶段的组织模式

8.5.6.3.1 引言

作者在实证研究中发现,采购当局组织对话阶段的方式各有不同,因为西

---

[31]　程序的组织方式参见 8.5.6.3 节。按照其中两个组织方式,技术规格在对话阶段结束时拟订,所有候选人都根据这些规格而不是他们以前制定的方案进行投标。

班牙法律没有就采购当局应当如何组织对话做出任何详细规定。由于没有法律上的要求,因此采购当局各显神通,采用不同的方式组织对话。

作者在研究中确定了组织对话阶段的三种不同模式㉜:自有方案模式;众包或共用方案模式;共用技术规格模式。这些模式可能无法全面反映西班牙使用竞争性对话的方式,因为作者没有就每一种情况进行调查。此外在作者的样本中,如果没有完整的文件记录(并最终采访到更多的人),根本不可能完全弄清对话阶段的组织形式。这些模型只是一个略影,说明在没有明确法律规范的情况下,西班牙采购当局逐渐形成竞争性对话的运行方式。

这三种模式可通过是否有一个共用方案来区分。如果有一个共用方案,则通过该共用方案是在程序早期形成还是后期形成进行区分。

要对实践中各不相同的三种对话阶段组织模式进行区分,就会出现一个问题,也就是如果采购当局不能确定使用何种模式组织对话阶段,就会出现透明原则能否得到遵守的问题。

8.5.6.3.2 自有方案模式

自有方案模式即候选人自行提出方案并在对话阶段最终成型,在此基础上经修改形成投标书。在这种模式下,在对话阶段结束时不用起草共用技术规格,这意味着只能按照投标书自身对其进行评估,或者说投标书的评估相当困难。当人们阅读《指令2004/18》第29中的竞争性对话规则时,自有方案模式是进入脑海中的首个对话阶段组织方式。

虽然不用起草共用技术规格,但作者发现这些案例中出现了"摘樱桃"式的方案,因为这些方案在形成过程中,采购当局在与其他候选人讨论的过程中受到影响而提出了一些修改意见。

8.5.6.3.3 众包模式或共用主干模式

众包模式或共用主干模式是在对话阶段中会有一个共同的方案形成主干。在这个步骤中,参与者针对该主干方案提出修改意见,最后形成一个共用技术规格文件。由于共同方案在对话期间在候选人之间分享,且每一个候选人可能都对共同方案贡献了一些内容,因此这个共同方案的形成类似于维基百科等众包项目的开发过程。

可按如下方式描述该模式。采购当局或者对满足自身需求的方案有一个预先的想法,这个方案需要进行确认;或者需要在对话过程中提高自己的能力,

---

㉜ 见1.5.6.2节。

更好地了解的自己的需求。在对话过程中,采购当局对候选人提交上来的方案提出修改要求以顺应自己的想法。这些修改相当于一个极端的"摘樱桃"行为,因为候选人实际上是为一个共用方案出谋划策(虽然看起来是为了自己的方案而工作),但采购当局不会告诉他们。因此修改过的共用方案与最初方案相比,应当能够更好地满足采购当局的需求。这种不断进行的统一修改可能会引发一些迭代现象,候选人最终会制定出与此更加相像的方案。

当共同解决方案经修改达到采购当局满意度时,就会结束对话,并在此共用方案基础上发出通用技术规范文件。候选人在投标时必须以这些共同技术规范为准。因此候选人的投标书有许多相同之处,且与最初提出的方案有很大不同。

作者在研究中分析的 31 个竞争性对话程序中,这种模式至少使用了 15 次。这说明这种模式在西班牙的使用次数非常多。实际上在作者分析的案例中这是使用最广泛的模式。这种模式之所以使用频繁,是因为采购当局在对话阶段中会自动处于一种接收候选人信息输入的地位并将其整理成章,形成一个"主方案",这样采购当局才能得到满足其自身需求的最佳方案。

为了不违反保密规定,必须把不同来源的信息分开保存,而将这些信息分开保存是有困难的。这一点可能也是上述模式广为应用的原因之一。两名受访者向作者解释说,在与不同公司进行讨论时,即使刻意努力,也很难做到不泄露机密信息。

但是作者认为,让各候选人共同努力为采购当局制定一个满足采购当局需求的最佳方案,无论从直接意义还是从间接意义来说都显得太美好了,采购当局很难经得住诱惑。

作者在采购创新产品时首先看到了这一模式的使用。在该案例中,采购当局要求公司开发一种新的定制两用产品以取代现有两种产品。可以明显看出,采购当局促使候选人对其产品进行修改,因此候选人的最终产品非常相似。

这一模式使对话阶段的保密问题显得非常重要。如果采用自有方案的模式,采购当局为了自身利益尽量对其信息进行保密。在这种模式下,从某个候选人传给另一个候选人的任何信息都有可能使第二个候选人受益,同时降低前者投标书的竞争力。在采用众包模式的竞争性对话中这个保密问题是否仍然很重要目前还不清楚。由于目标是在对话阶段结束时形成一个共用技术规格(投标以此为基础),因此候选人对技术规格的贡献越大,在最终投标阶段的竞争力就越大。在这种模式下,各公司为了自身利益会尽可能多地让自己的信息进入这个共用技术规格,而这个技术规格的本性是一个公开性的东西。假设此举为合法行为,那么在公开招标条件下,什么样的公司会将影响投标书技术规格的机会拱手让给他人呢? 竞争性对话使公司有机会以合法方式真正影响合同的技术规格,尤其是在这个第二种模式下。

8.5.6.3.4　共用技术规格模式

如果采取共用技术规格模式,采购当局就应在对话阶段结束时起草一套共用技术规格。候选人在这些技术规格的基础上提交投标书,而不是自己在对话阶段中形成的方案。这一模式与第二种模式之间的区别是对话阶段没有明显的"主方案",各方案独善其身。不过有时候这种方案与众包模式很难区分开。

就作者观察,采购当局显然存在"摘樱桃"行为,也就是说采购当局会从各方案中选取中意的内容形成共用技术规格。从作者的样本研究来看,只有两个方案使用了这种模式。

8.5.7 最终投标步骤

8.5.7.1　引言

根据《公共部门合同法》第167条第(1)款规定,候选人提交投标书时,其中必须包括履行合同所需的所有要素。投标书的内容应当详细到什么程度才能达到这个要求,西班牙法律没有就此提供指南或解释。

8.5.7.2　决标标准

与《指令2004/18》第29条第(1)款一样,《公共部门合同法》第167条第(2)款规定,西班牙在竞争性对话中对投标书的评审必须按照早些时候在公告或说明文件中规定的决标标准进行。此外,虽然《指令2004/18》解释性条款第46条规定,决标标准的权重必须在足够长的时限内告知投标人,但在西班牙,所有决标标准的信息,包括相关权重,都必须根据《公共部门合同法》第134条第(5)款的规定在合同公告中进行通告。因此,西班牙法律在这一方面超出了《指令2004/18》的要求。从竞争性对话的角度来说,这意味着采购当局从程序开始就要受到此时确定的决标标准的束缚。例如,采购当局不可能只制定一些决标标准的大纲并在对话阶段中确定相关权重,以应对候选人提交上来的各种方案。在采购实践中,这一限制可能会使竞争性对话略失灵活,因为这样一来就不可能在竞争性对话过程中再对决标方式进行改进了,相关讨论见1.5.6.5节。面对8.5.6.3节中提到的不同组织模式,特别是在对话阶段结束时向候选人提供共同技术规格的两种模式,人们完全有理由质疑针对竞争性对话的这种限制的逻辑性。

8.4.5 节指出,在与决标标准有关的诉讼案中,受害投标人认为采购当局存在着违法行为。

8.5.7.3 备用方案

根据《公共部门合同法》第 133 条第(1)款规定,当决标标准是以最具经济优势标为标准时,采用任何采购方式都可以提交备用方案。第 1 章指出,竞争性对话只能以最具经济优势标为决标标准,不得以最低价格标为决标标准,也就是说竞争性对话过程中是可以提交备用方案的。

在采购实践中,作者发现了一个采用备用方案的例子:候选人还可以提交一个略不同于在共同技术规格基础上起草的方案。但由于研究过程中没能接触到共用技术规格,因此作者无法判断还有没有其他的备用方案应用案例。

8.5.7.4 中标人选出之前对方案的微调等事项

《公共部门合同法》第 167 条第(1)款与《指令 2004/18》第 29 条第(6)款一样,都规定在选出中标人之前采购当局可以向投标人征询其他信息,也就是说,可以"要求对投标书进行精确说明和解释,对投标书进行微调或提供额外资料,只要不改变投标书的实质内容,不影响竞争,没有歧视性效果即可"。[33] 关于什么事情可以做,什么事情应当做,则没有具体的规定。《指令 2004/18》第 29 条第(6)款在此方面的规定见 1.5.7.4 节讨论。

西班牙采购当局在对方案的微调等事项上存在着分歧。有些人根本不进行这样的操作,认为在投标书开标后对其进行任何修改都会危及投标稳定原则。不过也有人利用了这一机会,但大多是讨论一些小问题,如所提供设备的品牌(与实际功能无关),或要求说明提交的投标书是否与技术规格相一致。在实践中大多数采购当局显然没有利用《指令 2004/18》和西班牙法律的规定对投标书进行任何微调。此外,从实践中观察到的有限互动来看,采购当局对待投标书的态度与公开招标的态度是一样的。

8.5.8 中标人或优先竞标人选出之后的程序

《公共部门合同法》第 167 条第(3)款与《指令 2004/18》第 29 条第(7)款一样(相关讨论见 1.5.8 节),都允许采购当局与优先竞标人进行进一步的有限讨

---

[33] 作者所译。

论。采购当局可要求投标人对投标书进行说明,对相关义务进行确认,只要不进行实质性修改,不破坏竞争,不引发歧视性效果即可。

作者通过实证性研究发现,西班牙采购当局在采购实践中,大多不会与中标人进行任何形式的讨论。8.5.7 节指出,投标书提交后步骤的运行方式,与公开招标是一样的。另外作者还被告知,如果此时进行讨论,公司便会企图收回对话过程中和投标书中所做出的各种让步,想利用此刻的无竞争状态再捞一笔。不过也有一少部分采购当局与投标人就资金问题或投标书中没有涉及的一些小问题进行了讨论。

8.5.9 停顿期

随着 2010 年 8 月对《公共部门合同法》的修订,停顿期的概念被引入西班牙法律。根据该法第 140 条第(3)款的规定,欧盟门槛价以上的合同必须至少有 15 天的停顿期。但是欧盟门槛价以下的合同则没有此规定,因此门槛价以下合同的竞争性对话没有停顿期的限制。

但是上述一般规则有一个例外:如果是公私合作合同,则无论其价值怎样,必须遵守停顿期的相关规定,因为就西班牙法律而言,公私合作合同一贯属于"统一合同"。[34] 在前面指出,授予此类合同使用的是竞争性对话的方式。

8.5.10 对参与费用的补偿

《公共部门合同法》第 163 条第(2)款与《指令 2004/18》第 29 条第(8)款一样(相关讨论见 1.5.10 节),均明确规定采购当局可以对参与竞争性对话的费用做出费用上的补偿。

采购当局可自行决定是否进行补偿,但西班牙法律规定必须在说明文件中就是否会对参与费用进行补偿加以说明。西班牙法律对《指令 2004/18》第 29 条第(8)款进行了进一步说明,因为后者没有规定应当在什么时候告知候选人将对参与费用进行补偿。

作者在研究中未发现采购当局对候选人制作投标书进行补偿的证据,据说预算是主要原因。另外还有人说不进行补偿不会对竞争产生负面影响,因为在不进行补偿的条件下,预期会参加的公司仍然如期而至。有一位受访人表示,私营公司在竞争性对话过程中的费用高于公开招标,如果自知不能中标,就会

---

[34] 《公共部门合同法》第 13 条第(1)款。

放弃程序开始时必须交存的保证金。此时的保证金数额巨大,因为在这种情况下,被授予的合同是一个数百万欧元的项目。

8.5.11 对话期间财团的形成

曾应用过竞争性对话的采购当局提出这样一个重要问题:候选人在对话阶段中能否成立一个财团。有一个案例允许这样做,因为采购当局在说明文件中对此有一个特别规定,认为这样有利于竞争。而另一案例中采购当局不允许成立财团,因为这样会减少对话过程中的候选人人数,不足以形成竞争。另外还有作者访谈的某公共采购顾问机构表示这一问题确实存在,认为只要不影响竞争,成立财团也是合法的。

8.5.12 竞争性对话本身

作者在研究过程中发现一些与竞争性对话操作有关的问题,这些问题本身不具法律性质,却是法律应用环境的一个重要组成部分,这些问题主要是项目和管理之间关系的问题。

受访人最常讨论的一个问题是应当如何组织讨论会,如何进行会议记录。采购当局不知道应当如何组织竞争性对话,例如,候选人应当按照什么样的顺序参与对话,会议记录应当记录什么内容(是记录全部讨论内容,还是只记录提出的要点)。

采购当局面临的另一个问题是如何让候选人在整个对话期间保持对相关项目的兴趣。此时的问题是采购当局如何使讨论保持一定的详细水平,同时又保证候选人不为讨论所累(例如不为过多的会议或方案的持续改变而感到负担很重),不因为超出预期的越来越高的成本而中途退出。

如何让讨论期间做出的承诺持续有效,以及如何从候选人那里得到最佳投标书,对于采购当局来说也都是一个问题。在对话过程中,讨论对候选人来说没有约束力,[35]但投标书一旦提交上去情况就不一样了。还有人指出,有时候对话过程中非常投入的公司反而没有提交投标书。如果以上情况发生在大公司,往往是因为能够决定是否继续进行投标的高级执行人员没有参与对话,公司还在讨论是否参与投标的时候,投标书的提交便被耽误了。这可能表明,公司没有像对待最后投标步骤那样重视对话阶段。另外人们在实践中还发现了与此

---

[35] 潜在合同前责任除外。

相关的另一个现象：某公司提交的投标书远好于人们根据其对话期间的讨论所做的预期。这进一步说明了采购当局一定要认真计划，将两种可能性都考虑到。

作者还发现了大量案例可作为实施竞争性对话的最佳实践。例如，对程序进行了事先规划，并在该步骤向潜在候选人提供一切可能信息的采购当局，往往可以更好地控制该步骤，结果也往往更加令人满意。一开始就向潜在投标人提供的信息，不仅可包括当局对相关问题的认识，也可以包括对话本身的问题，如对话将如何进行，会议的顺序是什么。

采购当局应当针对对话制定一个明确的时间表，事先确定对话结束的日期，以及该阶段应当取得的阶段性成果。另外，最佳实践还意味着在采购当局内部还有一个可靠的控制机制，这样才能保证按照时间进度进行对话。针对内部控制问题，曾有一个采购当局认为应当禁止在计划会议之外进行口头讨论，且所有合同都应以书面方式达成，以便记录向什么人传递了什么样的信息。

还有人指出，设立多学科小组进行对话的采购当局，将律师、管理人员、技术人员和其他利益相关人聚集在一起，一般会有令人满意的结果。此外，设立这样一个小组使采购当局能够就某一专题安排会议，只让公共和私营部门的利益相关人参与。

最后一点是，在没有竞争的情况下，也就是说选出优先竞标人之后要避免进行讨论，并要求所有相关问题在对话阶段中进行讨论，这是公认的最佳实践。在某种情况下，中标人希望支付时间表按照对自己有利的方式进行修改。在这一时间段内限制讨论，可保证所有问题即使处于《指令2004/18》第29条第（7）款规定的讨论范围内，也要在有竞争性情况下进行讨论。由于什么可以讨论，什么不可以讨论的界限并不明确，且私营公司很想通过讨论取消投标书中提出的各种让步，因此最好在该步骤不进行任何讨论。但人们有理由认为，要求在对话期间与所有候选人进行非常详细的讨论，可能会增加相关方面的交易成本。

8.6　结论

如上所述，就竞争性对话的法律制度而言，西班牙主要是简单地复制粘贴《指令2004/18》的内容，并将其纳入国家法律。西班牙法律与欧洲规则的主要区别是，竞争性对话已成为采购公私合作合同的默认程序，西班牙的竞争性对话约有 40% 用于此类合同。

第 2 章指出,西班牙竞争性对话的使用远低于法国和英国等国家的水平。此外,与西班牙通过公开招标或限制招标方式授予的特许经营合同相比,通过竞争性对话授予的合同数量要少很多。因此,如果不包括公私合作合同,这种新的采购方式似乎还没有得到西班牙人的广泛接受。

从作者的分析数据来看,采用竞争性对话的采购当局总体来说对结果是满意的,对竞争性对话的使用条件并没有产生怀疑。另外虽然欧盟委员会认为竞争性对话并不适用于所有公私伙伴关系合同,只是在合同"非常复杂"的前提下才适用,但是在西班牙竞争性对话是所有公私合作合同的默认采购程序。

关于竞争性对话的操作,从西班牙的做法可确定对话阶段的组织有三种不同模式。采购当局应事先确定在对话阶段中使用什么样的模式,否则透明性可能会受到损害。

另一个重要问题是虽然根据《指令 2004/18》的规定在对话阶段中可以淘汰候选人(或至少根据解释可淘汰某些方案),但在西班牙的采购实践中没有看到此种情况。采购当局不正式淘汰候选人或方案,也不按照连续步骤进行对话,而是通过向候选人提出更高的要求来组织对话,使一部分候选人自愿退出竞争性对话。因此,采购当局可以在没有司法审查风险的前提下实现淘汰候选人的目的。

西班牙采购当局似乎也不喜欢与投标人或中标人进行讨论。在这个问题上,西班牙的做法可以说与《指令 2004/18》和《公共部门法》的规定大不相同。不过此举可以避免"谈判或投标蠕变",还可以避免在没有竞争的条件下进行调整。

从实际和项目管理的角度来看,西班牙采购实践中出现的一些问题很值得采用竞争性对话的其他国家考虑,如竞争性对话的预期费用,如何组织会议,如何保持候选人对竞争性对话的兴趣,如何保证对话阶段做出的承诺得到坚守,以及如何确保候选人提交最好的投标书;另外,竞争性对话开始时应当告知的信息,对问题的预期、设立多学科小组、限制会议外的口头讨论以及投标后不进行讨论,也都可能对其他成员国的实体有所裨益。

第9章 竞争性对话在波兰

安娜·戈尔岑斯卡

9.1 引言：波兰公共采购的规范

波兰与所有欧盟成员国一样,其采购当局虽然是公共开支决策机构,但他们花费的资金不归他们所有,他们做出的公共开支决策对其私人预算没有影响。① 因此波兰的公共采购合同授予程序规则,力求实现公共采购制度最为重要的目标,即物有所值、竞争性和公共开支的有效性。

波兰的第一部公共采购法可追溯到 1933 年,当时通过了第一部关于国库、自治政府和受公法约束机构的供应和公共工程的法律,②后于 1937 年由一个执行条例进行了阐述。③ 1948 年 11 月 18 日关于国库、自治政府和某些类型法人的产品供应合同、公共合同和服务合同的法律,废除了波兰二战后社会主义时期公共部门的竞争性采购方式。④ 直至 1994 年,所有公共实体在授予合同时都不受法律的约束(只有少数几个主管部门的部门性规则)。

社会主义时期结束后,公共采购制度通过 1994 年 6 月 10 日的《公共采购法》实现了重新规范。⑤ 为了让波兰的国内法与欧盟法律相一致,该法后来经过了多次修订。

目前实施中的法律是《2004 年 1 月 29 日法》(《公共采购法》)⑥。此后该法

---

① T. Grzeszczyk, *Podręcznik zamowien publicznych – Polskie procedury – Zarys systemu*, Warsaw: Biblioteka Menadzera i Bankowca, 1995:24。

② 1933 年《波兰共和国国际私法典》(*Dz. U. of 1933*)第 19 条第 127 款。

③ 1937 年《波兰共和国国际私法典》(*Dz. U. of 1937*)第 13 条第 92 款。

④ 1948 年《波兰共和国国际私法典》(*Dz. U. of 1948*)第 63 条第 494 款。

⑤ 1994 年《波兰共和国国际私法典》(*Dz. U. of 1994*)第 72 条第 66 款,进行了部分修订,于 1995 年 1 月 1 日生效。

⑥ 2004 年《波兰共和国国际私法典》(*Dz. U. of 2004*)第 19 条第 177 款,进行了部分修订,主体在 2004 年 3 月 2 日生效,部分于 2004 年 5 月 1 日生效(例如在《欧盟官方公报》上发布公告的义务)。

进行了多次大幅度修订,最重要的修订是为了实施《公共部门指令 2004/18》和《公用事业指令 2004/17》而进行的修订。2006 年 4 月 7 日对《公共采购法》进行了修订,之后很快通过了最新版本的《公共采购法》。该法进一步引入了新的欧盟立法。⑦ 此后为了实施新的《救济指令 2007/66》,实现与欧盟法律更加协调一致并使波兰公共采购制度更加合理,该法又经过了多次修订。⑧

《公共采购法》规定了授予公共采购合同的程序,而 1964 年 4 月 23 日生效的《民法》则规定了合同履行相关规则。⑨ 此外《公共采购法》第 14 条规定,《民法》用于规范合同授予过程中的合同授予实体和经营者的行为,《公共采购法》另行规定的除外。

与《公共采购法》一同颁布的还有政府和相关部门颁布的众多行政条例。目前有 12 个条例涵盖了波兰公共采购法的各个方面,如证明符合资格标准的文件,包括文件形式的条例,以及与欧盟采购法门槛价有关的条例。⑩

---

⑦ 2006 年《波兰共和国国际私法典》(*Dz. U. of 2006*)第 79 条第 551 款,于 2006 年 5 月 25 日生效。

⑧ 2011 年 5 月《第 11 号法律》,修订《公共采购法》。

⑨ 1964 年《波兰共和国国际私法典》第 16 条第 93 款,修订版。

⑩ 这 12 个执行执行条例是:Rozporziidzenie Prezesa Rady Ministrów z dnia 22 marca 2004 r. w sprawie wysokości wynagrodzenia przewodniczącego, wiceprzewodniczacego i pozostalych cztonków Rady Zamówień Publicznych(Dz. U. No. 49, poz. 470); Rozporzadzenie Ministra Infrastruktury z dnia 18 maja 2004 r. w sprawie określenia metod i podstaw sporzadzania kosztorysu inwestorskiego, obliczania planowanych kosztów prac projektowych oraz planowanych kosztów robót budowlanych określonych w programie funkcjonalno – użtkowym (Dz. U. No. 130, poz. 1389, ostatnia zm. Dz. U. z 2011, No. 42, poz. 217); Rozporzadzenie Ministra Infrastruktury z dnia 2 września 2004 r. w sprawie szczegótowego zakresu i formy dokumentacji projektowej, specyfikacji technicznej wykonania i odbioru robót budowlanych oraz programu funkcjonalno – uzytkowego (Dz. U. No. 202, poz. 2072 oraz z 2005 r. No. 75, poz. 664 oraz z 2011 r. no. 42, poz. 217); Rozporzadzenie Prezesa Rady Ministrów z dnia 19 maja 2006 r. w sprawie rodzajów dokumentów, jakich może żądać zamawiający od wykonawcy, oraz form, w jakich te dokumenty mogą być składane(Dz. U. No. 87 poz. 605 oraz z 2008 r. No. 188, poz. 1155), które zostało uchylone z dniem 31 grudnia 2009 r.; Rozporziidzenie Rady Ministrów z dnia 1 sierpnia 2006 r. w sprawie organów właściwych do wystfpowania do Komisji Europejskiej z wnioskiem o stwierdzenie prowadzenia działalności na rynku konkurencyjnym, do którego dostep nie jest ograniczony(Dz. U. No. 147, poz. 1063); Rozporzadzenie Prezesa Rady Ministrów z dnia 25 sierpnia 2006 r. w sprawie zakresu informacji zawartych w rocznym sprawozdaniu o udzielonych zam6wieniach, jego wzoru oraz sposobu przekazywania(Dz. U. No. 155, poz. 1110 oraz z 2007 r. No. 175, poz. 1226); Rozporzgdzenie Prezesa Rady Ministrów z dnia 2 lipca 2007 r. w sprawie trybu przeprowadzania postepowania kwalifikacyjnego na członków Krajowej Izby Odwoławczej, sposobu powolywania komisji kwalifikacyjnej, a takze szczegółowego zakresu post – epowania kwalifikacyjnego(Dz. U. No. 120, poz. 820); Rozporządzenie Prezesa Rady Ministrów z dnia 9 lipca 2007 r. w sprawie wielokrotności kwoty bazowej stanowiącej podstawe ustalenia wynagrodzenia zasadniczego Prezesa, wiceprezesa oraz pozostalych członków Krajowej Izby Odwolawczej (Dz. U. No. 128, poz. 885); Rozporzadzenie Prezesa Rady Ministr6w z dnia 9 lipca 2007 r. w sprawie wysokosci oraz sposobu pobierania wpisu od odwolania oraz rodzajów kosztów w postfpowaniu odwoławczym i sposobu ich rozliczania(Dz. U. No. 128, poz. 886); Rozporzadzenie Prezesa Rady Ministr6w z dnia 2 pazdziernika 2007 r. w sprawie regulaminu postępowania przy rozpoznawaniu odwołain(Dz. U. No. 187, poz. 1327 oraz z 2008 r. No. 188, poz. 1156); Rozporzadzenie Prezesa Rady Ministrów z dnia 16 października 2008 r. w sprawie protokolu postępowania o udzielenie zamówienia publicznego(Dz. U. No. 188, poz. 1154); Rozporzadzenie Prezesa Rady Ministrów z dnia 30 grudnia 2009 r. w sprawie rodzajów dokumentów, jakich może żądać zamawiający od wykonawcy, oraz form, w jakich te dokumenty mogą być składane(Dz. U. No. 226, poz. 1817).

波兰于 2004 年 5 月 1 日成为欧盟成员。正式加入欧盟前以及成为欧盟成员国之后,都要求实施欧盟的采购规则。但是波兰对许多欧盟条款进行了重新拟订,在实施欧盟法的过程中并不是简单照搬指令的规定。此外,欧盟的规定通常得到国家规定的补充。

《公共采购法》通常通过修改欧洲立法的措辞来实施欧盟公共采购法的规定。该法第 10 条第(1)款规定,授予合同的"主要"方式是公开招标和限制招标。授予实体也可通过其他方式授予合同,即通过发布公告的谈判、竞争性对话、不发布公告的谈判、单一来源采购、询价或电子招标。但所有这些程序的应用都受到一定限制,只有符合该法规定的条件下才可应用。波兰关于这一问题的文献普遍认为,⑪这一整套采购方式应包括各种竞争性采购方式的豁免规定;尽管这些采购方式实际上都有某种竞争,但对这些采购方式的使用条件应当进行严格解释,且应用这些采购方式的举证责任在于采购当局。⑫

欧盟各采购指令门槛价以下的合同由波兰相关法律加以规范,这些相关法律总体上与欧盟法律一致,欧盟门槛价以下的合同可通过单一来源采购和询价等方式完成。

根据合同价值的大小,《公共采购法》对合同授予做出了宽严不同的程序规定。欧盟门槛价以下的合同,其相关规定大大简化,公告的发布规定不同,采购程序的选择范围更大,投标书提交期限缩短,救济方式更少。而欧盟门槛价以上的公共采购合同,其程序要正式得多,完全按照欧洲法律规则进行。

1994 年第一部《公共采购法》还引入了波兰至今有效的公共采购体制制度,特别是为了确保公共采购规则的顺利执行而设立了公共采购办公室。公共采购办公室主任是中央政府机构人员,负责处理与公共合同相关事宜。公共采购办公室协助公共采购办公室主任的工作(第 152 条)。公共采购办公室主任的工作包括:起草公共合同相关的规范性法案草案;发布电子版的《公共采购公报》(《公共采购法》发布的所有通知和公告通过这个《公共采购公报》进行公布);公布有权申请法律保护措施的组织名单;制定、公布和

---

⑪ J. Pierog, *Prawo zamówień publicznych. Komentarz*, Warsaw: C. H. Beck, 2010: 252; M. Bubnowski, *Prawozamówień publicznych. Komentarz*, Warsaw: C. H. Beck, 2007: 156。

⑫ 《欧盟官方公报》上提到的最后两点规则,适用于不发布公告的谈判程序:相关评论及可能在欧盟法范围内在其他采购程序上的适用,见第一章有关波兰的决议,见 2001 年 7 月 6 日最高法院(SN)判决,III RN 16/01;2003 年 2 月 28 日最高行政法院(NSA)判决,II SA 2064/01。

更新因不履行合同或不当履行合同而承担赔偿责任的企业名单,相关赔偿金额由法院有效裁决确定;确保法律保护制度的运行;准备培训方案;制定和传播采购合同的标准格式、程序规则和合同授予过程中的其他文件;编写和提交强制性报告;根据法院和宪法法庭的裁决,特别是通过传播国家上诉法庭、法院和宪法法庭对于公共采购相关案件的裁决,保证公共采购法规的统一实施。

国家上诉法庭隶属于波兰公共采购办公室,是一个负责公共采购合同授予和履行的行政机构,负责审查合同授予过程中提出的上诉(第 172 条)。

该法庭没有司法权力,但作为仲裁法院进行运作。案件的当事方和参与者可就法庭的裁决向法院提出上诉(第 198a 条),之后的所有诉讼阶段都由民事法院进行审理。这个国家上诉法庭通过应用和解释采购法,在波兰公共采购法的完善方面发挥了重要作用。

向国家上诉法庭提出的上诉案件相比于 2005 年(4094 项上诉)、2006 年(3077 项上诉)、2007 年(1582 项上诉)、2008 年(1537 项上诉)和 2009 年(1985 项上诉)稳步下降。[13] 上诉数量的减少与上诉费用增加以及欧盟指令门槛价以下合同救济范围的限制有一定关系。

9.2　竞争性对话引入之前的复杂采购[14]

在竞争性对话引入波兰之前,《指令 2004/18》门槛价以上的复杂合同主要是通过公开招标完成的。我们看到,在波兰的法律制度中,公开招标和限制招标适用于任何采购,并在立法中被指定为"主要"采购程序。复杂合同也可使用发布公告的谈判。不过这种情况很少见,因为适用条件很严格,且只有符合罗列出来的某些条件时才能使用这种采购方式,其适用条件在波兰属于狭义解释的范畴。另外,指令门槛价以下的复杂合同往往通过发布公告的谈判或单一来源采购方式完成。公共采购办公室批评了这一趋势,国家上诉法庭审理的许多案件都涉及这些采购程序的滥用。

---

⑬　2010 年国家上诉分庭年度报告(*Annual report of the National Appeal Chamber 2010*)(公共采购办公室,2010 年)。

⑭　这些资料源于对公共采购办公室编制的关于采购程序的应用统计数字的分析、评论区对该法的评论、对采购当局的访谈以及作者自己的经验。

9.3　竞争性对话简介

2006 年,《公共采购法》引入了竞争性对话,[15]并于 2006 年 5 月 25 日将《指令 2004/18》转化为波兰国内法时正式生效。[16] 通过对《公共采购法》的修订,波兰法律制度引入了新的采购方式。该法最早可追溯到 2004 年。在此之前竞争性对话这种采购方式在波兰是不存在的。

将竞争性对话纳入《波兰公共采购法》的过程中,大部分照搬了欧盟指令的措辞,但做了一些修改和补充,例如具体规定了参与竞争性对话并提交方案的候选投标人人数。国家条例的措辞与《指令 2004/18》的措辞大致相同,但也有一些差异。

实际上,竞争性对话在波兰的使用稳步增加,应用范围虽然不广泛,但应用项目相当众多,在过去两年中,每年在《欧盟官方公报》上公布的竞争性对话程序近 50 个。

9.4　法律和实践中竞争性对话的适用范围

在波兰,高于和低于《指令 2004/18》门槛价的合同都可以使用竞争性对话,其使用条件与欧盟法律规定的条件相似,相关措辞与《指令 2004/18》也一样。[17] 采取这种做法是为了避免误解。

但波兰的公用事业规则与《公用事业指令》一样,[18]没有明确将竞争性对话列入,因为现行采购制度非常灵活,允许采购当局在公开招标、限制招标和谈判之间进行自由选择。

2010 年,公共采购办公室发布了相关准则,规定了在什么条件下可以使用发布公告的谈判、竞争性对话、不发布公告的谈判、单一来源采购和询价方式进

---

⑮　2006 年 4 月 7 日《关于修订〈公共采购法条例〉的法令》(*Act of 7 April 2006 on Amendment of Act on Public Procurement Law*)于 2006 年 5 月 25 日生效,2006 年 OJ 第 79 条第 551 款,以及第 106 条第 719 款。

⑯　《2004 年 3 月 31 日欧洲议会与理事会关于协调公共供应合同、公共服务合同、公共工程合同授予程序的指令 2004/18》(*Directive 2004/18 of the European Parliament and of the Council of 31 March 2004 on the co-ordination of procedures for the award of public supply contracts, public services contracts, public work contracts*)[2004]OJ L134/114。尤其参见第 29 条、第 1 条第(11)款第(c)项和解释说明第 31 条。

⑰　《公共采购法条例》的依据,第 2 页。

⑱　2004 年 3 月 31 日欧洲议会与理事会关于协调水务、能源交通和邮政服务部门实体采购程序的《指令 2004/17》(*Directive 2004/17*)[2004]OJ L134/1。

行公共采购。这些准则取代了 2006 年的前一版本,旨在回答与适用条件有关的最常见问题。但是该规则主要集中在其他采购方式上,对于竞争性对话只是一略而过,仅指出采购当局在应用竞争性对话时必须符合《指令 2004/18》规定的前提条件。[19] 对于竞争性对话的有限描述,似乎说明了竞争性对话这个采购方式只能应用于最为复杂的采购的大趋势。由此可看出,采用什么样的采购方式最好,应当如何理解法律规则,完全由采购当局自行决定。

另一个法律,即 2008 年 12 月 19 日《公私伙伴关系法》,也提到了竞争性对话。[20] 该法律是波兰关于公私伙伴关系合同的第二个法律,取代了之前的 2004 年法律(按照这个 2004 年法的规定,处理公私伙伴关系合同时需要进行大量经济分析,因此 2004 年法没有得到应用)。2008 年的《公私伙伴关系法》对公私伙伴关系框架内的合同授予做出了规定,相关采购属于《公共采购法》或《特许经营法》的约束范畴。该法律对公私伙伴关系的定义很宽泛,只规定公私伙伴关系即公共机构和私人伙伴之间按照任务和风险共担原则共同完成某个项目(第 1 条第(2)款)。政府对于《公共采购法》在公私伙伴关系项目的应用进行了正式解释,从中可看出可以通过竞争性对话的方式实现公私伙伴关系合同的授予。[21] 公共采购办公室的准则指出,竞争性对话特别适用于公私伙伴关系项目,因为竞争性对话是一种非常灵活的采购方式,对于特别复杂的合同来说适用范围很广。[22] 因此,虽然这个准则没有说明在什么条件下才可以应用竞争性对话,但《公私伙伴关系法》建议将这一程序作为公私伙伴关系项目的首选授予程序。

通过公共采购办公室提供的数据,以及作者对发布在波兰官方期刊(《公共采购公报》)和《欧盟官方公报》上的公告进行的研究,将已经进行的竞争性对话程序数量进行了总结,见表 9.1。表 9.2 显示了波兰竞争性对话在所有授标

---

[19] 《关于通过发布公告的谈判、竞争性对话、不发布公告的谈判和单一来源采购和询价程序授予公共合同的条件的准则》(*Guidelines on the conditions of conducting public contracts award by negotiated procedure with a notice, competitive dialogue, negotiated procedure without a notice, singlesource procurement and request - for - quotes*)(公共采购办公室,2010),第 10 页。

[20] 《2008 年 12 月 19 日公私伙伴关系法案》(*Act of 19 December 2008 on Public - Private Partnership*),第 4 条。

[21] 《2008 年 12 月 19 日公私伙伴关系法案》的应用依据(经济部)第 15 页。

[22] 《关于通过发布公告的谈判、竞争性对话、不发布公告的谈判和单一来源采购和询价程序授予公共合同的条件的准则》(*Guidelines on the conditions of conducting public contracts award by negotiated procedure with a notice, competitive dialogue, negotiated procedure without a notice, singlesource procurement and request - for - quotes*)(公共采购办公室,2010),第 10 页。波兰实践证明,竞争性对话往往应用于公私伙伴关系合同中,并受到采购当局的高度赞赏(资料来源:作者与西里西亚地区采购当局的访谈)。

程序中所占比例。㉓

表 9.1　波兰:竞争性对话(2006—2010 年)

年份	波兰官方刊物《公共采购公报》(BZP)上发布的门槛价以下合同的公告	波兰官方刊物《公共采购公报》(BZP)上发布的门槛价以下合同的合同授予公告	《欧盟官方公报》(OJEU)上发布的门槛价以上合同的公告	《欧盟官方公报》(OJEU)上发布的门槛价以上合同的合同授予公告
2006	24	1	16	1
2007	49	26	28	13
2008	72	35	35	15
2009	66	38	48	12
2010	63	41	46	28
合计	274	141	173	69

表 9.2　各合同授予方式在所有授予程序中所占比例

方式	2006 年	2007 年	2008 年	2009 年	2010 年
公开招标	76.81%	63.79%	70.39%	68.28%	77.94%
限制招标	4.15%	1.30%	0.97%	0.79%	0.69%
发布公告的谈判	0.47%	0.14%	0.11%	0.11%	0.13%
不发布公告的谈判	1.41%	0.54%	0.53%	0.39%	0.29%
电子拍卖	0.03%	0.05%	0.05%	0.16%	0.17%
竞争性对话	0.02%	0.04%	0.03%	0.02%	0.03%

　　竞争性对话这个新的采购方式,主要用于授予复杂基础设施项目、信息和通信网络项目、创新技术设备(例如医用设备)采购项目、绿色能源新方案项目、体育设施建设以及为地区和城市制定长期发展战略。该采购方式可用于欧盟结构基金资助的复杂和大规模投资项目:在过去几年里,波兰作为一个欧盟新成员国,为了提高其社会经济凝聚力,投资了许多大型基础设施项目,2007—2013 年的总投资价值超过 670 亿欧元。在筹备 2012 年欧足联欧洲足球锦标赛

───────────────

　　㉓ 2007 年、2008 年、2009 年和 2010 年关于公共采购制度运作情况的年度报告(公共采购办公室)。

的过程中,也可以使用竞争性对话。

即使在引入竞争性对话之前,人们在许多复杂招标项目中就围绕可以采用的采购方式进行了讨论。本章作者通过分析采购当局在访谈过程中表达的意见得出这样的结论:波兰的采购当局非常欢迎竞争性对话,认为竞争性对话是获取专业知识的一个重要渠道。不过波兰的采购当局无法确切阐述竞争性对话的具体特征。

从执法的角度来说,《公共采购法》照搬了《指令 2004/18》的措辞,在其第3a 节第 6a 条对竞争性对话进行了定义:

> 竞争性对话是一个合同授予方式。按照该合同授予方式的规定,合同授予实体在发布合同公告后与选出的经营者进行对话,然后邀请他们进行投标。

第 60b 条规定了竞争性对话的适用条件,在措辞上完全照搬了《指令 2004/18》。这些适用条件及其解读方式见 1.4 节相关讨论。

波兰对复杂合同的概念似乎做了广义解释,采购当局在确定技术方案、合同履行的法律、资金条件时可以有一定的裁量权。由于缺乏经验以及社会主义经济的遗留影响,公共实体往往没有充分的市场头脑,或无法对其需求做出准确描述。从务实的角度来说,自然会增加竞争性对话的使用。

波兰作为一个新的欧盟成员国面临许多挑战,大量的基础设施项目、结构资金支出和体育设施投资,都为竞争性对话提供了很好的应用条件。在这些项目中,采购当局往往不知道在现有技术能力和成本减少的条件下,制定什么样的技术规格才可行。[24] 另外,从作者与采购当局的接触中可看出,合同是否复杂与各采购当局的经验有关,或者说至少与相关领域的经验有关。制定建筑、医药、投资或信息技术方面的新方案往往被波兰采购当局认为是特别复杂的事情,因此属于竞争性对话的适用范畴。许多采购当局为了得到合适的方案,希望能就相关法律问题进行协商,因此他们很想有一个更加灵活的采购方式。在这种条件下,行政部门代表和企业家就可以讨论合同执行方案、得到私营企业的专业知识并保证有效的财政支出。有了这种灵活的采购方式,许多包含方案讨论过程的复杂的采购方式就实现了合法化。

---

[24] S. Arrowsmith, *An Assessment of the New Legislative Package on Public Procurement*, *Common Market Law Review*, 2004(41):1282; S. Arrowsmith, *The Law of Public and Utilities Procurement*, London: Sweet & Maxwell, 2005:629 – 631; Brown, *The Impact of the New Directive on Large Infrastructure Projects: Competitive Dialogue or Better the Devil You Know*, *Public Procurement Law Review*, 2004(13):178。

9.5　竞争性对话的操作

9.5.1　引言

　　首先要指出的是,在国家上诉法庭(NAC)和法院审理的与竞争性对话相关的案件主要是竞争性对话的实施问题,这些案件涉及竞争性对话的适用条件、计划和说明文件的起草阶段、筛选标准和保密信息。从作者的研究来看,2008年提交国家上诉法庭的竞争性对话案件为 3 起,2009 年为 6 起,2010 年为 10起。[25] 下面来看法庭判决。2008 年的一项法院判决指出,《指令 2004/18》关于竞争性对话的相关规定并不是直接有效,[26]因为该指令本身在这一问题上并不准确,而且没有绝对性。

　　国家上诉法庭的一个判决涉及区域创新战略的制定。[27] 在制定这个新战略的过程中,竞争性对话被采购当局拿来作为一种竞赛。国家上诉法庭在其判决中强调了平等和竞争原则的重要性,指出平等和竞争原则是公共采购程序的基础。采购当局在合同授予过程中出现了一些错误,特别是在合同的基本条款的制定方面没有给出评标条件。另一案件与格但斯克(Gdansk)足球场项目中技术伙伴的选择有关。采购当局在合同标的说明中制定了一系列技术方案被批为限制了竞争。该案中的另一问题是采购当局要求投标人按照合同条款的规定进行融资,而相关合同条款却没有准确的评估标准。国家上诉法庭的其他判决涉及高速列车系统的建设、西里西亚省(Silesian Voivodeship)开发医疗数据信息技术系统,以及合并和集中财政部海关税收制度。这些判决既与竞争性对话的误用有关,也与竞争性对话过程中对竞争的滥用有关。

　　在进行竞争性对话的实施方面,波兰立法总体上重复了欧盟指令的规定,但也有一些补充规定。因此,采购当局必须自行决定竞争性对话的结构。这种灵活态度起初受到了采购当局的热烈欢迎,但后来导致了许多误解和混乱。竞

---

　　[25]　2008—2010 年全国上诉分庭审理的竞争性对话案件如下:2008 年,三个案件,(KIO/UZP/593/2008,KIO/UZP/993/2008 和 KIO/UZP/1114/2008);2009 年,六个案件(KIO/UZP/1204/09,KIO/UZP/1900/09,KIO/UZP/1638/09,KIO/UZP/737/09,KIO/UZP/621 i 622/09 和 KIO/UZP/1093/09);2010 年,九个案件(KIO/UZP/37/10,KIO/UZP/38/10,KIO/UZP/264/10,KIO/UZP/649/10,KIO/UZP/887/10,KIO/UZP/905/10,KIO/UZP/1463/10,KIO/UZP/2010/10 和 KIO/UZP/2473/10)。

　　[26]　2008 年 6 月 27 日华沙地区法院裁决,Vca 1175/08。

　　[27]　2009 年 9 月 24 日国家上诉分庭裁决,KIO/UZP 1204/09。

争性对话常常被简单地认为就是发布公告的谈判。人们也没有征询市场意见的习惯,不会提前发布一个公告,告知市场采购当局将会使用竞争性对话。这一点非常遗憾。

公共采购办公室公布了各竞争性对话项目的平均时长。从这些数据来看,竞争性对话是一个漫长而复杂的过程。2008 年,门槛价以下竞争性对话项目的平均时长为 94 天(公开招标为 36 天),门槛价以上合同的平均时长为 231 天(公开招标为 84 天)。

9.5.2 计划阶段和说明文件的起草

竞争性对话的计划阶段实际上与采购当局内部的采购方式抉择有关。采购当局通常在专家的帮助下编写说明文件。在实践中,许多采购当局觉得说明文件的起草太复杂。说明文件应当有采购当局需求的说明,足以使承包商做好参加竞争性对话的准备。即使在对话阶段会对合同标的进行具体说明,说明文件也应当规定公共机构可以与所有经营者就所有方案进行讨论。[28]

9.5.3 信息和方案的保密

波兰《公共采购法》笼统规定了信息和方案的保密规则,但没有详细说明保密要求的形式和范围。这些问题留给采购当局自行决定。按照平等待遇和竞争原则,国家上诉法庭特别规定在机密信息的保护方面,应平等对待所有投标人。[29] 与竞争性对话直接相关的条款对对话内容的保密问题也做出了相关规定。该规定可能涉及投标的各个方面。该条款规定:未经另一方同意,任何一方不得披露与对话有关的任何技术或商业信息(第 60d 条第(6)款和第(7)款)。

《禁止不正当竞争法》将商业秘密定义为尚未向公众披露的工艺、技术或组织信息,或企业为保证其机密性而采取必要措施的具有商业价值的相关信息,如未申请专利的发明或专门技术信息。贸易信息的例子包括企业市场、销售、客户和业务合作伙伴的数据,而组织信息可能涉及有关管理、工资、工作组织方式、信息交换等方面的信息或文件。[30]

---

[28]　Bubnowski, *Prawo zamówień publicznych*, *Komentarz*, Warsaw: C. H. Beck, 2007: 156。

[29]　国家上诉分庭的裁决, UZP/KIO/1093/09。

[30]　W. M. Stodolak, W. Hartung, P. Laudański, M. Stręciwilk, M. Winiarz, *Zamówienia publiczne po noweli-zacji*, Mateusza Winiarza, Oficyna Wyd(eds.), Wroclaw: Unimex, 2006: 216。

第 1 章指出,在实践中为保护投标人在竞争性对话程序中的专门知识而保证谈判的机密性可能会很困难。作者经验表明,尽管存在相关法律规则,但波兰企业家对这一问题(包括知识产权的保护)感到担忧。

作者经验还表明,一些从业人员认为只有放弃保密问题,才能促进公开对话,确保竞争,并使当局能够找到新的和创新性方案。但是在 1.5.3 节指出,能否将放弃保密作为参与竞争性对话的条件,从欧盟法律的角度来说还很值得商榷。

9.5.4 广告要求(合同公告)

竞争性对话的授予程序从发布公告开始。公告中设定了采购当局的需要和要求,这些需求必须在说明文件中进行说明,或者在公告中进行说明的同时也在说明文件中进行说明。合同公告和说明文件的相关要求见《指令 2004/18》"附录七"。《公共采购法》第 60C 条第(1)款阐述了《指令 2004/18》中的要求,特别指出,如果采取竞争性对话的采购方式,合同公告必须包括以下内容:

采购实体需要和要求的说明,或者获取这些信息的方式,使经营者能够做好参加对话的准备。

在《公共采购法》中,关于竞争性对话公告的要求,无论是门槛价以下还是门槛价以上的合同都与限制招标和公开招标的要求一样,需要发布一个合同公告(《公共采购法》第 48 条,解释性条款第 2 条)。当然《指令 2004/18》门槛价以上的合同必须在《欧盟官方公报》上发布公告。《指令 2004/18》门槛价以下的合同则必须在《公共采购公报》上发布公告。该公报仅以电子形式出版,由公共采购办公室制作。采购当局在处理上述高于或低于《指令 2004/18》门槛价的合同时,还可以在国家或地方报纸上,或在采购当局的网站、网页上发布合同公告,但此举不具强制性。

由于采购当局无法描述招标程序的标的,合同公告应包括对采购当局需要和要求的说明,并以此构成说明文件。该文件应尽可能详细,在说明过程中应提供关于如何获得相关文件的信息。《公共采购法》第 22 条和第 24 条对这些要求做了规定,而这些规定与上述要求一样,适用于上述高于和低于门槛价的合同。

9.5.5 筛选阶段:选出参加对话的候选人

1.5.5 节讨论了《指令 2004/18》关于竞争性对话筛选阶段的规则。根据该指令的规定,应在合同公告中具体说明邀请参加对话的经营者人数,该人数必须足以形成竞争。最低人数为 3 人。但是根据《公共采购法》第 60 d 条的规定,如果合同总价等于或超过门槛价,必须至少有 5 名参与者参与对话;这个要求高于《指令 2004/18》要求,规定得更加严格。[31] 波兰的限制性规定增加了采购当局的负担,他们必须在更多的方案中进行对比,增加了采购当局的程序费用。这也可能意味着报价准备得不仔细,商业计划也制定得不太现实。

关于筛选方式,《公共采购法》第 60d 条第(3)款明确规定,如果符合资格要求的经营者人数超过公告中规定的数量,则采购当局应当邀请选拔过程中得分最高的经营者参加对话。不过,这并不意味着在资格筛选和筛选阶段必须使用完全相同的标准。例如,采购当局可使用与项目关系更加紧密的标准来选出参加对话的人,而在资格筛选过程中则采用其他标准。又如,可以在资格筛选阶段以一般建筑经验为标准,而在筛选阶段则以具体项目相关建筑经验为标准。

如果符合参与要求的经营者人数少于公告中规定的数量,采购实体必须邀请所有符合参与要求的经营者参加对话(《公共程序法》第 60d 条)。

按照《公共采购法》第 60d 条的规定,采购当局将筛选过程中的资格要求评估结果和分数通知给提交参与申请的经营者,向所有参与者提供合格信息的义务应运而生。[32]

9.5.6 对话阶段

1.5.6 节讨论了《指令 2004/18》中关于对话阶段的相关规则。根据欧盟法律的规定,被选中的经营者将收到参加对话的邀请,而对话内容必须包括《指令 2004/18》规定的各种信息。将采购当局的要求和需要列入对话邀请书是否合理,波兰文献就此进行了广泛讨论,这些信息在合同公告中已经进行了说明。[33]

如上所述,波兰法律对对话的实际组织方式并不比《指令 2004/18》更加详细,因此采购当局就如何进行对话拥有裁量权。与这一灵活性相匹配的是《公共采购法》对于对话的时限也没有做出具体规定,采购实体将对话一直持续到选出最能满足自身需求的方案为止。在这个过程中,采购当局在必要时应对经营者提交的方案进行比较。

---

[31] K. Polak,G. Lang,*Gazeta Prawna*,2010 年 1 月 20 日。

[32] A. Borkowski,*Prawo zamowien publicznych*,Kolonia Ltd,2008:121。

[33] Pierog,前注⑪,第 256 页。

但是,有人指出了这样一个重要问题,《指令 2004/18》中规定的灵活性波兰采购当局无法全部享受到。这是因为《指令 2004/18》第 29 条第(4)款明确规定,为了减少采购当局必须讨论的方案数量,可以将整个对话过程分为数个步骤连续进行。而这一点在波兰法律中却没有明确规定。因此波兰有人撰文指出,按照波兰法律的规定,与所有参与者的对话应当并列举行。㉞ 其他学者则认为将对话分为数个连续阶段是可行的,采购当局可以将对话分为无数个小的步骤进行。㉟

平等待遇是所有公共采购程序中最为重要的规则,当然也适用于竞争性对话。㊱ 在没有明确规定的情况下,平等待遇是对话阶段最为重要的要求之一。《公共采购法》第 7 条规定,采购实体在准备和组织合同授予程序时,应当保证经营者的公平竞争和平等待遇。采购当局在对话阶段中行使广泛的裁量权时,对这一原则的遵守尤为重要。

最后一点是,没有另一方的同意,任何一方不得将对话相关的技术或商业信息透露给他人(《公共采购法》第 60d 条第(6)款和第(7)款),相关讨论见9.5.3 节。

9.5.7 最终投标阶段

《指令 2004/18》第 29 条第(6)款针对对话结束时通知参与者事宜做出了相关规定,采购当局在对话结束时,应当立即通知参与对话的经营者(《公共采购法》第 60e 条)。接下来采购当局就开始最终投标。

应当注意到,关于这一阶段,除了《指令 2004/18》有明确规定以外,《公共采购法》还规定,在邀请进入最后投标阶段之前,针对事关合同目标的技术和质量要求(这些要求也是对话的目标),采购实体可对其进行修改(第 60e 条第(2)款)。承包商对此提出不满,认为此举会导致无休止的对话或倒退到程序的早期阶段。不过采购当局认为,有了这一规定,他们就可以在对话阶段之后做出必要的变更,从而实现竞争性对话的主要目标。

关于投标书的提交,波兰法律在提交投标书的时间限制上稍多于《指令2004/18》的要求。《指令 2004/18》要求采购当局应规定一个提交投标书的时

㉞ 同前注㉝,第 258 页。

㉟ 《修订之后的公共采购》(*Zamówienia publiczne po nowelizacji*),前注㉚,第 216 页。

㊱ A. Gorczynska,*The Principles of Public Procurement in EC Law*,in M. Krolikowska Olczak(ed.),*EU Law in the System of Polish Economy*,2005;23。

限,同时将准备和提交投标书所需的时间考虑进去。但波兰法律还规定,从发出投标邀请开始,投标实体的投标时限不得少于 10 天(《公共采购法》60e 条第(4)款)。《波兰公共采购法》还明确规定,采购当局邀请投标人根据对话期间提出的方案提交投标书时,必须提供基本的合同条款(第 60e 条第(3))。采购当局在这一方面有很大的裁量权。因此对基本合同条款的说明可以非常详细,也可以只是简要描述方案中最重要的要求和商定的要素。[37]。

在前面指出,波兰法律明确规定,在邀请提交最终投标书之前,采购实体可对合同的技术和质量要求做出修改,而这些技术和质量要求是合同的标的,也是对话的目标。但关于提交投标书之后的阶段,波兰法律第 60e 条第(2)款只是重复了《指令 2004/18》第 29 条第(6)款的规定,没有详细说明。第 60e 条第(2)款规定,只有在采购当局的要求下才能对投标书进行解释、说明和微调,而且就这一部分进行对话时,不得改变投标书或招标书的基本性质,因为此举会破坏竞争,或产生歧视性效果,该条款的讨论见 1.5.7 节。

需要指出的是,授予阶段的一些问题,似乎是因为投标程序刚开始就必须确定决标标准而引发,特别是在竞争性对话过程中,采购当局往往发现最初确定的标准或权重比例并不适合,应当重新制定。[38] 作者从担任项目顾问的经历和对采购当局的访谈可看出,采购当局在实践中出现上述情况时,有时候会对决标标准和权重进行调整,关于此行为的讨论见 1.5.6.5 节。

9.5.8 中标人或优先竞标人选出之后的程序

在 1.5.8 节指出,《指令 2004/18》第 29 条第(7)款规定,根据决标标准确定最具经济优势标之后,可要求选定的投标人就投标书的某些方面进行解释,或确认投标书中做出的承诺,但不得实质性改变投标书或招标书的性质,不得破坏竞争,也不得引发歧视性效果。

9.5.9 停顿期

在波兰,所有公共采购程序都必须有一个为期 10 天的停顿期,竞争性对话也必须遵守这一通用规则。如果合同超出了《指令 2004/18》门槛价,则停顿期为 15 天(《公共采购法》第 94 条第(1)款)。

---

[37] S. Treumer,Competitive Dialogue,*Public Procurement Law Review*,2004,13(178):184。

[38] A. Gorczynska,*Öffentliches Auftragswesen. Wettbewerblicher Dialog als neue Vergabe – verfahren*,见于洛兹大学和尤斯图斯 – 利比格大学吉森合作 30 周年年鉴(Lodz – Giessen,2008 年)。

9.5.10 对参与成本的补偿

《公共采购法》第60c条第(1.2)款规定,在合同公告中可以有一个针对经营者的补偿条款。经营者在对话中提交各自的方案,后来提交的投标书就是以这些方案为基础的。是否支付补偿由各采购当局自行决定,因为法律上并没有对投标人进行补偿的要求。从国内实践来看,人们并不指望对参与成本进行补偿,而且对其进行补偿的次数也是少之又少。这种通行做法与人们的通行理念是一致的:公共采购制度对采购当局是有利的,而采购当局对于如何规范采购程序又有一定的裁量权。在实践中,一直有承包商在抱怨参与对话的成本太高。

9.6　结论

竞争性对话是2006年在波兰法律制度中实施的一种新的采购方式。在大多数情况下,它只是照搬《指令2004/18》的条款。但是波兰的国内法在几个方面有所不同。最为明显的是,波兰的国内法没有明确规定对话可分步骤进行,波兰文献[39]认为,这意味着根据波兰《公共采购法》的规定,不可能分步骤进行对话。[40] 如果真是这样,波兰的国内法与《指令2004/18》就有很大的差别。根据波兰国内法的规定,至少邀请5个参与者参与对话,而按照《指令2004/18》的规定,有时候3人足矣。波兰的国内法还从几个方面对《指令2004/18》进行了详细说明或补充,例如规定在对话结束时,提交最终投标书的最低时限为10天。

我们看到,波兰在采购实践中采用了竞争性对话,只是没有广泛应用,在《欧盟官方公报》上发布了173次合同公告,在波兰《公共采购公报》上发布了276个合同公告。在波兰,竞争性对话主要用于复杂的基础设施项目、信息技术项目、创新性技术方案的采购以及体育设施的建设。竞争性对话对于PPP形式的复杂长期合同特别有用。对于《公私伙伴关系法》的多数评论认为竞争性对话是授予公共采购合同的首选模式。随着欧盟结构基金在波兰的大规模投入,也为了准备2012年欧洲足球锦标赛,竞争性对话在波兰的重要性可能还会增加。

---

[39]　Pierog,前注⑪,第258页。
[40]　同上,第258页。

　　但是在应用竞争性对话的过程中,由于竞争性对话的笼统和法律方案的限制而引发了一些问题,进而引发了在采购实践中应当如何应用相关规则的问题。有专家评论指出(见第 1 章),竞争性对话的相关法律规定没有让这个采购方式变得明确简洁,[41]但是这个观点一直受到波兰采购从业者的批判。波兰的主要问题与说明合同目标、保证谈判的机密性以及合同授予之后可进行多大程度的谈判有关。

---

　　[41]　另参见 Treumer,前注[37];S. Arrowsmith,*The European Commission's Proposals on the New Directives on Public and Utilities Procurement*,*Public Procurement Law Review*,2000(9):NA126,NA 130。

第 10 章　竞争性对话在立陶宛

德维达斯·索洛维茨卡斯

10.1　引言：公共采购在立陶宛的规范

立陶宛是一个实行民法制度的国家,自然期望它有一套规范公共采购程序的书面法律规则。立陶宛的法律制度也受到了欧盟法的影响,因为它自 2004 年以来一直是欧盟成员国。立陶宛现行采购法规主要参照 2004 年后的欧盟各指令①以及国际公法和条约,如世贸组织的《政府采购协定》。②

大致来说,立陶宛公共采购法规与欧盟各指令的规定差别不大。换言之,立陶宛法律主要照搬了欧盟指令的规定;针对欧盟指令对采购当局做出的各种规定,既没有增加,也没有删减任何相关内容。立陶宛公共采购法是立陶宛变化最快的法律领域之一,近年来几乎每年修订两次。一些最新的修正案引入了欧盟公共采购制度的内容,而这些内容在欧盟指令中没有明确提。例如,立陶宛法律载有关于内部采购的明确规定。虽然这一例外的适用条件与特卡尔标准(Teckal criteria)相似,③但仍有一些细微差异,使立陶宛的内部采购具有立陶宛特质。

立陶宛法律还制定了一些公共采购期间与保密相关的定制条款,并对欧盟法门槛价以下的采购进行程序上的全面规范,并特别制定了其他相关规定。因此在立陶宛似乎有一种趋势,即不是简单地将欧盟指令照搬到国内法,而是以定制的方式对立陶宛的公共采购领域进行规范,并根据国家法律文化的要求调整欧盟的要求。这些调整主要与透明性有关。

---

①　《指令 2004/17》和《指令 2004/18》。

②　《世界贸易组织(WTO)政府采购协议》(*World Trade Organization (WTO) Agreement on Government Procurement*)(GPA),1994。

③　案件 C – 107/98(Case C – 107/98)特卡尔股份责任公司诉德维亚诺县(Teckal Srl v. Comune di Viano and AGAC)[1999]ECR I – 8121。

　　立陶宛公共采购法的主要来源是《公共采购法》（LPP）。④ 该法最初于 1996 年通过，后来为了适应欧盟规则而经过了多次修订。应当指出，《公共采购法》在理论上不是级别最高的法源，因为根据立陶宛法源的等级，《宪法》、国际条约和成文法（法典）优先于法令。但《公共采购法》的规定是特别法，这意味着它们是公共采购领域的主要规则，当与其他法的规范如民法典发生冲突时，优先于其他法。⑤

　　目前为止，《公共采购法》包括五部分内容，包含了欧盟的《公共部门指令 2004/18》和《公用事业指令 2004/17》以及与救济相关规则。⑥ 因此《公共采购法》规范的是与公共采购相关的所有采购程序。

　　公共采购法的另一个重要来源是由公共采购办公室主席令通过和执行的各种条例。有些条例是非强制性的，它们只是建议，如关于供应商资格评估的方法建议⑦以及许多致力于统一公共采购程序的建议。此类条例对采购当局来说是非常有用的指导，因为它们提供的许多模板非常有用非常方便。有时候在立陶宛公共采购案例法中甚至有这样一种趋势，这些非强制性的条例是一种普遍要求，也就是说，这些规定几乎是强制性规范。

　　公共采购办公室的另一类型规则具有强制性，在所有采购中必须遵守。

　　另外还要考虑到《民法典》。⑧《民法典》第 1.3 条第（2）款规定，如果某法律问题（如公共采购问题）同时处于民法典和特殊法相关条款的规范范围，则特殊法规则优于民法典规则，但是法典规则仍然很重要。例如，所有公共合同和采购文件（公告等）的解释和应用，必须符合《民法典》中关于合同解释的第6.193 条的规定，这是一个既定的判例法。⑨

---

④ 《公共采购法》（立陶宛语版本：Lietuvos Respublikos viešųjų pirkimų įstatymas），Žin.，1996，No. 84 – 2000；2002，No. 118 – 5296；2003，No. 57 – 2529，No. 123 – 5579；2004，No. 7 – 130，No. 96 – 3520，No. 116 – 4321. 该法英文版本见于以下地址但不是最新版本：www. vpt. lt/admin/uploaded/LawonPPnew. doc。

⑤ 见立陶宛上诉法院 2007 年 7 月 20 日关于民事案件的裁决：梅比乌斯·鲍－阿伦蒂安格塞尔舍夫诉克莱佩达州海港管理局（Möbius Bau – Aktiengesellschaft v. Klaipédos valstybinio jūrų uosto direkcija），案件编号 2A – 342/2007（Case No. 2A – 342/2007）。

⑥ 关于以上所有规则，见 1.2 节。

⑦ 2003 年 10 月 20 日公共采购办公室关于通过供应商资格评价方法建议的主席令，2003 年 11 月 1 日，第 103 – 4623 号。

⑧ 《立陶宛共和国民法典》，2000 年 9 月 6 日，第 74 – 2262 号。

⑨ 见 2005 年 7 月 8 日立陶宛最高法院民事案件的裁决，UAB"苏佩拉"诉维尔纽斯市（"Supla" v. Vilniaus miesto savivaldybe），案件编号 3K – 3 – 339/2005（Case No. 3K – 3 – 339/2005）；2007 年 12 月 3 日立陶宛上诉法院民事案件的裁决，UAB"资本审计员诉维尔纽斯立陶宛劳动力市场培训中心（"Sostines auditoriai" v. Všį Vilniaus Žirmunu darbo rinkos mokymo centras），案件编号 2A – 549/2007（Case No. 2A – 549/2007）。

尽管立陶宛是一个大陆法系国家,但司法判例的理念在国家判例法中越来越强烈。就连立陶宛宪法法院几年前也承认,从法律上讲,司法判例是法源,所有法院根据以前的判例对类似事实应用同样的法律规则时,须保持一致性。[10]因此,公共采购受到判例法的强烈影响也就不足为奇。立陶宛判例法实际上是公共采购各种问题的丰富法源。立陶宛国内法院分析指出,公共采购实际上是公共秩序问题,这意味着法官必须认真审查每一项公共采购相关指控,保证公共资金的支出合理合法。立陶宛法院根据欧盟公共采购指令解释国家法律,其目的是保障和充分适用平等待遇原则、非歧视性原则、比例原则、透明原则和相互认可等原则。[11]

10.2 竞争性对话引入之前的复杂采购

2006 年,通过修订《公共采购法》,《指令 2004/17》和《指令 2004/18》被转化为立陶宛国内法,竞争性对话的概念随之进入立陶宛法律。修订《公共采购法》之前,任何采购当局未曾使用类似于竞争性对话的采购方式。多年来,大多数采购当局在复杂项目中主要使用两种采购形式:一是公开招标。根据《公共采购法》的规定,公开招标一直可以使用且政府也一直鼓励使用公开招标,以充分保障透明性和非歧视性原则。二是谈判,尤其是不发布公告的谈判。在采购过程中,许多采购当局以报价不合适为由与供应商直接进行谈判,先是由供应商提出报价,而采购当局则以这些投标不合适为由采取不发布公告的谈判。[12]不过这种做法最近受到了政府的批评。目前大力鼓励采购当局采取公开招标和竞争性对话的方式完成复杂项目如公私伙伴关系项目。政府的政策是针对采取的每一次不发布公告的谈判都会对进行严格审核,如果审核机构认为对此次谈判的应用条件理解得过于宽泛,则会推翻此次采购。国家判例法也支持这个政策。[13]

据作者所知,到 2010 年为止,竞争性对话在立陶宛还没有使用过,需要对

---

[10]　立陶宛宪法法院 2006 年 3 月 28 日的裁决,案件编号 33/03。

[11]　另见 D. Soloveicikas, *Public Procurement in Lithuania*; *The Ongoing Development*, *European Public Private Partnership Law Review*, 2009(2):36 - 48。

[12]　如《指令 2004/18》第 31 条,《立陶宛共和国公共采购法》第 56 和 73 条的规定, Žin. , 1996,第 84 - 2000 号;2002,第 118 - 5296 号;2003,第 57 - 2529 号,第 123 - 5579 号;2004,第 7 - 130 号,第 96 - 3520 号,第 116 - 4321 号。

[13]　见立陶宛最高法院 2009 年 11 月 13 日的民事案件裁决,国家体育场案,编号 3K - 3 - 505/2009。

立陶宛的采购当局进行培训,让他们更多地了解这种采购方式的各种好处以及这种采购方式可能带来的种种附加值。不过相关政府部门并没有忽略竞争性对话。政府相关部门特别鼓励在公私伙伴关系项目和大型投资项目中使用竞争性对话的方式。比如公共采购办公室就此发布了一个建议,提出使用竞争性对话时,应当将这种采购方式应用于此类项目。2010—2011 年度,立陶宛在《欧盟官方公报》上发布了三个竞争性对话公告(见 1.4 节);由于目前政府认为公私伙伴关系项目可以促进国内经济的发展,因此只要条件许可,未来竞争性对话的应用很有可能会越来越频繁。

10.3　竞争性对话简介

《公共采购法》第 Ⅱ 节对竞争性对话,包括适用此采购方式的采购类型进行了说明。竞争性对话与《指令 2004/17》和《指令 2004/18》的其他规则被纳入立陶宛的法律体系并于 2006 年初开始生效。立陶宛没有针对如何组织竞争性对话、是否应当在欧盟立法的基础上再增加一些新的规定进行实质性的讨论。立陶宛在将竞争性对话纳入《公共采购法》时,法律措辞与《指令 2004/18》完全相同。过去是这样,现在仍然是这样。

除了《公共采购法》的规定外,最近还有一套新规定有望促进竞争性对话的使用。这一套新规定就是《竞争性对话应用建议》(*Recommendations on the application of competitive dialogue*,下称《建议》),由公共采购办公室主席令通过并生效。[⑭] 在前面指出,公共采购办公室的建议一般不具法律约束力。但立陶宛的采购当局在采购实践中一般视此建议具有法律效力并遵守该建议,因此采购当局在选择使用竞争性对话时,很有可能将该建议视为主要的信息来源。

10.4　竞争性对话在法律和实践中的应用范围

《公共采购法》第 50 条对竞争性对话的主要适用条件进行了说明,其次是《公共采购法》第 51 条。第 51 条规定了竞争性对话的程序要求(公告发布、决标标准、分阶段实施竞争性对话等)。《公共采购法》第 52 条规定了如何申请参加竞争性对话的程序,而筛选标准和资格预选要求则由《公共采购法》第 53 条

---

⑭　2010 年 9 月 30 日公共采购办公室关于实施竞争对话实施建议的第 1S – 140 号主席令,Žin. 2010,第 120 – 6168 号。

规定。《公共采购法》第Ⅳ节最后一条是第 54 条,规定了邀请候选人参加竞争性对话的各种要求。在这些方面,《公共采购法》第 Ⅳ 节几乎原文照搬了《指令2004/18》第 29 条的所有规定。

必须指出,《建议》第一段指出,提出这个建议的目的是帮助采购当局在复杂的公私伙伴关系项目和投资项目中开展竞争性对话。这说明竞争性对话被视为推广公私伙伴关系项目的开展以及在立陶宛实施此项目的手段;还表明竞争性对话为此类项目提供了非常重要的灵活性。必须指出,立陶宛之所以通过该决议,是为了让在立陶宛投资的人感到公私伙伴关系项目的环境更具吸引力。因此,可以预期这类采购的应用将更加频繁。

《建议》没有说明竞争性对话仅用于高价值合同还是价值低于欧盟门槛值的采购也适用。《公共采购法》对此也没有任何说明。通常认为,如果《公共采购法》对采购当局的某种行为不要求也不禁止,那么该行为属于许可行为,但不得违反公共采购的一般原则。因此,欧盟指令门槛价以下和以上的合同都可以采用竞争性对话的方式。但由于竞争性对话程序的复杂性,采购当局不可能将竞争性对话用于欧盟门槛价以下的合同。

另外一点是,《公共采购法》也没有具体说明 B 类服务合同、工程特许经营合同、服务特许经营合同或受《公用事业指令》约束的合同是否适用竞争性对话或类似竞争性对话的程序。由于对这些合同的适用范围没有明确的限制,因此根据法律的规定,在上述情况下可以使用竞争性对话。

公共采购办公室的《建议》分为四节:第一节是一般规定,包括文件的目的以及各个定义;第二节概述了竞争性对话的适用条件;第三节论述了竞争性对话的准备情况;第四节说明如何按照步骤进行竞争性对话。上述各节详细解释了竞争性对话应当如何运作。该建议的依据是欧盟委员会的《竞争性对话解释性说明》。[⑮]

根据《指令 2004/18》(见 1.4 节)和《公共采购法》的规定,当采购当局客观上无法确定采购的技术方式或具体说明法律或资金构成时,可使用竞争性对话。《建议》第 6.2 段举了一个例子来解释,指出当公私伙伴关系项目中的公共伙伴不知道私人伙伴在多大程度上做好了项目资金准备时,就属于此类情况。第 8 段继续采用这一思路,指出如果复杂的基础设施和服务项目为公私伙伴关系项目,建议采用竞争性对话的方式。公共采购办公室指出,当谈判不能达到预期灵活程度,且必须与供应商进行协商时,建议采用竞争性对话的方式(第 9

---

⑮ 《欧洲委员会关于竞争对话的解释说明》(*European Commission Explanatory Note on Competitive Dialogue*),CC/2005/04_rev 1,2005 年 10 月 5 日。

段)。(立陶宛关于谈判(无论是发布公告的谈判还是不发布公告的谈判)的法律,都要求制定一套技术规格,尽管《指令2004/18》本身并没有这一要求。⑯)最后一点是,各采购当局有义务对是否存在竞争性对话的法律适用条件进行彻底评估(第10段)。从《建议》的文字可以得出这样的结论:当确实能够拟订准确详尽的技术规格的情况下,采购当局不得使用竞争性对话。

在前面指出,虽然立陶宛针对竞争性对话制定了上述法律适用条件和相关规则,但采购实践中竞争性对话的使用次数很少。

10.5 竞争性对话的操作

10.5.1 引言

在前面指出,《公共采购法》对竞争性对话的应用要求与《指令2004/18》第29条的规定相同。这意味着根据《公共采购法》第50条第(2)款的规定,授标时必须将标授予最具经济优势标。该法还规定,采购当局向参与者支付奖金和费用。

10.5.2 计划阶段和说明文件的起草

无论是《指令2004/18》还是《公共采购法》的规定,都没有明确说明在筹备竞争性对话或起草说明文件时应考虑哪些因素。《公共采购法》第51条第(1)款只是规定采购当局必须在公告和/或说明文件中公布其需要和要求。然而《建议》第Ⅲ节建议了应该做什么,什么时候做。第12条第(1)款至第12条第(18)款概述了准备阶段应当做的工作。采购当局需要考虑的要点包括:明确并规定相关信息为保密信息,以便保护采购当局和供应商的利益;明确并规定涉及利益冲突的相关要求,让所有供应商都了解自己是否符合这些要求,防止自己因未达到相关要求而无法参与竞争性对话;确定技术规格的基本要素,这些技术规格的基本要素可能对最终结果产生影响;确定合同期限;确定决标过程时长,并为采购当局和供应商规定适当的时限;确定采购价值;确定筛选和资格

---

⑯ 《公共采购法》第24条。最高法院和上诉法院在判例法中有一个非常强烈明确的要求:任何公共采购的要求必须绝对明确(例如,见上诉法院在以下民事案件中的裁决:UAB"拉博斯泰拉公司诉考纳斯红十字会临床医院("Labostera" v. Vsļ Kauno Raudonojo Kryžiaus klinikin ė ligoninė),案件编号2A - 200/2008(Case No. 2A - 200/2008)。

预选标准;确定候选人人数;确定通信手段;确定评标标准、相关参数及其适用方法;确定分包商要求(如有);确定可以提交的方案数量;确定是否允许提交备用方案;确定财团的要求;确定合同执行的阶段。

此外,这些条款还建议对市场进行总体评估,确定哪些主要企业可能投标,透明性是否有保障,有效竞争能否进行,采购当局的市场信誉如何,等等。

这些条款还指出,采购当局应提供竞争性对话相关信息,如整个程序的组织形式、预测的阶段数目、需要解决的主要问题以及需要与投标人讨论的问题、对话的方式如何、对话何时结束、以何种方式邀请投标人提交最终投标书等。

10.5.3 信息与方案的保密

有一些法律规定涉及竞争性对话的保密要求。第一个是特别法,主要与竞争性对话有关,即《公共采购法》第51条第(2)和第(7)款。《公共采购法》第51条第(2)款和第(7)款照搬了《指令2004/18》的规定,指出采购当局未取得供应商同意,不得对外披露从供应商处收到的信息,竞争性对话期间不得披露供应商方案以及与供应商达成的协议。在此必须指出,根据立陶宛判例法的规定,公共采购程序被视为先合同法律关系,这意味着如果违反保密义务,采购当局要对违约责任负责,也就意味着受害方有权就违规行为提出损害赔偿。

关于保密的第二项规定是《公共采购法》第6条,该条针对决标过程中的保密做出的相关规定在竞争性对话中必须遵守。《公共采购法》第6条第(1)款重复了上述规则,指出如果供应商确定某些信息为机密信息,并将其机密性告知采购当局,那么采购当局、采购委员会及其成员,包括参与该程序的专家和所有其他人员,不得泄露此信息。法律继续解释说,机密信息包括商业秘密以及投标相关机密信息。此外,《公共采购法》第6条第(1)款还有一个在《指令2004/18》中找不到直接来源的规定。该规定指出,如果投标人提出请求,则采购当局必须应投标人的请求,允许投标人熟悉其他供应商的投标书内容,被供应商限制披露的信息除外。普遍透明性是立陶宛采购制度的核心内容;从这个普遍透明的角度来看立陶宛的《公共采购法》可以看出,方案和投标书的保密并不是该制度中的首要事情,而是让位给了透明性。但实际上在采购实践中这个规定常常被规避,只要声明投标书中的所有信息均为机密信息不可泄露即可。目前还没有人就此向法院提出诉讼。不过公共采购办公室建议人们采取更加灵活的方式,允许人们尽可能多地获取投标书和商业建议书中提供的信息。

10.5.4 广告要求

《公共采购法》51 条第(1)款规定,采购当局应按照《公共采购法》第 22 条和第 23 条规定的方式发布合同公告,并应在该公告中说明其需要和要求。这些条款针对的是《指令 2004/18》门槛价以上合同的广告,提出公告必须发布在《欧盟官方公报》、国家官方公报《国家知识》(*Valstybès žinios*)和中央公共采购信息系统(CPPIS)上。从 2012 年 1 月 1 日起,广告只需在《欧盟官方公报》和中央公共采购信息系统上发布。

为了帮助采购当局为门槛价以上的采购(包括竞争性对话项目)准备公告,公共采购办公室发布了关于填写国际采购通告标准表格的《建议》。[⑰] 在实践中,公共采购办公室对以电子方式提交给它的每一份通知草案进行审查,而且必须在收到公告后三个工作日内完成审查。如果公共采购办公室认为公告有瑕疵,如在筛选和决标标准方面有瑕疵,就会退回公告,采购当局必须就这些瑕疵采取行动,以保证公告的最终发布。

10.5.5 筛选阶段:选出参加对话的候选人

筛选候选人参加对话的相关规则,大致照搬了《指令 2004/18》相关规则,在 1.5.5 节就此进行了讨论。《公共采购法》第 51 条第(2)款规定,采购当局必须与根据《公共采购法》第 54 条选出的候选人展开对话。因此,采购当局有义务首先选择符合筛选标准(最低资格要求)并能够提交适当方案的供应商。《公共采购法》第 53 条也进行了交叉参照,指出必须遵守《公共采购法》第 47 条的规定。《公共采购法》第 47 条与限制招标有关。通过上述交叉参照可看出,在合格候选人数量充足的前提下,可以限制候选人人数,而此举按照《指令 2004/18》的规定是允许采取的行为。因此《公共采购法》在这一方面重复了《指令 2004/18》与标准公布有关的一般规则。

《公共采购法》还照搬了《指令 2004/18》中关于候选人筛选的其他规则,如关于邀请参加对话的候选人人数和筛选标准的规则。此外,立陶宛对筛选阶段的某些共同要求和相关建议在供应商资格评估方式指南中有相关规定。[⑱]

---

⑰ 2006 年 6 月 29 日公共采购办公室关于通过填写标准国际公共采购公告表格建议的第 1S – 37 号主席令,Žin,2006 年,第 76 – 2953 号。

⑱ 2009 年 3 月 30 日公共采购办公室关于供应商资格评估方法准则的第 1S – 25 号主席令,Žin,2009 年,第 39 – 1505 号。

10.5.6 对话阶段

《指令 2004/18》中关于对话阶段的相关规则见 1.5.6 节分析。

《公共采购法》第 54 条照搬了《指令 2004/18》的相关规定,指出采购当局应与选出的候选人展开对话,以确定满足其需要的最佳手段。

《公共采购法》第 51 条第(3)款规定,采购当局在《指令 2004/18》规定的限度内,可将对话分成连续步骤进行,以减少对话过程中的方案数量。关于如何对话的其他方面,《公共采购法》仍然重复了《指令 2004/18》中的规定。

根据《建议》第 25 条的规定,可通过以下方式进行对话:

(1)寻找最合适的方案,可以整合所有建议中有用的各个方面。由于采购当局必须遵守保密规定,因此未经候选人事先同意,不能向其他参与者披露其提交的方案。合同公告或说明文件必须就以下事项进行说明:邀请参加对话意味着同意向其他参与者披露提交的方案。目前尚没有供应商就此法律规定向法庭提出诉讼,公共采购办公室也没有就此发出禁令或限制。目前在这个问题上也没有相关判例法。

(2)邀请提交不具法律约束力的方案,然后可对其进行最大程度的调整和改进。

(3)将对话分为不同的步骤进行:在对话开始时讨论技术方案,资金问题放到后期讨论。

(4)从采购当局提出的初始方案入手,邀请参与人在对话期间就其提出意见。

对话期间方案被淘汰的参与者,不得进入下一个程序。

《建议》还规定,可以按照咨询式对话和研究式对话两种方式进行对话。咨询式对话是采购当局根据其制定的项目要求,就如何或以何种方式实施该项目而向供应商寻求建议。在这种情况下,采购当局并不是要求供应商提交自己的计划或解决方案,而是针对采购当局提出的方案提出替代性方案。研究式对话是先由采购当局确定其目标和理想结果,但不提供细节。在这种情况下,供应商首先提交一般建议书,然后对这些建议书进行修订和调整,直到确定最佳方案。

《公共采购法》第 51 条第(7)款规定,采购当局必须对对话进行会议记录,并由采购委员会主席和参与对话的供应商授权代表在记录上签字。

在选择最佳报价之前,采购当局也可采取若干具体步骤(《建议》第 27 条):

解决合同条款中任何仍然不明确的地方;确定方案的主要内容,并狭义解释可在何种情况下修改方案的主要内容;确定可在何种限度内对方案进行修订;保证只有在采购当局的提议下才能对投标书做出解释、说明和更正。

根据《公共采购法》第 51 条第(6)款的规定,决标标准在对话期间不可更改。

10.5.7 最终投标阶段

《公共采购法》第 51 条第(5)款重复了《指令 2004/18》中关于提交最终投标书的相关规则,并且也跟《指令 2004/18》一样,规定在一定条件下可以对投标书解释、说明和微调。《指令 2004/18》中的相关规定见 1.5.7 节相关分析。

《公共采购法》第 51 条第(6)款照搬了《指令 2004/18》的规定,指出采购当局应根据合同公告或说明文件中规定的决标标准对收到的投标书进行评估,并依此选出最具经济优势标。在第 1 章指出,有一种观点认为,按照《指令 2004/18》的规定,在某些情况下邀请参加最终投标的人数 2 人足矣。在实践中也会出现这样的情况。但在此必须指出,立陶宛的法律规定,采购当局邀请参与对话的投标人人数不得少于 3 人(《公共采购法》第 53 条第(2)款)。

立陶宛的法律还规定,投标人只能向采购当局提交一份投标书。

10.5.8 中标人或优先竞标人选出之后的程序

《指令 2004/18》中关于最佳投标人选出之后的程序规定见 1.5.7 节。

《公共采购法》第 29 条第(7)款在措辞上同样照搬了《指令 2004/18》的规定,指出如果采购当局提出要求,提交最具经济优势标的供应商可以就其投标书进行说明,或者就其投标书中的义务进行确认,但所有这些调整不得实质性改变投标书或招标书的内容(《公共采购法》第 51 条第(6)款)。

《建议》第 32 条规定,对方案的实质性修改指的是对最终投标书条件的修改,例如:付款机制和付款时间;定价规则和最终价格;合同范围;合同期限和合同履行时间表;地点、方法和条件;技术规格等。

10.5.9 停顿期

《公共采购法》第 18 条第(9)款做出了通用规定,指出不得在停顿期满之前签订公共合同。该通用规定无条件适用于竞争性对话。立陶宛这个条款的一个特点是如果公共合同不受《指令 2004/18》约束,当其采购价值不超过 10000

立特(不包括增值税)时,必须遵守停顿期的规定。如果某个合同不受《指令 2004/18》约束,但采用竞争性对话的方式,这一规定就相当重要。

10.5.10 对参与对话的成本补偿

《公共采购法》第 50 条第(4)款规定,采购当局可向参加竞争性对话的参与者设立奖金和费用补偿。这种奖金和费用补偿至少可以补偿因编写建议书(方案)而产生的部分费用(《建议》第 11 条)。设置这种补偿的目的是鼓励更多的候选人参加竞争性对话。

在立陶宛,采购当局通过这些方式对供应商进行补偿的情况非常罕见。在进行竞争性对话时对供应商进行费用补偿的情况也从未发生过。

10.6 结论

在前面指出,在立陶宛人们应用竞争性对话的条件与《指令 2004/18》的规定是相同的。与其他成员国不同的是,竞争性对话在实践中没有得到广泛推广。不过公共采购办公室的《建议》已经为竞争性对话的实施做好了全面准备,该建议将为有意尝试这种采购方式的采购当局提供一个准绳。

另有明确迹象表明,竞争性对话的使用很有可能是在公私伙伴关系和大型投资项目的背景下进行,这些项目一般都是《指令 2004/18》门槛价以上的采购。

第 11 章　竞争性对话在意大利

加不列埃尔·M. 拉卡　达里奥·卡萨利尼[*]

11.1　引言：意大利公共采购的规范

意大利在公共采购立法方面有着悠久的传统。意大利关于工程合同授予方式的第一个立法可追溯到 1865 年意大利国家诞生时,也是意大利建国后颁布的第一批法规之一。[①] 后来,意大利又在 1923 年通过了公共会计法,规定公共当局在进行供应和工程采购时具有实施竞争性招标的普遍义务。[②] 意大利国内的公共合同法所追求的目标是公共支出的物有所值,在起草相关法律时出发点是采购当局必须遵守效率和效力原则(《意大利宪法》第 97 条)。意大利的这一做法随后与欧盟保护市场经营者之间公平竞争的理念融为一体。市场上的经营者都愿意与公共当局之间建立一种合同关系。最佳承包商的客观选择满足了采购当局和经营者双方的物有所值的目标,也保护了公平竞争的权力,有助于欧洲市场的持续改善和生活质量的持续提高。[③]

这一历史法律背景说明了为什么自欧盟第一代公共采购指令产生以来,意大利国内法在将欧盟各指令转化为国内法的时候,其约束范围大大超出了欧盟规定的范围。欧盟关于公共采购的各个指令一直通过成文法得到实施,并根据下一代欧盟法做了进一步修订。欧盟规则在转化为意大利国内法的时候,在措辞上通常采取原文照搬的模式。这种原文照搬模式主要表现在欧盟原则和定义方面,目的是避免设定国内相关概念时引起误导。除了照搬欧盟指令的措

---

* 11.2 节、11.3 节、11.5.1 和 11.5.7 节作者为 Gabriella M. Racca,其余节作者均为 Dario Casalini。

① 《1865 年 3 月 20 日第 2248 号法律》,附件 F,《公共工程法》(*Law on Public Works*)。

② 《1923 年 11 月 18 日 2440 号法律》(*RD No.2440 of 18 November 1923*);A. Massera, M. Simoncini, *Basics of Public Contracts in Italy*, *Ius Publicum Network Review – Report*, 2011,见于 www. iuspublicum. com。

③ 公共合同规则最初是为了确保公共行政的道德:G. M. Racca, *La responsabilità precontrattuale della pubblica amministrazione tra autonomia e correttezza*, Naples: Jovene, 2000。

辞,意大利立法者还起草了非常详细的规则,对采购当局的采购裁量权进行限制。

通过《第 163 号法令》(《公共合同法》,简称 PCC,2006 年 4 月 13 日颁布)以及《意大利共和国总统令第 207 号》(Decreto del Presidente della Repubblica, DPR,2010 年 10 月 5 日颁布)签署的执行条例,欧盟《指令 2004/17》和《指令 2004/18》在意大利得到了实施。这些法令和执行条例共同构成了意大利的立法体系,由 600 多节组成。行政条例于 2011 年 6 月 8 日才生效。《公共合同法》及其执行条例对应的是决标以及合同的履行事宜。原则上来说,合同履行受制于合同关系相关的一般规则(私法),见《意大利民法》(Italian Civil Code)。然而许多偏离私法(如《意大利民法》)的规则在制约着合同的履行,例如分包、备用方案、支付机制、调解和最后检查,这些都是强制性的法律规定,任何一方不得克减。经营者在履约阶段出现未履行合同的情况,可能是因为违反了竞争规则,因为经营者所履行的合同与决标阶段按照竞争规则授予的合同相比,可能已经有所不同。④

意大利"承认并推进地方当局的统治"(《意大利宪法》第 5 条);意大利共和国除国家外,还有各自治市、省、市和大区,它们都是自治主体,拥有自己的法规、权力和职能(《意大利宪法》第 114 条)。国家对竞争规则拥有专属立法权限,因此在公共合同方面拥有专属立法权限。⑤ 在不同时期,各大区向宪法法院提出诉讼,要求宪法法院在以下方面维护其自主权限:公共合同方面(即欧盟门槛价以下的合同)(Const. Court No. 40eu),内部要求条款的制定(Const. Court No. 439/08)、授予程序的确定和合同履行条例的管理(Const. Court No. 439/08)、公共合同的延期(Const. Court No. 320/08)、设计和规划(Const. Court No. 221/2010)和异常低价投标的淘汰(Const. Court No. 160/2009)。但是,宪法法院拒绝了各大区在这些问题上的权限,理由是这些事项都与竞争有关,在陪审团的组成、职能以及工程合同对城市规划的影响方面(Const. Court No. 401/07)只给各大区留下了有限的裁量权。这种裁量权的行使必须符合欧盟和国家原则。此外,地方当局(自治市、省和市)一般发布欧盟指令门槛价以下公共合同的授予程序管理条例。

---

④ R. Cavallo Perin,G. M. Racca, G. L. Albano, *The Safeguard of Competition in the Execution Phase of Public Procurement*,*Quaderni Consip*),2010(VI),见于 www. consip. it;G. M. Racca, *Collaborative Procurement and Contract Performance in the Italian Healthcare Sector:Illustration of a Common Problem in European Procurement*,*Public Procurement Law Review*,2010(19):119。

⑤ 《意大利宪法》第 117 条第 2 款第 e、l、m 和 s 项。

包括地方当局和欧盟公共采购规则约束下的其他公共机构,意大利有数千个采购当局,这些采购当局的采购除了司法审查以及由某独立的国家机构制定的管理规定,不受其他形式的监督,下面将对此进一步说明。

关于前者,对公共合同授予程序的司法审查属于行政法院(区域行政法庭(TAR)和作为上诉法院的国务委员会)的管辖范围。对公共合同诉讼的管辖权历来属于行政法院(负责决标程序相关纠纷)和普通法院(法庭、上诉法院、最高上诉法院,负责合同生效后的合同履行相关纠纷)。《指令 2007/66》对欧盟采购指令约束下的合同救济规则进行了修订。意大利将《指令 2007/66》转化为国内法之后,行政法院可以宣布授标无效,合同无效,[6]但普通法院则保持合同履行阶段所产生纠纷的处置权,[7]本阶段适用特别法规(如关于分包的特别公法规则)的除外。[8] 如果行政法院认为此时不适合宣布合同无效,则可以对采购当局处以其他形式的处罚,如罚款和缩短合同期限。

在过去 10 年中,意大利的诉讼数量急剧增加,每年有数千起关于公共采购的法律诉讼提交行政法院。[9] 法院在制定公共采购法以及加强和规范执法方面发挥了重要作用。诉讼案件的急剧增加,主要是因为采购当局缺乏相关专业技能,使人们对采购当局的采购行为缺乏信任。为了减少诉讼案件的数量,意大利政府于 2011 年在《公共合同法》中针对"鲁莽诉讼"增加了一个新的处置方式。不管什么时候,"只要司法判决基于明显事实或既定的判例法",意大利法官都可以判决败诉方(败诉方可能是采购当局也可能是承包商,但发起鲁莽诉讼的往往是后者)支付罚款,数额是诉讼费用的 2~3 倍。[10]

除司法审查外,意大利法律还设想设立意大利公共合同管制局(Autorita di vigilanza sui contratti pubblici),其任务是监测公共合同的授予和执行情况。管理局的活动由国家、授标当局提供资金,投标人提供部分资金。[11] 每个投标人都

---

⑥ 《行政审判法》(*Administrative Trial Code*)第 133 条;Cass. ,ord. ,2010 年 3 月 5 日,第 5291 号;Cass. ,S. U. ,ord. ,2010 年 2 月 10 日,第 2906 号;Cons. Stato,V,2010 年 6 月 15 日,第 3759 号。

⑦ Cons. Stato,VI,2010 年 5 月 26 日,第 3347 号;Cons. Stato,V,2010 年 4 月 1 日,第 1885 号;Cass. ,S. U. ,2011 年 1 月 11 日,第 391 号。

⑧ Cons. Stato,IV,2010 年 3 月 24 日,第 1713 号。

⑨ 每年平均有 3000~4000 起法律诉讼,占裁决程序总数的 4% :M. 里帕里(M. Lipari)"行政诉讼的原因和案件"(Le cause e la casistica del contenzioso amministrativo),2011 年 2 月 8 日在罗马国际社会科学自由大学(LUISS)举行的"公共比赛与资源高效管理"会议(Gare pubbliche ed efficiente gestione delle risorse)上的讲话。

⑩ 《公共合同法》(PCC)第 246 - biss 条,通过《第 70 号法令》(2011 年 5 月 13 日)第 4 条添加,于 2011 年 7 月 12 日成为《第 106 号法律》。

⑪ G. M. Racca,*Public Contracts*,*Ius Publicum Network Review – Report*,2011。

必须支付一定的费用才能参加授予程序:支付费用是程序的强制性要求,不遵守规定者将被淘汰。[12] 该机构向政府提出《公共合同法》修正案的建议,并就《公共合同法》的解释和实施提出意见。它还为议会编写关于授予和执行公共合同的年度报告。针对虚假申报自身资格的经营者,管理局有权对其进行经济处罚。管理局还可对拒绝披露信息或提供虚假信息的采购当局和经营者处以罚款。除了这些经济上的制裁,针对虚假申报的经营者,管理局有权暂停其签订公共合同的资格,为期 1 ~ 12 个月。[13]

11.2 竞争性对话引入之前的复杂采购

当采购当局无法确定达到自身需要的最佳工程或服务方式,或者必须让私人资金参与到相关项目时,意大利国家立法具体设置的授标方式与《指令 2004/18》中的竞争性对话相比是一致的。意大利规定的这些授标方式与复杂合同有关,于是就产生了这些授标方式与竞争性对话的关系和差异问题。

如果一个采购当局需要授予的合同涉及多个方面(设计、执行、管理、工程应用),可通过意大利规定的名为"竞争合同"(appalto concorso)[14]的特别程序来满足自己的需要。该程序时间长,结果不尽如人意,因此公共行政部门(特别是由政治家和该领域的非专家组成的评标委员会)在授予公共合同时拥有很大的裁量权,在选择中标人时并没有真正的竞争。

过去,意大利采购当局可通过"竞争合同"向企业说明其必须满足的基本需求。"竞争合同"其实包括现在的"创意竞赛"和"设计竞赛"(前期计划、最终计划和执行计划),以及工程的实施。有时也包括设施管理服务或者本次采购中的工程利用。

为了保证与公共工程方面的《指令 93/37》相一致(该指令是现行《指令

---

⑫ 《公共合同法》第 6 条和第 8 条、《2005 年第 266 号法律》第 1 条第 67 款规定:意大利公共合同管理局为了支付其活动费用,每年确定受其监督的公共和私营实体应支付的费用数额,以及收取方法(关于费用数额,见 2010 年 2 月 15 日《意大利公共合同管理局决议》)。

⑬ 《公共合同法》第 6 条第 11 款和第 48 条。

⑭ "appato concorso"一词首次出现在 1917 年 5 月 21 日部长通告(第 586 号)中,然后由 1919 年 2 月 6 日《第 107 号法令》第 2 条加以规范。接下来根据 1923 年 2 月 8 日《皇家第 422 号法令》再次进行规范。意大利转化《指令 93/37》的国内法律规定,只有符合该法简略规定的条件(1994 年 2 月 11 日《第 109 号法律》第 17 条第 1 款、第 5 款以及第 20 条第 3 款)时,也就是说金额超过 2500 万欧元,需要在不同的技术解决方案之间进行选择的特别复杂的工程时,方可使用该程序。随着实施《公共合同法》(PCC)的新政府条例的生效,appalto concorso 从 2011 年 6 月起废止(《公共合同法》第 253 条,第 1 - D 款)。

2004/18》的前身之一），意大利的"竞争合同"被转化成事先发布合同公告的公开招标或限制招标，实现了与欧盟采购指令的一致。但是这种采购方式也常常用于授予工程特许经营合同，[15]而按照在第 1 章的解释，工程特许经营合同只需符合《指令 2004/18》的少量规定即可。换句话说，通过这种方式授予的合同，既可以在结构上设计成"公共工程合同"，以工程的设计和实施为标的，也可以设计成"公共工程特许经营合同"，以工程设计和实施为标的，但同时要考虑工程的经营权问题，此外还要考虑以经营收入支付合同费用的问题。[16] 使用这一采购方式的条件是相关项目属于复杂项目，在技术方案和技术规格上具有不明确性。

然而，将设计服务、工程实施和设施管理服务三个主题要素联系在一个授标过程中，很难保证每一个要素都有真正的竞争。实际上，工程实施部分的合同是在有限规划的基础上授予的，只是对采购实体需要的大致说明（细节在合同中不断细化），而这似乎并不符合欧盟指令的要求。该程序的另一个问题是，评标委员会一般由政治家组成而不是由合同相关领域的技术和专业技能的人组成。[17] 这些因素影响了对经营者建议的正确和客观评价，是该程序废止的一个重要原因。

总体而言，意大利这一程序并不能保证透明性，并且从大量的案例法来看，由于该程序广泛滥用裁量权引发了与合法性和公平性有关的若干问题。[18] 在规划服务采购（创意竞赛和设计竞赛）与工程采购（执行）强制分离后不久，《公共采购法》于 2006 年规定了一种类似于"竞争合同"的新的采购方式，称为"综合合同"（appalto integrato）。

"综合合同"似乎更符合欧盟指令的要求，因为它要求必须在初步计划和最终计划的基础上授予合同，而不是像"竞争合同"那样，只需粗略计划，对采购当局的需要大致确定就可以。按照"综合合同"的规定，公共工程的实施必须有实

---

⑮ 根据《1994 年第 109 号法》第 20 条第 1~3 款。现废止。

⑯ 《1994 年第 109 号法》第 20 条第 4 款，现《公共合同法》第 53 条第 2 款第 b 项，以及第 105~116 条，《意大利共和国总统令第 207/2010 号》，均规定采购当局至少要确定工程最终计划。

⑰ Const. Court No. 453/1990 要求竞争性招标中评审团成员的大多数应当是相关领域的专家。

⑱ 与 appalto-concorso 程序相关的判决有 1000 多个，参见 Cons. Stato，V，2009 年 9 月 10 日，第 5433 号；Cons. Stato，V，2009 年 1 月 21 日，第 282 号；Cons. Stato，V，2009 年 1 月 7 日，第 17 号；以及 Cons. Stato，IV，2006 年 5 月 26 日，第 3190 号。目前《公共合同法》（PCC）规定，公共工程只能通过公共工程采购（包括 appalto integrato）程序或公共工程特许经营方式进行：见《公共合同法》（PCC）第 53 条。该条实施的是《指令 2004/18》解释性条款第 9 条。公共工程特许经营事宜按照《指令 2004/18》第 1 条第（3）款制定相关规定。

施计划,而且根据欧盟指令的规定,工程的设计和实施合同可以单独授予,也可以同时授予。[19] 以前通过"竞争合同"满足的需求,现在可通过"综合合同"得以实现,如果在合同文件中规定合同完成后合同费用的全部或一部分以工程经营的方式来实现,那么也可以按照《指令 2004/18》的规定,以公共工程特许经营合同的方式满足采购当局的需求。[20]

除了使用"综合合同",当采购当局无法确定工程设计方案时,不管相关合同是否达到了欧盟的门槛价,都可以使用《公共采购法》为此规定的特别方式,[21]也就是创意竞赛和设计竞赛。

创意竞赛是一种服务采购,但是它的标的物更加宽泛,更加模糊,因为《公共合同法》只是采购当局提供了一些框架式的规定,没有初步方案那么具体和详细。[22] 另外,创意竞赛与工程竞赛不同,创意竞赛的内容不限于工程计划,还可应用于设计服务和供应服务合同。采购当局可购买经营者的创意,以奖金或者酬金的方式进行回报(不是赔偿金)。然后这个创意会成为设计竞赛的主题,或者成为设计实施项目的招标主题。另外《公共合同法》规定,如果是公共工程合同,采购当局可以在合同公告中明确说明可能会委托创意竞赛的胜出者,通过不发布公告的谈判的方式完成后续的设计工作(初步计划、最终和实施计划)。[23]《公共采购法》第57条第4款对应的是《指令 2004/18》的第31条第(3)款。[24] 根据《公共采购法》第57条第4款的规定,如果最初的设计竞赛按照《指令 2004/18》规则进行,而竞赛规则又规定可以通过这种不发布公告的谈判方式针对设计合同进行协商,就可以按照上述不发布公告的谈判的方式进行设计合同的协商。必须指出,根据《指令 2004/18》的规定,只能在设计环节使用这种方式,在项目实施这一环节是不允许采用不发布公告的谈判的方式授予相关合同的。

---

⑲ 《指令 2004/18》第1条第(1)款第(b)项。

⑳ 公共工程特许经营相关定义见《公共合同法》(PCC)第143条。

㉑ 法国法律也规定了类似的程序。根据该程序相关规定,只要"公共实体无法具体说明合同必须达到的目标和功能、使用的技术以及人力和材料",就可以启用所谓的 marchés de definition 程序。这种合同的目的是探讨随后订立合同的可能性和条件,必要时可制作模型或示范。此外通过这些合同还必须能够估算相关条款的价格水平,并对功能进度的阶段划分有明确界定(法国《公共采购法》第73条,通过2006年8月1日《第2006-975号法令》)。参见案件 C-299/08(Case C-299/08)欧盟委员会诉法国(Commission v. France)[2009]ECR I-11587。

㉒ 《公共合同法》(PCC)第108条。

㉓ 《公共合同法》(PCC)第108条第6款。

㉔ 《指令 2004/18》第31条第(3)款规定,"设计竞赛结束之后,根据适用规则,相关合同必须授予胜出候选人或胜出候选人之一;如果是后一种情况,必须邀请所有胜出候选人参加谈判。"

采购当局通过设计竞赛采购初步计划,这是工程设计的第一个阶段。根据意大利法律的规定,工程设计共有初步阶段、最终阶段和实施阶段三个阶段。在第一阶段中需要制定一个初步计划,其中包括确定工程的性质和功能特点,制定需求的总体框架,方案的支持性报告,还有相关工程在尺寸、体积、功能和技术特性方面的概要。[25] 采购当局通过设计竞赛签订服务合同。合同针对的是初步项目。这个初步项目必须先在最终计划中、后在实施计划中加以具体化和详细说明。如果采购当局在其组织内部无法就接下来的两个阶段做出相关规定,必须就此进行一次新的采购。此次采购的主题是设计(将初步计划发展成为最终和实施计划)和施工(工程的实施)。[26]

必须指出,《公共合同法》明确禁止参与工程规划阶段或规划采购程序的经营者参与这些工程的实施投标。意大利行政法院的判例法指出,此规则是平等待遇一般原则的具体实例。因此规划工程公司及其子公司不能成为同一工程的承包商、分包商,也不能成为该工程的特许经营公司。[27]

意大利立法者决定在 2011 年 6 月之前,《指令 2004/18》约束范围内的合同暂停使用竞争性对话,理由是意大利已经有了这些传统的采购方式。必须指出,废止"竞争合同",是因为新政府条例生效、竞争性对话可以使用了。[28] 竞争性对话可以提高透明度,并保证相对于这些传统采购方式的优越性。正是因为这些优点,竞争性对话才可能在未来得到广泛应用(将在 11.4 节对此进行讨论)。

11.3　竞争性对话简介

在第 1 章指出,竞争性对话是《指令 2004/18》下的非强制性采购方式。意大利决定在其《公共合同法》中制定竞争性对话的相关法律。[29]但是竞争性对话并没有立即应用于《指令 2004/18》范围内的合同,而是一直推迟到 2011 年 6 月

---

[25]　《公共合同法》(PCC)第 93 条。

[26]　《公共合同法》(PCC)第 109 条允许进行两阶段竞赛,两个阶段的主题分别是预赛项目和决赛项目的主题。

[27]　见 Cons. Stato,IV,2011 年 5 月 3 日,第 2650 号。

[28]　见《公共合同法》(PCC)第 253 条,第 1 - D 款、第 1 - E 款和第 3 款。

[29]　《公共合同法》(PCC)第 58 条。该主题最新评论,见 S. Vinti,*L'evidenza pubblica*, in C. Franchini (ed.) ,*Il contratti con la pubblica amministrazione*, vol. I, Turin:Utet,2007:329 – 336;R. Invernizzi,*Il dialogo competitivo e il dialogo tecnico*, in M. A. Sandulli, R. De Nictolis, R. Garofoli(eds.) ,*Trattato sui contratti pubblici*, vol. III, Milan:Giuffre,2008:1905 – 1940。

8日意大利政府颁布实施《公共合同法》的条例之后才开始使用。㉚ 这意味着，在意大利对于竞争性对话的应用在本章完成之时才刚刚开始。之所以会推迟竞争性对话的使用，是由于竞争性对话是一个全新的程序，人们担心在意大利实施竞争性对话之后，采购当局会滥用竞争性对话，因为根据意大利的法律规定，采购当局采用这种方式会有很大的裁量权，这样一来诉讼的风险就很高。因此，竞争性对话虽然在意大利有了相关法律，但竞争性对话的应用并未开始。此举与最高行政法院的想法正好相反。最高行政法院认为，竞争性对话是《指令2004/18》中自动生效的东西，在意大利的实施不需要再颁布相关条例。㉛《意大利共和国总统令第207/2010号》（DPR No. 207/2010）中关于竞争性对话的规定明确了竞争性对话的适用条件、合同公告的基本内容和最低投标要求（必须有可行性研究和计划书），并规定采购当局向获胜者支付奖金或奖励的方式来获取初步方案。㉜

除了针对《指令2004/18》约束范围内的合同引入竞争性对话，2006年以来，意大利通过《公共合同法》将新的公共采购指令转化为国内法时，在国内法中制定了一种非正式的合同授予方式并冠以竞争性对话的名称。这种采购方式用于不受或不完全受欧盟指令约束的公共合同，例如特许经营合同，以及其他形式的私人融资项目和公私伙伴关系项目（详见下文）。㉝ 在第1章指出，这些项目只需遵守欧盟原则，不受专门针对公共合同的指令的约束，而且根据这些项目的相关规则，处理这些项目时，采购当局在如何组织采购方式方面享有很大的裁量权，包括可以决定采用类似于竞争性对话的采购方式。由于受欧盟指令约束的合同暂停使用竞争性对话，竞争性对话只应用于欧盟指令约束范围以外的合同，因此迄今为止竞争性对话的使用次数有限。从《每日电子标讯》（TED）看，2006—2010年竞争性对话在意大利的使用次数有34次，2006年1次，2007年2次，2008年4次，2009年9次，2010年18次。其中9次是公共工程合同，18次是服务合同，7次是供应合同。

通过竞争性对话，采购当局与经营者合作确定方案，方案确定的过程也是采购过程的开始。从某种程度上说，公共管理部门必须有理由证明它无法通过裁量权的运用，从数个合法有效的方案中做出选择。它无法确定最能满足其需

㉚ Cons. Stato, ad. gen. , 2007年6月6日，第1750号，5.6节。

㉛ 《意大利共和国总统令第207/2010号》第113~114条。

㉜ 《公共合同法》（PCC）第253条第Ⅰ-D款。

㉝ 见11.4节。

要的技术、法律或资金手段,无法确定备用方案,也无法保证选出最适合公共利益的方案。意大利法律要求采购当局如果采用竞争性对话的方式,必须就合同的复杂性做出具体说明,以此证明只能采用竞争性对话的方式。[34] 特别强调"复杂性",意味着只有当先期独立的服务采购(如完成某个研究或创意竞赛)[35]完成并无法解决问题之后,也就是说采购当局客观上无法确定其需求和项目规格之后,[36]这样的说明才符合意大利的法律要求。意大利法律用一些历史艺术、建筑和环保方面的项目举例说明什么才是复杂项目,说明在这样的复杂情况下采购当局才无法自行确定自身需求和项目规格。[37]

意大利在将竞争性对话转化为国内法的时候,采用的是将《指令 2004/18》转化为国内法时的一贯方式,也就是说它基本对欧盟条款进行了逐字翻译,增加了一些细节性的东西,主要是为了缩减相关条款的适用范围(将在 11.4 节对此进行讨论)。《公共合同法》(第 58 条)和相关条例(第 113、114 条)也针对欧盟规则增加了一些规定。这些条款说明了合同标的在什么样的情况下才具有法律或资金上的复杂性,规定了说明文件和招标书的强制性内容,指出在对话第一阶段,必须在每一个报价中附上可行性研究报告,并指出在最终报价中必须包含初步计划,而中标人则起草最终计划和实施计划,并最终完成。

意大利没有"软法律"文书的传统。就竞争性对话程序而言,没有政府指南。然而,公共合同管制局在 2007 年提交议会的年度报告中,对欧盟成员国应用竞争性对话的情况做了比较,并介绍了合理正确使用竞争性对话的相关信息,数次提到了英国政府商务办公室(OGC)的指南。[38]

由于 2011 年 6 月以前意大利暂停实施竞争性对话,因此迄今没有相关的判例法。但是从涉及传统限制招标和谈判的众多司法判决来看,应当重视竞争性对话在意大利实施的实际困难并就其进行分析。

---

[34] 《公共合同法》(PCC)第 58 条第 3 款。

[35] 规定了在项目及其执行过程中最终确定的需求和目标:《公共合同法》(PCC)第 108 条。

[36] 《公共合同法》(PCC)第 58 条第 2 款规定,当采购当局由于非自身因素的客观原因而无法确定和量化自身需求,或者在功能、技术、管理、金融经济分析等方面没有达到这些目标的专业知识和相关法律知识,或者无法确定相关项目会对艺术结构、建筑、风景的历史和结构造成何种影响,或者无法确定对环境、社会经济、行政管理和技术等方面的持续性发展产生什么样的影响,相关合同可视为特别复杂的合同。这个规定似乎与欧盟委员会的《解释说明——竞争性对话——传统〈指令〉》(*Explanatory Note – Competitive Dialogue – Classic Directive*)(2005)相似,见于 http://simap. eu. int。

[37] 《公共合同法》(PCC)第 58 条第 2 款。见 11.4 节。

[38] 意大利工程、服务和供应合同监督局,2007 年年度报告(2008 年 7 月 9 日),8.1 节;关于英国商务部指南,大部分内容见前面第 3 章。

11.4　法律理论和采购实践中竞争性对话的应用范围

在意大利,法律和学者均认为竞争性对话是适用于特别复杂合同的例外程序。《公共合同法》规定,公共管理部门必须确切证明它无法确定什么样的技术方案才能最好地满足其最初要求,无法从数个方案中确定哪一个才能最好地满足公众利益。因此"采购当局应用竞争性对话时,必须明确指出其应用竞争性对话的确切理由",[39]有时甚至要取得公共工程高级委员会或文化遗产最高委员会的批准(见下文)。

为了防止滥用竞争性对话,意大利国家法律还进一步规定,在说明应用竞争性对话的理由时,应当具体说明是什么类型的理由使其无法确定最佳方案,还规定这些理由不得为采购当局自身原因,而且必须事先明确说明。

在竞争性对话的应用条件方面,意大利法律除了明确规定欧盟法提到的特别复杂的合同的两种情形,即采购当局"客观上无法确定满足其需要或实现其目标的技术方案",或"客观上无法确定某个项目的法律和/或资本构成",还特别指出,"当采购当局因为客观原因而非自身原因无法得到以下信息时,相关合同可视为特别复杂的合同":

(1)自身需求的确定和量化。

(2)满足其自身需求的方式的确定,包括以下方面知识的缺乏:①这些方式的功能、技术、管理和经济资金特点;②"每次干预的实际情况和法律状态分析,其历史、艺术、建筑或风景方面"受到的影响;③相关项目的"可持续性、社会经济、管理和技术方面的因素"。[40]

意大利没有关于竞争性对话的判例法,这意味着应当如何判断采购当局是否无法确定满足自身需求的方式,是满足以上①、②、③一条即可,还是三个条件必须同时满足,尚没有一个定论。信息的缺乏是否指缺乏上述任一方面的信息即可说明采购当局无法确定满足自己需求,也没有一个定论。也许将来会有一个严格解释,但目前这样的不明确性会妨碍采购当局使用竞争性对话。

此外,意大利法律对竞争性对话的使用还有其他限制:一个限制是要求公共工程高级委员会或文化遗产高级委员会就相关领域的合同事先提供咨询意

---

[39]　《公共合同法》(PCC)第58条第3款。

[40]　《公共合同法》(PCC)第58条第2款。

见。咨询意见必须在采购当局提出申请后 30 日内由相关委员会提出,但在此期限之后,采购当局有权继续进行相关工作。

另一个限制,也是最重要的限制,是最为复杂的工程采购项目(如战略基础设施工程和生产工厂)[41]不可应用竞争性对话。在 1.3 节和 1.4 节指出,欧盟的竞争性对话是专门为此类项目设计的。但是在意大利竞争性对话的应用范围被缩小了,在最应当运用竞争性对话的情况下,也就是当面对复杂技术项目的时候,反而不能应用竞争性对话,这一点实在是令人惊讶。

竞争性对话是一个正式的合同授予程序,受《公共合同法》第 58 条和《共和国总统令第 207/2010 号》第 113、114 条的约束,适用于不受《指令 2004/18》限制的项目。竞争性对话适用于:

(1)《指令 2004/18》规定的公共工程、供应、服务合同和特许经营工程项目(《公共合同法》第 54 条)。

(2)公用事业领域的公共工程、供应、服务合同和特许经营工程项目。关于这些项目,《公共采购法》第 220 条明确将《指令 2004/17》规定的公用事业领域招标程序中的竞争性对话列为可用程序。[42]

(3)门槛价以下的公共合同:《公共合同法》将第 54 条进行了延伸,使其适用于欧盟指令门槛价以下的合同。在意大利的采购实践中,竞争性对话也应用于这样的门槛价以下的合同。但是在此必须指出,门槛价以下的合同在技术、法律或资金上的复杂性似乎难以证实,因为意大利关于门槛价以下合同的规定与欧盟相比要简单得多(不需要在《欧盟官方公报》上发布公告),时间上也要快很多(时限更短)。[43]

如果是不受《指令 2004/18》限制的其他公共合同,采购当局没有义务按照《公共合同法》第 58 条和《共和国总统令第 207/2010 号》第 113、114 条规定的正式授标方式完成项目。但如果采购当局愿意受其约束,则可按照上述正式模式来安排授标程序,保证符合《欧盟运行条约》所规定的此类合同相关原则。这是因为特许经营合同、非优先服务合同(见《指令 2004/18》附件 IIB 和《公共合同法》第 20 条),以及不受《指令 2004/18》约束的其他公共合同(如意大利法律明确规定的有着复杂资金结构的某些私人融资项目,[44]这些项目通常与公共工

---

[41] 《公共合同法》(PCC)第 161～205 条。

[42] G. Urbano, M. Giustiniani, *Il dialogo competitivo*, in M. Clarich(ed.), *Commentario al codice dei contrattipubblici*, Turin: Giappichelli, 2010:406。

[43] 《公共合同法》(PCC)第 124～125 条。

[44] 《公共合同法》(PCC)第 152 条及以下各处。

程有关。之所以专门将此类合同单列出来,是为了取得私人资本的最大投资效果),㊺只需遵守《欧盟运行条约》的基本原则即可(《公共合同法》第 27 条),不受其他具体规则的限制。由于这些项目缺乏具体规则,采购当局在授标程序的组织方面享有很大的裁量权,可以使用竞争性对话程序,不受任何具体法规的限制。

意大利法律规定了允许使用竞争性对话特别规则的特殊情况,但不将竞争性对话的使用与任何特定形式的公共合同联系起来,因此,意大利法律为人们提供了适合任何类型的公共合同的法律工具,包括所有类型的 PPP 合同,如特许经营合同。㊻。意大利立法者在修订《公共合同法》时明确指出,竞争性对话可用于特许经营合同。㊼

我们有理由认为,竞争性对话的核心特征甚至存在的理由就是无法预测结果。一旦竞争性对话开始,即使有一个初步计划,其结果也无法预测。因此在某些情况下,对话会将采购当局引向一个公共采购合同、一个特许经营权合同、或一个 PPP 合同,而这一切事先无法预料。在这些采购项目中,只要在技术、法律或资金方面的复杂性符合竞争性对话的应用条件,就可以应用竞争性对话,必要时可根据指定的或需要修订的初步计划、资金计划和经济计划进行判断。㊽

在竞争性对话的应用上,意大利的法律将基础设施工程和生产工程,或者说工业厂房项目排除,可能会产生不良后果。严格来说,在这种情况下,在意大

㊺ 欧盟委员会,《公私伙伴关系和共同体公共合同及特许权法绿皮书》(*Green Paper on Public - Private Partnerships and Community Law on Public Contracts and Concessions*),COM(2004)327 final,第 20 节;以及欧盟委员会,《促进私人和公共投资促进复苏和长期结构改革:发展公共私营伙伴关系》(*Mobilising Private and Public Investment for Recovery and Long Term Structural Change:Developing Public Private Partnerships*),COM(2009)615 final,第 1 节,任何形式的 PPP 合同,无论是建设一个新的机构(制度型 PPP,指公共和私营部门在某个实体内的合作)还是与建设新机构无关(契约型 PPP,其中公共部门和私营部门之间的伙伴关系完全基于合同的关联),其共同特征是"通过提供额外的资本来源,缓解公共财政的直接压力"。

㊻ 见 C. Contessa,N. De Salvo,*La procedura di dialogo competitivo fra partenariato pubblico/privato e tutela della concorrenza*,Urb. e appalti,2006:508;G. Pasquini,*Il project financing e la discrezionalità*,Giornale dir. amm. ,2006:1115;F. Gaspari,*Il dialogo competitivo come nuovo strumento negoziale e la sua(asserita)compatibility con la finanza di progetto*,Giust. amm. ,2007:3;B. Raganelli,*Il dialogo competitivo dalla direttiva 2004/18/CE al codice dei contratti:verso una maggiore flessibilita dei rapporti tra pubblico e privato*,Riv. it. Dir. Pub. Com. ,2009:162。

㊼ 《公共合同法》(PCC)第 58 条第 15 款,通过《第 152/2008 号法令》进行了修订。

㊽ 意大利公共合同管理局在 2008 年提交议会的年度报告中指出,在初步方案需要说明或修改的项目中,可以应用竞争对话相关规则,但实际上竞争性对话相关规则在政府次级法法规(《公共合同法》,第 253 条,第 1 - D 款)生效之前已暂停使用;G. Urbano,Giustiniani,前注㊷,第 403 ~ 406 页。

利唯一可用的采购程序是一种限制招标程序(根据采购当局自己制定的初步计划),通过这种方式确定一个总承包商。而此举偏离了公共工程采购的一般授标程序。如果采用这种方式,总承包商被授权完成公共工程的所有任务,不管它采取什么样的手段;而且该承包商可自行决定:如何制定工程计划、如何组织资金结构、完全由自己完成相关工程还是由分包商进行分包、在必要时启用征收程序。总承包商还有权确定即将开始的工程完成后,它只有经营权还是采取费用支付与经营相结合的形式。[49]

选择一个总承包商将许多不同的服务(规划、融资和工程实施)结合起来,从而大大减少了只想参加各个单项服务的经营者的数量,降低了它们之间的竞争。总承包商的形式与竞争性对话一样,是专门为涉及私人资本的复杂合同设立的。但是如果采取总承包商的方式,就排除了工程规划、融资和实施领域的潜在竞争,因为总承包商一般不用遵守欧盟各指令在公共采购方面的规则,但是如果采用竞争性对话的形式,在项目的各个方面都可以保证公平竞争,程序更加透明,采购当局可以更直接有效地控制承包商的活动。

在意大利的采购实践中,竞争性对话主要用于不受《指令 2004/18》约束的合同,如在公用事业领域设立混合资本公司,负责向公民提供公共服务。如前所述,2006—2010 年有 34 个竞争性对话程序,说明可以将竞争性对话用于不受《指令 2004/18》约束的合同(欧盟指令范围内的合同对竞争性对话的应用被推迟)。之所以认为竞争性对话没有得到意大利立法者的赞同,是因为在意大利仍然可使用其他程序替代竞争性对话,主要表现在公共工程合同,如设计竞赛和 11.2 节讨论的创意竞赛。这些替代性采购方式的存在,成了意大利政府推迟使用竞争性对话这种新型采购方式的理由。但是上述采购方式的应用可能会越来越少,因为随着竞争性对话更加广泛地用于采购实践,竞争性对话也会带来新的机遇。

意大利传统采购方式与竞争性对话之间主要有两大区别:

第一,传统常规采购方式的严格限制会影响设计竞赛和创意竞赛。这些竞赛仍然是限制招标模式的一部分,与谈判模式形成鲜明对比。如果采用常规采购方式,面对各个不同的方案,根本不可能采取灵活谈判(对话)的方式进行灵活处理。采购当局只能按照决标标准选出最佳方案,只是在特殊情况下才可以

---

[49] 《公共合同法》(PCC)第 176 条;P. Chirulli, *L'affidamento a contraente generale*, in C. Franchini (ed.), *I contratti con la pubblica amministrazione*, Turin: Utet, 2007(2): 953–981。

进行谈判。⑤

第二,竞争性对话相对来说可以节省时间和交易成本,因为它的两段式结构允许公共工程的设计和实施只走一个决标程序。竞争性对话的主题是采购当局提出的"需求",需要市场经营者在对话期间确定并日后满足这个"需求"。竞争性对话程序可以以授予公共合同而宣告结束。通过这个合同,承包商被委以设计并完成相关工程的重任,或者设计并提供服务的重任。相比之下,作为服务合同的设计和创意竞赛都需要一个新的决标程序才能授予工程合同。从法国的经验可看出,将一个决标过程分成设计和实施两个独立的过程,只要后者只限于前一程序的胜者参加且不发布一个新的合同公告,就与欧盟指令不符。⑤ 欧洲法院在 Case C - 299/08 欧盟委员会诉法国一案中指出:"这种差异本身使该程序不可能成为竞争性对话程序的一种实施方式。"⑤换言之,相关、连续的采购直接授标也不符合欧盟规则的要求。欧洲法院对法国释义采购程序的重要判决告诉我们,那些可能破坏竞争的因素在意大利也会产生同样的后果。

11. 5　竞争性对话的操作

11.5.1 引言

《公共合同法》及其执行条例就采购当局如何执行该程序规定了详细的规则。在意大利,竞争性对话的一套规则在《指令 2004/18》所设想的三个主要阶段,即选择阶段、对话阶段和最终招标阶段中做了具体规定。⑤

11.5.2 计划步骤和说明文件的起草

在意大利,一个重要问题是缺乏开展规划和准备活动的经验,而这些工作

---

⑤　《公共合同法》(PCC)第56条第2款和第3款规定,投标书提交时限过后可以进行谈判。

⑤　在欧盟委员会诉法国(Commission v. France),前注㉑中,欧洲法院指出,"marchés de définition 授予程序的目的是授予两类合同:一是 marchés de définition(设计竞赛),二是(针对工程合同的)marchés de exécution。后者仅向前者选出的合格者开放竞争,之后再完成授予。因此,那些想参与 marchés de exécution 但同时又没有在 marchés de définition 中取得合格书的经营者,比起那些持有合格证书的人来说,就是受到了歧视,此举违背了平等待遇原则。平等待遇原则是《指令 2004/18》第2条规定的一个合同授予原则。"

⑤　欧盟委员会诉法国,前注㉑,判决书第38段。

⑤　R. Dipace, Il dialogo competitivo, in C. Franchini(ed.), I contratti di appalto pubblico, Turin: Utet, 2010:622 - 628。

却又非常重要。这些活动往往被认为是竞争性对话取得成功的必要条件(可参阅关于英国的第 3 章和关于西班牙的第 8 章)。[54] 考虑的另一个重要因素是说明文件内容的正确完整定义。说明文件的内容范围可能比前面讨论的意大利创意竞赛的主题还要广泛,还要不精确,也许不能产生令人满意的最终结果。另外,从英国的经验来看,竞争性对话要求在该程序所有阶段都要有技术熟练经验丰富的官员,并需要在人员配置、咨询和支援方面投入大量资金。[55]

通过定性筛选标准的应用,可对满足最低资格要求的人进行删减,选出参加对话的人,但该工作必须事先做好计划,因为在这种情况下,合同文件必须确定受邀参加对话的最多人数。[56]

意大利最初实施竞争性对话时有一项规定,允许采购当局在最终投标阶段对合同公告中的决标标准进行详细说明,使其适应对话过程中选出并进入最后阶段的某个或数个方案的特性。但此规定在一次针对意大利发起的诉讼之后就废止了。[57] 决标标准确定后再对其进行详细说明,在意大利属于不符合欧洲法院判例法的行为,因为按照欧洲法院的判例法的要求,在起草报价的时候,所有参与报价的人都应当知道决标标准的所有要素,后期对相关要素进行具体说明时不得影响投标人对投标书的准备。[58] 因此,根据意大利的法律,说明文件或者合同公告应说明采购当局的需求,同时必须说明投标人必须具有什么样的资格并说明决标标准,用于评判对话阶段和最终投标阶段提交的方案,[59] 在最终投标阶段之前,不得增加标准或进一步补充细节。因此《公共合同法》强制性要求采购当局使用定性筛选标准和决标标准,这两个标准要求在合同公告中就被确定下来。《指令 2004/18》关于竞争性对话期间修订决标标准的规则(见 1.5.6.5 节讨论)。

但是合同公告事先确定的标准,与后来竞争性对话各阶段应用的标准可能会有所不同(例如对话第一阶段关于技术优势的评判标准,以及第二阶段关于美学、

---

[54] 分别见 3.5.2 节和 8.5.2 节。

[55] 政府商务办公室/财政部(OGC/Treasury),《2008 年的竞争性对话:程序应用联合指南》(*Competitive Dialogue in 2008 : Joint Guidance on Using the Procedure*),1.14 节;见前面第 3 章。

[56] 《公共合同法》(PCC)第 55 条第 6 款;关于合同公告,见《公共合同法》(PCC)第 64 条第 1 款和第 58 条第 5 款;见 11.5.5 节。

[57] 《公共合同法》(PCC)第 58 条第 13 款,继 2008 年 1 月 31 日欧盟委员会诉意大利的第 2007/2309 号诉讼案做出判决之后,通过《第 152 号法律》(2008 年 9 月 11 日废止)。

[58] 特别参见案件 C – 532/06(Case C – 532/06)艾姆·G. 利亚那基斯公司等诉亚历山德鲁波利斯市等(Emm. G. Lianakis and others v. Dimos Alexandroupolis and others)[2008]ECR I – 251,第 43 段。

[59] 《公共合同法》(PCC)第 58 条第 5 款;以及《意大利共和国总统令第 207/2010 号》第 113 条第 1 款。

功能特性和价格的评判标准)。《指令 2004/18》相关规则见 1.5.6.5 节讨论。

11.5.3 信息与方案的保密

意大利法律与《指令 2004/18》的要求一样,都规定采购当局"未经参与对话的候选人同意,不得向其他参与者透露其提交的方案或其他机密信息"。[60] 意大利法律没有就如何保护对话期间参与者披露的机密信息提供任何指导,采购当局可自行决定。

由于意大利缺乏相关经验,学术界和从业者对信息保密的问题只进行了理论性探讨(因为实际操作和判例法都太少了)。[61]

11.5.4 广告要求

在意大利,竞争性对话的合同公告必须按照《指令 2004/18》要求在《欧盟官方公报》上发布,并且还须遵守国家关于发布公告的其他要求,这些要求也适用于其他授标程序。合同公告必须在全国官方刊物(公共合同公告特别系列)上公布,同时还要在公共合同管理局和相关部委的网站上公布。合同公告的主要内容还必须至少在两份发行量很大的全国性报纸和两份发行量最大的地方报纸上公布。[62] 意大利法律列出了合同公告或说明文件的固定内容:采购当局的需要或目标,以及参加竞争性对话的要求、评标标准和想参与竞争性对话的人提交申请的最后期限。[63]

11.5.5 筛选阶段

1.5.5 节讨论了《指令 2004/18》规定的筛选阶段规则。关于邀请参加对话的人数,意大利法律的要求比《指令 2004/18》更为严格。在第 1 章指出,邀请参加对话的人数通常不少于 3 人。而意大利的法律规定,如果为了"更好地进行管理"[64](也就是说,为了防止谈判过程过度拥挤,进而影响谈判的灵活性和过

---

⑩ 《公共合同法》(PCC)第 58 条第 8 款,逐字照搬了《指令 2004/18》第 29 条第(3)款的规定。

⑪ S. Vinti, *Il dialogo competitivo: troppo rigido nella fase creativa, poco regolato in quella comparativa*, 2009,见于 www. LexItalia. it;Raganelli,前注⑯,第 164 页及以下各处。

⑫ 《公共合同法》(PCC)第 66 条第 7 款。

⑬ 《公共合同法》(PCC)第 58 条第 5 款中有明确规定。

⑭ 《公共合同法》(PCC)第 62 条第 1 款规定,只有当合同非常复杂时(需要采取竞争对话方式的合同和价值超过 4000 万欧元的工程合同),以及采取发布公告的谈判时,才可邀请最大数量的经营者参与竞争及事先公布合同通知。

度延长竞争性对话),可以限制参与对话的最多人数,即便如此,只要达到选择要求的人数足够多,邀请人数不能少于 6 人。[65]

对话参与者的筛选标准、允许采用的筛选标准以及披露这些标准的规则与《指令 2004/18》中的规定相同,意大利立法只是重复了这些规定。[66]

根据指令本身的要求,合同公告中规定的最低资格要求(经济、资金状况和技术/专业能力)必须与合同标的物相关相称。[67] 之所以做出这样的规定,是为了避免提出不合理的过高要求,过高要求可能会减少参与和竞争。不过这种定性选择要求的合理性很难评估,因为合同价值及其确切标的是不确定的,所以难以事先确定。

意大利法律中有一个规定超出了《指令 2004/18》的要求:如果已确定邀请的最多人数(根据《指令 2004/18》第 44 条第(3)款),则该数字必须与相关供应市场的结构相称(应当考虑满足资格要求的经营者数量),以确保形成真正的竞争。[68]

在意大利,使用定性筛选标准筛选参与者是相对较新的标准。1995 之前,经济、资金状况和技术/专业能力一直被用作公共工程方面的筛选标准,用于减少投标阶段受邀的人数。1995 年废除了这些规定,但 1999 年又重新生效。[69]《共和国总统令第 207/2010 号》第 263 条和"附录 L"明确列出相关定性筛选标准,以减少对话阶段的应邀参与人数(根据《指令 2004/18》第 44 条第(3)款的要求,该标准既适用于限制招标,也适用于竞争性对话)。相关规定指出,分数的分配仅涉及某些特定要素,而且只有当参与者超过合同公告中规定的最低筛选要求的时候才使用。这些要素包括上一财政年度的总营业额(至少是合同价值的 2~4 倍)、以前完成的类似工程或服务清单以及雇用的技术人员名单。[70]

11.5.6 对话阶段

与传统招标模式相比,竞争性对话的灵活性主要表现在采购当局有权讨论

---

⑥⑤　《公共合同法》(PCC)第 66 条第 2 款。

⑥⑥　《公共合同法》(PCC)第 62 条第 1 款,实施的是《指令 2004/18》第 44 条第(3)款和第(4)款;另参见前文第 5.2 节。

⑥⑦　《公共合同法》(PCC)第 2 条第 1 款,第 73 条第 3 款和第 74 条第 5 款。

⑥⑧　见《公共合同法》(PCC)第 62 条以及第 57 条第 6 款的一般原则,虽然针对的是谈判程序但也可参照。

⑥⑨　关于工程合同,该规定首见于《第 406/1991 号法律》第 2 条,后见于《第 109/1994 号法律》第 27 条,又通过《第 216/1995 号法律》废止。见文蒂(Vinti),前注㉙,第 332~336 页。

⑦⑩　《意大利共和国总统令第 207/2010 号》第 265 条和附录 L 载有与被废止的《意大利共和国总统令第 554/1999 号》第 67 条第附录 F 相同的规则。该规则规定,必须采用定性筛选标准,选择最大参加人数的一半,其余一半通过公开抽签选出。

经营者提交的方案并有权要求进一步修正。此举是一般招标程序基本规则的例外。按照一般招标程序,提交投标书的时限过后不得修改投标书,因此这一例外引发了一些与非歧视性和平等待遇有关的问题。

意大利法律规定,合同公告必须说明在对话阶段讨论的方案是否有限制。[71] 如果有限制,合同公告必须说明将要应用的客观非歧视性决标标准,以便选择进入对话阶段的项目。[72] 意大利的法律顺应《指令 2004/18》的规定,[73] 指出合同公告或说明文件应明确决标标准及其权重,人们按照这个决标标准决出最具经济优势标;如果有正当理由无法确定决标标准的权重,至少应当按照其重要程度依降序列出。这些决标标准需要适用于多个招标过程,这样才能最终确定一个或数个最佳投标书。这是竞争性对话的一个内在特点。为了制定一个能用于多个招标程序的决标标准,采购当局在决标标准方面必须有很大的裁量权。但 11.5.2 节指出,这样的决标标准不能再像意大利立法所设想的那样,在对话期间对其进行修正、改动或进一步说明。在一次针对意大利的诉讼之后,意大利的法律就对此进行了修订,以便能与欧盟委员会的判决一致。[74]

关于竞争性对话的结构和进行方式,意大利法律赋予采购当局的自由空间与欧盟指令一样。也就是说,采购当局可以在两个方案之间进行选择:一是单独与每个候选人进行对话;二是同时与所有候选人共同讨论方案。如果采取第一种方式就会出现这样的问题,即如何保证给出的信息相同,或者如何保证真正的竞争和非歧视性待遇? 毕竟人们讨论的是不同的方案。[75]

选择什么样的方式,可能与合同标的物和人们期望的投标书内容有关。如何采购共同对话,公共管理部门能够深入评估对比方案的质量和经济方面的问题,考虑经营者的经验和对话带来的附加价值。竞争者相互之间不知道对方投标书的内容,[76]这是面对复杂合同时传统招标形式的一个弱点。信息的不对称

---

⑪ 《公共合同法》(PCC)第 58 条第 9 款。

⑫ 《公共合同法》(PCC)第 58 条第 9 款使用了《指令 2004/18》第 29 条第(4)款相同的措辞,指出 "采购当局可在合同公告或说明文件中说明适用的决标标准,以减少对话阶段讨论的方案数量。"

⑬ 《公共合同法》(PCC)第 83 条,实施的是《指令 2004/18》第 53 条;在这一方面,Cons. Stato, adv. sect. 在制定《2007 年 9 月 17 日第 3262 号法律》草案时,提出要保证有真正的竞争。

⑭ 见 11.5.2 节。

⑮ 文蒂(Vinti),前注⑥。

⑯ 至于一般招标程序(公开招标或限制招标),基本规则是在授予合同之前不披露投标书的任何内容,以避免妨碍公平竞争。《公共合同法》(PCC)第 13 条第 2 款针对信息披露所做出的规定,超出了《指令 2004/18》第 6 条的时限规定。《指令 2004/18》第 6 条规定,"经营者转发给采购当局的信息,凡被经营者划为机密信息的,采购当局不得对外披露;此类信息尤其指技术或商业机密以及投标书相关机密"。

增加了成本。设置竞争性对话就是为了应对这种情况。因为竞争性对话可以将公共采购带入一种信息充足的境地,此境地被微观经济学称为充分竞争的理想模式。⑦ 但是对充足信息的要求必须与机密信息、技术或商业秘密的保护,以及未经授权的"摘樱桃"行为综合考虑("摘樱桃"行为指某个参与对话的人未经对方同意而使用另一参与者创意和方案的行为)。

在此必须指出,在意大利,如果不公平地泄露信息或进行选择性的信息扩散,进而在公共合同程序中违反平等待遇原则,有时会被定为刑事罪。⑦

在 1.5.6.3 节指出,根据《指令 2004/18》的规定,对话阶段可以分成连续步骤进行,通过事先确定的决标标准来减少需要讨论的方案数量。意大利关于竞争性对话的立法也在这个问题上具有同样的灵活性。⑦ 因此在意大利,合同公告中确定的决标标准可能在对话期间应用多次:一是用于减少对话阶段讨论的方案;二是用于从最终投标书中选出最佳方案(见 11.5.7 节)。

在第 1 章指出,⑧根据《指令 2004/18》的规定,最终投标书的形成基础可以有多个方式,而意大利的立法也有这样的规定。其中一种可能是,在对话阶段结束时,采购当局从提交的方案中选出最能有效满足公共利益的最佳方案;以此方案为依据,采购当局会让经营者提交最终的完整的投标书,竞争就此开始。这样,采购当局收到的所有投标人提交的投标书,都是以另一投标人的方案为基础的。意大利某评论家称此模式为启动子模式(promoter model)。⑧ 对话的最后也可以采用混合方案的模式,该混合方案综合了各投标书中最为精华的元素以及最具创意的方案。在最终投标阶段,投标人可以此为依据提交最终投标书。意大利此称模式为补缀模式(patchwork model)。⑧ 第三种模式在意大利称为长城模式(Chinese walls model):⑧如果采取这种模式,对话分开进行,以便最好地保护机密信息、技术和商业秘密。人们在讨论方案时,不对各方案进行任

⑦ 假设所有当事人(采购当局和投标人)都是理性的,并且拥有充分的信息,他们将选出最佳方案,通过竞争选出那些提出最佳方案的人,并给予更高的奖励。充分的信息使采购当局能够做出最佳决定,因为有了充分的信息,在实践中就意味着买方在任何时候都知道与产品相关的一切。

⑦ 串通投标相关见:Cass.,sect. VI,2000 年 1 月 19 日,Virgili;以及 Cass.,sect. VI,1999 年 4 月 28 日,Bruno。关于公共采购中的贿赂问题,见 Cass.,sect. VI,1997 年 6 月 12 日,Albini;以及 Cass.,sect. VI,1999 年 3 月 25 日。

⑦ 《公共合同法》(PCC)第 58 条第 8 款,转化的是《指令 2004/18》第 29 条第(4)款。

⑧ 见 1.5.6.3 节。

⑧ M. Ricchi,*Negoauction*,*discrezionalità e dialogo competitivo*,2007,见于 www. giustizia – amministrati-va. it。

⑧ Ricchi,前注⑧。

⑧ Ricchi,前注⑧。

何形式的有效比较(例如,为了消除交通瓶颈而设立隧道或是桥梁,或土地开发计划中完全不同的选址方案等)。㊳ 第三种模式似乎是意大利实践中最常用的模式。

在此应当指出,意大利法律针对"对话期间任何参与者的解释、说明、修改或增补"做出了明确规定(《公共合同法》第58条第14款)。这是因为该阶段的谈判要求参与对话的各方尽最大可能地进行信息交换(此要求也适用于谈判的采购方式,见《公共采购法》第56条第2、3款,以及第57条第6款),前提是谈判必须按照采购当局在合同文件中确定的对话结构进行。

意大利法律规定,对话参与者在对话阶段提交的所有方案,必须包括其相关可行性研究和临时成本报告。㊵ 这些文件显然还会在对话阶段进行修改补充。之所以做出这样的规定,是为了保证各方在进入最终投标阶段时会有一个足够精准的方案进行投标。

11.5.7 最终投标阶段

在1.5.6.4节指出,《指令2004/18》明确规定,意大利法律也同样指出,㊶当采购当局(在需要时)通过事先确定的决标标准对提交上来的方案进行对比,确定最能满足其需要的一个或多个方案之后,即关闭对话。之后采购当局要求提交最终投标书。投标书必须包括履行项目所需要的所有要素和必要内容。㊷意大利法律仍然重复了《指令2004/18》的规定(见1.5.7.4节),指出,如果采购当局提出要求,参与者可以对最终投标书进行解释、说明和微调,但不得改变投标书或招标书的基本特征,改变了投标书或招标书的基本特征,就可能破坏竞争或者产生歧视性效应。㊸

意大利法律中有一个规定在《指令2004/18》中并不存在。该规定指出,最终报价应包括合同履行的初步计划和合同文件草案。㊹ 对话的目的是起草初步计划。中标人除了必须确定履行工程或服务合同所需要的所有要素,还必须起

㊳ 英国政府商务办公室,《英国采购政策说明——联合王国采购政策说明——关于将公共采购规则应用于发展协议的初步指导》(*UK Procurement Policy Note – Preliminary Guidance on the Application of the Public Procurement Rules to Development Agreements*)(2009年10月19日)。

㊵ 《意大利共和国总统令第207/2010号》第113条第2款。

㊶ 《公共合同法》(PCC)第58条第10款。

㊷ 见1.5.7.1节;《公共合同法》(PCC)第58条第12款。

㊸ 《公共合同法》(PCC)第58条第14款。

㊹ 《意大利共和国总统令第207/2010号》第113条第4款。

草一个最终计划和一个实施计划。意大利法律明确指出,最终报价包含初步计划。如果合同公告中有规定,可以要求中标人对该初步计划进行完善(形成一个最终计划和实施计划)并加以执行。[90] 此举将在合同签订后完成。

这种做法不同于英国(见第 3 章),因为在意大利上述规定不适用于谈判程序,[91]只有在进行竞争性对话的情况下才为以后完善计划留有余地。但它似乎符合欧盟法,[92]因为跟中标人签订的合同中所规定的下一步活动(补充投标书形成最终计划和实施计划)并不会改变投标书的实质(其中仍包括“初步计划和合同文件草案”),[93]也不会破坏竞争或导致歧视。

11.5.8 优先竞标人选出之后的程序

一旦选出最佳报价,《公共合同法》规定要进行一个临时评判,看提交上来的文件在多大程度上达到了要求(如对投标人达标自我证明的最终审核),文件的完整性如何,是否有管理机构的批准。完成这些步骤后,针对优先竞标人的临时评判在合同签订之前即为最终评判。这是一种适用于所有授标程序的一般做法,不仅适用于竞争性对话。[94]

《指令 2004/18》第 29 条第(7)款允许优先竞标人“说明投标书的各个方面,或就投标书中的承诺进行确认”。该规定只适用于竞争性对话,并在竞争性对话在意大利的未来应用上引发了一些问题。对投标书各方面的说明之前需要采购当局提出具体要求,而且当优先竞标人提交的投标书因对话期间的修改而与初始报价产生很大不同的时候,此举也是非常必要的。前面指出,意大利法律允许对话期间参与者对报价进行“解释、说明、修改或增补”(《公共采购法》第 58 条第 14 款);但是在第 29 条第(7)款之后又规定,只允许优先竞标人对“投标书的各个方面”进行说明,或者就“投标书中的承诺”进行确认(见《公共采购法》第 58 条第 16 款),指出不论是哪种情况,都“不得改变投标书或招标书的实质内容,不得破坏竞争或引发歧视性效应”(《公共合同法》第 58 条第 14款和第 16 款)。

《指令 2004/18》第 29 条第(7)款的含义在 1.5.8 节中进行了讨论。意大

---

[90] 《意大利共和国总统令第 207/2010 号》第 113 条第 5 款。

[91] 只有当采购程序按照连续阶段进行时,投标书才可进行调整完善(《公共合同法》(PCC)第 56 条第 4 款,实施的是《指令 2004/18》第 30 条第(4)款):Cons. Stato, VI, 2011 年 6 月 15 日,第 3642 号。

[92] 《指令 2004/18》第 29 条第(6)款要求最终投标书“包含实施项目所要求和需要的所有元素”。

[93] 《意大利共和国总统令第 207/2010 号》第 113 条第 4 款。

[94] 《公共合同法》(PCC)第 11 条和第 12 条。

利在这一问题上简单照搬了欧盟指令的措辞,并照搬了禁止在竞争性对话以外的程序中进行这种说明的规定,但是在优先竞标人阶段可以做什么并没有明确的规范。意大利法律针对对话参与者的表述和优先竞标人的表述略有不同,两者加以对比,可发现后者似乎更加严格。优先竞标人只能说明"投标书的各个方面"或就"投标书中的承诺"进行确认,[65]而在对话阶段可以进行的"解释、说明、修改或增补"都被禁止了。

如果对优先竞标人的投标书的修改违反了《公共合同法》第29条第(7)款,诉讼问题就显现出来,发起诉讼是很难得到相关信息的。因此法律诉讼时限方面的不明确性也是一个问题。

在此必须指出,协议签订之后,由中标人进一步起草最终计划和执行计划(见前面讨论),[66]并不等于29条第(7)款中所说的针对投标书进行的解释和确认,此举不过是履行合同签订后而产生的义务。

11.5.9 停顿期以及法律诉讼的可能性

在1.5.9节指出,欧盟法最近承认并在《指令2007/66》中规定,发出授标决定公告和签订合同之间必须有一个停顿期。

事实上,以前的意大利监管制度有一个通用的停顿期规定,但其克减后果没有明确说明。另外,公共管理部门在紧急情况下可以不执行停顿期的规定。[67]意大利的法律在将《指令2007/66》中关于停顿期的明确要求转化为国内法时,并没有专门针对竞争性对话的停顿期做出特别规定。意大利的停顿期为35天,从收到最后一份最终授标决定通知开始,因此超过了《指令2007/66》第2a条第(2)款规定的"至少10天"的时限。[68]之所以设置如此长时间的停顿,是因为意大利立法者宁愿设置一个更长的停顿期,也不愿意向行政法院针对采购当

---

[65] 欧盟委员会在其《竞争性对话解释说明》(前注㊱,3.3节)中明确强调指出:"这并不意味着能与该唯一经营者进行任何谈判——有人在修订意见中建议允许进行此类谈判,但均被共同体立法程序所否决"。

[66] 见《意大利共和国总统令第207/2010号》第113条第5款规定。

[67] 《公共合同法》(PCC)第10条第7款,在《指令2007/66》通过《2010年3月20日第53号法令》转化为国内法之前;详见 G. M. Racca, *Derogations from the Standstill Period*, *Ineffectiveness and Remedies in the New Tendering Procedures: Efficiency Gains vs. Risks of Increasing Litigation*, in S. Treumer, F. Lichère(ed.), *Enforcement of the EU Public Procurement Rules*, Copenhagen: DJOF, 2011: 95 – 102。

[68] 《公共合同法》(PCC)第11条第10款及以下各处,《公共合同法》(PCC)第11条第9款指出,停顿期从最终合同授予决定送达相关投标人和候选人之时开始起(例如从对投标人文件合格评估完成或管理部门批准之后起)。

局的授标决定发起法律诉讼(公共合同期限为 30 天)。^⑨此举有利于人们对授标程序进行纠正或修改:出现法律诉讼时,采购当局在合同签订之前可以对授标程序或者部分授标程序进行修改。

35 天的停顿期是每个采购程序的共同要求,必须结合现有意大利判例法进行综合考虑。该判例法只允许就对投标人或相关候选人具有实际损害的授标决定发起诉讼(如合同文件、投标人的淘汰,或最终的合同授予)。^⑩竞争性对话参与者可就直接损害其利益的任何决定提起诉讼,如果法庭判决采购当局的决定损害了原告利益,属于非法决定,则可以中止程序或取消部分程序。

这些规则可能会推迟针对对话阶段的行为而提起的诉讼。这些规则增加了意大利竞争性对话的复杂性,加上前面提到的因多次应用定性筛选标准和决标标准而引发的诉讼风险,采购当局会对这种繁琐、昂贵且又费时的采购方式望而却步。^⑩

11.5.10 对参与成本的补偿

按照《公共合同法》的规定,即使提交的所有方案都不能满足合同文件所描述的需求,导致对话以没有授标而结束,采购当局仍然可以向参与对话的人发放"奖金或奖励"。^⑩

但如果一个竞争性对话结束时没有完成授标,那么只能向参与对话的人颁发合同文件中规定的奖金,不能再发放其他补偿。^⑩

意大利的法律没有就这些经济奖励做出详细说明或规定,而是留给采购当局进行处理。《公共合同法》实施条件中唯一强制性的要求是,当发放奖金或奖励时,对话期间提交的初步方案的知识产权必须转移给采购当局。^⑩

主要有三个选择:

(1)对话结束时没有完成授标,采购当局不发放奖励,也不对参与成本进行补偿。

---

⑨ 《行政审判法》第 120 条,而普通法院则对执行阶段的纠纷具有管辖权:见上面 11.1 节。

⑩ 已正式生效的意大利判例法禁止在分阶段进行的公共合同授予程序(即特许经营项目、PPP 项目)中就违法行为提出诉讼:见 Cons. Stato, sect. V, 2010 年 10 月 1 日,第 7277 号,及 M. 马他利亚(M. Mattalia)的评论,"项目融资,一个不断发展的机制"(Project Financing, un istituto in continua evoluzione)(2011)第 5 期《意大利法律》(*Giurisprudenza Italiana*)第 1198~1208 页。

⑩ 见拉卡(Racca),前注⑰,第 99~102 页。

⑩ 《公共合同法》(PCC)第 58 条第 17 款。

⑩ 《公共合同法》(PCC)第 58 条第 11 款。

⑩ 《意大利共和国总统令第 207/2010 号》第 114 条。

（2）竞争性对话结束，完成授标，只有中标人得到奖金（如果可能同时获得实施项目的授权）。

（3）竞争性对话结束，完成授标，中标人（可能同时获得实施项目的授权）和其他参与者均获得不同数额的奖金。

竞争性对话直到现在才恢复使用，目前还没有支付参与成本的经历，但在设计竞赛[105]和创意竞赛[106]中发放奖金已经形成了惯例。

通过向中标人和其他值得奖励的投标人发放奖金，采购当局可以得到相关设计或创意的知识产权。设置奖金和参与成本费用的目的是促进机密信息和创新性知识的披露并将它们采购到手。这些经济奖励手段可以促使潜在投标人参与进来。

11.6   结论

在 1.3 节指出，竞争性对话源于其他欧盟成员国的经验。竞争性对话的一个目的是避免歪曲使用限制性招标，而欧盟委员会也在设法鼓励人们在大型项目中使用竞争性对话而不是谈判。[107] 之所以设置这个程序，就是为复杂项目提供一种灵活程序；如果在复杂项目中使用以往的程序，程序的僵化往往导致低效，需要一个结构性更强的采购程序来替代谈判这种采购方式，以便对谈判过程进行控制。一个关键问题是，欧盟政策的兴趣点在于发展欧洲最佳企业，而成员国的兴趣点在于在公共采购过程中（包括特别复杂的合同中）保持一定的自主性，必须将这两点协调起来。

竞争性对话程序在意大利似乎是一个差强人意的程序。不过有可能存在这样的问题：即使相关合同的价值很高，该程序也很难吸引到欧盟各成员国经营者的参与和竞争。各方之间如果想进行谈判和对话，拥有相同语言和法律制度显然会容易得多。[108] 其他成员国的企业根本不愿意参与成本高却得不到合同的采购。意大利复杂的竞争性性采购制度可能会使国内外的企业望而却步，可能无法达到对话阶段至少有 6 人参与的要求。

目前在意大利还没有竞争性对话的授标经验。另外，竞争性对话虽然存在

---

[105] 《公共合同法》（PCC）第 99 条第 4 款和第 5 款。

[106] 《公共合同法》（PCC）第 108 条第 1 款和第 4 款。

[107] 欧盟委员会，《解释说明》，前注[36]。

[108] 意大利工程、服务和供应公共合同监督局，2008 年 4 月 2 日咨询意见，第 4 号。

于意大利法律之中,但直至最近才重新启用,因此无法说明《指令2004/18》约束范围内的合同在实践中将如何使用这一程序。

但在上面的分析中已经发现了一些潜在问题:一个是如果想详细安排谈判形式和结构,有可能在公共管理部门得不到相应的支持;另一个是在意大利,竞争性对话意味着投标者可能会提出众多的损害赔偿要求,因为他们通过了两轮资格评估和两轮决标标准的评估,最终却什么也没得到。第一要对每个投标人的能力进行评估;第二通过采用定性筛选标准来选出参加对话的人,减少参与者的人数;第三当对话分成连续阶段进行时,会采用决标标准来减少讨论的方案数量;第四再次采用相同的决标标准来选择最佳最终投标书。意大利这种高度复杂的制度带来频繁的诉讼风险,因为在竞争性对话的每一步都可能有经营者提出诉讼并提出损害赔偿。每个被淘汰的参与者都可以提出索赔,法院便会中止竞争性对话采购程序,或取消程序,并要求采购当局支付损害赔偿金。想启动竞争性对话程序的意大利采购当局,需要仔细平衡可能会发生的诉讼成本以及因该程序更大灵活性所带来的机会。由于上述原因,该程序可能不会在意大利广泛使用。

从意大利的角度来看,竞争性对话也有好的可能性,它克服了以前的类似程序"竞争合同"的透明度缺乏问题。它促成并推动了决标阶段的竞争,因为在这一阶段的程序,也就是合同文件的起草,传统上直接由采购当局在其组织内进行。从意大利的经验来看,公职人员在信息上的不足往往造成公共采购的失败,因此交易成本高,结果也不尽如人意。说得具体一点,就是有时候一些小的采购当局因为缺乏足够的专业能力,会非常不明智地让某个经营者起草一个特别复杂的合同技术规格,同时又让该经营者作为投标人参与决标过程。尽管竞争性对话在意大利的实施出现了这样那样的问题,而且存在非客观、歧视性授标的风险,但竞争性对话提供了一个结构化、正式透明的程序,通过这种程序可为复杂公共合同制定技术规格,可以防止传统采购方式在此阶段可能发生的竞争扭曲,防止公共采购政策目标遭到破坏。

第12章 竞争性对话在荷兰

马约克·纳盖尔科克　雅各宾·蒙茨－比奎斯①

12.1 引言：荷兰公共采购的规范

　　荷兰是一个君主立宪制国家，自 1814 年拿破仑统治结束以来一直通过成文法进行规治。成文法本身先于拿破仑时期制定的法律。拿破仑时期的法律在 1795—1814 年间拿破仑统治时期引入荷兰。粗略研究表明，公共采购在荷兰有一个长期传统，②因此，关于采购和合同履行的相关成文法③通过一般采购政策进行补充。早在 1815 年，皇家法令就宣布必须通过公开招标进行公共采购。④

　　荷兰与德国、卢森堡、比利时、法国和意大利一道，是欧洲联盟的创始成员国之一，欧盟条约法和根据相关条约（包括各采购指令）制定的次级立法从开始一直就应用于荷兰立法。旨在将欧盟采购规则转化为国内法的第一部荷兰法律⑤只是简单地宣布关于公共采购的欧盟规则适用于荷兰采购，并没有明确将各条款纳入荷兰立法。

　　最近，《政府采购招标条例》（BAO，荷兰语缩写）⑥于 2005 年 12 月 1 日生效，将《公共部门指令 2004/18》转为化为荷兰的国内法。这项立法对所有政府

---

　　①　作者对内政部、政府建筑局（Rijksgebouwendienst）顾问第艾德里克·凡德斯德（Diederik van der Staay）先生和经济事务、农业和创新部农村地区司区域发展顾问耶罗恩·奥勒（Jeroen Oehler）先生的贡献表示感谢。

　　②　一个例子是 1657 年 2 月 27 日在莱顿的驳船运河的投标。

　　③　《荷兰民法典籍》（*Dutch Civil Codebook*）。

　　④　www. europeseaanbestedingen. eu/europeseaanbestedingen/europese_aanbesteding/historie_eu_aanbesteding.

　　⑤　《欧共体公共采购框架法》（*Framework law on EEC – provisions public procurement*），1993 年 3 月 31 日。

　　⑥　招标法的荷兰语名称是"Besluit Aanbestedingsregels voor Over – heidsopdrachten"（BAO）。

采购机构包括地方和其他采购当局来说都是强制性的。⑦

在编写本书时,荷兰政府⑧正在细化形成一个新的公共采购法。开始时,公共采购法是一部综合性法律。然而该草案未能在荷兰参议院获得通过。目前经济事务、农业和创新部正在二次起草该法。⑨ 上述两个草案都包括《公共部门指令 2004/18》和《公用事业指令 2004/17》中的规定。该法第二稿还将《救济指令 89/665》转化为国内法。⑩ 目前不清楚新草案会严格按照这两项指令中阐述的规定制定荷兰国内法,还是会补充一些新条款。

不过由于中小企业游说团体对保障他们在公开招标中的利益表示严重关切,因此讨论十分困难。此外,目前正在讨论公共采购的总体质量。立法者最初试图通过起草一项广泛全面的公共采购法来保证公开招标更加专业。许多专家认为,专业采购不能单靠立法来完成。提高专业知识和采购水平,必须在向(新)人员的信息提供、教育和培训上花大气力。大型采购机构⑪已经并将继续投资于专业采购,然而此举对于市政当局等较小的实体来说⑫并不容易。

为了提高整个政府采购的质量,荷兰成立了政府机构荷兰公共采购专业中心(PIANOo)。目前该机构活动的重点是协助较小的采购机构(如各省市)制定专业的采购规程。目前,PIANOo 正在制定招标准则,并向希望利用该机构的所有采购机构提供咨询服务。提供的其他服务还有一个覆盖面非常广泛的网络,采购机构可以在这里交流经验;PIANOo 的另外一个服务是它可以提供关于采购方面(如竞争性对话)的信息。

除官方立法外,以前的住房、⑬基础设施、⑭农业⑮和国防部⑯等部委于 2005 年正式发布了工程采购总政策⑰(简称《采购政策》)。该《采购政策》规定了各

---

⑦ 《指令 2004/18》第 1 条第(9)款。

⑧ 由经济事务、农业和创新部牵头。

⑨ 将于 2011 年 3 月出台一个修订备忘录。

⑩ 目前由《公共采购救济指令实施法》(荷兰语缩写:WIRA)执行。

⑪ 公共工程和水务管理局(Rijkswaterstaat),是基础设施和环境部的采购机构;政府建筑局(Rijks-gebouwennst),非住宅建筑的采购机构,目前是内政部的一部分。在 2010 年 9 月之前,Rijksgebouwendienst 是住房、空间规划和环境部的一部分。

⑫ 荷兰有 400 多个城市。

⑬ 完整名称:住房、空间计划与环境。

⑭ 完整名称:基础设施与水务管理。

⑮ 完整名称:农业、自然与渔业。

⑯ 2010 年 10 月荷兰政府交替以来,荷兰各部的组织已大幅改组和减少。

⑰ *Staatscourant*《荷兰法律公报》,2005 年 10 月 25 日,第 207 期,第 14 页。2005 年的政策取代了 2004 年的官方政策。

部及其采购机构在《指令 2004/18》门槛价以下工程采购过程中的行为准则。
虽然在进行门槛价以下工程采购时会有更多的回旋余地,但《采购政策》严格遵
守指令的采购方式。如果理由充分也可以采用其他采购方式,例如限制招标甚
至直接协议进行门槛价以下的采购。各部及其采购机构在进行政府采购时,必
须遵守这些《采购政策》。⑱

《采购政策》的一部分是执行《2005 年工程招标程序采购条例》(荷兰语缩
写:ARW 2005)的义务。⑲ ARW 2005 是上文提到的对 BAO 的直接解释,仅增加
了很少的段落。ARW 2005 不是正式立法。因此,各省市等地方当局可自行决
定是否采用 ARW 2005。然而大多数地方当局自愿使用 ARW 2005 进行招标,
因为事实证明它是保证遵守指令规定的一个有用工具。另一个重要事情是,虽
然 ARW 2005 指的是工程而不是供应和服务的采购,但采购机构往往也把 ARW
2005 作为这些采购的依据。⑳

除了正式公布的 2005 年《采购政策》,政府采购机构还自行制定了关于持
续改进采购工作的雄心和政策,其目的是实施一个涉及范围很广的训练项目,
包括项目管理、㉑采购管理、公私伙伴关系项目㉒等相关主题。

不过总的来说,无论是中央政府及其采购机构还是地方当局,他们在采购
过程中所受的限制,不是官方限制还是非官方限制,与《指令 2004/18》的规则
要求相比都没有本质的不同。

通过对 2004 年 9 月 1 日到 2009 年 8 月 31 日的诉讼案件研究,㉓发现仲裁
法庭、地区法庭、上诉法庭和荷兰最高法院进行了 599 个判决,其中 2004 年有
69 个,2009 年有 140 个。对于判决的另一项研究㉔(仲裁判决不计)表明,在
1999—2006 年进行了 474 个判决。这些判决涉及的事项包括:投标书的无效和
淘汰,投标书的修订和补充(292 个判决);透明性问题(248 个判决);平等待遇
问题(183 个判决)。诉讼引发了对此类问题的判决,进而为人们带来了如何理解
现有立法的相关准则。目前已经有了与竞争性对话有关的诉讼(见 12.3 节)。

---

⑱ 《行政法总则》(荷兰语缩写:Awb)第 4:84 条。

⑲ 自 2005 年 12 月 1 日起,ARW 2005 取代了 ARW 2004。

⑳ 例如,第 2 节提到的被称为"P – direct"的数字人事信息系统项目。

㉑ 例如,各部委成立了国家项目管理学院。

㉒ 基础设施和环境部采购机构公共工程和水务管理局的 PPP 处为 PPP 项目(2011 年)编制的培训
模块。

㉓ 2010 年 6 月由经济事务部发起的荷兰采购诉讼报告。

㉔ T. van der Linden,*Public Procurement Agencies Often Win Disputes on Public Tenders*,2008 年 1 月,出
自《公共采购杂志》。

应当指出,荷兰的诉讼要么提交法院要么进行仲裁,招标方面的国家判决机构是不存在的。在此应当指出,ARW 2005 规定的判决法院是地区法院。㉕

12.2　竞争性对话引入之前的复杂采购

在实施竞争性对话之前,人们通过事先发布公告的谈判来完成复杂的合同项目,㉖只有少数几个试验性采购项目除外。这几个试验性采购项目是按照竞争性对话的原则完成的。上述试验性采购包括一个名为"P‐direct"的数字人事信息系统(2005 年完成),以及伯格文(Burgerveen)和莱顿(Leiden)之间的 A4 高速公路(2006 年完成)的延长。

这些实验性采购之所以能够实施,是因为有了 ARW 2004。该管理规则中有这样一个规定:㉗为了让采购程序更加高效,可以偏离既定程序。㉘ 但是在应用该条款规定偏离常规采购程序时,遵守一般立法,特别是遵守(欧盟)采购立法的原则是至关重要的。

将该条规定列入 ARW 2004,目的是让四个中央政府采购机构能够偏离常规的采购程序。当时《指令 2004/18》已经有了关于竞争性对话的规定。如果不能偏离 ARW 2004 的相关规定,那么采购机构就不可能在《采购政策》的基础上利用竞争性对话;而不受《采购政策》约束的采购机构则可在招标过程中自行采用竞争性对话。㉙

2006 年以前,竞争性对话和谈判的采购方式很少应用。上述两种采购方式的应用很少,原因如下:

(1)谈判的适用条件有限,人们对其应用条件进行了严格解释。

(2)竞争性对话从 2004 年 3 月 31 日起才开始使用。在此之前,AWR 2004 及其前身 UAR 1991 针对事先发布公告的谈判有着非常详细的规定,而这些规定与现行竞争性对话的规定是不一样的。

(3)2002 年底之前㉚一直有个一般规定,要求详细拟订合同文件,并按最低价格的决标标准进行招标。由于这一政策可定为复杂合同的数量,也就是

㉕　ARW 2005 第 4 条第 33 款。

㉖　《指令 2004/18》第 30 条。

㉗　ARW 2005 第 8 条第 1 款。

㉘　在 2005 年 12 月 1 日之前,仅限于公开招标、限制招标、发布公告的谈判和不发布公告的谈判。

㉙　欧共体公共采购规则框架法,1993 年 3 月 31 日。

㉚　见 12.4 节。

符合《指令 2004/18》第 30 条第(1)款第(b)项规定的合同数量很少(《指令 2004/18》第 30 条第(1)款第(b)项规定的合同指"工程、供应或服务合同的性质或所附带的风险不允许进行总体定价"的例外情况),因此谈判的条件很难满足。

2006 年以来,竞争性对话和谈判程序的使用激增。[31] 后一种采购方式的增加,显然是因为人们改变了对市场的看法,采用了与以往不同、功能更加具体的合同,也就是说符合谈判条件的合同数量增加。

12.3 竞争性对话简介

2005 年 12 月 1 日,竞争性对话作为 BAO 的一部分内容在荷兰正式实施。与此同时,ARW 2005 对竞争性对话进行了详细说明。在实施竞争性对话之前,政府采购主要采用公开招标和限制招标进行。尽管当时的复杂合同通过谈判的方式完成合同授予(见前面讨论),但谈判的应用次数相对较少。

在 BAO 和 ARW 2005 中阐述的竞争性对话,在措辞上与《指令 2004/18》非常相似,因此关于竞争性对话的立法或其他条款以及如何进行竞争性对话几乎是一片空白。由于竞争性对话的具体实施缺乏具体规定,因此采购当局在确定竞争性对话的实施方面具有很大自由,[32]只要竞争性对话的使用和进行不违反透明、平等待遇和比例原则的一般原则,不影响公开公平竞争即可。

由于竞争性对话未作为授予程序列入《公用事业指令》,因此也未列入荷兰的公用事业条例。[33] 然而荷兰公用事业条例明确规定可以灵活应用事先发布公告的谈判。关于如何进行谈判,这些规定赋予采购当局完全的自由,因此采购当局可以用类似于竞争性对话的方式进行采购。

第 2 章指出,与其他成员国相比,荷兰是"经常"使用竞争性对话的国家;而根据第 2 章的统计方式可看出,2006—2009 年共有 84 个采购使用了竞争性对话。[34] 在荷兰,使用竞争性对话的采购大多涉及复杂的信通技术合同(占所有采购程序的 23%)以及基础设施和建筑合同(占所有程序的 43%),后者有很多是

---

[31] 见下面表 12.1。

[32] 《指令 2004/18》第 29 条和解释性条款第 31 条;BAO 第 29 条。

[33] 《特殊部门招标法令》(荷兰文标题:Besluit Aanbestedingen Speciale Sectoren(BASS))。

[34] 下面 12.4 节使用的数字与第 2 章所使用的数字不同,因为第 2 章在比较该程序在其他成员国的应用情况时,不包括被放弃的程序,而下面 12.4 节的分析包括那些被放弃的程序。

公私伙伴关系(PPP)项目,通常是在合同关系基础上[35]在政府或其采购部门以及私人企业之间形成的一种协作。在这种协作关系中,合作双方在资金和技术方面联合起来共同完成某个项目。由于荷兰政府的基础设施和建筑项目主要是 PPP 项目,因此未来几年竞争性对话的应用将进一步扩大。

由于竞争性对话相对新颖,加之相关条款含糊不清,导致相关采购当局的学习曲线非常陡峭。竞争性对话方面的法律纠纷也可能会大量出现。2009 年诉讼案件总数为 140 起,2006—2010 年竞争性对话的司法纠纷为 9 起,[36]其中 5 起发生在 2009 年。2009 年,门槛价以上的招标有 4000 多次,从第 2 章收集的数据可看出,这些招标程序中有 28 个采用了竞争性对话。[37] 这意味着在 15% 以上的竞争性对话程序中存在争议,而在其他招标程序中只约 3.5% 存在争议,因此竞争性对话的纠纷数量相对较高。但是法院如何理解竞争性对话没有多少可参考之处,因为尽管在这些案件中,有一个案件[38]的候选人终止了其提交方案中的一个,但这些案件涉及的法律问题不仅仅与竞争性对话有关。

此外,荷兰没有关于竞争性对话的官方准则,目前只有一份关于竞争性对话的指南,而该指南又以当前政府建筑局、公共工程和水务管理总局,以及国防部的采购经验为基础。政府建设局是内政部非住宅建筑采购机构,而公共工程和水务管理局则是基础设施和环境部的采购机构。[39] 本指南对于任何采购实体来说都不具强制性,其目的只是为各方提供最佳实践,并为出现的问题提供方案建议。

政府建设局、公共工程和水务管理局等采购机构为了提高其采购水平,已经在竞争性对话的应用方面做出了很大努力。为此他们已经制定了私人融资基础设施项目的国家标准合同,且目前正在起草关于竞争性对话的国家标准招标准则。[40] 目前正在考虑如何采取措施在 PPP 和相关复杂招标程序(如竞争性对话)中支持小型采购实体。

---

[35] 在荷兰,有数种合同(如 DBFM 合同)被认为是 PPP 合同。

[36] www.rechtspraak.nl/Uitspraken。

[37] 见前面第 2 章。

[38] 海牙地区法院,2010 年 5 月 6 日,LJN BM3705,MNO Vervat。

[39] M. Nagelkerke, J. Oehler, J. Muntz – Beekhuis, D. van der Staay, *The Competitive Dialogue: A Guide Based on the Current Experience of the Rijksgebouwendienst, Rijkswaterstaat and the Ministry of Defence*, Rijksoverheid: The Hague, 2009, 见于 www.pppinthenetherlands.nl and www.pianoo.nl。

[40] PPP 合同的国家格式见于 www.pppinthenetherlands.nl;这些格式也提供英文版本。国家招标指导准则格式将在适当时候在同一网站上发布。

12.4 法律和实践中竞争性对话的适用范围

BAO 和 ARW 2005 中关于公共采购的规定与《指令 2004/18》的规定没有实质性区别,关于竞争性对话及其实施的新增法规或其他规定也很少。

在 2005 年 12 月 1 日《指令 2004/18》转化为国内法之后,在 2006—2010 年启动的竞争性对话程序有 103 个(表 12.1),[41]同时进行了 668 个谈判程序。2005 年通过竞争性对话进行的招标次数为零,通过谈判进行的招标次数为 11次。从表 12.1 可看出,在截至 2010 年的随后几年,竞争性对话的数字大幅增加。谈判数量的增加比竞争性对话的增加更加惊人。但 2010 年竞争性对话的数字再次下降。

表 12.1 2004—2010 年间使用竞争性对话和谈判的官方公告数量

年份	竞争性对话的次数	政府招标中采用的谈判次数
2004	—	—
2005	0	11
2006	17	210
2007	16	199
2008	21	108
2009	30	93
2010	19	47
总数	103	668

注:招标信息取自《每日电子标讯》

虽然荷兰没有深入研究为什么竞争性对话和谈判的应用次数增加,但最可能的原因是议会在 2001—2002 年调查建筑行业的腐败行为之后政府采购策略的变化。[42] 在议会调查此事之前,政府主要以最低价格作为决标标准,而在调查之后则以最具经济优势标为决标标准。这一转变的目的是实现与建筑行业关系的正常化。以最低价格作为决标标准往往导致主要供应商和服务商之间的

---

[41] 如前注㉞,本分析使用的数字与第 2 章所使用的数字不同,因为第 2 章在比较该程序在其他成员国的应用情况时,不包括被放弃的程序,而下面 12.4 节的分析包括那些被放弃的程序。

[42] 议会关于建筑业腐败问题的调查报告,议会文件 28244,第 2002 - 3 届会议。

利益冲突和关系冲突,但以质量为标准进行竞争进而形成的合同一般不容易发生此类冲突。为了形成这种竞争环境,政府在 PPP 合同方面做出了更大努力。通过竞争性对话和谈判进行的招标,大多是因为这一采购策略的改变。

2010 年谈判数量突然下降,可能是因为欧盟委员会针对火险的采购行为提出了诉讼,认为其中有违法行为。[43] 欧盟委员会认为,此类合同使用谈判的方式违反了《指令 2004/18》的规定。荷兰政府接受了欧盟委员会在这些招标上的观点。为保证今后火灾保险使用适当的授标程序,国家[44]将起草消防保险招标指南。[45]

荷兰通过竞争性对话完成的采购共有 103 次,与英国相差很大。[46] 大多数竞争性对话与"设计、建造、融资和维护"(DBFM)合同有关,有可能是复杂的综合基础设施项目,[47]也有可能是复杂的综合非住宅建筑项目。[48] 使用竞争性对话的合同类型多种多样。使用竞争性对话的其他合同有:联盟合同;特许经营合同;[49]复杂的信息与通信技术合同;[50]具有高度技术性和复杂性的"设计与施工""设计与建造",以及"设计、建造和维护"合同;[51]高度复杂的技术维护合同;综合规划与区域开发合同;[52]参股区域开发和公有企业;废物处理交钥匙合同;研究合同;有关二氧化碳储存设施的合同;可持续性发电厂的设计和实现。

虽然大多数竞争性对话用于门槛价以上合同的采购,但并没有法律条文限制门槛价以下的采购使用竞争性对话。由于缺乏使用竞争性对话的详尽数据,因此很难估计实际进行了多少次竞争性对话。至少有一个门槛价以下的基础设施项目使用了竞争性对话(北布拉班特省(North Brabant))。[53] 还有一个按照《公用事业指令》的规定可使用谈判程序的采购采用了竞争性对话的方式。[54]

---

[43] 欧盟委员会,《理性意见》(*Reasoned Opinion*),IP/10/1233,2010 年 9 月 30 日。

[44] 在国家事务部的主持下。

[45] www. pianoo. nl/actueel/openbare－aanbestedingen－van－brandverzekeringen,2011 年 2 月 17 日。

[46] 2006—2009 年间有 1531 个公告。

[47] 例如公共交通和能源供应采购。

[48] 例如,财政部的办公楼、数个拘留中心、税务局等。

[49] 例如公共交通和能源供应。

[50] 例如医院、复杂的办公网络和电子学习设施。

[51] 例如医院和研究中心非常复杂的机械工程项目。

[52] 例如 A2 马斯特里赫特项目。

[53] 拉贝克(Laarbeek)的杰默采韦格(Gemertseweg)环城公路,2008 年 10 月 1 日启用。

[54] 格罗宁根机场跑道的延伸。

12.5 竞争性对话的操作

12.5.1 引言

如上所述,荷兰的法律规定基本照搬了《指令 2004/18》的规定,因此采购机构除了受到自身政策的限制,在竞争性对话的安排上享有很大的自由。

中央政府的采购机构已经联合起来,针对竞争性对话和 PPP 项目的相关知识和最佳实践进行交流。在竞争性对话的实施方面,公共工程和水务管理局与政府建设局之间有很大的相似性。鉴于这些相似之处,人们目前正在起草一项国家标准招标准则。[55] 公共工程和水务管理局的招标项目在资金上往往大于政府建设局的招标项目,结构上也更加复杂,因此本章将针对公共工程和水务管理局的竞争性对话进一步分析(图 12.1)。

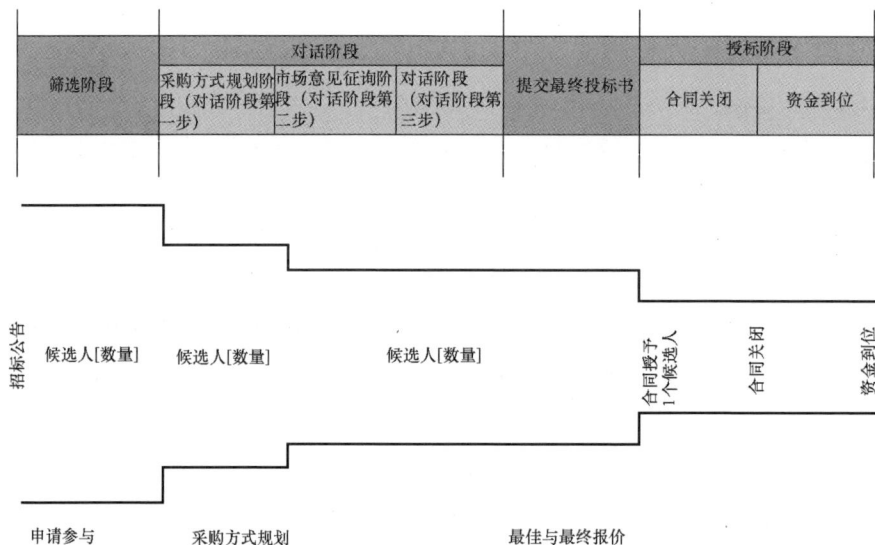

图 12.1 竞争性对话的概念性结构

12.5.2 计划阶段和说明文件的起草

荷兰人在起草招标文件时,除了《指令 2004/18》上规定的义务,在合同公

---

⑤ 见 12.3 节。

告方面没有任何额外义务。在几个复杂的招标项目中(如大型 DBFM 合同),人
们事先发布预告,以便就即将到来的招标进行市场意见征询或就此事通知市
场。事先通告是采购当局就特定项目的采购方式进行审慎定夺的一种表现。
目前如何进行市场意见征询并没有统一的国家标准,但在大多数情况下,人们
会根据《指令 2004/18》第 35 条的规定,将即将进行的市场意见征询通告给私营
企业。

这些事先通告用于:进行市场意见征询,证实招标方式是否可行;告知市场
即将进行竞争性对话项目的招标。其目的包括:让私营企业有机会在必要时形
成财团;就招标相关问题进行市场意见征询;调查私营企业对招标项目是否有
兴趣;就项目范围进行市场意见征询。

12.5.3 信息与方案的保密

之所以引入竞争性对话,是为了有一个灵活的采购方式。这种灵活的采购
方式不仅要保留经营者之间的竞争,采购当局还可以就合同的所有方面与经营
者进行讨论。[56] 为了达到这个目标,《指令 2004/18》第 29 条[57]指出,采购当局可
以召开一次对话,确定哪一种方法才能最好地满足自己的要求(见第 1 章)。

关于竞争性对话的进行,欧盟委员会在其《解释性说明》[58]的开头就指出,
竞争性对话"应当按照相关经营者的创意和方案,与每一个候选人单独进行"。
采购当局采取某种招标方式,在招标过程中展示出最大程度的公开,并且增加
了与每一位候选人单独进行对话的可能性,但不得诱使候选人向采购当局透露
其方案。为了保护自己的商业利益,候选人可能会保留自己的创意和创新方
案。如果这些创意在招标过程中到了竞争对手那里,承包商可能就会失去竞争
优势。因此,只有保证候选人方案的机密性,才有可能与候选人进行真正公开
的讨论。

1.5.3 节指出,《指令 2004/18》第 29 条第(3)款[59]规定了应当如何处理候选
人提交方案和其他信息的机密性问题。欧盟委员会指出,《指令 2004/18》第 6
条的一般规定也是对相关信息机密性的保护。欧盟委员会指的是欧盟或成员
国法律对无形资产的保护。荷兰 BAO 第 6 条将欧盟指令的这些规定转化为荷

---

[56] 《指令 2004/18》,解释性条款第 31 条。
[57] 通过荷兰 BAO 第 29 条第 4 款的法规得以实施。
[58] 欧盟委员会,《解释说明——竞争性对话——传统〈指令〉》(*Explanatory Note - Competitive Dialogue - Classic Directive*),2005 年,见于 www. simap. eu. int。
[59] 通过荷兰 BAO 第 29 条第 6 款的法规得以实施。

兰的国内法。BAO 第 6 条规定了在不影响 BAO 第 29 条、35 条、36 条、41 条和《公众参与公共管理法》(荷兰语缩写:WOB)的情况下,不得泄露候选人机密信息的一般义务。荷兰 WOB 还为公共管理部门规定,公共管理部门具有提供管理事务相关信息的一般义务,但 WOB 第 10 条和第 11 条适用时除外。除了限制信息的披露,WOB 第 10 条第 1 款还规定,不得泄露私营方秘密披露的运行生产数据。WOB 第 10 条第 2 款也做出了禁止披露机密信息的规定,指出,为了防止对相关私营方带来非正常利益或损害,禁止披露任何相关机密信息。

虽然人们对于提交方案的保密问题有了非常明确的规定,但什么才是“候选人提交的其他机密信息”人们不是很清楚。[60] 是否像《指令 2004/18》第 6 条提到的那样,由候选人设定的机密信息就是机密信息? 如果是,那么采购当局与候选人的观点不一样,觉得候选人提交的信息根本就不是机密信息,采购当局如何才能保证根据第 29 条第(3)款[61]的规定平等对待所有候选人? 如果相关信息根本就没有明显理由视为机密信息,例如不属于与候选人提交的方案直接相关的信息、与技术和/或行业秘密直接相关的信息,或者如果披露将破坏公平竞争的信息,又该怎么办? 应当如何确定某条信息是否为机密信息呢?

为了解决信息保密问题上可能出现的意见分歧,荷兰的采购机构公共工程和水务管理局、政府建设局在其招标指南中制定了关于机密信息的标准处理程序。在授标过程中,候选人可以提交与即将进行的投标相关的信息,以便在对话期间对此进行讨论,同时就与投标文件和/或其方案有关的信息提出保密要求。与即将开始的投标相关、可使人洞悉候选人提交方案的任何信息都将自动视为机密信息。不过,当提出针对投标文件相关信息进行保密时,相关信息并不一定会划分为机密信息,候选人和采购当局之间可能会有分歧。

为了避免在保密方面或其他信息方面出现不必要的法律纠纷,荷兰采取以下程序进行处理:

第一步:候选人提交信息申报,并将信息申请标记为机密或非机密。

第二步:如果提交信息申报的候选人将信息申报标为非机密,则采购当局将相关信息平等地向所有候选人提供。

第三步:如果提交信息的候选人将信息标为机密,而采购当局也同意这一分类,则采购当局将所要求的信息仅提供给该候选人。

第四步:如果提交信息的候选人将信息标为机密,而采购当局不同意,则需

---

⑩ 《指令 2004/18》第 29 条第(3)款,以及 BAO 第 29 条第 6 款。

⑪ 通过荷兰 BAO 第 29 条第 5 款的法规得以实施。

要提交信息的候选人就其信息保密性进行说明。

第五步：如果候选人关于信息保密性的说明令采购当局满意，则采购当局将仅向该候选人提供所要求的信息。

第六步：如果候选人关于信息保密性的说明不能令采购当局满意，则采购当局将要求候选人将信息申请标记为非机密。

第七步：如果候选人同意采购当局的观点并将标签改为非机密，则采购当局将继续平等地向所有候选人提供所要求的信息。如有必要，有关候选人可以重新表述其问题，以避免无意中泄露机密信息。

第八步：如果候选人不同意采购当局的观点并坚持将相关信息设为机密信息，则采购当局将要求候选人撤回其索取资料的请求。今后不管候选人是否遵守这一标记，任何人向采购当局提出相关信息的申请，采购当局都会拒绝提供。

除了上述程序方面的要求，即由候选人就（非）机密信息提出申报，招标指南还规定，即使某个候选人提交的信息被分类为机密信息，但又有人提出需要此方面的一般信息，采购当局就有权向所有候选人提供这种一般信息的权利。但是，采购当局会让提交相关信息的候选人就相关信息的措辞表达自己的意见，防止无意中泄露此候选人方案，或无意中损害此候选人的合法商业利益。

在投标开始时，采购当局会制定一个投标指南，规定参加此采购程序的条件。其中一项规定是候选人只要参加投标，就必须同意按照规定程序行事。可以说，这种隐式协议实际上是强加给候选人的，可能会在协议是否充分，包括相关信息的（非）机密性方面出现一些争议。不过在荷兰法律中有契约自由原则，也就是说当事人可选择同意或不同意遵守私法规定的承诺。从理论上来说，他们可以选择不参加投标。除了不参加投标，还有其他方法可以确定是否存在充分协议。根据《救济指令》的规定（荷兰通过《〈救济指令〉实施法》将《救济指令》转化为荷兰国内法，荷兰语缩略形式为 WIRA），[62]候选人如果对某些规定不满，可就此规定提出临时判决。如果潜在投标人胜诉，采购当局只能根据判决对相关规定进行修改。为了能够胜诉，应当在招标过程开始就提出诉讼，因为只有在这个时候才有可能纠正可能发生的违法行为。[63] 曾有一个招标案例[64]涉

---

[62] 2007 年 12 月 11 日欧洲议会与欧洲理事会通过了关于修订提高公共合同授予审查效率的《理事会指令 89/665》和《指令 92/13》的《指令 2007/66》[2007]OJ L335/31，第 2 条。

[63] 案件 C－230/02（Case C－230/02）格罗斯曼航空服务公司和需求航空有限责任公司诉奥地利（Grossmann Air Service and Bedarfsluftfahrtunternehmen GmbH Co. KG v. Austria）[2004]ECR I－1829。

[64] 2011 年 6 月 23 日，阿纳姆（Arnhem）地区法院，LJN BR0127，阿利阿得公司诉海德法斯特公司（Alliander v. Headfirst）。

及《指令 2004/17》[65]中公用事业合同的适用范围问题。在这个案件中,阿纳姆(Arnhem)地方法院审理了这一案件,认为"虽然适用法律(《指令 2004/17》和国家执行法)没有制定强制性的时间限制,但并不妨碍采购当局在其招标文件某个条款中自行设立强制性时间限制"。在阿利阿德(Alliander)公司诉海德法斯特(Headfirst)公司一案中,招标文件指出:"候选人无条件接受招标文件和信息通告中的强制性规定,以及其中规定的与投标程序有关的所有条件。"如果参与了投标,且在被告知该规定后的合理时间内不得就时间限制上的强制性规定提出诉讼,[66]那么此时如果有人就此向法庭提出诉讼,法庭是不会受理的。

不过在此需要指出,目前还没有与保密规则有关的已知案件。可能是因为采购当局在对话期间非常小心,不会将某个候选人的方案透露给另一个候选人,也可能是因为将某个候选人提交方案的"一小部分"透露给他人很难取证,因此目前也没有状告采购当局"摘樱桃"行为的案子。

12.5.4 (合同公告等的)广告要求

门槛价以上项目的投标,首先要在欧盟官方出版物网站《每日电子标讯》(TED)和荷兰出版物网站 www.aanbestedingskalender.nl 上发布招标公告。[67] 在实践中,采购当局只需向上述荷兰网站提交招标公告即可,因为该荷兰网站会自动将门槛价以上合同的合同公告发布到《每日电子标讯》上。该网站提供附带说明的标准表格,而这些说明则是根据欧盟公告要求制定的。该网站还提供一些其他信息,例如可用的 CPV 编码和连接到其他网站和权威机构(如前面提到的 PIANOo)的链接。[68] 这些网站和权威机构将提供与招标有关的相关信息。一些大型的采购机构,如公共工程和水务管理局、政府建设局设有专门的部门,提供与上述网站类似的招标公告表格和说明,并在招标书准备过程中提供专业帮助。

12.5.5 筛选阶段:选出参加对话的候选人

《指令 2004/18》中关于竞争性对话筛选阶段的规则见 1.5.5 节讨论。筛选

---

⑥ 2004 年 3 月 31 日欧洲议会与欧洲理事会关于统一水务、能源、运输和邮政服务领域各实体采购方式的《指令 2004/17/EC》(*Directive 2004/17*)〔2004〕OJ L134/1,2004 年 4 月 30 日。该指令在荷兰通过《特殊部门招标法令》转化为荷兰国内法(荷兰语名称:Besluit Aanbestedingen Speciale Sectoren(BASS))。

⑥ 着重号部分为作者所加。

⑥ 一个名为 www.tenderned.nl 的新网站(如果试点成功)将取代 www.aanbestedingskalender.nl。

⑥ 另参见 12.4 节。

阶段从招标公告开始,有意参加投标的企业可在 37 天内提出参加投标的申请,之后符合筛选标准的所有候选人进入对话阶段,或进行进一步筛选,选出其中 3 名或 5 名候选人参加对话。[69] 筛选标准的数量和内容可能不同于采购当局制定的市场战略。为了确定市场战略,采购当局都或多或少进行了详细的市场分析,以便更加扎实地了解可能会有多少企业提交参与申请,其性质如何。目前,政府建设局一般会将对话阶段的候选人人数减少到 3 人,公共工程和水务管理局则将候选人人数减少到 5 人,或者根据市场分析将候选人人数减少到预设数量以外的数量。

目前正在制定的 DBFM 合同国家标准招标准则中,筛选标准的数量有限。对于基础设施项目,筛选标准是否做好了准备,是否有能力提供一定数量的资金,是否有项目管理经验和项目融资经验。在非住宅楼的招标项目中,对以往经验的标准略有不同。这些标准是综合合同经验和特定设计经验。另外,建筑方面的直接经验并不是必要条件。

只有主要政府采购机构必须使用标准招标准则,因此其他采购当局可自行决定是否遵守这些规定。招标准则将在 www.pppinthenetherlands.nl 网站上公布,有意参加投标的公司均可查阅。

12.5.6 对话阶段

12.5.6.1　一般情况

如前所述,[70]BAO 和 ARW 2005 照搬了《指令 2004/18》的规定,因此在如何进行竞争性对话方面采购当局享有很大的自由。重要的政府采购机构[71]应用竞争性对话的方式大致相同。公共工程和水务管理局将对话阶段分为三个小的阶段,即方案阶段、意见征询阶段和讨论阶段。而政府建设局还有一个启动会议(相关讨论见 12.5.6.2 节)但其后续程序得到了简化。

在决标过程中,采购当局以各种方式减少候选人人数。在筛选阶段,根据先前通知的筛选标准,候选人人数可能立即减少到 3 人。公共工程和水务管理局通过方案阶段,根据先前通告的决标标准对提交的方案进行评判,将候选人的数量减至至少 3 人。最后,采购当局可以分阶段减少候选人人数,首先是在筛选阶段,其次是在方案阶段。在方案计划阶段减少候选人人数时,对话起始

---

[69]　《指令 2004/18》第 44 条第(3)款规定,最少要邀请 3 个候选人参与对话。

[70]　见 12.3 节、12.4 节和 12.5.1 节。

[71]　公共工程和水务管理局、政府建设局和国防部。

人数最多为 5~7 名候选人,具体起始人数取决于项目规模和提交、评估方案所需要的工作量。减少后,届时对话将进入意见征询阶段和讨论阶段,最多有 3 名候选人。

虽然没有确切数字,但可以肯定几乎所有候选人的最终投标书都是以对话期间讨论的由其本身提出的方案为依据的。在决标过程中,采购当局的重点是保证方案的机密性,以及保证所有候选人有一个公平的竞争环境。唯一要求候选人在提交最终投标书之前向公众透露其方案的项目是 A2 马斯特里赫特项目,这是一个道路建设项目,是马斯特里赫特市政区域开发的一部分。根据合同文件中的条件,不允许出现"摘樱桃"行为,也就是说不允许摘取他人精华部分为我所用的行为。候选人必须根据提出的解决办法提交最终投标书。其方案唯一能够变化的地方,是在自愿向公众陈述之后根据公众反应做出相应变化。在竞争性对话期间,所有候选人的共同平台仅限于合同条件,而合同条件会相应地发给所有候选人。

除非采购当局在其招标文件中特别规定必须将方案的一部分公开,否则与候选人方案有关的所有信息均为机密信息,必须得到保护。为了保密而采取的措施包括:在受保护的地方存储数字信息;在将信息发送给候选人或向公众披露决标信息之前,采用相互制衡的方式进行信息保护。

候选人被选中进入对话阶段后,不会有很多合格候选人退出竞争。对此我们仍然没有确切数字,但本章作者只知道有两个例子:一个是在伯格芬 - 雷顿(Burgerveen - Leiden)公路项目的授标过程中出现,该项目是改善海牙和阿姆斯特丹之间交通流量的建筑项目,5 名候选人中有 1 人退出了竞争;另一个在 A2 马斯特里赫特招标期间退出了竞标,3 个参与者中的 1 个退出了程序。

12.5.6.2 启动会议

在若干个授标程序中,[72]人们在授标程序开始时组织了一次启动会议,使候选人和项目组成员能够相互熟悉,并让候选人了解项目目标和主要特点。此外,还可以组织参观项目地点。启动会议没有固定模式。会议可以多种方式组织:根据要讨论的问题,可以同时为所有候选人召开会议,可以为每个候选人召开单独的会议,也可以采取混合形式。A15 马斯弗拉克特 - 瓦安普林(A15 Maasvlakte - Vaanplein)项目就是以这种混合方法启动的。该项目的启动始于一个全体会议。采购当局在全体会议上对候选人进行了一般性解释,同时解释

---

[72] 例如 A15 马斯弗拉克特 - 瓦安普林(A15 Maasvlakte - Vaanplein)道路项目和 A12 卢内滕 - 费嫩达尔(Lunetten - Veenendaal)道路项目。

了项目的实质内容和对话进程。本次全体会议之后就是主题会议,候选人有机会就具体问题向采购当局寻求更加详细的解释。

以何种方式进行启动会议取决于采购当局的目标。如果目标仅限于让所有候选人都收到相同信息,如关于项目、项目范围和目标,以及即将进行的决标程序时,应当召开全体候选人会议。如果启动会议的目标是就候选人可能提交的方案进行初步讨论,显然与候选人单独进行会议或采取混合形式更为合适。

在组织与候选人单独会面的启动会议时,采购当局必须特别注意遵守平等待遇原则和透明原则。另外,如果采取单独会议的方式,则可以处理候选人的机密方案和相关问题。如果组织全体会议,则候选人不会说任何可能损害其竞争地位的话语。

事实证明,启动会议是启动决标程序的有益工具。在启动会议期间可能出现的问题[73]包括:遵守规则的期望、各方对对话的态度;项目范围和目标;决标程序的目标;意见征询的组织方式,各对话小组会议甚至是小组以下分组会议的地位;候选人必须提交的材料。

12.5.6.3 方案阶段(3～5 个候选人)

目前,方案阶段主要出现在基础设施项目。在此阶段,请候选人就几个关键成功因素(CSF)提交各自的方案。采购当局制定 3～5 个关键成功因素,候选人必须在此基础上制定其方案。必须对每一个成功因素加以详细陈述,以达到招标文件中规定的条件。未达到最低要求的方案将被视为无效方案,后续将不予以考虑。每个关键成功因素都将根据先前公示的决标标准进行评估。以往招标期间关键成功因素的实例包括:①在合同的实现和利用阶段尽量减少交通中断;②项目管理;③相互合作、责任分担;④指示性价格;⑤初步设计;⑥保证合同实施阶段现有工程建设的稳定性。在对提交上来的方案进行评估之后,将邀请 3 名候选人参加下一阶段的对话。

对关键成功因素的数量进行限制来自于以往经验:增加方案中需要阐述的事项,并不会自动增加候选人之间的竞争。相反,在方案中拟订过多的关键成功因素,将会影响各成功因素的特性。一旦方案中制定了过多的成功因素,就无法将某个候选人与其他竞争者区分开来。这样一来,要评出最好的 3 个计划不仅困难重重,而且在正式说明评估结果时也显得不那么有说服力,说服力不强往往会导致更多的法律纠纷。

---

[73] 相关详细分析见 *The Competitive Dialogue:A Guide Based on the Current Experience of the Rijksgebouwendienst,Rijkswaterstaat and the Ministry of Defence*,前注⑱,第 3 段。

12.5.6.4　意见征询阶段

意见征询阶段的目标是对采购当局发布的招标文件进行讨论并在必要时进行修订。上述招标文件包括最终投标书必须依据的合同条款。在这一阶段，候选人可对招标文件提出修订。

于是出现了这样一个问题：应当给予候选人完全的自由，使其能够就一切事项提出修改意见，还是应当仅将这种自由限制在某些特定主题上。给予候选人完全的自由，可能会为创造力留下足够的空间；但这也意味着候选人需要做出巨大努力。如果采购当局能够事先排除招标文件中的某些专题，规定这些专题不可修改，就最好把招标文件的修改界限进行如此规定。如果候选人做出了很大努力提出了修改意见，最后却发现这些修改意见统统被拒绝，无疑会感到非常沮丧。

意见征询阶段的其他事项是项目风险的最终说明和合同融资计划。另外，还会与入选候选人讨论方案评估结果。由于候选人在投标书中会以这些方案为基础进一步详细说明，采购当局对于方案的态度对候选人来说可能非常重要。举一个涉及关键成功因素中"相互合作和责任分担"的例子。[74] 在 A12 卢内滕－费嫩达尔(Lunetten－Veenendaal)和 A15 马斯夫拉克特－瓦恩皮莱恩公路(两个大型道路建设项目)的招标文件中，这个关键成功因素是在方案中需要详细阐述的关键成功因素之一。最初要求候选人在方案中阐述对项目管理的一般性意见，以便支持采购当局履行其职责，如在与外部利益关系者打交道时履行其职责。投标准则当时规定，候选人必须在最终投标书中进一步阐明这些观点。准则还规定，未经采购当局明确授权，对于方案中表述的修改意见不得随意改动。之所以增加这一规定，是为了防止候选人在方案阶段在"相互合作和分担责任"基础上提出的方案被人为变更。为了让候选人清楚了解采购当局的要求，评估其初步计划中的强项和薄弱环节，候选人在方案阶段有机会就其方案的初步特性进行讨论。

但是意见征询阶段并没有进一步限制方案的数量，所以此阶段结束时合格候选人都会受邀进入讨论阶段。

12.5.6.5　讨论阶段[75]

在讨论阶段将讨论保留下来的 3 名候选人的报价。采购当局会制定一个

---

[74]　见 12.5.6.2 节。

[75]　在此应当指出，在《指令 2004/18》中被称为"对话"(dialogue，荷兰语为 dialoog)的部分在该《招标准则》中还被称为"对话阶段"(dialogue phase，荷兰语为 dialoogfase)。在两种不同意义上使用"对话"一词会引起人们的困惑，因此在此用"讨论"(discussion)阶段替代对话的"子"阶段(subsection)。

讨论事项时间表,以便明确项目的范围和目标。为了进一步提高对话过程的有效性,会请候选人就拟定的时间表发表意见。如果可能,采购当局将根据候选人的意愿调整该时间表,但对于相关各方来说这个时间表不会发生大的变化。

在采购实践中,采购当局在进行大型和复杂项目招标时,除了定期与整个招标团队进行对话外,还要与专家团队进行对话。采购当局应当就各个专家团队的责任划分向整个招标团队进行说明和沟通。如果在采购当局的约束方面不清楚谁拥有最后发言权,可能会影响到决标过程的合规性。

如果投标准则中做出了明确规定,方案就成为讨论的主题,因为方案中对于关键成功因素的说明可能成为候选人进一步详细报价的基础。投标准则规定,在这种情况下候选人必须在其提交方案的基础上继续进行。方案的一部分可能是对初步设计进行概要性综述。在讨论阶段,候选人必须按照投标准则中规定的要求,对这一设计进行更加详细的阐述。除了进一步阐述设计、技术要求和期望的剩余价值,所列风险和合同融资计划可能也是评估事项。即将提交的最终投标书中,必须包括这些事先规定的所有事项。通过这种方式,候选人就能够根据采购当局的轻重缓急,调整并完成其基本报价。

关于竞争性对话组织方式的一个重要案例是 MNO Vervat[76](下称 MNO)。荷兰采购当局公共工程和水务管理局启动了 A50 高速公路扩建的决标程序。采用的招标程序是竞争性对话。MNO 是对话程序的候选人之一。最后,合同被授予另一投标人。MNO 对授标决定提出异议,理由是中标设计与 MNO 最初提出的设计非常相似,但由于受到采购当局的批评性评论而放弃。MNO 指出,采购当局的批评性评论等于声明该设计不符合招标书的要求。公共工程和水务管理局承认它对该设计发表了一些批评性评论,但坚决否认曾指出设计不符合要求。地区法院的判决指出,MNO 无法证明公共工程和水务管理局以不符合要求为由拒绝了它的设计。其 4 名雇员的书面陈述证据不足,因为它与公共工程和水务管理局代表的陈述不符。法院认为,MNO 未能在对话期间向采购当局正式提交其设计,且未能提出就投标要求进行说明,从而放弃了采购当局对其设计进行书面答复的机会。法院的结论是:在这种情况下,放弃设计是 MNO 的独立决定,因此 MNO 对此负有责任。只有当 MNO 能够证明放弃执行其设计思路的决定是由于采购当局明确拒绝时,举证责任才会转移到采购当局身上。

在以往的决标程序中,采购当局在讨论阶段基本上采用了两种运作方式。

---

[76] 海牙地区法院,2010 年 5 月 6 日,LJN BM3705,MNO Vervat。

这两种方式都是以候选人提交的草案为基础,对所有议题进行公开讨论。其中,第一种方式是邀请候选人提交投标书的所有最终要素,并同时提交完整的最终投标书,第二种方式是邀请候选人在讨论阶段提交投标书的一部分最终要素,并在最后提交阶段将其余部分交齐。这两种方法各有优、缺点。第一种方式在最后提交投标书之前有余地调整或完善投标书要素,第二种方式则对于大型项目来说更容易掌控其招标过程。但第二种方式确实需要对竞争性对话的整体程序进行严格控制。这两种方式都为候选人提供了机会,方便其测试其初步报价的可接受性和有效性,并根据其调查结果加以调整。

讨论阶段以邀请候选人提交最终投标书的方式结束。尽管没有明确的法律上的义务,但中央政府的采购机构有一项政策,会至少让 3 名候选人进入最后的提交投标书阶段。由于这一政策,中央政府采购机构一般不会将受邀参加最后投标的候选人数减少到 3 人以下。但是该政策并不排除在理由充分的条件下偏离此常规做法的可能性,只不过这种可能非常有限。其他采购当局可根据《指令 2004/18》第 29 条第(4)款的规定减少方案的数量。[77] 这意味着只要真正的竞争仍然存在,他们就可以按照自己的意愿将候选人人数减少到 2 人。[78]

投标阶段的某个因素可以是方案阶段、讨论阶段和最后投标阶段的一部分。如果是这种情况,相应的决标标准在投标的所有阶段都是相同的。但是也有可能出现这样的情况,即方案阶段的某个因素可能并不是讨论和/或最后投标阶段的一部分。因此,在方案阶段中使用的标准可能与讨论和最后投标阶段所使用的标准(有部分)不同。例如,采购当局可以将关键成功因素"相互合作和责任分担"的阐述限于方案阶段,只在最后招标阶段将这一因素纳入方案作为最终投标的一部分即可。也可以完全相反。在 A12 卢内滕 - 费嫩达尔和 A15 马斯夫拉克特 - 瓦恩皮莱恩项目中,方案中所要求的关键成功因素还必须在最终投标阶段进一步解释。除了最终投标书的这些因素外,还必须有其他因素,而这些其他因素在方案阶段未曾提及。项目设计和实现的可持续性就是一个这样的因素,该因素的判决标准仅在讨论阶段开始时才宣布。

1.5.6.5 节指出,人们针对这一问题存在一些争议,但本章作者认为,决标标准本身可以适时进一步解释和说明,只要决标标准不发生实质性改变即可。[79]

---

[77] BAO 第 29 条第 7 款。

[78] 《指令 2004/18》第 44 条第(4)款;相关讨论见 1.5.7.2 节。

[79] 案件 C - 532/06(Case C - 532/06)艾姆·G. 利亚那基斯公司等诉亚历山德鲁波利斯市等(Emm. G. Lianakis and others v. Dimos Alexandroupolis and others)[2008]ECR I - 251;案件 C - 496/99P(Case C - 496/99P)果汁(Succhi di Frutta)[2004]PB C 79,2000 年 3 月 18 日。

A12 卢内滕－费嫩达尔和 A15 马斯夫拉克特－瓦恩皮莱恩公路项目招标期间，对关键成功因素"相互合作和责任分担"的阐明就是一个很好的例子。在方案阶段，人们只在基本管理计划大纲中对这个关键成功因素进行高度抽象的说明。候选人必须就该基本管理计划的各个方面发表看法，如利益关系者的管理、对项目实现的愿景以及采购当局的利益。在讨论阶段，候选人必须进一步将这个关键成功因素细化为一个抽象程度较低的基本管理计划。由于方案和最终投标书的各个要素应根据候选人的"出色表现"进行评估，因此候选人必须说明这个关键因素在这两个竞争阶段的意义是什么，而且对于这个因素的说明在详细程度上必须达到基本管理计划的要求。

12.5.7 最终投标阶段

政府采购机构政策规定，[80]在讨论阶段结束时保留下来的 3 名候选人提交最终投标书。在前面指出，在讨论阶段并没有根据决标标准进一步减少方案，至少在这些采购机构中没有这样的做法。

在通过竞争性对话进行的多数决标程序中，投标的依据是合同列出的条件。除了合同列出的条件，候选人还有机会通过优异的质量和性能而脱颖而出[81]，或者提供高于合同最低要求的性能，或者增加招标规则中没有的新的性能。这种方案称为"增值决标"方案。[82] 比如，在 A12 卢内滕－费嫩达尔和 A15 马斯夫拉克特－瓦恩皮莱恩公路项目招标期间，候选人可以在其最终投标书中就某些特定项目原最低要求的基础上提供增值项。项目设计和实现的可持续性是增值项之一。提供这样的增值项并不具强制性，但是提供增值项的候选人就好比在投标书上增加了一笔隐性投资，比起没有提供增值项的候选人来显然更具优势。

虽然《指令 2004/18》和 BAO 都没有禁止在竞争性对话的最终投标阶段使用备用方案，但 ARW 2005 第 4 条第 23 款规定不允许使用备用方案。之所以增加这一限制，是为了在对话期间有充分的机会讨论各种备用方案。因此，在最终投标阶段不再需要备用方案。中央政府采购机构遵守的是 ARW 2005，因此它们是不使用备用方案的。[83] 非强制性使用 ARW 2005 的采购机构则可自行决

---

⑧⓪　见 12.5.6.5 节。

⑧①　《指令 2004/18》第 29 条第（1）款，以及 BAO 第 29 条第 2 款。

⑧②　由荷兰国家基础设施、运输和公共空间知识平台（CROW）规定的决标标准制定方法。

⑧③　见 12.1 节。

定是否使用备用方案。

总之,荷兰采购当局邀请参加竞争性对话的候选人提交一份内含候选人方案的投标书,因此投标书的内容可能各有不同。两个最大的政府采购机构,即公共工程和水务管理局、政府建设局采取了不同的招标程序。公共工程和水务管理局在对话期间就风险补偿问题进行了交流,因此每个候选人的方案都不尽相同,例如某候选人可能比另一个接受更多的风险,该候选人最终报价的风险预期就会出现不同。如果政府建设局也进行这样的意见交流,就会导致所有候选人在该问题上提出同样的方案。事实上,他们都要求候选人提交自己的方案。

为了评估最终投标书,人们在实践中采用了以下决标标准:设计的质量;设计的灵活性;设计的功能;物流;价格的实际中立价值;由采购当局承担的风险价值;明确的增加的性能价值(其中可能包括交通中断的最小化;项目对环境影响的最小化)和可持续性。

每种情况下使用的实际标准取决于项目的具体需要和必须满足的主要相关人群的利益。

《指令 2004/18》规定,最终投标书必须包含实施项目所要求、所需要的所有要素。[84] 一旦提交了最终投标书,根据该指令[85]可调整的范围有限;但在第 1 章指出,在最后提交投标书后调整投标书的可能性有多大仍然很不清楚。[86]

《指令 2004/18》规定,可以要求候选人对其投标书进行解释、说明或微调。[87] 该指令英文版中,该条款规定(招)投标书的基本特征不得改变。这一条款的措辞,使人们对"(招)投标书的基本特征"产生了不同的理解。新增加的"可能影响竞争或具有歧视性效果的修改"的表述方式,有助于人们对上述措辞的理解,大致了解了该措辞的外延,但并没有完全说明在多大程度上可以对投标书进行解释、说明和微调。

在该指令的荷兰语版本中,该条款的这一部分是这样翻译的:[88]"解释、说明和微调不得从根本上改变投标书或招标书的基本要素。""从根本上改变"可能表明,对基本要素本身的修改是可能的,只要不是本质上的改变即可。同一条款的译文缺乏统一性,导致人们对最终投标阶段投标书确切调整空间的理解更

---

[84] 见 BAO 第 29 条第 10 款相关表述。

[85] 《指令 2004/18》第 29 条第(6)款,以及 BAO 第 29 条第 11 款和第 12 款。

[86] 见 1.5.7.4 节。

[87] 《指令 2004/18》第 29 条第(6)款,以及 BAO 第 29 条第 11 款和第 14 款。

[88] 《指令 2004/18》第 29 条第(6)款,以及 BAO 第 29 条第 11 款。

加混乱。

12.5.8 中标人或优先竞标人选出之后的程序

一旦完成了对投标书的评估,采购当局会尽快将授标决定通知候选人。欧盟法律规定,本通知应至少包括授标决定的理由(如中标人投标书的特点和长处)以及中标人的名称。[89] 公共工程和水务管理局、政府建设局这样的采购当局一般会做出详尽解释。[90] 它们甚至可能会为未中标的候选人举行一个会议,进一步解释拒绝他们的理由。

第 1 章指出,《指令 2004/18》第 29 条第(7)款规定,采购当局可要求提交最具经济优势标的候选人对投标书要素进行说明,或者对投标书中的承诺进行确认,前提是不得改变招投标书的实质内容,不破坏竞争,不会引发歧视性风险。荷兰条款只是重复了这一规定。[91] 作者认为,《采购指令》所述并在荷兰 BAO 中重复出现的投标规则,并没有明确规定在提交投标书后可与中标人进行多大范围的谈判。然而《采购指令》[92]第 29 条第(7)款确实规定了在该指令范围内,合同签订之前在多大程度上可对投标文件进行完善。如果是 DBFM 合同,中标候选人对承诺的确认发生在合同关闭和融资到位期间。因此在合同关闭期间,招标文件(包括 DBFM 合同和相应的附件)和优先竞标人的最终报价合并为最终合同。在此阶段,通常不需要对最终报价进行修订,因为 DBFM 合同(基于英国的标准合同)与优先竞标人提交的要素一起完成。最多会做出一些说明以便能够缔结一份含义明确的合同,并以此作为履行合同的坚实基础。合同关闭后,资金到位。在此阶段,优先竞标人及其融资人完成 DBFM 合同的拨款。由于资金到位,利率是固定的,由采购当局分担部分风险。

无须金融协议的合同,通过完成合同文件即可最终确定。

只要没有与中标人签订合同,未中标的候选人就在备选之列。在此期间他们的投标保证金与中标人的保证金一样仍然有效。如果中标人由于任何原因未能签订合同,则请下一位最佳投标人介入。

A12 卢内滕 – 费嫩达尔和 A15 马斯夫拉克特 – 瓦恩皮莱恩公路项目的合同关闭和资金到位期约为 16 周。在此期间,未中标的候选人必须提交投标保

---

[89] 《指令 2004/18》第 41 条第(2)款、BAO 第 41 条第 1 款,以及 ARW 2005 第 4 条第 29 款第 6 项。

[90] 《救济指令实施法》(WIRA)第 6 条。

[91] 《指令 2004/18》第 29 条第(7)款、BAO 第 29 条第 14 款,以及 ARW 2005 第 4 条第 29 款第 3 项。

[92] 另见 BAO 第 29 条第 11 项。

证金,以防优先竞标人的资金到位失败。不过在迄今数量有限的类似项目中,资金到位的时间有很大差异,例如第二个科恩隧道(Çoen tunnel)项目的资金到位时间超过 1 年,而其他合同的资金到位时间则花了大约 6 个月。随着 DBFM 合同应用竞争性对话越来越成为一种标准程序,从选出优先竞标人的那一刻起,资金到位的时间实际上是 4~6 个月。

12.5.9 停顿期

向未中标的候选人通告其最终报价未能成为最具经济优势标的原因后,[93]便进入为期 15 天[94]的停顿期。在此期间,未中标的候选人可发起临时禁制令诉讼,对采购当局的决定提出质疑。在法院裁定采购当局的决定合法或诉讼期过去之前,中标决定都不是最终决定。[95] 如果因为某些原因当局没有向未中标的候选人发出合理通告,则中标决定被视为有缺陷决定。[96] 如果没有合理通告,则不得以 15 天停顿期已过为由不受理提出的诉讼。

12.5.10 参与成本的补偿

1992 年以前,荷兰建筑业在投标合同时收取准备投标书的费用是普遍做法:投标人在其投标书中列出此次投标费用,由中标人补偿其他投标人的费用。为了就将要支付的费用达成协议,人们商定了一种价格制度,建筑业一直遵守这一制度。价格体系组织(SPO)[97]曾向欧盟委员会提出豁免《欧共体条约》第 85 条的要求。1992 年 2 月 5 日,欧盟委员会就此做出判决,终结了这种做法,判决荷兰的这种做法违反了欧盟竞争法。[98] 此判决一出,补偿投标书准备费用的做法被完全禁止。因此,补偿交易费用的做法对于荷兰人来说并不完全陌生,只不过与现行采购指令[99]中补偿交易费用的设计方式差别较大。采购指令中的交易费用指的是候选人为了准备投标书而付出的巨大努力,而 1992 年以前荷兰建筑行业采用的原有制度,仅仅指的是根据详细规格计算交付合同价格

---

⑬ WIRA 第 6 款和第 4 款。

⑭ ARW 2005 第 4 条第 30 款和 WIRA 第 4 条第 3 款。

⑮ WIRA 第 5 条第 1 款。

⑯ WIRA 第 5 条第 2 款。

⑰ SPO 是荷兰语"价格体系组织"的缩略语形式。

⑱ IV/31. 和 32.571,荷兰建筑行业(Construction Industry in the Netherlands)(92/204)[1992]OJL92,1992 年 4 月,第 1~30 页。

⑲ 特别见《指令 2004/18》第 29 条第(8)款和 BAO 第 29 条第 15 款。

所产生的成本(有时称为"计算成本")。《指令 2004/18》实施之后,在竞争性对话中至少部分补偿候选人的投标书准备费用,已成为一种通行做法。采购机构(如公共工程和水务管理局、政府建设局)认为,考虑到候选人为了参加投标而付出的巨大努力,部分补偿其交易费用也是公平的。然而现行做法与 1992 年以前的做法是有区别的。在此之前,候选人即使投标相对简单的合同也会得到计算成本的补偿,而他们所做的不过是出一个报价。但现在不一样了:如果候选人付出的努力有限,例如候选人只需计算价格或只付出很少的努力,则根据前面提到的 1992 年 2 月 5 日欧盟委员会关于欧盟竞争法的判决无须补偿交易费用。如果采用竞争性对话的方式,通行做法是针对所有参与者部分补偿竞争性对话的交易费用,毕竟竞争性对话的费用一般相当可观。但如果候选人只需计算价格或只需付出少量努力,例如只是在提交计划的同时提交了价格,则不会进行费用补偿。

除了进行部分补偿,公共工程和水务管理局、政府建设局还在招投标过程中尽可能地降低交易成本。尽管为了减少竞争性对话的交易成本而采取了一些措施,但参与投标的公司仍然会产生可观的交易成本。如果使用竞争性对话的方式进行投标(可能需要 1.5~2 年的时间),每个候选人的交易费用可高达 800 万~900 万欧元。

12.5.11 其他问题

除了在采购中提高自身专业水平的相关政策,[100]公共工程和水务管理局还制定了非常有效的政策,让私营部门参与公共基础设施决策过程的早期阶段。而竞争性对话似乎是这些基础设施建设的非常好的工具。早期市场参与的目的是从私营部门的知识、创造性和创新力量中得到最大利益。政府建设局也有利用私营部门的知识、创造力和创新能力的目标,只不过其背景略有不同。

2011 年 2 月至 5 月,对 A12 乌得勒支–卢内滕–费嫩达尔(Utrecht–Lunetten–Veenendaal)和 A15 马斯夫拉克特–瓦恩普林公路项目的竞争性对话程序进行了评估。综合来看,此次评价既突出了一些最佳实践(如数字化的问答方式与基于网络的数据室并用;除了由专家团队进行对话和在对话开始时举行一个启动会议,还启用了专家小组的形式),还提出了一些改进建议。

主要的改进建议涉及事项:一是减少在意见征询阶段后修订合同及招标文

---

[100] 另见 12.1 节。

件的限制;二是安排好提交投标书各要素的最佳时间和顺序;三是提高风险定义和风险分配的讨论效果。此次评估还建议继续在讨论阶段以定稿形式提交投标书的部分要素,并在最终提交阶段提交完整的投标书,但需要在提交时机上加以改善。另一项建议是要特别注意制定一个明确、清晰、简明的决标标准。还有一项建议是要在候选人提交的各种信息中做出明确选择。另外,还建议审视 DBFM 合同所需的融资交易是否有改进的空间。

改进建议不仅限于采购当局,候选人也需要考虑几个问题,例如要提高沟通技巧,要有更加积极的态度。

根据评估报告中的建议,采购当局将在适当时候评估将哪些建议纳入其采购政策,以及何时进行这些改变。此次评估的结果,包括最佳实践和改进建议的完整报告,将在适当时候提供给相关各方。[101]

12.6　结论

尽管荷兰的政府采购有着悠久的历史,[102]但竞争性对话是一种新的项目招标方式,尤其是在公私伙伴关系(主要是 DBFM)项目的招标上。自第一次竞争性对话之后,无论是政府采购机构还是参与这些投标的私营部门,都经历了一段陡峭的学习曲线。然而竞争性对话和公私伙伴关系的知识并没有普及。目前只有较大的采购机构和私营公司才能通过竞争性对话的方式处理大型和复杂的招投标项目。

目前,现行的国家规则和条例对《指令 2004/18》的规定亦步亦趋。一方面这种状况给人们设计对话保留了回旋余地,另一方面竞争性对话相关条款的程序和范围也有许多不明确的地方,其中一个例子是对最终投标书进行解释、说明和微调[103]的空间并不是很清楚,[104]欧洲法院未来的判例法必须对此含混之处加以澄清。

对 A12 乌得勒支-卢内滕-费嫩达尔和 A15 马斯夫拉克特-瓦恩普林公路项目投标结果的评估,可能会带来竞争性对话组织方式的变化。不过总体而言,这两个项目对竞争性对话的组织方式还是令人满意的。政府建设局早些时

---

[101]　可能见于 www. ppsbijhetrijk. nl(荷兰语)也可能见于 www. pppinthe - netherlands. nl(英语)。

[102]　另见 12. 1 节。

[103]　见《指令 2004/18》第 29 条第(6)款和 BAO 第 29 条第 11 款。

[104]　另见 12. 5. 7 节,关于最终投标阶段。

候决定在筛选阶段只选出 3 个候选人,并与这 3 个候选人开始对话。公共工程和水务管理局也可能会在竞争性对话的组织方式上有所变化,但其大型和复杂项目的方案阶段可能仍然存在。公共工程和水务管理局将继续努力改进招标文件中的要求;而对于规模较小和/或不太复杂的合同,它也可以在筛选阶段就只选择 3 个候选人,而不是像现在这样通过方案阶段来限制参与后续对话的候选人的人数。之所以如此,可能是因为小规模合同如果也通过方案阶段来减少候选人人数,其交易成本可能会与合同价值不成比例。